Manipulation

DU MÊME AUTEUR

AUX EDITIONS HARLEQUIN

DANS LA COLLECTION BEST-SELLERS

Passé meurtrier (N° 234)

L'innocence bafouée (N° 93)

KAREN YOUNG

Manipulation

BEST SELLERS

éditions Harlequin

Cet ouvrage a été publié en langue anglaise
sous le titre :
IN CONFIDENCE

Traduction française de
LOUISE ACHARD

HARLEQUIN®

est une marque déposée du Groupe Harlequin
et Best-Sellers® est une marque déposée d'Harlequin S.A.

Photos de couverture

Adolescent : © STOCKBYTE / ZEFA
Joueur de cricket : © IMAGE 100 / ZEFA
Ombre et arbre : © PATRICK MOLNAR / GETTY IMAGES
Maison : © WILLIAM A. BAKE / GETTY IMAGES

83-85, boulevard Vincent-Auriol, 75013 PARIS — Tél. : 01 42 16 63 63
Service Lectrices — Tél. : 01 45 82 47 47
ISBN 2-280-08708-1 — ISSN 1248-511X

Prologue

Rose Hill, Texas
Avril 1998

La porte s'ouvrit à l'heure exacte du rendez-vous que Rachel Forrester redoutait tant depuis la veille. Certes, elle avait souvent été confrontée à des situations délicates, mais elle n'en avait jamais connu de pire.

— Monsieur Ford ?

Debout derrière son bureau, Rachel tendit la main au père de l'adolescent.

— C'est terrible, dit-elle. Je suis bouleversée par ce qui vous arrive. J'aimais beaucoup Jack — tout le monde ici l'appréciait. C'était un garçon épatant et un sportif remarquable. Il nous manquera énormément.

Cameron Ford grommela une réponse inintelligible, et effleura à peine sa main.

— J'ai quelques questions à vous poser, déclara-t-il avec brusquerie.

— Asseyez-vous, je vous en prie.

D'un geste, Rachel l'invita à prendre un siège.

— Je reste debout.

Elle opina, se préparant à une entrevue particulièrement

difficile. Tandis qu'elle se rasseyait dans son fauteuil, il passa une main sur son visage ravagé par le chagrin, la fatigue et l'insomnie. C'était un bel homme à la silhouette athlétique, sans un gramme de graisse superflu, avec des cheveux brun foncé et des yeux au regard sombre, qui semblait vibrer d'énergie. Ses vêtements passablement froissés semblaient indiquer qu'il s'était habillé à la hâte sans se soucier de son apparence. Il ne devait pas se rappeler qu'elle était présente aux obsèques de Jack. A sa place, elle n'aurait rien remarqué, elle non plus, de ce qui se passait autour d'elle ce jour-là…

— Je vous répondrai du mieux que je le pourrai, affirma-t-elle.

Il lui lança alors un regard accusateur.

— Pourquoi n'avez-vous pas fait votre boulot avec Jack ?

— Pardon ?

— Je n'irai pas par quatre chemins : à mon avis, vous avez complètement foiré avec lui. Vous êtes psy, oui ou non ? Preston Ramsey m'a affirmé qu'en qualité de conseillère éducative, vous aviez vu mon fils à six reprises au cours du dernier semestre. Je croyais que votre boulot consistait à repérer les adolescents perturbés et à intervenir avant qu'il soit trop tard…

Il se détourna et se mit à marcher de long en large devant la fenêtre, tournant le dos à Rachel.

— Vous n'allez pas me dire qu'au bout de six séances, vous ne vous doutiez toujours pas qu'il avait des idées de suicide ?

— Monsieur Ford, voulez-vous bien prendre un siège afin que nous puissions parler calmement ?

Il se retourna et fit un pas vers le bureau.

— Je suis calme. Mais cette affaire me rend fou et je compte obtenir des réponses. Si vous ne me les fournissez pas, je m'adresserai à vos supérieurs. Vous étiez censée recueillir les confidences de Jack… Pouvez-vous m'affirmer honnêtement que vous ignoriez dans quel état de désarroi se trouvait mon fils ?

Ebranlée par sa fureur, Rachel sentit les battements de son cœur s'accélérer.

— Je l'affirme, en effet, dit-elle en croisant les mains devant elle. Je ne pensais pas…

— Ben voyons ! Je me demande bien où vous aviez la tête, bon sang !

Sa main s'abattit bruyamment sur le bureau.

— Un gamin qui se donne la mort, ça fait à peine sourciller les gens de votre espèce, hein ?

— Ecoutez, monsieur Ford, dit Rachel en se levant, les jambes flageolantes, je comprends parfaitement que vous ayez besoin d'en parler, mais il est inutile de vous en prendre à moi.

— Il est trop tard, de toute façon. C'est la semaine dernière que nous aurions dû avoir cette conversation, rétorqua-t-il d'un air sombre. Vous avez pourtant eu bon nombre d'occasions d'intervenir dans la crise que traversait Jack. Vous n'entendiez donc rien ? Les psy ne sont-ils pas censés être à l'écoute des gens ? A moins que vous ayez entendu sans y prêter vraiment attention ?

— Beaucoup de gens ici ont prêté attention à Jack, monsieur Ford, répondit Rachel patiemment, en le regardant marcher de long en large. Ses résultats étaient en chute libre. Il s'isolait de ses camarades. Il séchait régulièrement les cours. Ses professeurs étaient préoccupés. Et s'il a participé à ces quelques séances d'entretien, c'est parce qu'il lui a été impossible de s'y soustraire. Il n'est pas venu spontanément.

Cameron Ford s'immobilisa un instant.

— De quoi avez-vous donc parlé, tous les deux ? De la pluie et du beau temps ?

Il souffrait terriblement, bien sûr. Il y avait de quoi. Il avait besoin de reporter sa colère et sa douleur sur quelqu'un. En cela, il se comportait comme tous les parents déçus qui venaient la voir. Mais face à une perte définitive, il éprouvait évidemment un désespoir incommensurable.

Rachel respira à fond.

— Il se passait quelque chose mais il ne voulait pas en parler, dit-elle. Pas à moi, en tout cas.

Il la toisa d'un air glacial.

— Et ça n'était pas un signe, pour vous ?

— Un signe de quoi, monsieur Ford ?

— Le signe que vous vous étiez trompée de métier… Ces ados ont peut-être besoin de quelqu'un qui ait un meilleur contact avec eux.

Rachel répliqua froidement :

— Je ne peux pas obliger un adolescent à me livrer ses secrets. Nous faisons de notre mieux, voilà tout.

— Mais votre mieux n'a pas suffi à sauver mon fils, n'est-ce pas ?

Par compassion et par éthique professionnelle, elle ravala une repartie cinglante. En tant que conseillère éducative, elle savait qu'elle avait fait tout son possible ; elle aurait pu demander à Cameron Ford s'il avait fait de même en tant que père. Où était-il quand son fils avait tant besoin de lui ?

— Dans l'état actuel des choses, cette discussion ne nous mènera nulle part, monsieur Ford, dit-elle sans se fâcher. Il vous faudra sans doute du temps pour surmonter cette épreuve ; par la suite, si vous souhaitez que nous en reparlions, vous savez où me trouver…

Elle n'avait pas fini sa phrase quand il atteignit la porte.

— Vous pouvez prendre rendez-vous en appelant le secrétariat.

— Inutile d'y compter.

La main sur la poignée, il se retourna brusquement.

— En fait de réponses, je n'ai obtenu de vous que des inepties. Si cet entretien est un exemple de votre compétence, je comprends que Jack n'ait rien attendu de vous. Je plains les autres élèves sur lesquels vous êtes censée veiller.

1.

Rose Hill, Texas
Cinq ans plus tard

En commençant cette journée, Rachel n'aurait jamais pu imaginer la manière dont elle allait se dérouler. Dès la sonnerie du réveil, à 6 heures, elle sauta du lit et retrouva son train-train quotidien. Douche, café, petit déjeuner des enfants… Son mari, lui, était plutôt lent au démarrage, le matin, sauf quand il devait opérer de bonne heure. Ce matin-là, ni l'un ni l'autre ne prirent la peine d'alimenter la conversation.

— Mon costume noir Armani est de retour du pressing ? demanda Ted depuis le fond du dressing.

Rachel vint le rejoindre et décrocha le costume qui se trouvait encore sous sa housse en plastique, parmi une demi-douzaine de vêtements, enveloppés eux aussi.

— Il est ici, avec tout ce que les livreurs ont déposé hier. Je n'ai pas encore eu le temps de trier.

Ted le lui prit des mains en la remerciant d'un signe de tête. Puis il choisit deux chemises habillées parmi la vingtaine qu'il possédait, et s'approcha des grandes portes miroirs où l'éclairage était meilleur.

— Laquelle irait le mieux ? demanda-t-il en étudiant tour à tour l'effet produit avec la veste Armani.

— Tout dépend de la cravate.

Il en brandit une à fines rayures noires et grises.

— Celle-ci, dit-il.

— Alors, mets la chemise blanche avec les poignets mousquetaire.

Elle cessa de boutonner sa jupe en jean pour le regarder.

— Tu as quelque chose d'exceptionnel, aujourd'hui ?

— Je vais faire un saut à Dallas. Walter m'a finalement persuadé de rencontrer cet interne issu de Baylor. Je ne sais pas trop comment le convaincre de quitter Houston pour une petite bourgade comme Rose Hill.

Rachel sourit.

— En tout cas, tu lui feras certainement très bonne impression.

A quarante-deux ans, Ted était un homme mince, toujours séduisant, et ses tempes argentées ajoutaient une touche de distinction à ses traits réguliers.

Rachel s'approcha de lui, prit le bouton de manchette qu'il manipulait depuis un moment de la main gauche, et l'attacha prestement.

— Merci, dit-il en reprenant sa veste.

— Tu rentreras assez tôt pour dîner avec nous ?

C'était rarement le cas, depuis quelque temps, et Rachel ne fut pas surprise de l'entendre répondre par la négative.

Quand il fut parti sans même l'avoir embrassée, elle demeura un moment immobile, le regard dans le vide, en se demandant comment faire comprendre à Ted qu'il devait consacrer un peu plus de temps à sa famille. Comme tous les médecins, il était particulièrement débordé depuis que les restrictions imposées par les mutuelles entamaient leurs revenus, les contraignant à travailler de plus en plus.

Ted passait donc un temps fou au cabinet et à l'hôpital, sans tenir compte du fait que Nick et Kendall avaient besoin de lui. Surtout Nick qui venait d'avoir quinze ans : un âge où le père joue un rôle essentiel. C'était peut-être un peu moins flagrant dans le cas de Kendall, leur fille de neuf ans, mais le manque existait aussi pour elle.

Avec un soupir, Rachel enfila un chandail léger et noua une large ceinture autour de sa taille. Elle brossa ensuite ses cheveux courts, épais et souples, d'un beau brun aux reflets cuivrés, puis ajouta une touche de blush sur ses pommettes et un peu de rouge sur ses lèvres. Enfin, elle se vaporisa d'un nuage d'eau de toilette, puis recula d'un pas pour se regarder dans la glace.

Elle jugea alors que dans cette tenue simple et discrète, elle ressemblait davantage à une bibliothécaire de province qu'à une élégante citadine. Cela dit, si Ted avait bien vieilli, elle n'avait pas à se plaindre, elle non plus. Une récente presbytie l'obligeait seulement à porter des lunettes de lecture qui cachaient ce qu'elle avait de mieux — des yeux d'une couleur ambrée tout à fait exceptionnelle.

— Maman, où est mon baladeur ?

Nick apparut sur le pas de la porte. Avec son visage aux traits virils et sa haute silhouette un peu efflanquée, son fils était déjà presque un homme. Rachel avait énormément de mal à s'habituer au fait qu'il la dépassât d'une bonne tête.

— La dernière fois que je l'ai vu, c'était dans le solarium.

— Je m'en suis servi, depuis.

— Je regrette, fiston. Tu sais que tu es censé…

— Savoir où se trouvent mes affaires, d'accord, dit-il

en plissant le front dans un effort de réflexion. Je vais le retrouver. On est allés…

— Il est dans la salle de jeux, sur la table de Ping-Pong ! lança Kendall depuis sa chambre.

— Oui, c'est ça ! dit Nick en claquant des doigts. Merci, pestouille !

Rachel secoua la tête.

— Cesse de l'appeler…

— Pestouille ? Désolé, ça m'a échappé.

Nick pivota sur ses talons et disparut dans le couloir. En passant devant la chambre de sa sœur, il donna un petit coup amical à la porte.

— Merci, choupinette.

— Ni-ick !

Kendall fit irruption dans le couloir, l'air furibond, les poings sur les hanches.

Nick esquissa un sourire et tira légèrement sur sa queue-de-cheval.

— Merci, *mademoiselle Kendall Forrester.*

— On démarre dans cinq minutes ! lança Rachel en enfilant ses sandales.

Elle prit sur sa table de nuit les dossiers qu'elle avait étudiés la veille au soir, ct dont chacun portait une étiquette bleue avec le nom d'un élève.

Puis elle marqua une pause, contemplant la méridienne capitonnée de chintz, la table basse qu'elle avait restaurée elle-même, la jolie vue qu'on avait sur le jardin depuis la fenêtre. Elle avait décoré cette chambre elle-même, comme un petit nid d'amour… Mais aujourd'hui, Ted ne faisait plus guère qu'y dormir.

Au rez-de-chaussée, Kendall s'employait à remplir de croquettes la gamelle du chat pendant que l'intéressé — un gros matou au pelage roux — tournait en ronronnant autour de ses chevilles.

— Graham, attends un peu ! gronda la fillette. Tu vas me faire tout renverser !

Elle posa la gamelle par terre et caressa le chat un moment avant de se relever.

— Tu es prête ? lui demanda Rachel d'un ton légèrement impatient. Tu as ton ticket de cantine ? Tes affaires de classe ?

Avec son sac à dos, sa petite salopette en jean, son T-shirt rose et ses chaussures de sport beaucoup trop grandes pour elle, la gamine semblait équipée pour la journée.

— Je peux le prendre, maman ?

Elle brandissait l'appareil photo qu'elle avait reçu pour son anniversaire.

— Tu sais bien que non, ma puce !

— S'il te plaît, maman…

— Tu veux te le faire confisquer ? lança Rachel en ouvrant la porte.

Avec une moue écœurée, Kendall posa l'appareil sur le bar. Elle avait dû posséder une bonne dizaine d'appareils jetables avant d'obtenir ce numérique dont elle ne voulait plus se séparer. Cette façon qu'elle avait de mitrailler tout ce qui lui semblait digne d'intérêt révélait aux yeux de Rachel une véritable passion. Du reste, les clichés étaient parfois excellents… Mais il n'était pas question de lui laisser emporter l'appareil à l'école.

Rachel lui fit signe de franchir dare-dare la porte séparant la cuisine du garage. Nick les attendait au volant de la BMW dont le moteur tournait déjà. Rachel n'avait pas conduit une seule fois sur le trajet de l'école depuis qu'il avait obtenu son autorisation de conduite accompagnée, trois mois auparavant.

— Est-ce que papa dînera avec nous, ce soir ? demanda Kendall, les yeux fixés sur l'emplacement vide de la Lexus de Ted.

— Je ne crois pas, mon ange.

— Comme d'hab' ! grommela Nick en opérant une marche arrière.

Incapable de leur fournir une explication satisfaisante, leur mère préféra se taire. La tête tournée vers la fenêtre, elle regarda défiler les belles propriétés de leur quartier résidentiel.

Une demi-heure plus tard, Rachel observait avec sollicitude l'adolescente livide qui lui faisait face. Un professeur avait vu Ashley vomir dans les buissons qui bordaient le mur d'enceinte du lycée, quelques minutes avant la sonnerie du matin. Dès qu'elle en avait été informée, Rachel avait convoqué la jeune fille.

— Comment vous sentez-vous, Ashley ?

L'adolescente baissa les yeux.

— Ça va mieux.

— Croyez-vous que ce soit un genre de gastro ?

— Probablement…

— Dans ce cas, il va falloir demander à votre mère de venir vous chercher. Il y a des risques de contagion.

— Non !

Ashley releva vivement la tête.

— Enfin, je veux dire… c'est rien du tout. Je ne crois pas que ce soit un virus. Je me sens déjà beaucoup mieux.

— Avez-vous pris un petit déjeuner ce matin, Ashley ?

Rachel ouvrit un tiroir et tendit à la jeune fille une brioche aux myrtilles qu'elle avait achetée en passant à la cafétéria.

Aussitôt, la jeune fille porta les mains à sa bouche et ferma les yeux en respirant à fond.

Rachel se leva et lui apporta précipitamment la corbeille à papier, juste à temps pour lui éviter de vomir par terre. Pourtant, Ashley n'avait plus grand-chose dans l'estomac… Rachel lui donna ensuite une poignée de mouchoirs en papier et lui servit un verre d'eau fraîche.

— C'est juste pour tremper vos lèvres ; ne buvez pas trop.

— Merci, murmura Ashley.

Elle jeta les mouchoirs usagés dans la corbeille, et but quelques gorgées d'eau avec une petite grimace.

— Bon, si vous vous allongiez un peu ? A mon avis, ça ne vous ferait pas de mal.

Rachel l'aida à se lever et la conduisit vers le canapé.

Quand la jeune fille fut allongée parmi les coussins, elle lui donna un plaid pour se couvrir et la regarda tamponner ses yeux où perlaient maintenant quelques larmes.

— Etes-vous enceinte, Ashley ? lui demanda-t-elle doucement, d'un ton plein de compréhension.

La jeune fille garda un moment le silence, puis hocha lentement la tête, les yeux fermés.

— En avez-vous parlé à quelqu'un ?

Sa tête oscilla imperceptiblement de gauche à droite.

— Avez-vous une idée du stade de votre grossesse ?

— Deux ou trois mois, je pense.

Rachel réprima une grimace involontaire. Ashley portait un T-shirt ample et un jean qu'elle avait probablement du mal à boutonner, mais seul un œil averti aurait pu remarquer quelque chose. En revanche, les nausées qui accompagnent souvent une grossesse passaient rarement inaperçues.

— Avez-vous vu un médecin ?

— Non.

— Votre petit ami est-il au courant ?

Ashley et Mike Reynolds, un sportif qui jouait dans l'équipe de football américain du lycée, se fréquentaient régulièrement depuis la troisième. Ce qui devait arriver…

— Mike le sait, dit l'adolescente, la tête tournée vers le mur. Il dit que je devrais me faire avorter.

— Et vous n'êtes pas d'accord ?

— Je ne sais pas.

— Et comme vous n'avez rien dit à vos parents, je suppose que vous ne souhaitez pas connaître leur opinion.

— Ils vont être furieux.

Rachel soupira et lui prit la main.

— C'est possible, mais ils ne vont pas cesser de vous aimer pour autant, Ashley. Et, en l'occurrence, vous avez besoin d'eux. C'est une décision beaucoup trop importante pour que vous la preniez sans le moindre soutien.

— Je sais bien, madame Forrester, mais ils vont être tellement déçus ! Je devais entrer à l'université, et voilà : j'ai tout gâché. En plus, je crois que j'ai attendu un peu trop longtemps. Hier soir, je… j'ai senti le bébé bouger.

— Alors, vous avez intérêt à en parler au plus vite avec vos parents.

Ashley pleurait à gros sanglots, maintenant. Rachel lui prit doucement le menton pour l'obliger à se tourner vers elle.

— Je peux appeler votre maman, si vous préférez — pour vous aider à lui annoncer la nouvelle. Vous êtes d'accord ?

— Oui… Enfin, je crois.

— Votre mère est à la maison aujourd'hui ?

— Non. Elle est chez ma tante, à Dallas. Mais elle pourra peut-être venir lundi.

— Bon, écoutez, dit Rachel en se levant, je vais lui laisser un message. Quand elle me rappellera, nous conviendrons d'un rendez-vous, d'accord ? Je préciserai que c'est urgent.

— D'accord.

Ashley avait repris des couleurs. Des deux mains, elle écarta ses épais cheveux blonds de son visage. Ses yeux étaient rouges, ses paupières un peu gonflées, mais elle se leva facilement et se dirigea vers la porte.

— Vous pouvez vous reposer un moment en attendant que ça passe, lui proposa Rachel.

Sur le pas de la porte, la jeune fille se retourna.

— Non, merci. C'est drôle, je me sens affreusement mal pendant ces nausées — j'ai presque envie de mourir. Mais quand c'est fini, c'est comme si j'avais rêvé.

Rachel, qui était passée par là à deux reprises, lui sourit gentiment.

— En effet, c'est comme ça, la grossesse.

— J'en ai vraiment marre, maugréa Ashley.

— Raison de plus pour en discuter avec vos parents et essayer de trouver une solution.

La jeune fille opina.

— Merci, madame Forrester.

Quand la porte se fut refermée, Rachel se laissa aller dans son fauteuil avec un soupir. Enceinte à seize ans… Dans l'intérêt d'Ashley, elle s'était efforcée de dédramatiser la situation, mais la vie de l'adolescente allait être bouleversée, quelle que fût sa décision. Le seul élément positif, c'était de l'avoir convaincue d'en parler à ses parents…

Un coup frappé à la porte lui fit relever la tête.

— Auriez-vous un petit instant, Rachel ?

Preston Ramsey, le principal du lycée, poussa légèrement le battant et attendit qu'elle l'autorisât à entrer.

Rachel lui fit signe de prendre un siège, mais il refusa.

— Je ne fais que passer, dit-il. J'ai un emploi du temps complètement dément, et c'est pour ça que je viens vous voir.

Avez-vous quelque chose de très important, aujourd'hui ? Il faut que j'envoie quelqu'un à Dallas.

Rose Hill se trouvait à une heure et demie environ de Dallas. De temps en temps, Rachel aimait bien aller faire un tour en ville. Elle consulta sa montre.

— De quoi s'agit-il ?

— L'un des joueurs de notre équipe de base-ball s'est fait arrêter hier soir pour conduite en état d'ivresse. Jason Pate — vous le connaissez. Parents divorcés. Il vit avec sa mère et ses trois demi-frères et sœur plus jeunes que lui... Bref, après avoir passé quelques coups de fil, son entraîneur a obtenu qu'il soit libéré, à condition qu'un adulte faisant partie du lycée se porte garant pour lui. Monk Tyson est retenu ici ; il doit négocier le transfert de Pete Freidman dans une université qui souhaite l'enrôler.

— Ah oui, le quarterback qui a fait des prouesses au premier semestre ! murmura Rachel. Monk doit traiter l'affaire aujourd'hui ?

— Apparemment, oui.

— Décidément, il atteint des records dans ce domaine.

— Il s'intéresse personnellement à ces garçons, Rachel.

Aussitôt sur la défensive, Preston s'empressa de justifier la conduite de l'entraîneur. Personne n'ignorait que Rachel et Monk Tyson avaient eu de sérieux différends concernant les ambitions démesurées que ce dernier nourrissait pour ses « champions ». Pour Tyson, les performances sportives des élèves — aussi bien au foot qu'au basket, au base-ball ou au football américain — passaient largement avant leur réussite scolaire. Preston avait dû intervenir plus d'une fois en qualité de médiateur, alors que Rachel et Tyson campaient sur leurs positions respectives sans céder un pouce de terrain.

— En tout cas, ajouta-t-il, vous nous rendriez un fier

service en allant récupérer Jason au centre de détention. Si vous pouvez, bien sûr.

— Pas de problème, dit Rachel en quittant son fauteuil. Quand accepteront-ils de le libérer ?

Preston jeta un coup d'œil sur la feuille qu'il tenait à la main.

— Les formalités vont prendre un moment mais, d'après Monk Tyson, il sera prêt à sortir aux alentours de 10 heures.

— Alors, il vaut mieux que je parte tout de suite.

Rachel prit son sac dans un tiroir du bureau.

— J'aurais préféré que ce soit un peu plus tard parce que Ted est à Dallas, aujourd'hui. J'en aurais profité pour me faire inviter à déjeuner.

— Dommage, en effet. Enfin, vous me rendez un grand service, Rachel. J'aurai une dette envers vous, ajouta le proviseur en lui tendant la feuille portant l'adresse de la centrale.

— La dette, c'est Monk qui l'aura.

Rachel éteignit la lumière du bureau et sourit à Preston.

— Nous en reparlerons lors de ma prochaine prise de bec avec lui, d'accord ?

Avec les services administratifs, rien ne se déroule jamais comme prévu, songea Rachel en cherchant une place sur le parking bondé d'un restaurant branché de Dallas, dans le quartier de Turtle Creek. Malgré les encombrements, elle était arrivée à l'heure au centre de détention. Tout ça pour s'entendre dire qu'un contretemps les empêchait de laisser sortir le garçon avant le début de l'après-midi. Ça ne la gênait pas outre mesure : elle en profita pour appeler le cabinet médical afin de savoir où Ted avait l'intention de déjeuner avec l'interne qu'il comptait embaucher. Elle n'avait pas vraiment la sensation d'être indiscrète car elle avait longtemps travaillé dans ce cabinet dont elle assurait la gestion administrative. Ce n'est que plus tard qu'elle avait décidé de suivre une formation de psychologue…

La secrétaire du cabinet lui apprit que Ted avait réservé une table au Manoir de Turtle Creek. Connaissant le quartier, elle trouva sans peine le restaurant. Sa tenue n'était pas tout à fait adaptée à un endroit aussi raffiné, mais tant pis : les occasions de déjeuner avec Ted étaient trop rares pour s'en priver.

— Avez-vous réservé ? lui demanda l'hôtesse, une superbe blonde au teint lumineux.

— Non, mais mon mari est déjà ici, répondit Rachel en balayant du regard la salle bondée. Je compte lui faire une surprise.

— Très bien. Entrez, je vous en prie, dit l'hôtesse.

Elle la laissa passer et reporta son attention sur le groupe de quatre personnes qui attendait une table, derrière elle.

Rachel fit quelques pas dans le restaurant, tout en examinant les lieux. Elle s'apprêtait à partir, pensant que Ted avait changé de programme, quand elle l'aperçut dans un coin, tout au fond de la salle. Il tournait le dos à la porte, ce qui expliquait qu'elle ne l'eût pas vu tout de suite. Elle se dirigea vers sa table. Elle n'était plus qu'à un mètre de lui quand elle vit qu'il n'était pas attablé avec un jeune interne mais avec une femme qu'elle reconnut aussitôt. C'était Francine, l'épouse de Walter Dillon, l'associé de Ted au cabinet. Comment se faisait-il…

Ni l'un ni l'autre n'avaient encore remarqué sa présence, et elle ralentit le pas, s'arrêtant presque. Le plaisir qu'elle se faisait de retrouver Ted s'évanouit brusquement. Ses yeux s'arrondirent quand son mari prit la main de Francine, serrant ses doigts autour de ceux de la jeune femme d'un geste qui trahissait une intimité évidente. Puis il porta la main de sa compagne à ses lèvres et embrassa sa paume avec sensualité.

Rachel vit le regard de Francine s'enflammer…

Clouée sur place, elle porta une main à son cœur qui cognait violemment dans sa poitrine. Elle ne voyait toujours pas le visage de son mari, mais l'expression de Francine ne laissait planer aucun doute. Pourtant, Rachel ne voulait pas en croire ses yeux. Ça devait être une méprise.

— Pardon, madame.

Un serveur qui portait un plateau s'arrêta en face d'elle, attendant de pouvoir passer. Rachel murmura une vague excuse, s'effaça, puis franchit la distance qui la séparait encore de la table de Ted. Il mit une fraction de seconde à remarquer sa présence. Puis ses yeux s'arrondirent et son visage s'empourpra soudainement.

— Surprise ! dit-elle dans un souffle.

Elle s'appuya au dossier d'une chaise, sentant ses jambes se dérober.

— Rachel…

Il lâcha la main de Francine, fit gauchement mine de se lever et faillit renverser son verre de vin.

— Est-ce un repas en tête à tête ou accepteriez-vous la présence d'un tiers ? demanda Rachel d'une voix mal assurée.

— Ce n'est pas ce que tu crois, dit Ted.

— Vraiment ?

Elle jeta un coup d'œil à Francine, et regarda de nouveau son mari au fond des yeux.

— Alors, de quoi s'agit-il, Ted ?

Francine se leva, posa sa serviette et ramassa le petit sac Chanel posé près de sa chaise.

— Je t'attends dehors, dit-elle à Ted avant de sortir, sans un regard pour Rachel.

— Ce n'est ni le moment ni l'endroit, murmura Ted en jetant un coup d'œil autour de lui.

Plusieurs clients avaient remarqué la scène et les observaient avec un sourire ironique.

— Si ce n'est pas ce que je crois, qu'est-ce que c'est, au juste ? insista Rachel, un ton plus bas.

Ted sortit quelques billets de son portefeuille, les jeta sur la table, et prit sa femme par le bras pour l'entraîner vers la sortie.

— Rachel…

Elle se dégagea avec brusquerie.

— Ne me touche pas !

D'une pirouette, elle lui tourna le dos et rebroussa chemin, profondément humiliée. Les joues écarlates, elle retraversa la salle en regardant droit devant elle.

Elle atteignit rapidement la sortie, et poussa la porte à la volée. Elle avait besoin d'air, de mouvement.

Sur le parking, elle se mit à courir à l'aveuglette. Puis, comme elle était incapable de retrouver sa voiture tant son trouble était grand, elle revint sur ses pas et faillit heurter son mari de plein fouet.

— Qu'est-ce que tu fais là ? lui demanda-t-il durement.

— Je cherche ma voiture.

Elle fouilla son sac avec frénésie, trouva sa clé et appuya sur le bouton de télédétection. Quelque part, sur sa droite, un bourdonnement se déclencha.

— Je voulais dire… que faisais-tu dans ce restaurant ? Comment m'as-tu…

— *Découvert ?*

Tout en se dirigeant vers sa voiture, Rachel secoua la tête.

— Quelle importance, Ted ?

— Est-ce que tu m'as suivi ?

Elle s'arrêta pour le regarder.

— Il y a dix minutes, je n'imaginais même pas que j'aurais pu avoir une raison de te suivre.

Il soupira, baissa la tête et se massa le front entre les sourcils. Ted était sujet aux migraines… A la réflexion, il en souffrait de plus en plus fréquemment depuis quelques mois. Rachel essaya de se souvenir… Six mois ? Ou davantage ?

— Depuis combien de temps est-ce que vous couchez ensemble ?

— Ce n'est pas le moment, Rachel !

— Depuis quand ? insista-t-elle.

— Depuis pas mal de temps.

La réponse lui fit l'effet d'un coup de poing dans l'estomac. Il ne niait pas. S'était-elle donc imaginé qu'il pût y avoir une autre explication à cette situation compromettante ?

— J'avais l'intention de te le dire bientôt, murmura-t-il en évitant son regard.

— De me dire quoi ? Que tu me trompes depuis des mois avec la femme de ton meilleur ami ?

Le soleil était à son zénith. Au-dessus d'eux, le ciel du Texas, d'un bleu profond, rayonnait de tout son éclat, à peine altéré par quelques petits nuages cotonneux.

Ted regarda en l'air et plissa légèrement les yeux, ébloui.

— Je sais que c'est moche, répondit-il. Francine et moi… enfin, on ne l'a pas fait exprès. On a essayé de résister, mais…

— Vous avez *essayé de résister* ? répéta Rachel d'un air écœuré. Je n'ai pas perçu le moindre signe de résistance, ni de ta part ni de la sienne, quand tu as passé ta langue sur sa paume, tout à l'heure. Ta conscience n'a jamais semblé te perturber outre mesure quand tu trouvais des excuses pour échapper aux matchs de Nick ou aux récitals de Kendall. Et je parierais que tu n'as pas hésité bien longtemps à la sauter, non plus ! Alors, qu'est-ce que tu viens me chanter là, hein ?

— Pourrais-tu baisser le ton, je te prie ? Nous sommes dans un lieu public. Je sais qu'il va falloir en parler mais pas ici, d'accord ?

Il passa les doigts dans ses cheveux artistiquement coupés par l'un des coiffeurs les plus réputés de Dallas. Deux cents dollars… Elle se rappelait l'avoir taquiné à ce sujet, mais d'une façon tendre et on ne peut plus indulgente.

Elle sentit ses yeux se remplir de larmes et détourna vivement la tête pour ne pas lui offrir le spectacle de sa douleur. Plus loin, la silhouette de Francine se découpait, un peu embuée sous le vélum de l'entrée du restaurant. Elle portait un petit tailleur bien ajusté et des escarpins à talons qui mettaient en valeur ses longues jambes galbées. Certes, Rachel aurait pu s'offrir ce genre de chaussures à trois cents dollars, mais elle aurait trouvé un peu vulgaire de se gâter avec autant de complaisance. Manifestement, Francine n'éprouvait pas ce genre de scrupule.

— L'interne de Baylor qui vous a envoyé sa candidature existe-t-il vraiment ou bien était-ce une invention de ta part ? demanda-t-elle posément.

— L'entretien a eu lieu hier soir.

Rachel hocha la tête, le regard fixé sur sa rivale qui montait maintenant dans la voiture de Ted, tandis qu'un chasseur lui tenait la portière. Ils étaient tellement à l'aise dans leur liaison illicite qu'ils ne prenaient même pas la peine de prendre chacun son véhicule pour venir déjeuner dans ce restaurant. Où se rencontraient-ils à Rose Hill ? se demanda Rachel. Ted l'avait-il amenée chez eux, pendant qu'elle travaillait au lycée ? Etait-il allé jusqu'à la baiser dans le lit conjugal ?

Elle fit volte-face et regarda son mari dans les yeux.

— Pourquoi, Ted ?

— Il a toutes les qualifications requises. Il est jeune. Grâce à lui, notre clientèle va s'étoffer en un temps record.

— C'est de *nous* que je te parle ! Pourquoi ? Comment est-ce arrivé ?

Ted tourna la tête vers Francine qui l'observait, assise dans la Lexus. Il mit un long moment à répondre… Enfin, le regard toujours rivé sur sa maîtresse, il haussa légèrement les épaules.

— Je n'ai pas pu m'en empêcher.

Rachel regagna Rose Hill avec son jeune passager muré dans un silence boudeur. Affalé dans son siège, la tête dans les épaules, Jason Pate garda son baladeur vissé sur les oreilles tout au long du trajet. A en juger par les vibrations qu'émettait l'appareil, les décibels avaient de quoi le rendre sourd à brève échéance. Mais Rachel s'abstint de tout commentaire : elle était elle-même trop bouleversée pour intervenir.

En fait, elle se sentait engourdie, comme assommée. En tant que psychologue, elle savait que ce genre de torpeur est une réaction de protection naturelle de l'organisme en cas de choc émotionnel. Il lui faudrait du temps pour décider quelle attitude adopter et surtout quelle décision prendre. Quelque part, elle essayait encore de se raccrocher à une sorte d'incrédulité irrationnelle, une sorte de déni. Ted ne pouvait pas parler sérieusement. C'était sans doute une crise passagère imputable au retour d'âge. Le démon de midi, en quelque sorte. Ça n'allait pas durer… Dans ce cas, il était inutile d'en parler aux enfants.

En revanche, que faire si Ted était déterminé à poursuivre cette liaison ? Elle ne lui avait pas demandé s'il comptait divorcer. D'ailleurs, elle ne se sentait pas encore prête à envisager cette éventualité.

Refus caractérisé d'admettre les faits.

Comme elle avait quitté Dallas plus tard que prévu, la journée scolaire était terminée lorsqu'elle atteignit Rose Hill. Elle appela donc son amie Marta Ruiz, professeur d'anglais au lycée, pour lui demander de prendre les enfants à la sortie et de les ramener à la maison. Marta lui rendit volontiers ce service. Veuve et sans enfants, cette jeune femme était devenue son amie dès le jour de leur rencontre. A trente-trois ans, elle faisait l'unanimité parmi ses élèves qu'elle obligeait pourtant à lire Shakespeare et Thomas Mann.

— Est-ce que tout va bien ? s'enquit Marta. Tu as une drôle de voix.

— Pas de problème, affirma Rachel. Mais la bureaucratie de notre système judiciaire est une véritable plaie.

— Nous sommes aussi des bureaucrates, après tout ! fit remarquer Marta. Depuis le temps que tu travailles ici, tu ne peux pas obtenir quelques faveurs auprès de l'Administration ?

— J'ai rarement affaire aux représentants de la loi — et je ne m'en plains pas, du reste. Enfin bref, j'ai récupéré Jason. Je le ramène au lycée où Tyson l'attend et je rentre à la maison. Tu es sûre que ça ne te dérange pas d'aller chercher les enfants et de les déposer chez moi ?

— Ne dis pas de bêtises ! Je resterai même un moment avec Kendall si Nick a envie d'aller voir ses copains.

Marta marqua une pause.

— Je suppose que Ted ne peut pas se libérer ?

Ce n'était pas vraiment une question.

— Non, il est retenu… toute la soirée.

— Hum.

Marta n'avait jamais pris la peine de dissimuler son antipathie pour Ted. Elle le considérait comme un père négligent et un époux égoïste.

— C'est le type même du toubib égocentrique et imbu de sa personne, avait-elle déclaré un jour à son amie. Et toi, bien entendu, tu ne fais que te dévouer pour ceux que tu aimes, sans jamais penser à tes propres besoins !

— Je n'ai aucun besoin inassouvi ! avait vivement répliqué Rachel.

A présent, elle mesurait pleinement l'ineptie de sa réponse. Pourquoi prétendre qu'elle n'avait pas de besoins ?

La trahison de Ted qui venait de lui être révélée si brusquement l'obligeait à reconnaître que son couple battait de l'aile depuis un certain temps. Etaient-ce là les prémices d'un divorce ? Leurs chemins devaient-ils se séparer ? Nick et Kendall allaient-ils grandir dans des familles « recomposées » ?

Arrêtée à un feu rouge, elle sentit le désespoir l'envahir. Du moins avait-elle pris une décision pendant cette inévitable remise en question. Elle n'allait rien dire aux enfants — du moins, pour le moment. Avant de faire basculer leur univers, elle voulait avoir une discussion avec Ted. Mais pas ce soir ; c'était trop tôt : elle éprouvait trop d'émotions contradictoires et déstabilisantes.

Son téléphone sonna au moment où le feu passait au vert. Elle ne reconnut pas le numéro qui s'affichait sur l'écran.

— Allô ?

— Puis-je parler à Rachel Forrester ?

C'était une voix d'homme. Rachel fronça les sourcils, essayant de la situer.

— C'est moi. Qui est à l'appareil ?

— Cameron Ford. Dinah m'a donné le numéro de votre portable.

Cameron Ford. Rachel était perplexe. Quelle pouvait être la raison de son appel ? Ils ne s'étaient pas reparlé depuis cette désastreuse entrevue dans son bureau, cinq ans auparavant.

— Je suis à l'hôpital, reprit-il.

— Ah bon ?

— Je vous appelle au sujet de votre mère.

— Ma mère ? Qu'est-ce qui se passe ? Que lui est-il arrivé ?

— Elle est aux urgences. Elle m'a demandé de vous avertir.

2.

Cameron Ford coupa la communication et attendit l'arrivée de Rachel dans le hall des urgences, la mine maussade. Il avait été sacrément ébranlé lorsqu'il avait aperçu par la fenêtre sa voisine étendue au milieu d'un massif d'azalées.

Dinah Hunt avait emménagé deux mois plus tôt, mais il n'avait pas accueilli sa nouvelle voisine avec les manifestations d'hospitalité coutumières. En fait, il vivait plus ou moins comme un ours. D'autant plus qu'il devait terminer un livre que son éditeur attendait depuis un certain temps et qui accaparait l'essentiel de son attention. Ayant remarqué la nouvelle occupante des lieux, il s'était félicité qu'elle fût seule et qu'elle menât une vie apparemment tranquille. En revanche, il avait été désagréablement surpris d'apprendre qu'elle était la mère de Rachel Forrester.

Décidément, cette femme était d'une indifférence écœurante : il ne se rappelait pas l'avoir vue rendre visite à sa mère une seule fois depuis son arrivée… Pourtant, il avait cru discerner un accent de panique dans sa voix, tout à l'heure, au téléphone.

Il aurait été bien incapable de la renseigner sur l'état exact de sa mère, étant donné que les médecins ne lui avaient pratiquement rien dit. Quand il était arrivé à l'hôpital avec Dinah, celle-ci était très faible et aussi pâle que les blancs gardénias qu'elle cultivait avec amour. Du moins avait-elle repris conscience assez vite.

En s'agenouillant auprès de son corps inerte, au bout du massif d'azalées qui séparait leurs jardins respectifs, il avait failli succomber lui-même à la panique.

— Monsieur ? Excusez-moi…

Il se retourna et vit une employée qui lui faisait signe depuis son guichet.

— Oui ? dit-il en s'approchant.

— Il nous faut des renseignements sur l'assurance maladie de Mme Hunt.

— Désolé, je n'en ai aucun. Mme Hunt n'est pas une parente — juste une voisine. J'étais simplement à ma fenêtre quand elle a eu un malaise dans son jardin.

L'employée fronça les sourcils.

— Il va bien falloir facturer les frais !

— Ecoutez, sa fille ne devrait pas tarder à arriver… De toute façon, Mme Hunt ne voulait pas venir à l'hôpital. J'ai dû insister.

L'employée feuilleta des papiers d'un air bougon.

— Vous auriez dû appeler les secours. Les pompiers savent s'y prendre avec les personnes âgées.

— Je m'en souviendrai pour la prochaine fois ! répliqua-t-il sèchement.

Il jeta un coup d'œil vers l'entrée, et vit Rachel arriver en courant, l'air affolé.

— Tenez, voilà justement sa fille !

Il lui fit signe de la main et elle se dirigea vers lui.

— Où est-elle ? Que lui arrive-t-il ? Est-ce une crise cardiaque ?

— Je l'ignore. Tout ce que je sais, c'est que votre mère est revenue à elle dans la voiture et qu'elle a fait tout son possible pour me dissuader de l'amener ici. Elle affirmait qu'elle n'avait aucune douleur thoracique. Par conséquent, je ne pense pas que ce soit le cœur.

Rachel se tourna vivement vers l'employée.

— Est-ce que je peux la voir ?

— Une infirmière va venir vous voir d'un instant à l'autre. En attendant, il me faut…

— Que s'est-il passé ? demanda Rachel à Cameron. Vous dites qu'elle est revenue à elle ? Elle avait donc perdu conscience, à un moment donné ?

— Oui, quand elle s'est écroulée dans son massif d'azalées, répondit-il sans ménagement. J'ai réussi à la remettre debout mais elle était toute désorientée ; il lui a fallu quelques minutes pour retrouver ses esprits.

Rachel fronça les sourcils d'un air perplexe.

— Je ne comprends pas. Comment avez-vous… Vous voulez dire que vous étiez chez elle ?

— J'étais à ma fenêtre. C'est de là que je l'ai vue.

— A votre fenêtre ?

Elle porta une main à son front et le regarda d'un air incrédule.

— Vous habitez dans le quartier ?

— Je suis son plus proche voisin.

Rachel n'eut pas l'air ravi de l'apprendre. Pas plus que lui ne s'était réjoui de découvrir l'identité de Dinah.

— Comment est-ce possible ? lança la jeune femme. Comment ai-je pu l'ignorer ?

— Apparemment, vous ne vous intéressez pas beaucoup à ce qui touche votre mère !

C'était un coup bas, il le savait, mais cette femme ne lui inspirait que ce genre de réaction. Ses sentiments à son égard n'avaient pas changé depuis leur dernière entrevue, cinq ans plus tôt. Le fait de la revoir lui donnait l'impression de soulever le couvercle d'une marmite, et le bouillon frémissait encore d'amertume.

— Avez-vous appelé une ambulance ? demanda-t-elle sans réagir à sa remarque.

— Elle ne voulait pas. Je l'ai amenée ici dans ma voiture.

— Je… merci, dit Rachel en appuyant une main sur sa bouche. C'est peut-être une attaque. Mais la dernière fois que je suis venue…

— C'est-à-dire ? coupa-t-il en la regardant durement. J'ai vu des voisins lui rendre visite. J'ai vu le facteur bavarder avec elle. J'ai vu le livreur de la pharmacie. Mais vous… je ne vous ai jamais vue passer.

Cette fois, le coup parut porter. Rachel le dévisagea.

— Je ne néglige pas ma mère, déclara-t-elle d'un air crispé.

— Ma foi, on pourrait s'y tromper.

— Dinah Hunt ! Y a-t-il quelqu'un pour Dinah Hunt ?

Ils se tournèrent ensemble vers la jeune interne qui balayait du regard la salle d'attente.

— Oui, moi ! dit Rachel en se dirigeant vers elle. Je suis sa fille. Comment va-t-elle ?

— Dr Carruthers, dit la jeune femme en se présentant, avec un sourire. Votre maman va bien. En fait, elle semble très impatiente de sortir d'ici. Apparemment, elle n'a pas du tout l'intention de passer la nuit à l'hôpital.

— Que lui est-il arrivé ? demanda Rachel. M. Ford l'a trouvée évanouie au milieu de ses fleurs, alors qu'elle jardinait.

Le médecin opina.

— C'est ce qu'elle m'a raconté, en effet. Cela arrive parfois chez les patients qui souffrent d'hypoglycémie.

— D'hypoglycémie ?

— Je n'ai pas encore les résultats de l'analyse de sang,

mais elle m'a dit que son médecin lui avait déjà parlé de cette affection. Et elle m'a avoué qu'il lui arrivait fréquemment de sauter le déjeuner quand elle était occupée à jardiner…

— L'hypoglycémie, c'est un taux de sucre insuffisant dans le sang, n'est-ce pas ? demanda Rachel.

— Oui. Vous étiez au courant de ce problème, je suppose ?

Rachel secoua la tête.

— Pas du tout.

— Eh bien, maintenant que vous le savez, faites en sorte qu'elle se nourrisse de façon régulière, par petites quantités, avec des apports riches en protéines. Elle devrait aussi se ménager un peu, au lieu de jardiner comme une forcenée.

— S'agit-il d'une maladie grave ?

— Pas particulièrement, à condition d'observer quelques précautions élémentaires. Si vous n'arrivez pas à en parler avec elle, passez à mon bureau prendre une brochure qui décrit toutes les précautions à prendre pour éviter les syncopes dues aux brusques accès d'hypoglycémie.

Sur ces entrefaites, Dinah émergea d'une salle de soins, aperçut Rachel et se dirigea droit sur elle. Elle portait des vêtements de jardinage — une ample salopette sur un T-shirt délavé et des baskets boueuses, sans doute blanches à l'origine. Elle paraissait très jeune, en temps normal, mais son malaise l'avait sérieusement ébranlée. Cameron songea que ses cheveux, qui commençaient à grisonner, avaient dû être naguère du même brun chatoyant, presque noir, que ceux de sa fille. Mais au lieu de les couper au carré, comme Rachel, elle les portait beaucoup plus longs, bouclés et rassemblés sur la nuque en un chignon lâche.

— Tenez, j'étais sûre qu'elle sortirait avant que j'aille la chercher ! dit l'interne en riant.

— Je vous remercie, docteur, murmura Rachel en se tournant vers elle pour lui serrer la main.

— Il n'y a pas de quoi. Vous avez bien fait d'insister pour la faire examiner, monsieur Forrester, ajouta-t-elle en regardant Cameron.

— Ford, pas Forrester, corrigea Cameron. Je suis juste un voisin.

— Ah, pardon !

Après un bref silence embarrassé, l'interne reprit :

— Les résultats de l'analyse de sang seront disponibles demain dans la journée, madame Forrester. S'il y avait quoi que ce soit d'anormal, je vous appellerais. Sinon, vous les recevrez par courrier.

— N'appelez pas ma fille : téléphonez-moi ! dit Dinah avec fermeté. S'il y a des mauvaises nouvelles, je suis tout à fait capable de les entendre.

— Je ne compte pas vous donner de mauvaises nouvelles, madame Hunt, dit la jeune femme avec un sourire. N'oubliez surtout pas de vous nourrir fréquemment et de mettre un chapeau pour travailler en plein soleil.

Dinah hocha la tête avec une grimace comique.

— Je le ferai, rassurez-vous : je ne tiens pas à revoir les pétales de mes fleurs par en dessous…

L'interne sourit, et les quitta pour entrer dans une salle, quelques mètres plus loin.

— Allons-y, maman ! dit Rachel en prenant Dinah par le bras. L'assurance maladie…

— Un instant ! Je veux d'abord remercier Cameron.

— Vous n'avez pas à me remercier, affirma-t-il.

Maintenant qu'il était rassuré sur son compte, il avait hâte de retourner travailler.

— Bien sûr que si ! Et je vous répète ce que j'ai dit dans la voiture, Cameron. Chaque fois que vous aurez envie de faire une petite pause, venez prendre un café ou un thé glacé chez moi. J'adore confectionner des pâtisseries, et il y a toujours des gâteaux ou des biscuits dans mes placards. Nick et Kendall en savent quelque chose.

— Nick et Kendall ?

— Mes petits-enfants : le fils et la fille de Rachel.

Dinah se dirigea vers le guichet où l'employée l'attendait, et fournit les documents nécessaires avant de se tourner de nouveau vers Cameron.

— Merci encore de m'avoir amenée à l'hôpital, même si je persiste à croire que ce n'était pas nécessaire. Dès que cet étourdissement m'a pris, j'ai su ce dont il s'agissait. Mais c'était déjà trop tard et je me suis écroulée. Grave erreur d'appréciation de ma part, ajouta-t-elle en prenant le formulaire que lui passait l'employée sous la vitre du guichet.

— Tu aurais dû attendre ce week-end pour jardiner, maman ! Nick t'aurait aidée… Du reste, cet incident prouve que j'avais raison de te déconseiller de quitter ton appartement. Une maison avec un jardin, c'est difficile à entretenir.

— T'ai-je déjà conseillé d'habiter un endroit plutôt qu'un autre, Rachel ?

— Non, bien sûr, mais…

— Quand je serai sénile, tu pourras me faire des recommandations. En attendant, je prends mes décisions moi-même. Bon, dit-elle avec brusquerie, j'admets que j'ai commis une erreur de jugement, aujourd'hui, mais il faisait si beau que le moment m'a paru idéal pour faire mes plantations, surtout après la pluie de mercredi qui avait assoupli le sol.

Tout en parlant, elle examina le formulaire qu'elle tenait à la main.

— Ma parole, il va falloir que j'aille m'asseoir pour remplir tout ça ! Il y a une bonne cinquantaine de questions.

Rachel tendit la main.

— Je vais le faire pour toi, maman.

— Je suis encore capable de répondre seule à un questionnaire concernant ma santé, tout de même !

Dinah alla s'installer sur l'une des chaises alignées contre le mur, et se mit à écrire.

Rachel soupira et leva les yeux sur Cameron.

— J'ai un mal fou à empêcher ma mère d'en faire trop… Mais puisque vous me prenez pour une fille indigne, je n'en dirai pas davantage. En tout cas, je vous suis reconnaissante pour ce que vous avez fait. Merci encore.

— Inutile de me remercier. Je me suis simplement comporté comme n'importe quel voisin l'aurait fait.

Elle le regarda sans rien dire, et quelque chose dans son expression attisa l'agressivité de Cameron.

— Votre mère ne rajeunit pas, reprit-il. Elle a choisi cette maison, et vous pourriez l'aider à en profiter. Une visite de temps en temps lui ferait plaisir.

Rachel s'empourpra, mais elle s'abstint de toute repartie. Quelque chose brilla dans ses yeux. Un éclair fugitif, aussitôt dissimulé sous la frange de ses cils noirs — qu'elle avait très longs et très fournis, remarqua-t-il.

Sans se départir de son silence, elle le salua d'un bref hochement de tête, puis lui tourna le dos pour aller rejoindre sa mère.

— Maman, s'il te plaît, voudrais-tu réfléchir encore et accepter de venir dormir chez moi ?

Contrariée, Rachel regarda sa mère ôter le ruban qui retenait ses cheveux et passer les mains dans ses boucles indisciplinées. Deux feuilles mortes et une brindille atterrirent sur la moquette de la chambre.

— Pour la énième fois, Rachel, je me sens tout à fait bien.

Dinah s'assit au bord du lit, ôta ses chaussures de sport et les tendit à sa fille.

— Voudrais-tu les déposer dans mon lave-linge en partant ? Ne le mets pas en marche ; j'y ajouterai ma salopette quand j'aurai pris ma douche.

— Tu n'oublieras pas de manger avant d'aller te coucher, j'espère ?

— Sûrement pas ! J'ai une faim de loup.

Rachel gagna la porte.

— Je vais préparer quelque chose pendant que tu te douches. Que dirais-tu d'une omelette ?

— Ce n'est pas nécessaire, Rachel. D'ailleurs, au lieu de me dorloter, tu ferais mieux d'aller t'occuper de tes enfants ! C'est l'heure du dîner, et je parie que Ted n'est pas encore rentré… Est-ce que je me trompe ?

— Non, il est… il a une réunion. Il rentrera tard. Mais j'ai appelé Marta, et elle a promis de veiller sur Nick et Kendall jusqu'à mon retour.

Dinah retint un moment le regard de sa fille, puis elle émit un grognement sceptique et entreprit de dégrafer sa salopette.

— Toutes ces réunions tardives… on dirait que tu as épousé un homme politique ! S'il n'y prend pas garde, ses enfants finiront par devenir des étrangers pour lui.

— Ma foi, je ne peux pas prétendre le contraire, maman.

Dinah la dévisagea de nouveau.

— En avez-vous au moins discuté ensemble ?

— Je ne définirais pas nos entrevues comme des discussions, avoua Rachel. Au bout de cinq minutes, j'ai l'impression de le harceler, et il se ferme comme une huître.

Dinah se laissa choir au bord du lit avec un soupir.

— Et le fait que je remue le couteau dans la plaie n'est pas de nature à arranger les choses, je suppose. Excuse-moi, Rachel, mais…

— Il vaudrait mieux que je file, maintenant, dit Rachel en demeurant dans l'ombre du couloir afin que sa mère ne puisse pas voir à quel point ses remarques avaient porté. Tu es sûre que tu ne reviendras pas sur ta décision pour cette nuit ?

Sa question resta un moment sans réponse. De toute évidence, Dinah n'avait pas fini ce qu'elle avait à dire.

— J'en suis sûre.

Elle inclina la tête, s'efforçant de mieux voir sa fille.

— As-tu passé une bonne journée ? Ces ados te donnent du fil à retordre, ces temps-ci ?

— Pas plus que d'habitude. Ce matin, j'ai reçu une fille de seize ans qui se retrouve enceinte, puis je suis allée à Dallas récupérer Jason Pate, le quarterback d'élite de Monk Tyson. Les flics l'avaient arrêté pour conduite en état d'ivresse.

— Aïe !

— Comme tu dis. Les Mustangs ne peuvent pas se passer de Jason, et Tyson tient à lui comme à la prunelle de ses yeux, évidemment. Surtout en ce moment, où les matchs de qualification battent leur plein.

— Et en rentrant, tu trouves ton écervelée de mère aux urgences…, murmura Dinah avec une grimace.

Rachel se massa le front du bout des doigts, et ébaucha un pâle sourire.

— Il y a des jours, comme ça.

— C'est vraiment tout ? demanda Dinah, essayant de cerner ce qu'elle percevait d'inhabituel dans l'attitude de Rachel.

— Oh, je pourrais ajouter le sermon que m'a infligé M. Ford.

Ses remarques l'avaient, certes, piquée au vif. Cinq ans

plus tôt, il avait mis en doute ses compétences professionnelles ; depuis lors, elle n'avait guère progressé dans son estime, apparemment. Mauvaise psychologue à l'époque, fille indigne aujourd'hui... Mais elle n'avait aucune raison de se préoccuper de son opinion. Sans doute était-elle particulièrement vulnérable, aujourd'hui, et il avait touché une corde sensible.

— J'ai reçu un choc en apprenant que tu avais pour voisin un homme qui me déteste, dit-elle avec un petit rire forcé. Si j'avais su, j'aurais insisté encore davantage pour que tu renonces à cette maison individuelle.

Ford écrivait d'excellents romans policiers qui obtenaient un succès mérité. Rachel achetait tous ses livres — en cachette car il n'y avait pas de quoi s'en vanter, étant donné la façon dont il l'avait traitée. Finalement, elle était extrêmement contrariée à l'idée de devoir le côtoyer chaque fois qu'elle rendrait visite à sa mère.

Ils avaient tous les deux fréquenté le lycée de la ville, mais n'avaient pas évolué dans le même cercle d'amis. A l'époque, Cameron passait déjà pour un garçon anticonformiste et plutôt ombrageux. Apparemment, il n'avait guère changé... Mais pourquoi accorder une importance quelconque à ce qu'il pensait d'elle ? Après tout, il allait être le voisin de sa mère, pas le sien — fort heureusement !

Dinah plissa le front.

— Un sermon de Cameron ? A propos de quoi ?

— Il affirme que je te néglige. Que je devrais te rendre visite plus souvent. Il m'a dit que le facteur, le livreur et les voisins te consacraient plus de temps que moi.

— C'est ridicule ! lança Dinah avec un petit claquement de langue. Ne l'écoute pas. Du reste, nous connaissons l'une et l'autre les raisons de son hostilité.

— Certes, admit Rachel avec un soupir. Il estime que

j'aurais dû remarquer l'état dépressif de son fils et faire quelque chose avant qu'il ne soit trop tard.

Elle se tut un moment, et parut réfléchir.

— Il a peut-être raison, maman, dit-elle enfin. J'ai essayé plusieurs fois de revivre les quelques semaines qui ont précédé le suicide de Jack. Je n'ai peut-être pas fait ce qu'il fallait.

Dinah secoua la tête d'un air impatient.

— Si tu pouvais déchiffrer les pensées de chaque adolescent que tu côtoies au lycée, tu serais complètement déboussolée, toi aussi. Tu fais du bon boulot avec ces gosses, Rachel. Le suicide de Jack a été une tragédie ; tu l'as d'autant plus mal vécu que tu étais justement en train de t'occuper de lui. Hélas, on ne peut pas toujours prévoir ces choses-là. Si Cam a réagi agressivement, aujourd'hui, c'est qu'il ne s'attendait pas à te voir. Ta présence a ravivé ses souvenirs les plus douloureux.

— Cam ? répéta Rachel, perplexe.

— Oui, il m'a demandé de l'appeler Cam… En tout cas, cesse de ressasser ce que tu aurais dû faire ou ne pas faire. Je suis bien placée pour savoir que tu fais toujours de ton mieux.

Les yeux fixés sur les tennis boueuses qu'elle tenait à la main, Rachel sonda encore sa mémoire.

— Jack ne m'a jamais semblé suicidaire, maman. J'ai passé des centaines d'heures à réfléchir là-dessus. Quelque chose le perturbait, j'en suis sûre. Il était distrait et ses notes s'en ressentaient. Ses professeurs avaient remarqué un changement dans son attitude. Bien sûr, il devait s'adapter à un nouveau lycée dans une nouvelle région. Il y a une sacrée différence entre New York et le Texas… Et puis, ses parents venaient de divorcer : ça faisait beaucoup pour un adolescent. N'importe qui, à sa place, aurait été perturbé. J'ai parlé avec lui, la veille de… de ce drame. Pourquoi n'ai-je pas pressenti ce qui allait se passer ? Si seulement…

— Si seulement quoi, Rachel ? Si tu pouvais revenir en arrière ? Etre le bon Dieu pour tous ces enfants ? demanda Dinah en ôtant ses chaussettes. Ce n'était pas la première tragédie que tu affrontais, et ce ne sera pas la dernière, hélas ! Cam est incapable d'oublier, et c'est tout à fait compréhensible, mais tu n'es pas dans sa peau. Tu dois te faire une raison, ma chérie.

Rachel respira à fond et hocha vaillamment la tête.

— Je sais bien.

Elle ramassa la salopette que sa mère avait jetée sur le lit.

— Je vais mettre tout ça dans le lave-linge et te préparer une omelette avant de partir. Inutile de discuter, maman.

— Si tu y tiens…

Levant les yeux au ciel, Dinah fit passer son T-shirt par-dessus sa tête.

— Pendant que tu y es, mets donc ça avec tout le reste !

Comme si elle s'efforçait encore de comprendre quelque chose, elle ajouta :

— Est-ce que tout va bien avec Ted ?

Rachel s'immobilisa, son paquet de linge sur les bras.

— Ça dépend de ce que tu entends par « tout », répondit-elle avec un grand sourire.

Dinah enfila son peignoir et la regarda d'un air sombre.

— Parle-moi, Rachel.

— Eh bien, je me sens peut-être un peu négligée — comme tu dirais.

— Ma foi, il serait temps ! Depuis que tu connais Ted, tu te sacrifies. Je n'ai jamais admis que tu aies abandonné tes études de médecine pour l'aider à poursuivre son internat. Et maintenant, après tout ce que tu as fait…

Animée d'une émotion intense, Dinah arpentait la pièce avec de grands gestes. Elle n'avait jamais caché son opinion à ce sujet — à savoir que le sacrifice de Rachel était une grave erreur.

Elle s'arrêta brusquement.

— Tu sais où est le problème, chérie ? Tu as beaucoup trop gâté ton mari. Tu n'as jamais rien exigé de lui. Je suis heureuse de t'entendre enfin dire que tu te sens négligée. Maintenant, tout ce qu'il te reste à faire, c'est de le lui dire.

Rachel eut un petit rire amer — presque un sanglot.

— C'est tout ce qu'il me reste à faire, en effet.

Sa mère la serra dans ses bras.

— Rentre chez toi, ma belle. Laisse tomber ma lessive et mon dîner. Prends soin de tes enfants, prélasse-toi dans un bon bain chaud, et prépare bien ce que tu vas lui dire. Tu n'auras plus à venir me chercher aux urgences : c'est promis.

— Tu aurais dû me parler de cette prédisposition à l'hypoglycémie, maman, dit Rachel avec un regard de reproche.

— Je sais, mais je ne voulais pas ajouter ça à la liste de tes soucis.

— Tu es ma mère. Pourquoi serais-tu étrangère à mes soucis ?

— Je préfère t'en épargner le maximum, conclut Dinah en poussant gentiment sa fille vers l'escalier. Embrasse les enfants pour moi, et dis à ton mari pourri gâté qu'il va falloir opérer quelques changements.

Rachel n'était pas la seule à envisager des changements. Debout derrière la baie vitrée de la chambre, au chalet du lac, Ted regardait dehors, plongé dans ses réflexions. Un beau clair de lune dont le reflet dansait mollement sur l'eau calme témoignait du froid de la nuit. Mais il faisait bon, à l'intérieur. Ted avait fait du feu dans la cheminée et avait bu un petit remontant. Le goût de l'alcool atténuait l'amertume qu'il avait dans la bouche depuis la scène au restaurant. Maintenant, il souffrait d'un début de migraine, et l'euphorie qu'il éprouvait d'ordinaire en compagnie de Francine ne suffisait pas à l'apaiser.

Il aurait dû se sentir bien, pourtant. Le moment qu'il redoutait depuis des mois était enfin passé. Rachel était désormais au courant de sa liaison. Certes, elle avait reçu un choc — comme on pouvait s'y attendre — et piqué une crise, ce qui était naturel. Mais en définitive, les choses auraient pu se passer bien plus mal. Un bref instant, sur le parking, il avait cru qu'elle allait se déchaîner, mais elle avait réussi à se dominer… Il se rappela une affaire sordide survenue deux ans plus tôt, à Houston : une femme avait surpris son mari avec une autre à la sortie d'un hôtel ; elle lui avait fait une scène sur le parking, puis elle avait repris le volant et lui avait foncé dessus pour l'écraser.

Avec Rachel, il n'y avait rien de tel à redouter. Elle était trop réaliste pour commettre un acte susceptible de nuire à ses enfants, de compromettre leur avenir… et le sien, du même coup.

Ted se passa une main sur le visage et tourna le dos au panorama. Rachel s'était chargée de choisir l'emplacement quand ils avaient décidé d'investir dans la construction d'un chalet sur le lac. Elle avait remué ciel et terre, visité des dizaines de terrains avant de jeter son dévolu sur celui-ci — une pure merveille, avec une vue imprenable, à l'orée d'un bois de pins.

Ted admirait ce talent rare qu'elle possédait pour gérer son temps et ses activités. Sans doute aurait-elle pu diriger le Pentagone si elle l'avait voulu, se disait-il parfois. L'ennui, c'est qu'il cherchait autre chose, à présent. Ce genre de femme lui convenait à l'époque où il poursuivait ses études, mais à présent, il avait besoin d'une compagne plus féminine, plus branchée, plus sexy. Une compagne qui l'admirait et lui donnait le sentiment d'être quelqu'un d'exceptionnel. Il avait parfois l'impression que Rachel pouvait passer des semaines sans le regarder vraiment. En revanche, quand Francine levait les yeux sur lui, quand elle l'écoutait religieusement, qu'elle s'intéressait à ses expériences ou se pâmait sous ses caresses, il atteignait vraiment le nirvana…

Il la rejoignit, et elle lui sourit, tout en ôtant son petit tailleur noir avec une lenteur calculée, sensuelle et provocante. Apparemment, le fait qu'ils eussent été surpris ensemble ne la plongeait pas dans un conflit intérieur comparable au sien. Peut-être parce qu'ils n'avaient pas encore annoncé la nouvelle à Walter, ce qui ne serait pas une mince affaire…

Une fois débarrassée de sa jupe, elle ne portait plus qu'une paire de bas noirs à jarretières, un soutien-gorge minuscule et un string assorti. En regardant ce délectable petit cul dévoilé par le string, Ted avait la gorge sèche et se mettait invariablement à bander.

— Tu as l'air bien sérieux, minou, murmura-t-elle en avançant à quatre pattes sur le lit. Déshabille-toi vite, que je te rende le sourire !

Le cerveau engourdi, le pénis en érection, il la regarda ramper vers lui, ses jolies fesses en l'air et les globes parfaits de ses seins débordant du mini balconnet. Il savait qu'elle avait eu recours à la chirurgie esthétique, mais ça ne la rendait que plus voluptueuse, plus désirable à ses yeux. Cette créature de rêve lui était toute dévouée… Il n'en revenait toujours pas.

Il appuya du plat de la main sur sa braguette gonflée, et s'efforça de ne plus penser à Rachel et Walter. Francine s'employait avec dextérité à dégrafer sa ceinture. Elle lui aurait bientôt ôté son pantalon, et comme elle se trouvait déjà dans la position adéquate, un petit coup de langue allait le mettre dans tous ses états. Il se demanda si elle offrait le même plaisir à Walter…

— Attends, Franny, lui dit-il alors qu'elle s'attaquait à la fermeture Eclair de son pantalon. Un petit instant, mon chou.

Il lui prit les mains et les garda serrées dans les siennes, l'empêchant de continuer.

Elle leva les yeux sur lui — lèvres humides entrouvertes. Voyant son expression, elle eut un soupir résigné.

— Eh bien ?

Sa voix trahissait une certaine impatience. Elle n'aimait pas être interrompue.

— Il faut qu'on parle de tout ça, Fran.

Elle s'écarta, remonta les genoux et les entoura de ses bras avec une moue boudeuse.

— De quoi veux-tu parler, Teddy ? Elle nous a vus : maintenant, elle sait tout. Il n'y a pas moyen de revenir là-dessus. Ça va faciliter les choses.

— Ah bon, tu trouves ? Walter va découvrir le pot aux roses, mes enfants ne tarderont pas à l'apprendre aussi. Au cabinet, ça va faire des gorges chaudes. Et dans vingt-quatre heures, crois-moi, les commérages iront bon train dans Rose Hill.

— Ça ne durera pas, Teddy, dit-elle d'un ton légèrement impatient.

Cette façon de ne songer qu'à elle le mettait quelquefois un peu mal à l'aise.

— C'était plus facile avant, quand nous étions seuls à savoir, Francine. Désormais, les complications vont s'accumuler : il faut se préparer.

— A quoi ?

Elle ne pouvait pas être aussi inconséquente qu'elle en avait l'air, songea-t-il.

Il respira à fond et lui expliqua patiemment :

— Ce que j'essaie de te dire, c'est qu'il est important de nous mettre d'accord, surtout vis-à-vis de Walter. Il va poser des questions. On doit répondre la même chose, toi et moi.

— Ne t'occupe pas de Walter. Quoi qu'il dise, je me débrouillerai.

— Il ne va pas accepter aussi facilement d'être cocu, Franny. Il va falloir lui faire comprendre que ce n'est pas une petite aventure, que ce qui nous arrive est on ne peut plus sérieux.

Ted se frotta la tempe avec une grimace de douleur. Hélas, il n'avait plus un seul comprimé contre la migraine.

— Il ne t'est pas venu à l'idée que Rachel était peut-être déjà en train de tout lui raconter ?

— Ta femme ne ferait jamais ça !

Francine leva une jambe et entreprit d'ôter son bas noir. C'était un geste d'invite, mais Ted tenait à mettre les choses au point… avant.

La jeune femme posa délicatement le sous-vêtement sur le sol.

— Elle est trop…

— Trop scrupuleuse ?

— Oui, c'est ça. Rachel n'est pas armée pour affronter la réalité. Les gens comme elle ne sont jamais du bon côté du manche.

Sa condescendance le fit légèrement grimacer. Francine était un mélange aussi déroutant qu'irrésistible de charme féminin, de sensualité et de vulgarité. L'ensemble était captivant. Même s'il avait du mal à l'admettre, il se sentait ensorcelé. Il avait constamment envie d'elle.

Sentant qu'elle y était allée un peu fort, elle tendit la main vers lui et promena un doigt le long de sa braguette avec un petit sourire canaille.

— Allez, tu te fais beaucoup trop de mauvais sang !

Il retira sa main et s'assit près d'elle.

— Toi, tu ne t'en fais pas assez. Il faut tout dire à Walter. S'il l'apprend avant, il va péter les plombs, et je ne suis pas sûr qu'il soit capable de se contrôler. Il est complètement fou de toi.

Aussi fou que l'était Ted, ce qui n'avait rien de rassurant non plus.

Francine dégrafa son soutien-gorge qui atterrit aussitôt sur le parquet.

— Laisse-moi le soin de manœuvrer Walter, minou !

Elle se mit à genoux, l'enlaça par-derrière et entreprit de déboutonner sa chemise. Après la lui avoir ôtée, elle écrasa ses seins nus contre son dos, tout en promenant les mains sur son torse.

— Mmm… j'adore ça ! Walter a pris de l'embonpoint : il pèse vingt kilos de trop, dit-elle en titillant du bout des doigts les mamelons de son amant. Un homme musclé, au ventre bien plat, ça me met dans tous mes états.

Tout en parlant, elle lui mordilla le lobe de l'oreille, et il sentit sa résistance faiblir.

Le désir qu'elle lui inspirait avait été sa motivation essentielle pour s'inscrire dans un club de musculation, un an auparavant. Grâce à ça, il avait retrouvé un corps de jeune homme, et l'admiration de Francine, le plaisir évident qu'elle prenait à le caresser le récompensaient de tous ses efforts. Le fait d'être désiré par une femme comme elle le faisait littéralement chavirer.

Elle glissa une main plus bas, sous l'élastique de son caleçon.

Ted gémit quand ses doigts se refermèrent sur lui, et il

renonça à toute tentative de discussion. *Plus tard,* se promit-il en se renversant sur le lit et en la laissant achever de le dévêtir. Certes, il faudrait bien qu'ils définissent ensemble les modalités de leur liaison. Rachel risquait de lui donner du fil à retordre, et Walter n'allait pas prendre la nouvelle avec le sourire. L'enfoiré était sacrément possessif à l'égard de Francine — Ted pouvait aisément se mettre à sa place… puisqu'il y était ! Mais pour rien au monde il ne renoncerait à elle.

A présent, elle était installée à califourchon sur lui et lui souriait d'un air tentateur, en tenant ses seins superbes en coupe dans ses mains. Elle avait gardé son string et ondulait des hanches comme une danseuse orientale.

Francine stimulait quelque chose de profondément enfoui en lui, dont il avait ignoré l'existence avant de la rencontrer, et qu'aucune femme n'avait jamais atteint. Avec un grognement étouffé, il lui arracha son string et plongea violemment, complètement en elle, s'abandonnant aux délices de l'instant.

3.

En rentrant chez elle, Rachel trouva la cuisine sens dessus dessous. Elle commença par tout ranger, puis jeta un coup d'œil aux devoirs des enfants. Quand ils furent enfin couchés, elle décida de s'accorder un moment de détente et se fit couler un bain.

La baignoire était à peine remplie quand le téléphone sonna. C'était Monk Tyson. Submergée par ses propres ennuis, elle ne se sentait vraiment pas disposée à débattre des problèmes de Jason Pate. Mais Monk se montra tellement insistant qu'elle fut contrainte de passer encore une demi-heure au téléphone pour lui narrer par le détail les conditions de sa remise en liberté. Il était près de 11 heures quand la conversation prit fin. Et Ted n'avait toujours pas donné signe de vie.

Renonçant au long bain réparateur, elle prit une douche et se réfugia sous la couette. D'ordinaire, elle attendait le retour de Ted pour se coucher. Mais maintenant qu'elle savait tout, ce petit rituel conjugal n'avait plus aucune raison d'être. Elle eut un pincement au cœur en songeant qu'il devait s'en moquer depuis déjà pas mal de temps.

Désormais, il dormirait dans la chambre d'amis, ce qui serait sans doute un soulagement pour lui…

Allongée sur le dos, les yeux secs, Rachel contemplait le plafond dans la pénombre. Elle se promit de cacher soigneusement sa détresse à son mari, de ne pas lui offrir, lorsqu'il rentrerait, le spectacle d'un visage ravagé par les larmes. Mais à 3 heures du matin, elle finit par comprendre qu'il ne rentrerait pas.

L'espèce d'hébétude dans laquelle elle était plongée depuis la scène du restaurant se dissipa brusquement.

Comment pouvait-il être amoureux de Francine Dillon ? Francine et Walter étaient leurs amis. Walter, plus âgé qu'eux et bien établi à Rose Hill, s'était associé avec Ted lors de la création du cabinet médical. Quelques années plus tard, il avait épousé Francine, de vingt ans sa cadette. La jeune femme avait donc douze ans de moins que Ted... C'était ridicule. Et même consternant.

Rachel ne put retenir un sanglot. Le mois dernier, ils avaient fêté leur dix-huitième anniversaire de mariage au restaurant, avec Walter et Francine. Aurait-elle dû remarquer des gestes, des regards de connivence entre les amants ? Elle songea aux achats inhabituels de Ted — costumes de luxe, caleçons de soie —, au régime qu'il avait entrepris pour perdre du poids, à ses séances de musculation... Leurs moments d'intimité étaient devenus rarissimes. Elle se rappela aussi tous ces voyages à Los Angeles, Boston, Houston ou New York qu'il avait entrepris sous prétexte de chercher un troisième associé — sans jamais lui proposer de l'accompagner. Comment avait-elle pu être aussi aveugle ? Une épouse ne perçoit-elle pas ces choses-là ? N'a-t-elle pas l'intuition, un jour ou l'autre, que son mari a cessé de l'aimer ?

Etait-ce donc cela ? Ted avait-il cessé de l'aimer sans qu'elle s'en rende compte ? Mais comment était-ce possible ? Son métier de psychologue consistait justement à décrypter les signes, à dépasser les apparences. Etait-elle donc aussi nulle que le suggérait Cameron Ford ?

Le lendemain, samedi, il n'y avait pas classe. Heureusement, Nick et Kendall dormaient encore quand Ted arriva enfin. Rachel prenait son petit déjeuner sous la véranda. Elle ne bougea pas pendant qu'il se servait une tasse de café dans la cuisine. Elle attendit qu'il la rejoigne.

Lorsqu'il apparut sur le pas de la porte, ils se regardèrent un moment sans rien dire. Il portait toujours son costume Armani, mais il avait omis de remettre la cravate dont l'extrémité dépassait de sa poche. Son col était déboutonné, et Rachel remarqua une trace rouge entre son cou et son épaule. Une marque laissée par Francine, évidemment.

Cette idée ranima en elle une flambée de rage. Elle constata avec satisfaction qu'il avait les traits tirés et les yeux un peu rouges, comme s'il avait très mal dormi.

— Où as-tu passé la nuit, Ted ?

— Au pavillon du lac, répondit-il en enlevant sa veste et en la jetant sur un fauteuil en rotin. Il faut que je te parle, Rachel.

— Francine était avec toi ?

— Elle est restée un moment. Ensuite, je l'ai raccompagnée chez elle, dit-il en haussant les épaules. J'aurais dû t'appeler. Excuse-moi. J'ai pensé qu'il valait mieux… enfin, que tu aurais besoin d'un peu de temps pour accepter la réalité.

— C'est-à-dire que mon mari est un menteur et un imposteur ?

Rachel posa sa tasse pour qu'il ne vît pas ses mains trembler.

— Après dix-huit ans de vie commune, il faut un peu plus de quelques heures pour s'y faire, Ted.

— Ce n'était pas prémédité, Rachel, je te le jure, dit-il en s'asseyant près de la table basse. Pour Francine non plus. Ce qui nous est arrivé n'est pas explicable. Nous étions juste des amis, et puis… nous sommes passés à autre chose, comme ça, du jour au lendemain, sans trop savoir comment. Elle et moi…

— *Comme ça, du jour au lendemain,* vous avez violé vos serments de fidélité ? Vous vous êtes retrouvés régulièrement, en cachette ? *Sans trop savoir comment*, tu as oublié que tu avais une femme et deux enfants ?

— Je sais bien que ça paraît moche, Rachel. Et je ne peux pas te demander de me comprendre. A présent, il ne nous reste plus qu'à chercher le meilleur moyen de limiter les dégâts.

Rachel s'assit avec précaution au bord du canapé en rotin.

— A quel moment ça a commencé ? demanda-t-elle, songeant à leurs innombrables sorties avec les Dillon, leurs amis les plus proches. Depuis combien de temps vous couchez ensemble, tous les deux ?

Ted détourna les yeux, visiblement embarrassé.

— Je ne vois pas l'intérêt de parler de ça, Rachel.

Elle le regarda d'un air incrédule.

— Tu ne vois pas l'intérêt ? Tu me dis que tu es amoureux d'une autre et que tu n'y peux rien, mais je ne dois pas chercher à savoir si tu couchais avec elle en même temps qu'avec moi ? Alors, je vais te dire une chose, Ted : si tu ne réponds pas à ma question, inutile de poursuivre cette conversation car il n'y aura aucun moyen de limiter les dégâts. Donc, je me répète : depuis combien de temps couches-tu avec elle ?

— Un an, répondit-il brièvement.

Un an !

Rachel se leva et traversa la pièce.

Leurs relations sexuelles n'avaient pas complètement cessé, mais Ted lui faisait l'amour de moins en moins souvent, depuis quelque temps… Pensait-il à Francine pendant leurs rares ébats ? Cette idée lui souleva le cœur.

— Qu'est-ce que tu comptes faire exactement, Ted ? Tu penses au divorce ?

— Ce n'est pas aussi simple que ça, Rachel.

— Ah bon ? A mon sens, en tout cas, ton choix est limité : soit tu mets fin à cette histoire et nous verrons s'il est possible de sauver notre couple, soit tu continues et c'est moi qui demande le divorce.

Le cœur battant, elle attendit sa réponse.

— Je ne veux pas la quitter, Rachel. Je n'en suis pas capable.

Elle le dévisagea. Il tenait donc tellement à elle !

— Par conséquent, tu choisis le divorce.

La poitrine serrée dans un étau, Rachel tenta de s'imaginer elle-même sous l'emprise d'une passion telle que sa famille puisse passer au second plan…

— J'envisage plutôt une séparation, dit-il. Peut-être provisoire.

Il se leva et s'approcha de la baie vitrée.

— Je viens de te le dire : ce n'est pas simple, étant donné le contexte. Il y a le cabinet… et Walter. Il n'est pas encore au courant.

— Pas encore ?

— Francine a l'intention de tout lui dire.

— Quand ?

— Quand elle jugera le moment opportun.

Rachel laissa échapper un rire amer.

— Quel aurait été pour nous *le moment opportun* si je ne vous avais pas surpris en train de déjeuner ensemble, hier midi ?

— Nous savions parfaitement que nous étions en sursis, dit Ted en lui tournant le dos. Et c'est précisément ce que je te demande maintenant : un sursis. J'aimerais avoir un peu de temps pour essayer de prendre la meilleure décision. Bon sang, Rachel, j'ai passé une nuit blanche à me demander comment te dire… comment…

— Pas avant d'avoir fait l'amour à Francine, je suppose ?

— A me demander comment annoncer ça aux enfants, poursuivit-il sans se laisser démonter. Et si je devais quitter la maison… Et puis, j'ai besoin de savoir ce que Walter va faire quand il sera au courant. Ça risque d'être une catastrophe. Inutile de te faire un dessin.

— Inutile, en effet. En ce qui concerne Walter, je devine très bien quelle sera sa réaction. Il a vingt ans de plus que Francine, et il se montre volontiers possessif. Elle était mariée avec un autre quand ils se sont rencontrés, n'est-ce pas ? Elle a dû divorcer pour pouvoir l'épouser. Il est littéralement fou d'elle. C'est un type un peu réac, non ? Il estime qu'elle lui appartient. Il est fort peu probable qu'il prenne la chose avec philosophie.

Ted haussa les épaules.

— Qu'est-ce que j'y peux ? Elle ne l'aime plus.

— Oh ! C'est donc toi qu'elle aime, maintenant ?

Il la regarda dans les yeux.

— Est-ce si difficile à croire ?

Le ton sur lequel il venait de poser cette question semblait sous-entendre qu'il ne se sentait plus aimé par sa propre femme… Rachel se demanda s'ils s'étaient insensiblement laissé dévorer par la routine du quotidien, et si c'était la raison de son infidélité.

— Combien de temps faudra-t-il à cette garce pour se lasser de toi comme elle s'est lassée de Walter, et commencer à chercher ailleurs ? lança-t-elle plus crûment qu'elle ne l'aurait souhaité.

— Ça n'arrivera pas, répondit-il simplement.

— Vraiment ?

— Vraiment.

Il marqua une pause et soupira.

— Je sais bien que tu ne peux pas le comprendre.

Ils se mesurèrent du regard pendant un long moment. Jusqu'à ce que la sonnerie de l'entrée mette fin à cette joute muette.

Ted pesta en consultant sa montre, tandis que Rachel s'empressait d'aller ouvrir.

— Qui peut bien venir nous voir d'aussi bonne heure ?

Elle atteignait l'entrée quand le tintement du carillon céda la place à des coups de poing martelant le battant.

Rachel jeta un coup d'œil par le judas, et la consternation se peignit sur ses traits. Walter Dillon !

Elle tourna rapidement le verrou et, avant d'ouvrir, jeta un coup d'œil à Ted qui l'avait suivie.

— C'est Walter, souffla-t-elle. A ta place, je me préparerais à un match mouvementé.

A ses yeux, Walter avait plutôt le physique d'un boxeur que celui d'un médecin. A cinquante-deux ans, il devait peser près de quatre-vingt-dix kilos pour un mètre soixante-quinze, avec une silhouette trapue et des épaules de déménageur.

Dès que la porte fut ouverte, il lança à Ted un regard assassin par-dessus l'épaule de Rachel.

— Dis-moi, mon vieux, qu'est-ce qui se passe au juste entre ma femme et toi ?

Rachel vérifia rapidement qu'aucun voisin n'était dans les parages avant de tirer Walter par le bras pour lui faire franchir le seuil.

— Entre, Walter, dit-elle le plus calmement possible. J'ai préparé du café. Les enfants sont encore au lit.

— Je ne veux pas de café, nom de Dieu ! J'ai posé une question à Ted.

Il inclina la tête et observa son associé en plissant les yeux.

— Hier soir, à mon retour, ma femme m'a accueilli avec une histoire invraisemblable. Tu as intérêt à me dire que c'est une blague ou je te découpe la bite en rondelles !

— Du calme, Walter, pour l'amour du ciel ! dit Ted avec un regard furtif vers l'escalier.

Il voulut prendre Walter par le bras, mais l'autre le repoussa brutalement.

— Suis-moi dans la véranda.

— Alors, tu ne nies pas ? hurla Walter.

Rachel posa un doigt sur ses lèvres pour lui intimer le silence.

— S'il te plaît, Walt… Les enfants. Je n'ai pas envie…

— Enfin, Rachel, tu sais ce que ton enfoiré de mari a fait avec ma femme ?

Elle soupira et l'entraîna vivement vers la véranda.

— Je sais, oui.

Il la dévisagea d'un air farouche.

— Tu savais que ces salopards s'envoyaient en l'air et tu ne disais rien ?

— Je ne l'ai appris qu'hier, Walter.

Ils gagnèrent la véranda, Rachel gardant prudemment une main posée sur le bras de Walter, tandis que Ted fermait la marche, l'air circonspect.

— Je vais t'apporter une tasse de café, et on essaiera de tirer tout ça au clair.

— Pas de café ! Donne-moi plutôt un bourbon.

— Je vais te servir, dit Ted en s'esquivant.

Il se dirigea vers le bar, sortit la bouteille, prit un verre sur l'étagère et entreprit de le remplir d'une main tremblante. Avec un coup d'œil destiné à le mettre en garde, Rachel prit le verre plein et le tendit à Walter qui avala son contenu d'un trait. Il s'essuya ensuite la bouche d'un revers de main et lança à Ted un regard féroce.

— Tu as intérêt à trouver une bonne excuse, vieux, sinon ta petite vie tranquille va devenir un véritable enfer.

— Allons tous nous asseoir, proposa Rachel. Ça va être très difficile, et je crois que tu as raison, Walter : nos vies ont déjà changé.

Walter ignora son invitation à s'asseoir et dévisagea Ted sans aménité.

— Alors, c'était donc vrai ? Tu as baisé ma femme ?

— Ce n'était pas prémédité, Walter, répondit Ted.

Il était blême et la sueur brillait maintenant sur son front.

— Ce sont des choses qui arrivent, conclut-il.

— Dis-moi, Ted, depuis combien de temps est-ce que tu la baises ?

Ted se leva.

— A mon avis, tu ferais mieux de demander ce genre de détails à Francine. Elle te...

Walter posa violemment son verre sur la table, traversa la pièce en trois enjambées et empoigna la chemise de Ted.

— Tâche au moins d'avoir assez de couilles pour me répondre, espèce d'enfoiré ! gronda-t-il, les dents serrées.

Si Ted le dépassait d'une demi-tête, il devait peser vingt kilos de moins que lui. Walter resserra son étreinte, tordit l'étoffe entre ses doigts, et Ted se mit à suffoquer, étranglé par le col de sa chemise.

— Walter !

Rachel le tira par le coude, mais elle eut l'impression de secouer une statue de marbre.

— S'il te plaît, Walter, arrête ! Ne fais pas ça !

Mais Walter n'entendait plus rien. Il recula d'un pas pour prendre son élan, et Ted reçut son poing en pleine figure.

— Oh, mon Dieu !

Impuissante, Rachel vit les deux hommes s'effondrer sur la table basse, et le plateau de verre voler en éclats. Deux cadres et une orchidée en pot volèrent à travers la pièce, tandis que le sang jaillissait du nez de Ted. Puis les deux hommes roulèrent ensemble sur le sol avec des grognements sourds, essayant de se frapper avec les pieds et les poings.

— Papa ! Maman ! Hé là, qu'est-ce qui se passe ?

Rachel fit volte-face et découvrit Nick sur le pas de la porte, les yeux comme des soucoupes.

— Nick ! Oh là là, viens m'aider à les séparer !

Le garçon hésita une fraction de seconde avant de passer à l'action.

— Toi, tu attrapes papa pendant que je retiens le Dr Walter.

Il fonça dans la bagarre, saisit fermement Walter par le dos de sa chemise et tira un bon coup, lui coupant momentanément le souffle.

Rachel n'eut guère qu'à attraper Ted par le bras. Profitant aussitôt de l'occasion, il s'écarta prestement de Walter. Une fois debout, il s'essuya le nez avec la manche de sa chemise de luxe, haletant, un œil méfiant fixé sur son adversaire que Nick maintenait d'une poigne solide.

— C'est bon, dit Walter en se dégageant d'une secousse. Je suis désolé, Nick. Quant à toi, espèce d'enfoiré, ajouta-t-il en se tournant vers Ted, ne t'imagine surtout pas que tu vas t'en sortir aussi facilement ! Francine a peut-être décidé de me quitter, mais les poules auront des dents avant qu'elle soit à toi.

Il rentra légèrement la tête dans les épaules, rajusta le col de sa chemise et entreprit d'en glisser les pans à l'intérieur de son pantalon. Puis il jeta un coup d'œil à Rachel et Nick qui se taisaient dans leur coin, avant de reporter son attention sur Ted.

— Mais qu'est-ce qui t'a pris, hein, pauvre connard ? Tu as tout ce qu'un homme peut rêver d'avoir, et il a fallu que tu viennes empiéter sur mon territoire ! Evidemment, tu t'imagines que l'herbe est plus verte chez les autres… chez *moi*, en l'occurrence !

Il secoua la tête, traversa la pièce en direction de l'entrée, et se retourna une dernière fois avant d'atteindre le seuil.

— Tu es un foutu crétin, Ted !

4.

— Qu'est-ce que c'est que cette histoire ? demanda Nick, totalement abasourdi.

— Ce n'est rien, dit sèchement Ted en s'essuyant le nez avec un Kleenex. Remonte dans ta chambre.

Il ne semblait pas avoir remarqué l'estafilade qu'il avait près de l'œil. Rachel vit qu'elle commençait à enfler. Il avait pris le premier direct de Walter en plein sur le nez, mais un second avait dû l'atteindre tout en haut de la pommette. Il allait avoir un œil au beurre noir pendant une bonne semaine. Quelle explication allait-il donner au personnel du cabinet médical ?

Les mains sur les hanches, Nick regarda son père d'un air indigné.

— Remonter dans ma chambre ? Non, mais tu rigoles ? Tu viens de te bagarrer avec ton associé, la table basse est en miettes, tu pisses le sang et tu te contentes de me dire que « *ce n'est rien* » ?

— C'est une affaire personnelle, répondit Ted, le nez enfoui dans son mouchoir en papier. Je t'expliquerai une autre fois.

Nick secoua la tête d'un air écœuré, et se tourna vers sa mère.

— Qu'est-ce qu'il voulait dire, le Dr Walt, quand il a crié que Francine ne serait jamais à papa ?

— Nick…

Elle tendit la main vers son fils, et ressentit un violent tiraillement du côté du cœur.

— Je suis désolée que tu aies dû assister à ça. Je ne crois pas…

— Est-ce que papa te trompe avec Francine ?

Le garçon était pâle, mais ses yeux lançaient des éclairs.

Rachel regarda Ted.

— Ce n'est pas le moment de discuter de ça, dit Ted, grimaçant à la vue du sang qui maculait le mouchoir. J'arrive pas à y croire ! Il m'a probablement cassé le nez.

— C'est bien ça, hein, maman ? insista Nick. Il baise avec Francine ?

— Nick, s'il te plaît…

Rachel le prit par la main et essaya de l'entraîner vers le canapé.

— Tu sais que je ne tolère pas ce langage. Assieds-toi, je vais essayer de t'expliquer.

Mais Nick résista pour rester debout, fustigeant son père du regard. Personne ne remarqua que Kendall se tenait sur le pas de la porte, jusqu'à ce qu'elle prît la parole.

— Moi aussi, je veux savoir.

Trois paires d'yeux convergèrent vers la petite, toute frêle et innocente dans sa chemise de nuit rose parsemée de cœurs minuscules. Elle avait des chaussons assortis et son appareil photo accroché en bandoulière. Evitant adroitement les éclats de verre sur le sol, elle rejoignit sa mère.

— J'ai entendu cogner à la porte et je voulais mon appareil photo, mais j'ai mis du temps à le trouver. Après ça, le Dr Walt a crié — il faisait un sacré boucan. J'ai pris des photos quand il a commencé à se battre avec papa… Pourquoi ils se battaient ?

— Tu as pris des photos ? dit faiblement Rachel.

Kendall opina, puis se tourna vers son père.

— Hein, papa, pourquoi vous vous battiez ?

Rachel passa un bras autour de la taille de sa fille, et fustigea encore Ted du regard.

— Il faut que je me soigne, grommela-t-il en passant au milieu des siens, la tête penchée en arrière pour tenter de juguler ses saignements de nez. Excusez-moi.

— C'est bien ça, hein, maman ? répéta Nick, tandis que Ted s'esquivait. Il couche avec Francine ?

Rachel prit ses deux enfants par la main et réfléchit un instant. Comment leur dire le strict nécessaire en leur faisant le moins de mal possible ?

— Quelquefois, commença-t-elle, les gens mariés s'aperçoivent que même s'ils ont des enfants merveilleux, une maison agréable et un métier intéressant, ils ont envie d'autre chose. Un besoin de changement, en quelque sorte. C'est ce qui est en train d'arriver à votre… papa.

Sa voix se fêla imperceptiblement sur le dernier mot.

— Si je comprends bien, dit Nick — qui ne tournait jamais autour du pot —, cette *autre chose* qu'il fallait à papa, c'était une aventure avec la femme de son meilleur ami ?

Touchée au vif, Rachel ferma les yeux un bref instant.

— Il… il semble que… oui, dit-elle, on peut dire ça, en effet.

— Quel taré de merde !

Nick se leva d'un bond. Il n'avait pas eu le temps d'enfiler un T-shirt avant de descendre, et il ne portait qu'un bermuda. Son torse mince d'adolescent se soulevait sous l'effet de l'émotion. Les bras raidis le long de son corps, il serra les poings d'un geste belliqueux.

— Le Dr Walt n'aurait pas dû se contenter de lui flanquer son poing dans la figure. Moi, à sa place…

Rachel l'interrompit d'un geste.

— Nick, ça te fait peut-être du bien, en ce moment, de te mettre en colère contre lui, mais il restera toujours ton père.

— Un père complètement nul ! répliqua amèrement le garçon.

— J'y comprends rien, intervint Kendall, la mine perplexe. Qu'est-ce qu'il a fait de mal, papa ?

— Il sort avec la femme du Dr Walt, bébé. C'est quelque chose qui ne se fait pas, lui expliqua Nick.

— C'est pas bien que papa soit copain avec Francine ?

— Ils sont plus que copains, Kendy, précisa Nick en adoucissant le ton.

— Ton papa et Francine ont des sentiments… particuliers l'un pour l'autre, expliqua Rachel. Ils veulent rester ensemble… comme dit Nick… pas seulement en copains.

— Ah bon ? Ils veulent rester ensemble ? Et toi, alors ?

— Papa a décidé de vivre ailleurs pendant quelque temps, Kendall. Il va probablement s'installer au chalet du lac. Il ne sera plus avec nous comme avant.

Kendall ouvrit de grands yeux.

— Il va manger là-bas, dormir là-bas et… et tout ?

— Dans l'immédiat, oui, dit Rachel en opinant. Mais quand vous voudrez le voir, il ne sera pas loin. Le chalet n'est qu'à une heure de Rose Hill.

Kendall dévisagea sa mère un long moment.

— Est-ce qu'on va divorcer ?

Rachel porta la main de sa fille à sa joue.

— Qui a parlé de divorce, mon cœur ?

Une ombre passa sur le visage de Kendy.

— Tu sais, maman, j'ai des amies qui sont divorcées, et c'est pas terrible.

Rachel aurait tant aimé pouvoir la rassurer.

— Je ne crois pas que votre papa aille s'installer loin d'ici, ma chérie, dit-elle d'un ton qui se voulait apaisant. Son cabinet est là, n'est-ce pas ? Alors, même s'il habite au chalet, il sera toujours joignable quand vous aurez besoin de lui.

— Ben voyons ! maugréa Nick en jetant un coup d'œil du côté où Ted s'était esquivé. Ne compte pas trop sur lui en cas de coup dur, en tout cas !

— Il se tape Francine ? La femme de son associé ? lança Marta en faisant les cent pas dans la véranda. Mais enfin, il a perdu la boule ? Walter Dillon va l'égorger !

— Il en était à deux doigts, ce matin, grommela Rachel.

Marta s'immobilisa.

— Quoi ? Walter est au courant ?

Rachel s'assit, encerclant ses genoux de ses bras.

— Il a débarqué dix minutes à peine après que Ted était rentré du chalet. Et tu as vu juste : il était tellement furieux qu'il a pété les plombs, Marta. Il s'est mis à l'engueuler et à le menacer, puis il lui a carrément sauté dessus. Si Nick n'était pas descendu à ce moment-là pour m'aider à les séparer, je ne sais pas jusqu'où il serait allé.

Marta regarda autour d'elle.

— C'est pour ça que ta table basse n'a plus de plateau ?

— Il y avait du verre partout. J'ai cru qu'ils allaient s'entretuer. C'était épouvantable. Et pour couronner le tout, Nick et Kendall ont assisté à ça !

— Ils se sont battus devant les enfants ?

Rachel soupira.

— Kendall a même pris des photos ! Tu sais qu'elle emporte cet appareil partout.

— Oh, bon sang !

Rachel regarda son joli jardin par la baie vitrée.

— J'ai dû leur donner des explications, Marta. Je n'avais pas le choix. Ils avaient entendu les propos de Walter. Ils ne mesurent peut-être pas encore très bien l'étendue du désastre, mais pour ma part, je crois que Ted est sérieux.

— C'est le démon de midi, grommela Marta d'un air dégoûté. Ou bien cette propension naturelle des mecs à tromper leur femme.

Marta avait été fiancée à un commissaire, et elle l'avait surpris un jour dans les bras d'une jeune collègue fraîchement émoulue de l'école de police. Elle avait immédiatement rompu avec lui pour épouser, six mois plus tard, un professeur de musique, Jorge Ruiz — le meilleur des hommes —, qui était décédé au bout de deux ans à la suite d'une grave maladie.

— De toute façon, il est mordu, c'est évident. A tel point qu'il ne se préoccupe même plus du mal qu'il peut faire à ses enfants.

— Ou à toi.

— Ou à moi.

— Qu'est-ce que tu vas faire ?

Rachel haussa les épaules.

— Il faut avant tout que je pense aux enfants. Je ne dois pas commettre d'imprudence pour le moment.

— Ça signifie que s'il changeait d'avis, tu accepterais de passer l'éponge et de reprendre les choses où elles en étaient avant ?

— Je serais sans doute une véritable andouille, n'est-ce pas ? Toi, tu n'as pas accordé une seconde chance à Pete.

— C'est Ted qui est une andouille, pas toi ! affirma Marta.

Et Pete ne m'a pas demandé de lui pardonner. Il a bien fait, d'ailleurs, parce que j'aurais refusé.

Elle se pencha vers son amie et lui serra affectueusement le bras.

— Pour le moment, reprit-elle, tu souffres et tu es encore sous le choc, mais il faut avouer que Ted s'est conduit pendant des années comme un foutu égoïste — un véritable enfant gâté. Et tu y es pour quelque chose, hélas !

— J'ai l'impression d'entendre ma mère.

— C'est une femme qui ne manque pas de jugeote. Elle n'a jamais vu Ted à travers des lunettes roses, en tout cas !

— L'antipathie est réciproque, dit Rachel en se remémorant les tensions qui avaient toujours existé entre sa mère et son mari.

— Le miracle, c'est que Ted ait trouvé une autre femme qui supporte son égocentrisme. A mon avis, ça ne durera pas plus de six mois.

Marta s'assit à califourchon sur une chaise, les bras repliés autour du dossier.

— A ton avis, c'est la première fois qu'il te trompe ?

Rachel commençait à se poser la question depuis la scène du restaurant.

— Je ne sais pas trop, murmura-t-elle.

Il y avait eu, quelque temps auparavant, une séduisante monitrice du club de gym qui semblait beaucoup plaire à Ted. Rachel, qui était un peu empâtée, à l'époque, s'était inscrite au club pour un an, et Ted l'avait imitée. Mais, après avoir perdu ses kilos superflus, elle avait abandonné l'entraînement à cause d'un emploi du temps surchargé, tandis que Ted poursuivait assidûment ses séances sous la houlette de la ravissante Wendy. Au bout du compte, évidemment, il pouvait s'enorgueillir d'avoir retrouvé sa sveltesse de jeune homme. Sans s'avouer réellement son inquiétude, Rachel avait alors redoublé d'attentions pour son mari : elle avait organisé une petite croisière en amoureux, une jolie fête pour son anniversaire et des dîners aux chandelles à la moindre occasion.

Puis Wendy était partie vivre à Denver.

Mais que serait-il arrivé si cette jeune femme n'avait pas déménagé ? se demanda-t-elle soudain. La fidélité n'était peut-être pas aussi sacrée aux yeux de Ted qu'aux siens. Aurait-elle dû s'en apercevoir plus tôt ? Le départ inopiné de Wendy lui avait-il permis d'être sauvée par le gong — par un simple concours de circonstances ?

Marta but une gorgée de Coca.

— Si les enfants sont au courant, tu ne pourras pas cacher ça bien longtemps à ta mère… Hum, je l'entends d'ici ! Dinah va menacer de le pendre par les couilles, cet enfoiré.

— Je sais bien.

Rachel soupira et consulta sa montre.

— Kendall a un match de foot à 14 heures, reprit-elle, et ensuite elle va fêter l'anniversaire d'Amy Milton avec toute l'équipe. J'irai parler à ma mère après l'avoir accompagnée chez sa copine car ce n'est sûrement pas Ted qui s'en chargera. Je redoute un peu la réaction de Dinah, en effet ; ça risque d'être moche.

Un rayon de soleil alluma un reflet sur son alliance, et elle l'examina un moment sans rien dire.

— J'aimerais pouvoir éviter que tout cela s'ébruite, reprit-elle d'un air morose. C'est humiliant et douloureux pour moi, mais ce sera bien pire encore pour Nick et Kendall. Je vois régulièrement des élèves perturbés par le divorce de leurs parents, Marta ; la plupart d'entre eux en souffrent beaucoup.

— Au début, ce sera sûrement difficile, mais tes enfants sont équilibrés ; tu as une excellente relation avec eux. En outre, tu es très forte, et cette force va t'être précieuse. Vous vous en sortirez bien, tous les trois, j'en suis sûre. Quelle que soit la suite de l'histoire.

Elle ramassa son trousseau de clés, se pencha sur son amie et l'embrassa sur la joue.

— N'hésite pas à m'appeler, d'accord ?

Cam s'octroyait rarement une pause pour déjeuner : il préférait rester concentré sur son travail. Mais un appel de son agent littéraire, Ben Eckstein, l'avait interrompu en fin de matinée. Ben avait hâte d'entamer les négociations pour un nouveau contrat. Cam, contrarié d'avoir été dérangé, s'était chargé de modérer son enthousiasme ; il avait même négligé de le rappeler quand ils avaient été coupés. Il s'aperçut soudain qu'il mourait de faim, et gagna la cuisine pour se confectionner un sandwich. Puis il sortit sous l'auvent du fond, et mangea debout, appuyé au pilier de bois. C'est là qu'il aperçut un garçon qui traversait la pelouse après avoir quitté le patio de Dinah.

C'était un adolescent d'une quinzaine d'années, un peu monté en graine mais avec une silhouette plutôt athlétique… Cam sentit son cœur battre plus vite, soudain. La démarche du gamin, à la fois assurée et nonchalante, lui rappelait étonnamment celle de Jack. Et il avait à peu près l'âge de Jack quand…

Les souvenirs tragiques lui coupèrent aussitôt l'appétit ; le sandwich alla atterrir au pied d'un arbre où il ferait bientôt la joie des écureuils. Immobile, Cam regarda le garçon contourner le jardin d'herbes aromatiques fraîchement planté par sa voisine, puis traverser la haie d'azalées qui marquait la limite des deux propriétés. C'était sans doute le petit-fils de Dinah. Le fils de Rachel…

Il n'y avait aucune voiture dans l'allée. Apparemment, il fallait plus qu'une brève syncope pour inciter Rachel à venir voir sa mère.

Tandis que l'adolescent approchait, Cam essaya de se rappeler son prénom. Dinah l'avait mentionné… Nick ? Oui, c'était bien ça. Nick…

— S'cusez-moi, m'sieur.

Il leva les yeux sur Cam d'un air hésitant, poli mais déterminé.

Merde ! Il était trop tard pour lui tourner le dos et rentrer se terrer dans la maison.

— Tu es Nick, c'est ça ?

— Oui, monsieur.

Le garçon s'arrêta au pied du perron. Cheveux bruns comme sa mère et les mêmes yeux dorés, frangés de longs cils.

— Je suis le petit-fils de Dinah Hunt.

— Oui, je sais.

Nick regarda ses pieds comme pour rassembler ses idées — ou s'armer de courage. Puis il leva de nouveau les yeux vers Cameron.

— Maman m'a raconté que vous aviez vu ma grand-mère tomber dans les pommes, hier, et que vous l'aviez emmenée à l'hôpital. Je voulais juste vous remercier pour ça.

— Il n'y a pas de quoi.

Cam fit deux pas en direction du garçon, et se planta en face de lui. Il aurait fallu être de marbre pour résister au charme de ce gosse… Mais le souvenir de Jack continuait à lui broyer impitoyablement le cœur.

— C'est un pur hasard si je me trouvais là quand c'est arrivé, dit-il. Tu aurais fait la même chose. Toi ou n'importe qui d'autre, du reste.

— Peut-être. Mais bon, je voulais juste vous dire un petit

merci, vous comprenez ? Je sais que maman vous est très reconnaissante. Et mamie aussi, bien sûr.

Les yeux fixés sur la maison de Dinah, il roula un moment entre ses doigts un caillou qu'il avait ramassé. Puis il se tourna de nouveau vers Cam.

— Et je voulais aussi vous demander un service.

Ah là là, il ne manquait plus que ça ! Cam croisa les bras d'un air méfiant. Il n'était pas question de promettre quoi que ce soit.

— Un service ?

— Oui, m'sieur, répondit Nick en jetant le caillou dans l'allée. Maman… elle a pas mal de soucis en ce moment. Elle est conseillère éducative au lycée. Vous ne le saviez peut-être pas, mais…

— Je le savais.

— Eh bien, il y a beaucoup d'élèves qui comptent plus ou moins sur elle quand ils ont des ennuis ou des questions personnelles à régler, vous voyez… Elle ne se plaint pas, remarquez ! ajouta-t-il en haussant les épaules. Elle dit que c'est le métier qui veut ça, mais il lui arrive de ne pas avoir beaucoup de temps libre pour…

— Pour sa mère ?

Nick le regarda d'un air surpris.

— Non, monsieur ; enfin, pas exactement. En fait, mamie est quelqu'un de très indépendant. Elle n'aime pas beaucoup qu'on vienne lui donner des conseils.

Il hésita imperceptiblement, puis se jeta à l'eau :

— Ce que je voulais dire, c'est que maman n'a pas beaucoup de temps, en général. Elle commence toujours par s'occuper des autres : de Kendy, de moi ou… ou de papa. De mamie, aussi.

Il s'interrompit pour observer un écureuil qui convoitait visiblement le sandwich abandonné.

— Et mon père, lui… il est un peu… comment dire… euh, préoccupé, en ce moment.

— Préoccupé ?

— C'est une longue histoire.

Nick se déplaça lui aussi pour regarder Cam dans les yeux.

— De toute façon, maman va être vraiment débordée pendant quelque temps à cause de ce… truc personnel qui lui tombe dessus. Alors, voilà ce que je voulais vous demander : si vous pouviez juste surveiller un petit peu ma grand-mère quand il n'y a personne… ce serait sympa.

— Ta grand-mère est au courant ?

— Au courant de quoi ? Du fait que je suis venu vous demander ça ? Ah non, sûrement pas ! Elle m'arracherait les yeux, si elle le savait — ou elle m'assommerait avec ma batte de base-ball ! Et maman aussi. Mamie estime qu'elle n'a besoin de personne, mais qu'est-ce qu'elle serait devenue si vous n'aviez pas été là quand elle a tourné de l'œil ?

Elle aurait repris rapidement connaissance et serait allée se préparer un petit en-cas, songea Cam. Et ça lui aurait servi de leçon. En revanche, s'il s'était agi d'une crise cardiaque — comme il l'avait craint sur le moment —, l'inquiétude du garçon aurait été justifiée.

— Tes recommandations sont superflues, Nick, répondit-il. Après ce qui s'est passé, j'avais bien l'intention de surveiller discrètement ma voisine. Mais je dois te préciser que je suis écrivain et qu'il m'arrive d'être très absorbé par mon travail — au point de perdre parfois toute notion de temps. Il ne faut pas compter exclusivement sur moi.

— Oui, monsieur, je comprends. Je passerai le plus souvent possible pour jeter un coup d'œil, moi aussi.

Ils regardèrent tous deux l'écureuil décamper à travers la

pelouse et grimper dans un arbre en emportant un morceau de sandwich.

— A propos de batte, dit Cam, est-ce que tu fais du sport ?

— Oui, monsieur. Du base-ball.

Il posa un pied sur la première marche.

— J'ai commencé à jouer au ballon à six ans et je n'ai jamais arrêté de m'entraîner.

— Quelle position ?

— Première base. En série B, pour le moment. En fait, je suis en seconde ; je ne passerai sûrement pas en première catégorie avant l'année prochaine… et encore ! Enfin, en terminale, je devrais quand même y arriver.

Nettement plus à l'aise, maintenant qu'il parlait de sport, Nick enfonça les mains dans ses poches.

— Mon copain, Ward Rivers, c'est l'un des meilleurs joueurs du lycée : un lanceur. Lui, il va peut-être passer en première catégorie cette année. Son frère, Jimbo, qui a vingt ans, il a même décroché une bourse pour jouer dans l'équipe universitaire du Texas.

Cam connaissait Jimbo. C'était un ami de Jack ; il faisait partie de ceux qui avaient porté le cercueil, lors des obsèques.

— J'ai entendu parler de lui, murmura-t-il.

— Eh bien, l'entraîneur nous a dit qu'il passerait probablement en première division à la fin de la saison. C'est pas formidable, ça ?

Ouais, formidable. Cam grinça des dents malgré lui. Cette conversation ravivait la vieille douleur lancinante qui sommeillait toujours au fond de lui.

— Votre entraîneur, ça doit être Monk Tyson ?

— Oui, monsieur. Vous le connaissez ?

— On s'est rencontrés.

Nick hocha la tête.

— Il a fait passer beaucoup de sportifs en première division. En fait, ils font du sport à l'université et ça leur permet d'aller jusqu'aux matchs de championnat.

— C'est remarquable pour une petite ville comme Rose Hill, dit Cam.

— Tout le monde est de cet avis. Bon… Il faut que j'y aille. Je n'ai pas dit à mamie où j'allais ; elle ne va pas tarder à sortir les brioches aux myrtilles du four, ajouta-t-il en esquissant un sourire. Elle adore me faire manger quand je viens la voir. Remarquez, je ne m'en plains pas. Il faut goûter sa tarte aux noix de pécan : une pure merveille !

Il marqua une brève hésitation, puis avança vers Cam et lui tendit la main.

— Merci, monsieur Ford.

Cam respira à fond et prit la main du garçon. Il avait une poigne solide, franche, jeune… comme celle de Jack.

— Appelle-moi Cam. Et je te le répète : ne compte pas uniquement sur moi en ce qui concerne ta grand-mère.

— Oui, m'sieur… enfin, non, monsieur. Je ne compterai pas que sur vous.

Sur le point de partir, il s'arrêta et se retourna vers Cam.

— Si vous remarquez quoi que ce soit d'anormal, vous nous préviendrez, maman ou moi ?

— Oui. Ça, tu peux y compter.

5.

Pendant le match de foot auquel participait sa fille, Rachel chercha Nick du regard, mais il ne vint pas — ce qui était inhabituel. Depuis le début de la saison, il s'arrangeait pour être là systématiquement parce que Ted n'était pratiquement jamais libre. Kendall était ravie d'apercevoir son frère dans les gradins, d'autant plus que ses copines se pâmaient toutes devant Nick. Mais aujourd'hui, il n'était pas dans les parages.

Ce fut l'équipe de Kendall qui gagna. Après le match, Rachel regarda sa fille partir en voiture avec les parents d'Amy Milton. Elle-même prit la direction opposée pour se rendre chez sa mère. En descendant de sa voiture, elle observa avec un regain d'intérêt la maison voisine, sachant que c'était celle de Cameron Ford. Il s'agissait d'un vaste cottage peint à la chaux dans des tons ocre jaune, avec des balcons sculptés, des portes et des fenêtres encadrées de moulures blanches. Manifestement, le bâtiment avait été agrandi au fil des ans et doté de quelques annexes. Le résultat ne manquait pas de charme. A quinze mètres de la façade, un chêne séculaire à l'imposante ramure ombrageait la pelouse, offrant un spectacle somptueux qu'aucun paysagiste n'aurait pu recréer. La table et les chaises en fer forgé installées en dessous invitaient au plaisir d'un petit déjeuner prolongé sous le bruissement du feuillage caressé par la brise matinale ou d'une pause-café dans la torpeur de l'été.

Rachel avait remarqué cette maison deux ans auparavant, en passant chez les parents d'un élève qui habitaient le quartier, sans imaginer que sa mère s'installerait un jour dans le quartier. A l'époque, le cottage semblait presque à l'abandon. Cameron Ford avait sans doute décidé de le restaurer…

A l'étage, un rideau bougea légèrement, et Rachel se demanda s'il était en train de l'observer. Peut-être pensait-il que ses remarques de la veille avaient porté leurs fruits puisqu'elle se décidait enfin à venir…

Dès qu'elle fut entrée dans la maison, la voix de sa mère lui parvint.

— Je suis dans le patio ! Sers-toi un verre de vin, Rachel : c'est l'heure de l'apéritif.

Excellente idée ! songea la jeune femme. Une bouteille de vin blanc débouchée trônait sur le bar de la cuisine, avec un verre ballon à côté.

Après l'avoir rempli, Rachel alla rejoindre sa mère.

— Bonsoir, dit-elle en trouvant Dinah confortablement installée dans une chaise longue.

Au terme d'un après-midi ensoleillé, l'air s'était nettement radouci — ce qui n'avait rien d'inhabituel au mois de février, dans cette région du Texas.

Rachel leva son verre d'un air interrogateur.

— Tu attendais quelqu'un ?

— Oui, toi. Nick est passé me voir tout à l'heure.

— Ah !

— Il en veut terriblement à Ted.

— Alors, nous sommes cinq dans le même cas.

— Toi, moi, Nick et Kendall… ça fait quatre. Qui est la cinquième personne ?

— Marta, répondit Rachel en s'asseyant sur la balancelle.

J'aurais dû me douter que Nick viendrait immédiatement t'en parler. J'espérais te voir avant... Enfin, tu as raison : Nick est très en colère. Ted mettra sans doute beaucoup de temps à réparer ce qu'il a détruit... en supposant qu'il y parvienne un jour.

— Hmm... La seule chose qui m'ait surprise, c'est la bagarre avec Walter. J'ai du mal à imaginer Ted en train de se battre... J'aurais voulu voir ça !

— L'initiative ne venait pas de lui, précisa Rachel.

Elle se massa la tempe et ajouta d'une voix mal assurée :

— Il vaut mieux que tu n'aies pas assisté à cette scène, je t'assure. Je redoutais déjà de devoir annoncer aux enfants que leur père allait vivre ailleurs avec sa maîtresse, mais la façon dont ils ont réagi est encore plus traumatisante. Je n'arrive pas encore à y croire...

Ses yeux s'emplirent de larmes, et elle se pencha brusquement en avant pour poser son verre sur une table basse.

— Ted avec une autre femme..., murmura-t-elle en mettant la main devant sa bouche. Le choc a été rude, tu sais ?

— Excusez-moi, mesdames.

Rachel leva la tête et tressaillit en voyant Cameron Ford à l'entrée du patio. Elle se détourna et s'essuya furtivement les yeux pendant que Dinah répondait à son salut.

Depuis combien de temps était-il là ? se demanda-t-elle, affolée. Avait-il entendu leur conversation ?

— Avez-vous décidé que ça suffisait pour aujourd'hui, Cam ? lança Dinah.

Il posa sur Rachel un regard pénétrant, puis secoua la tête.

— Je m'accorde juste une petite pause. En rentrant de l'hôpital, je me suis aperçu que je ne vous avais pas rendu votre montre et vos boucles d'oreilles. Quelqu'un me les avait confiées, par mesure de sécurité, ajouta-t-il en tendant un petit sac en plastique à sa voisine.

— Merci. Vous m'épargnez un trajet inutile, déclara Dinah en jetant un coup d'œil dans le sachet.

— Je vous ai aperçue dans le patio, mais je n'avais pas remarqué que vous aviez de la visite. Je tombe mal, apparemment.

— Pas du tout, affirma Dinah, comme il s'apprêtait à partir. Nous en étions justement à l'apéritif. Rachel, si tu servais un verre de vin blanc à notre ami ? A moins que vous préfériez une bière, Cameron ?

Cam se tourna vers Rachel.

— Non, merci.

Il parut hésiter, puis respira à fond et redressa les épaules.

— Après tout, l'occasion n'est pas si mauvaise pour vous présenter des excuses.

— Des excuses ?

Rachel eut brusquement l'impression d'avoir mal essuyé ses larmes. A peine la pensée lui venait-elle à l'esprit qu'il lui tendit un mouchoir soigneusement plié.

— Tenez. Vous avez reçu de mauvaises nouvelles, apparemment.

Après une brève hésitation, elle accepta le mouchoir et s'épongea les yeux en bredouillant un vague remerciement.

— De quoi devrais-je vous excuser ?

— De ma remarque déplacée, hier, à l'hôpital. Le moment était mal choisi pour vous attaquer à propos d'un sujet qui ne me regarde absolument pas.

Dinah s'esclaffa.

— Mais vous vous réservez le droit de l'attaquer à un autre moment, et pour un meilleur motif ?

Il réprima un sourire, puis se baissa pour ramasser une brindille sur le pavé.

— J'aurais sans doute intérêt à tourner dix fois la langue dans ma bouche pour éviter d'autres gaffes, répondit-il en regardant de nouveau Rachel.

— Pour votre gouverne, sachez que Rachel me consacre plus de temps que je n'en ai besoin.

Dinah réfuta d'un geste la protestation immédiate de sa fille, et conclut :

— De toute façon, elle sait parfaitement que je ne me gênerais pas pour réclamer sa présence en cas de nécessité !

— Je le répète, dit Cameron, ma remarque était tout à fait déplacée.

— N'en parlons plus ! lança Rachel, impatiente de le voir partir.

— Autre chose, encore…

Cam examina un moment la brindille qu'il tenait dans sa main avant de lever de nouveau les yeux sur elle.

— Au point où j'en suis, autant aller jusqu'au bout, dit-il. J'ai entendu malgré moi ce que vous racontiez, tout à l'heure. A mon humble avis, si Ted est en train de gâcher votre vie et celle de ses enfants pour une banale histoire de fesses, il est encore plus débile que je l'aurais cru.

Rachel le dévisagea, ne sachant trop comment réagir à cette insulte qui visait son mari. N'était-ce pas un manque de tact flagrant que de s'immiscer dans une conversation aussi intime ?

Tandis qu'elle cherchait tant bien que mal une réplique appropriée, il se redressa et lança, sur le point de partir :

— Avez-vous vraiment été surprise d'apprendre cette liaison ?

— Oui. Naturellement !

Le fait d'avoir répondu la stupéfia davantage encore. Ils

parlaient d'un sujet strictement personnel, et Cameron Ford était pratiquement un inconnu.

Perplexe, elle secoua la tête.

— Je me demande si... Vous connaissez Ted, peut-être ?

— Rose Hill est une petite ville. Nous nous sommes vus au golf et... par-ci par-là, à l'occasion. C'est un pauvre type. J'ai du mal à comprendre ce que vous avez pu lui trouver. Mais avec deux enfants et un passé commun, c'est lui qui sera le perdant dans l'histoire — pas vous.

— Pourquoi ne pas nous dire ce que vous avez réellement en tête ? intervint Dinah.

Captivée par ce qu'il disait, Rachel ne prêta guère attention à la question de sa mère. Cette franchise brutale provenait sans doute de l'hostilité qu'il avait toujours nourrie envers elle. Mais elle présentait un aspect tout à fait positif car, apparemment, Cameron était en mesure de lui fournir de précieuses informations.

— Puisque vous parlez sans détour de mon mari, dit-elle avec raideur, j'aimerais savoir s'il y a eu, à votre connaissance, d'autres fois où il... où il m'ait...

— Où il vous ait trompée ? Je ne vous dirai rien à ce sujet. A quoi cela vous avancerait-il de le savoir ? Vous souffririez encore plus, c'est tout.

— C'est exactement mon avis, affirma Dinah.

Négligeant toujours l'intervention de sa mère, Rachel se leva lentement de la balancelle.

— Donc, vous savez quelque chose ?

— L'important pour vous, maintenant, dit Cam sans lui répondre directement, c'est de le coiffer au poteau — au cas où j'aurais bien analysé le personnage. Allez vite à la banque pour savoir s'il n'a pas empoché toutes les économies du ménage. Ce serait le comble si, en plus, vous vous retrouviez en prise avec des difficultés financières ! Avez-vous un avocat ?

— Un avocat ?

— Oui. Il va vous en falloir un — vous pouvez me croire.

Elle le toisa d'un air glacial.

— Je ne vois pas en quoi mes affaires…

— Vos affaires ne me concernent pas, d'accord. Mais la meilleure réaction, en pareil cas, c'est de vous adresser à un avocat — et surtout pas celui qui gère habituellement tout ce que vous possédez en commun. Prenez quelqu'un d'autre — et l'un des meilleurs, tant qu'à faire.

— Tu devrais appeler Stéphanie Roscoe, suggéra Dinah.

— Minute !

Rachel porta les deux mains à ses tempes.

— Arrêtez un peu, par pitié ! C'est complètement dingue. Nous… je ne sais même pas si ce sera nécessaire. Ted traverse peut-être une période transitoire… le démon de midi, comme on dit. C'est fréquent chez les gens de son âge.

Elle regarda un instant Cam et Dinah qui la dévisageaient sans broncher.

— Et quand bien même, reprit-elle, je ne le crois pas capable de me faire un coup aussi bas. Il…

Le ricanement de sa mère l'interrompit.

— Tu viens de découvrir qu'il te trompe depuis un an, chaton ! Or, tu n'aurais jamais imaginé une chose pareille, n'est-ce pas ?

Rachel se laissa de nouveau choir sur la balancelle.

— C'est complètement dément, murmura-t-elle.

— Ça arrive tout le temps, affirma Cam en posant un pied sur le rebord de la terrasse.

La réflexion aurait pu passer pour un lieu commun, mais une inflexion particulière dans sa voix intrigua Rachel.

— Ça vous est arrivé ?

C'était une question indiscrète, mais il lui avait tendu la perche.

— Disons que je parle en connaissance de cause, dit-il en haussant les épaules et en s'apprêtant à rebrousser chemin. Si c'était à refaire, je ne commettrais pas les mêmes erreurs. Je ne me voilerais plus la face. Apparemment, vous êtes encore prête à prendre la défense de Ted, alors qu'il ne pense qu'à lui depuis déjà longtemps. Si vous voulez un conseil, oubliez-le… et prenez quelques précautions élémentaires.

Il se frotta les mains pour épousseter la terre qui adhérait à ses doigts, et ajouta :

— Ne perdez pas non plus votre temps à vous demander ce qu'il aurait fallu faire pour qu'il vous reste fidèle. C'est généralement une voie sans issue. Gardez plutôt votre énergie pour construire une nouvelle vie !

Sur ces mots, il quitta le patio et repartit aussi brusquement qu'il était venu.

— Ça alors ! murmura Dinah, dès qu'il fut hors de portée de voix. Et nous qui le jugions bourru, insensible — et rancunier, de surcroît, en ce qui te concerne !

— Je n'ai pas changé d'avis, déclara Rachel en le regardant traverser rapidement la pelouse pour regagner son jardin. Hier, il était à la limite de la grossièreté, et aujourd'hui, il m'inonde de conseils avisés… Il doit prendre un malin plaisir à me voir démunie.

Du bout du pied, elle fit osciller la balancelle.

— Quelles que soient ses motivations, je me passerai très bien de ses conseils.

— A ta place, je ne les écarterais pas avec autant d'insouciance, chaton. Je suis sûre qu'il est passé par là, lui aussi.

Du reste, tu ne risques rien en appelant Stéphanie pour lui exposer la situation. Tu verras bien ce qu'elle te suggérera.

Rachel regarda sa mère.

— Maman, si Ted vidait notre compte en banque, ce serait une trahison encore pire que son infidélité. Crois-tu vraiment qu'il puisse être aussi… aussi méprisable ?

— Je ne suis pas assez impartiale pour en juger, mais j'ai vu pas mal de coups tordus se produire dans les couples qui commençaient à parler de divorce. Tu ne…

— Nous n'avons pas encore parlé de divorce ! Ted va s'installer au chalet, mais il s'agit d'une séparation provisoire. Je suis persuadée qu'il ne tardera pas à reprendre ses esprits. Les conséquences d'une véritable liaison avec Francine seraient désastreuses pour lui. S'il faut parler d'argent, ses revenus dépendent entièrement de l'activité du cabinet médical. Comment veux-tu qu'il continue à travailler avec Walter après lui avoir piqué sa femme ?

— Je suis prête à parier qu'il se croit capable de trouver une solution au problème.

— Je veux bien admettre qu'il se conduit de façon écœurante, dit Rachel en se baissant pour ramasser son verre de vin. Mais après dix-huit ans de mariage et avec deux enfants, on ne change pas de vie aussi facilement ! Si c'était son genre, je le saurais déjà.

— Promets-moi seulement d'appeler Stéphanie.

Un vaurien sans scrupule, songea Cam en traversant la pelouse. Et assez débile, par-dessus le marché, pour s'envoyer en l'air avec la femme de son associé. Bien qu'il n'eût rencontré Ted Forrester qu'occasionnellement sur un parcours de golf, il l'avait vu à plusieurs reprises au restaurant avec une femme qui n'était pas la sienne. N'ayant eu d'autre contact avec

Rachel que cet entretien de dix minutes, cinq ans plus tôt, il ne s'était absolument pas senti concerné. Mais à présent, les choses étaient différentes. Après l'avoir entendue parler à sa mère, et connaissant l'inquiétude de Nick, il ne parvenait plus à conserver le recul et le détachement indispensables pour se tenir à l'écart des situations délicates.

Une fois dans la maison, il alla se chercher une bière. Après l'avoir décapsulée, il ressortit sous le porche chauffé par les derniers rayons du soleil, et s'accouda à la balustrade, les yeux plissés, le regard dirigé vers le patio où les deux femmes poursuivaient leur conversation.

Depuis la visite inopinée de Nick, ce matin, il cherchait à comprendre ce qui se passait dans l'existence du gamin. Eh bien, à présent, il le savait. Le père se dérobant à ses responsabilités, le fils se sentait obligé d'assumer le rôle de chef de famille. Donner un coup de main à la maison, veiller au bien-être de sa petite sœur et de sa grand-mère tout en poursuivant sa scolarité et son entraînement sportif… ça faisait beaucoup pour un garçon de quinze ans. Voilà sans doute pourquoi il était allé jusqu'à renoncer à sa fierté et solliciter l'aide d'un inconnu.

Une foule de souvenirs concernant Jack et l'effondrement de leur propre famille refit alors surface. Il avait passé cinq ans à regretter de ne pouvoir revenir en arrière, l'esprit hanté par le tout dernier appel téléphonique de son fils.

Il était tard, cette nuit-là, et Cam, plongé dans les dernières pages d'un roman qu'il devait boucler au plus vite pour respecter les délais, travaillait d'arrache-pied sur son ordinateur. Il avait réécrit quatre fois le dialogue du tueur — une scène capitale qui devait éclairer la psychologie d'un homme coupable d'une douzaine de meurtres d'adolescentes.

La sonnerie du téléphone lui fit à peine lever la tête.

Personne n'ignorait qu'il avait besoin de tranquillité quand il devait rendre un bouquin.

A la cinquième sonnerie, le répondeur se déclencha.

— Allô, papa, c'est moi.

Jack ! C'était la troisième fois qu'il l'appelait, cette semaine-là — sans motif particulier. Depuis quelque temps, l'adolescent semblait avoir d'autres soucis que le base-ball ou les concerts de son groupe préféré. Mais chaque fois que Cam essayait de l'interroger un peu, Jack s'arrangeait pour éluder ses questions ou bien il trouvait une raison de raccrocher précipitamment.

Pour le moment, il se taisait au bout du fil, et Cam n'entendait plus que le bruit de sa respiration. Peut-être avait-il seulement envie de voir son père, de lui rendre visite à New York ou de le faire venir au Texas où il séjournait avec sa mère ? Au beau milieu de l'année scolaire, il savait pourtant bien qu'il ne pouvait pas partir et que Cam, de son côté, avait un livre à terminer de toute urgence. D'ordinaire, Jack comprenait ces choses-là…

— Papa, décroche, s'il te plaît ! Il faut que je te parle.

Il avait peut-être des problèmes avec sa mère. Un adolescent n'ose pas toujours parler des questions de sexe, de rapports avec les filles. A moins qu'il s'agisse de difficultés en classe ? De toute façon, Cara ne supporterait jamais que son fils la quitte pour aller vivre à New York avec son père.

— Je sais bien que tu termines un bouquin, papa, mais…

La voix de Jack se fêla comme s'il étouffait un sanglot.

Cam décrocha aussitôt.

— Hé, Jack, qu'est-ce qui t'arrive, fiston ?

— Rien de terrible.

Cam l'entendit renifler.

— Tu étais en train de travailler ? ajouta le garçon d'une voix assourdie.

Cam regarda le curseur qui clignotait sur l'écran.

— J'essaie de boucler ce satané bouquin, oui, mais je peux quand même me permettre de faire une petite pause. Et toi, fiston, où en es-tu ?

— Il y a eu un match, ce soir. J'ai marqué dix-huit points.

— Bravo ! L'année prochaine, tu seras sûrement sélectionné en première catégorie.

— Si je ne me casse pas une patte ou un truc comme ça.

Cam esquissa un sourire.

— Une jambe de quinze ans, ça ne se casse pas aussi facilement. Tu veux essayer les miennes, à la place ?

— Non merci, papa : tu peux les garder ! dit Jack en s'esclaffant.

Mais Cam jugea que son rire sonnait un peu faux.

— Quelque chose te tracasse, fiston ? Tu as des problèmes avec ta mère ?

— Maman va bien. Je crois que c'est sérieux avec son Anthony.

— Tu le trouves comment ?

— Ça va, il est sympa.

— Et le lycée ? Ta moyenne est un peu descendue, au dernier trimestre. Tu as des difficultés en classe ?

— C'est uniquement ma faute, papa. J'ai un peu foiré, si tu vois ce que je veux dire. Je redresserai la barre au prochain trimestre, d'accord ?

— Je sais que tu en es capable, mon grand.

Cam passa une main sur son visage, conscient que c'était à lui d'aider Jack. Mais comment faire, quand des milliers de kilomètres les séparaient ? Cara n'aurait jamais dû retourner au Texas, après le divorce. Qu'est-ce qui avait bien pu lui passer par la tête ? Et lui, pourquoi l'avait-il laissée faire ?

— Papa…

— Oui ?

— Je… enfin, j'aimerais bien qu'on puisse… quand est-ce que tu auras fini ton livre ?

— Dans deux semaines, Jacky. J'ai quelques petites difficultés pour l'instant, mais ça devrait s'arranger. Dès que j'ai terminé, je prends l'avion pour venir te voir.

Tout en parlant, Cam déplaça la souris, remonta jusqu'au chapitre précédent et parcourut le texte. Au bout de quelques secondes, l'inspiration lui vint. La scène avec laquelle il se débattait prit forme dans son esprit.

— … quelques pépins avec des gars de l'équipe, poursuivait Jack. Je me disais que tu pourrais peut-être faire un saut…

— Une petite seconde, Jack !

Cam cliqua sur la souris et écrivit deux phrases avant d'avoir perdu le fil.

— Bon, qu'est-ce que tu disais ?

— Que… oh, rien, papa, répondit le garçon d'un ton abattu. Il faut que tu te remettes au travail, je suppose ?

— Je sens bien que quelque chose te tracasse, fiston. Ne t'inquiète pas : dès que j'ai écrit le mot « Fin », je saute dans l'avion et on reparle de tout ça tranquillement.

— Bon…

— Dans deux semaines, je serai débarrassé de ce boulot et on passera un bon moment ensemble. Puisque la maison de tes grands-parents est vide, maintenant, je vais m'organiser pour passer l'été là-bas. Je n'ai aucune raison de rester à New York… Qu'est-ce que tu dis de ça ?

— C'est super, p'pa !

Sur ces mots, Jack coupa la communication.

Quelques instants plus tard, Cam était de nouveau absorbé par son travail.

Il était 3 heures du matin quand le téléphone sonna de nouveau. C'était son ex-femme. La voix étouffée par les sanglots, elle bredouilla quelque chose d'inintelligible.

— Que se passe-t-il, Cara ?

— C'est… c'est Jack. Oh, mon Dieu, Cam ! dit-elle en gémissant faiblement. Il nous a quittés. Oh, Seigneur, non, non… Je ne peux pas le supporter.

— Qu'est-ce que tu veux dire par là ? Il a fait une fugue ?

— C… Cam…

— Explique-toi, Cara. Qu'est-il arrivé à Jack ?

A l'autre bout du fil, il entendit un soupir entrecoupé, comme si Cara essayait de rassembler ses forces. D'une voix tremblante, elle répondit :

— Jack est mort, Cam. Il s'est suicidé.

Cam réalisa qu'il était toujours sous le porche, les yeux rivés sur les deux femmes, avec cet immense vide en lui comme une blessure inguérissable. Ce coup de téléphone avait bouleversé sa vie. Que n'aurait-il donné pour posséder encore ce que Ted semblait mépriser… Mais ça ne le regardait pas, et il avait déjà transgressé l'une de ses règles d'or en exprimant un avis sur la situation de Rachel. Après avoir commis autant d'erreurs concernant son divorce, il était particulièrement mal placé pour donner des conseils aux autres.

Il porta la bouteille à ses lèvres et contempla pensivement le jardin. Une promesse était une promesse : il tiendrait celle qu'il avait faite à Nick concernant sa grand-mère. Mais il n'irait pas au-delà.

*
**

En rentrant chez elle, un peu plus tard, Rachel découvrit que Ted avait déménagé. Dans leur chambre, toutes les affaires de son mari avaient disparu. Elle resta figée sur place, les bras ballants. La moitié de la penderie était vide. En choisissant un moment où personne n'était là, Ted avait esquivé un pénible affrontement avec les siens. Et il laissait à Rachel le soin d'expliquer aux enfants la désertion de leur père.

Une foule d'émotions se bouscula en elle. Elle pouvait comprendre qu'il se fût lassé de sa femme, mais il était beaucoup plus difficile d'admettre qu'il se comportât comme un lâche et un hypocrite en refusant de parler aux enfants, en s'éclipsant comme s'il les abandonnait en même temps que leur mère. Nul doute que Nick et Kendall allaient éprouver ce sentiment.

Une fureur indescriptible s'empara de Rachel. Jamais elle n'en avait connu de pareille. Il ne manquait pas de culot, tout de même ! Depuis le moment où elle l'avait pris la main dans le sac, elle réussissait à se dominer tant bien que mal. Hormis quelques larmes de désarroi et l'inévitable cortège de doutes et de remises en question, elle s'était efforcée de rester à peu près maîtresse d'elle-même. Dans l'intérêt des enfants, elle devait à tout prix éviter de se laisser aller.

Mais les enfants n'étaient pas là, pour le moment, songea-t-elle en traversant la pièce en coup de vent. Elle en avait ras-le-bol d'être la seule à se conduire de façon adulte dans cette sinistre farce.

Elle s'arrêta devant l'armoire de Ted, et en ouvrit les portes à la volée. Plus rien sur les étagères. Dans la salle de bains, elle vit qu'il avait même emporté toutes ses affaires de toilette.

Elle dévala l'escalier comme une possédée, prit son sac et ses clés sur la table et courut jusqu'à sa voiture. Le chalet n'était qu'à une heure de route. Haletante de rage, elle fit demi-tour dans l'allée et démarra dans un hurlement de pneus. Ah, il n'allait pas s'en tirer comme ça !

En stoppant devant le chalet, trois quarts d'heure plus tard, elle n'avait toujours pas décoléré. Elle se gara derrière la Porsche noire qui appartenait à Francine, s'arrangeant pour lui bloquer toute issue. Si cette garce espérait encore se soustraire à un désagréable affrontement, elle en serait pour ses frais, cette fois. Et si la porte était verrouillée, Rachel se servirait de sa clé. Elle se moquait pas mal de les trouver en train de forniquer. C'était même exactement ce qu'elle souhaitait : une situation aussi embarrassante pour eux lui procurerait une certaine satisfaction.

Elle gravit les marches de la terrasse en deux enjambées, trouva la porte déverrouillée et entra sans la moindre hésitation. Un peu déçue de ne pas les voir tout de suite dans la pièce principale, à gauche de l'entrée, elle marqua une pause. L'idée de les surprendre au lit était vraiment trop écœurante, en définitive. Mais, tandis qu'elle s'interrogeait et que sa colère s'estompait insensiblement, un murmure de voix lui parvint, de l'autre côté. Ils étaient dans le Jacuzzi.

Une nouvelle vague de fureur la submergea. Ted avait horreur du Jacuzzi. C'était elle qui avait pris l'initiative d'en installer un. Ted s'était récrié, affirmant qu'il suffisait de se baigner dans le lac, d'y pratiquer la pêche et le canotage ; mais elle avait fini par le convaincre que cela leur permettrait de se détendre en toute saison et d'évacuer le stress accumulé au quotidien. Il leur offrirait aussi des moments d'évasion romantique, avait-elle suggéré. C'était l'époque où elle le sentait attiré par la séduisante Wendy. Le Jacuzzi faisait partie de la petite stratégie qu'elle avait mise au point pour pimenter un peu leur vie amoureuse. Stratégie qui avait échoué pour eux mais dont Ted profitait maintenant avec sa maîtresse, songea-t-elle en gagnant la terrasse d'un pas décidé.

Effectivement, ils étaient nus.

Apercevant Rachel, Francine poussa un cri étranglé. Ted se retourna d'un bloc. La consternation se peignit sur ses traits, cédant très vite la place à l'irritation. Il se leva, l'air furibond, prit deux peignoirs qui se trouvaient à sa portée, et se plaça devant Francine de manière à la cacher pendant qu'elle se couvrait à la hâte. Puis il sortit du bain sans trop se presser. Rachel détourna les yeux de son érection pendant qu'il enfilait à son tour un peignoir. Francine alla se cacher prudemment derrière lui comme si elle craignait que Rachel fût armée.

Même si le comique de la situation ne lui avait pas totalement échappé, Rachel n'avait pas la moindre envie de rire, pour le moment. Elle venait de comprendre que sa vie de couple s'arrêtait vraiment là. Ayant vu Ted avec Francine dans leur intimité, elle serait désormais incapable de passer l'éponge.

— Qu'est-ce qui te prend de débarquer sans crier gare ? s'exclama Ted.

Son œil enflé et à demi fermé rendait cette allure indignée un peu ridicule. Rachel ignorait s'il avait le nez cassé, mais elle pouvait toujours l'espérer.

— Désolée, Ted, mais tu vas entendre ce que j'ai sur le cœur, que ça te plaise ou non.

— Nom d'une pipe ! s'exclama-t-il d'un ton exaspéré. Tu n'as pas écouté ce que je t'ai dit ce matin ? Je suis amoureux de Francine. Elle m'aime, elle aussi, et nous allons vivre ensemble, que tu le veuilles ou non. Rentre chez toi, maintenant, et occupe-toi de ta propre vie !

Rachel réprima une folle envie de bondir par-dessus le Jacuzzi et de lui arracher son œil valide.

— Je ne suis pas venue ici dans l'intention de te reprendre, espèce d'abruti ! C'est ta lâcheté qui m'a motivée. Pourquoi n'as-tu pas attendu que Nick et Kendy soient rentrés à la maison pour essayer de les rassurer un peu ? Tu te contrefiches de tes enfants, hein ? Tout ce qui compte pour toi, maintenant… c'est ça ? demanda-t-elle en désignant d'un geste large le chalet, la terrasse, Francine, le Jacuzzi.

Il la toisa d'un air agacé, sans une once de repentir dans le regard.

— J'avais l'intention de les appeler ce soir.

Encore tout émoustillé par ses ébats dans le Jacuzzi, il n'était guère enclin à culpabiliser, songea Rachel.

— Es-tu certain d'avoir un quart d'heure à leur accorder ?

— Oh, ça suffit comme ça, Rachel !

Il glissa les pieds dans ses tongs et reprit sa Rolex.

— J'aime toujours mes enfants, et je leur expliquerai ce qui s'est passé.

— Et que comptes-tu donc leur raconter ? Que du jour au lendemain, vous avez gâché l'amitié de deux couples pour coucher ensemble, Francine et toi ? Ça, je crois qu'ils l'ont déjà compris grâce à la scène à laquelle ils ont assisté ce matin. Nick est dans tous ses états, tu peux me croire. Quant à Kendall, elle est complètement abasourdie.

— Ils mettront un peu de temps à s'y faire, mais ça viendra, affirma Ted, minimisant avec désinvolture un événement qui allait chambouler l'existence de ses enfants. A moins, évidemment, que tu me fasses passer à leurs yeux pour le diable en personne.

— Comme si tu m'en croyais capable !

— Hélas, ce sont des choses qui arrivent fréquemment, répliqua-t-il, les traits crispés, le regard dur. La moitié de leurs copains de classe appartiennent sans doute à des familles recomposées.

— Des *familles recomposées*... L'expression semble tellement anodine, n'est-ce pas ? Moi, j'ai affaire tous les jours à ces gosses-là, et je peux te dire qu'ils ne s'en sortent pas indemnes. Tu ne sais pas de quoi tu parles, Ted, alors abstiens-toi de me débiter des fadaises sur les conséquences de tes actes ! Nick et Kendy vont en prendre plein la figure, c'est tout. Même un divorce à l'amiable est un sacré traumatisme pour des enfants.

Ted leva les yeux au ciel.

— On dirait que tu répètes une leçon apprise par cœur. Tu exagères, comme d'habitude. Dans ton boulot, tu ne vois que les enfants les plus perturbés. Nick et Kendall s'en sortiront très bien.

Etait-il donc si obtus que cela ? Rachel dévisagea l'individu qui partageait sa vie depuis dix-huit ans. Tous ses efforts pour le raisonner n'avaient manifestement aucun effet sur lui. Qu'était-il arrivé pour que cet homme plus proche d'elle qu'aucun autre se transformât en un inconnu hostile ?

— Et s'ils ne s'en sortent pas bien, Ted ?

— Ted...

Francine toucha le bras de son amant, tout en faisant enfin entendre le son de sa voix.

— Cette discussion ne concerne que Rachel et toi. Ça ne me regarde pas. Il vaudrait mieux...

— Pardon ? dit Rachel en la regardant d'un œil incrédule. Tu as l'intention de vivre avec Ted, mais l'avenir de ses enfants ne te concerne pas ?

— Je ne connais rien aux enfants, répondit Francine, visiblement mal à l'aise. Avec Walter, nous avions choisi de ne pas en avoir.

— Est-ce que tu aimes seulement les enfants, Francine ?

Elle haussa les épaules sans rien dire.

— Qu'est-ce que tu dis de ça, Ted ? lança Rachel.

— Ce que j'en dis ? maugréa-t-il d'un air contrarié. Nous n'avons encore fait aucun projet d'avenir, Francine et moi ; alors, ces histoires d'enfants me semblent un peu prématurées.

— Est-il prématuré de te demander si tu trouveras une heure à consacrer à Nick et Kendall quand tu vivras avec elle ?

— Oui, oui. Je te l'ai déjà dit.

Il prit Francine par la taille et l'attira vers lui.

— Mais la prochaine fois qu'il te prend la fantaisie de débouler ici comme une furie, aie au moins la décence de frapper à la porte.

Rachel rumina sa colère tout au long du trajet de retour. Même si c'était difficile à admettre, Cameron Ford avait vu juste. Elle allait avoir besoin d'un avocat. En prenant la défense de Ted, elle avait dû passer pour une vraie gourde. Eh bien, tant pis ! Si Ted se moquait de perturber ses enfants, elle pouvait au moins l'obliger à protéger leur qualité de vie. Consciente de ne pas avoir une minute à perdre, elle sortit son portable, appela les renseignements et demanda le numéro de Stéphanie Roscoe.

6.

Quelques jours plus tard, le bruit se répandait déjà en ville que Ted Forrester avait une liaison et quittait le domicile conjugal. Les nouvelles circulent vite, en province. Partout où elle allait — de l'épicerie à l'église, des réunions d'enseignants au centre commercial —, Rachel sentait sur elle des regards apitoyés et, pire encore, cette curiosité malsaine qui anime les gens dès qu'il y a de l'infidélité dans l'air.

— Je me fais l'effet d'un personnage de vaudeville, dit-elle à Marta, le mercredi, en salle des profs. Celui de l'épouse ennuyeuse, bientôt quadragénaire, qui se fait plaquer pour une nana plus jeune, plus excitante. C'est un scénario si courant qu'il en devient banal. Ce qui m'embête le plus, c'est que tout le monde devait s'en douter. Les cocus sont bel et bien les derniers à prendre conscience de leur infortune… J'aurais dû deviner ce qui se tramait, Marta.

— Tu ne pouvais pas parce que tu ne fonctionnes pas du tout comme ça. Et puis, tu es tout sauf *ennuyeuse*, dit Marta en ouvrant une canette de soda. Toi, tu ne tromperais jamais ton mari, même s'il ne t'intéressait plus ou si vos rapports sexuels laissaient à désirer. Tu chercherais des solutions. Je suppose que tu songes à l'emmener voir un conseiller conjugal ?

Rachel s'appuya au bar où elle avait posé sa tasse.

— Pour ça, il faut être deux, Marta. Et Ted n'a aucune envie de sauver notre couple. Au contraire, il a hâte de quitter le statut de père de famille pour revenir à celui de célibataire.

— Charmant individu !

Rachel se tut un moment, la mine préoccupée.

— J'ai pris un avocat.

Sur le point d'avaler une gorgée de soda, Marta s'arrêta net, l'air stupéfait.

— Là, tu m'en bouches un coin ! Voilà une excellente initiative. Que t'a-t-il dit ?

— *Elle*. C'est Stéphanie Roscoe. Elle m'a vivement conseillé de me précipiter à la banque, lundi matin, dès l'ouverture. J'étais loin d'imaginer que Ted pourrait être assez retors pour puiser dans notre compte commun sans me consulter, et pourtant…

— Tu avais tout faux ?

Rachel n'en revenait toujours pas.

— Comme tu dis ! Juste après l'altercation avec Walter, il s'est rendu dans une succursale ouverte le samedi pour retirer pratiquement tout l'argent disponible de notre compte commun, et il s'est arrangé pour faire bloquer presque tout le reste. Par conséquent, tant que nous ne nous serons pas entendus sur le partage de nos biens, je dépends en grande partie de ce qu'il consentira à m'accorder…

Marta secoua la tête d'un air écœuré.

— Et dire qu'il parlait d'une séparation provisoire !

— Il a dû réfléchir, depuis. Maintenant, il est sûrement pressé de divorcer, dit Rachel avec un petit rire qui se voulait sarcastique. Ce qui, de toute façon, me convient parfaitement.

Elle lui en voulait encore de son départ irresponsable. Du moins avait-elle réussi à le faire réagir puisqu'il était passé les voir, ce soir-là, après leur entrevue dans le chalet. Son affligeante tentative d'explication avait eu le mérite de prouver aux enfants qu'il pensait à eux. Nick, dans l'ensemble, était resté stoïque, tandis que Kendall n'avait pu retenir quelques larmes. Après le départ de leur père, Rachel s'était efforcée de répondre à leurs questions sans parti pris.

— Que dit Stéphanie ?

— Que je n'ai pas intérêt à attendre passivement la suite. Nous avons établi ensemble une série de conditions à la séparation. Il a dû recevoir les papiers lundi, au cabinet.

Elle esquissa une grimace et but un peu de café.

— Depuis, j'essaie en vain de le joindre par téléphone. J'ose espérer qu'il ne me réserve pas d'autres surprises.

Les deux femmes se turent en voyant Monk Tyson entrer dans la salle des profs.

— Salut, Rachel ! Salut, Marta ! Comment ça va, les filles ?

Il prit la cafetière électrique et se servit une tasse en posant une fesse sur le coin de la table.

— Ça roule, répondit Marta. Et toi ?

— Pas de souci. Tout baigne.

Le directeur sportif du lycée avait exactement l'allure de ce qu'il était — un ancien athlète qui commençait à s'enrober légèrement. Ses larges épaules s'étaient un peu épaissies, et il n'était plus aussi svelte qu'autrefois, mais c'était encore un très bel homme, avec des traits bien dessinés, des yeux d'un bleu très clair et d'abondants cheveux blond foncé.

— Bonjour, Monk.

Rachel n'était pas vraiment d'humeur à bavarder avec lui, d'autant qu'il avait omis de répondre à son message concernant Ferdy Jordan, l'un de ses « poulains » qui risquait de redoubler son année scolaire. En tant qu'entraîneur, il aurait mieux fait d'encourager les élèves à réussir leurs études plutôt que de les inciter à déjouer les règles de l'établissement. Dans l'intérêt des adolescents, Rachel avait donc engagé avec Tyson une bataille permanente qu'elle espérait bien remporter.

Il se tourna vers elle, le dos appuyé au bar.

— Dis donc, j'ai appris la nouvelle pour Ted. C'est vraiment dégueulasse. Ce type a pété les plombs, ma parole : il a du steak à la maison et il préfère du hamburger ! lança-t-il en secouant la tête d'un air de totale incompréhension. En tout cas, j'espère que tu ne te laisses pas abattre !

— Ne t'inquiète pas, je survivrai, dit Rachel d'un ton égal.

Elle aurait voulu rentrer sous terre, tant elle était humiliée. Nul doute que les gens en faisaient des gorges chaudes, mais le fait que Monk aborde le sujet de façon aussi désinvolte l'embarrassait plus que tout.

— Difficile d'imaginer ce qui peut passer par la tête d'un type lorsqu'il arrive à ce stade-là, reprit-il.

— A quel stade, Monk ? s'enquit posément Marta.

— Entre quarante et cinquante ans, ça se met à les démanger ; ils repèrent un morceau appétissant, et hop, les voilà sens dessus dessous.

Sa boîte de soda entre les mains, Marta le dévisagea.

— Oh, voilà une réflexion profonde !

Sans broncher, Monk s'adressa de nouveau à Rachel.

— Je suis content de te trouver là ; je comptais passer à ton bureau tout à l'heure.

— Tu as reçu mon message à propos de Ferdy ?

— Oui, mais ça va s'arranger. Je vais lui remonter les bretelles et il se reprendra très vite. C'est de Nick que je voulais te parler.

Rachel s'immobilisa, sa tasse à hauteur du menton.

— De Nick ?

Avec sa serviette en papier, Monk essuya une goutte de café sur son polo blanc.

— Ces derniers temps, il s'est vraiment surpassé à l'entraînement. A tel point que je songe à le transférer en première division, l'an prochain. Il ne faudrait pas qu'il soit trop perturbé par tout ça et que ses performances s'en ressentent.

— Qu'il soit trop perturbé par quoi, Monk ?

— Par ce divorce. Ça peut ôter à un gamin tous ses moyens. Tu peux me croire, je vois ça régulièrement.

Nonobstant les succès qu'il obtenait sur les stades, Monk n'était pas aux yeux de Rachel le genre de personne capable d'évaluer l'état psychologique d'un élève. Si Nick était trop démoralisé par la désertion de son père pour jouer au base-ball, l'opinion de Monk à ce sujet lui importait peu. Il ne s'intéressait qu'aux succès de ses équipes sportives. L'important, pour elle, c'était que Nick soit bien dans sa peau.

— En ce qui concerne notre prétendu divorce, j'ignore d'où tu tiens cette information, mais je ne vais pas débattre ici de ma vie privée, affirma-t-elle aussi fermement que possible.

Et en aucun cas avec toi, faillit-elle ajouter — mais elle réussit à tenir sa langue.

— En effet, reprit-elle, notre couple traverse une période délicate. Ce serait difficile à nier, étant donné les circonstances, mais il n'est pas question de divorce.

Du moins, pas encore.

— Oui, bien sûr, répondit tranquillement Monk. Je voulais simplement t'en parler, au cas où… Les ados ont souvent des réactions inattendues dans ce genre d'affaires, et les dégâts peuvent se répercuter dans les moindres détails de leur existence.

— Comme la position de Nick dans l'équipe, par exemple ? Voilà une attention touchante de ta part !

— Allons, Rachel, tu sais bien ce que je veux dire !

répliqua Monk sans se laisser démonter. Ça nous ferait du mal à tous — à Nick comme aux autres joueurs. Nous avons eu d'excellents résultats, cette saison, et si tout se passe bien, les Mustangs vont disputer des matchs de qualification pour les prochains championnats. Tous nos joueurs doivent rester à leur top. Il faudrait donc t'assurer que Nick ne prend pas tout ça trop à cœur — divorce ou pas. Un enfant est souvent traumatisé par la séparation de ses parents, même si elle est temporaire.

— Rassure-toi, en tant que psychologue, j'en suis parfaitement consciente.

— Je m'en doute. Alors, si ça se produisait, préviens-moi. Je suis prêt à l'écouter s'il a besoin de parler ; je trouverai du temps pour lui. Je tenais juste à ce que tu le saches.

— Merci, Monk, dit Rachel. C'est très gentil de ta part.

— Non, c'est tout naturel.

Ne remarquant, cette fois, aucune ironie dans la voix de la jeune femme, il se leva pour partir.

— Attends… un petit instant !

Rachel posa sa tasse et le rejoignit à la porte. Les remarques qu'il venait de faire sur Nick tombaient comme un cheveu sur la soupe, mais ses sentiments personnels envers l'entraîneur ne devaient pas interférer avec la vigilance qu'elle entendait exercer sur les élèves à risque. Et l'un des joueurs de Monk avait réellement besoin d'aide.

— J'essaie de convaincre Jason Pate d'avoir un petit entretien avec moi, lui dit-elle. Il y a quelque chose qui le tracasse, j'en suis sûre ; c'est pour ça qu'il s'est mis à boire. Aujourd'hui, c'est l'alcool, et demain, si nous ne faisons rien, ce sera sans doute la drogue. Ses parents ne semblent pas lui être d'un grand secours. Tu pourrais peut-être lui suggérer de venir me voir ? A en juger par les bribes de réponses que j'ai pu lui soutirer en voiture, au retour de Dallas, ton intervention ne serait pas inutile.

— Bof, à mon avis, c'est juste le genre de gars qui aime bien faire la fête. Ça m'étonnerait qu'il devienne alcoolique ou quoi que ce soit. Ne t'inquiète pas pour lui, va !

— Il n'y a rien d'anodin dans le fait de se soûler à la moindre occasion, répliqua Rachel d'un ton inflexible.

— Bon, on verra, dit Monk en esquissant un sourire. Je lui en glisserai un mot. Ce gamin passera professionnel un jour, s'il ne fait pas trop de conneries.

— J'aimerais beaucoup lui parler.

Elle n'insistait pas seulement pour la forme. Consciente d'avoir sous-évalué les signes avant-coureurs d'une dépression chez Jack Ford, elle ne tenait pas à reproduire la même erreur avec qui que ce fût.

— Ouais, j'essaierai de lui en toucher un mot.

Il fit un pas de côté pour viser la corbeille à papier, y lança sa tasse en carton et réussit parfaitement son coup.

— Faut que j'y aille, les filles.

Il les quitta sur un clin d'œil.

— Je n'ai jamais réussi à cerner ce type, dit Marta en le regardant s'éloigner dans le couloir d'un pas assuré. As-tu déjà remarqué la fascination qu'il exerce sur ses joueurs ?

— Oui, répondit Rachel en reprenant son café. Il a vraiment le chic avec eux. Une sorte de charisme, je suppose.

— Ou bien autre chose. En tout cas, c'est un arriviste, et il est beaucoup trop arrogant à mon goût… Enfin, comme il le dit, ses poulains vont probablement se qualifier pour les championnats, et ils finiront encore en tête des classements cette année.

Rachel ramassa ses dossiers et quitta la salle en compagnie de son amie.

— Il ferait tout pour ça, admit-elle, mais est-ce qu'il se

soucie seulement de l'avenir de ces garçons, au-delà du sport ? Je me pose parfois la question. Depuis cinq ans que je le côtoie, je n'ai pas encore trouvé la réponse.

Elle se promit de ne pas compter sur Monk pour convaincre Jason. Elle allait devoir s'y atteler elle-même. Quant à Nick… Jusqu'ici, son fils ne lui avait rien confié des sentiments que lui inspirait le départ de Ted, mais à en juger par son humeur maussade et renfrognée, il devait en souffrir énormément. En définitive, la proposition de Monk — aussi intempestive fût-elle — constituait peut-être une diversion appréciable…

Nick pénétra dans les vestiaires tout en ôtant le haut de son survêtement. Il avait été distrait pendant le match, et il se sentait coupable.

— J'ai vraiment joué comme une merde, confia-t-il à Ward d'un ton écœuré. Je n'aurais jamais dû manquer ce lancer.

— Ça arrive, des fois.

Ward Rivers, qui était dans la même classe que Nick depuis le jardin d'enfants, ouvrit la porte de son placard, jeta ses genouillères à l'intérieur, puis entreprit d'ôter son polo.

— Le coach n'a rien dit, alors, ne t'en fais pas !

Nick s'assit sur un banc pour détacher ses genouillères. Leur entraîneur avait une réputation de peau de vache mais jusqu'à présent, il s'était toujours montré extrêmement cool avec lui… Il se levait pour ranger ses genouillères quand trois joueurs tournèrent dans leur allée. Jason Pate, qui commençait à se dévêtir en marchant, ne fit attention à rien ni à personne. Mais Ferdy Jordan — un joueur de l'équipe de réserve — s'arrêta, aussitôt imité par son comparse, l'affreux B.J. Folsom, qui le suivait partout comme son ombre. Tout le monde savait que B.J. n'allait même pas aux toilettes sans avoir obtenu le feu vert de Ferdy.

Ferdy ébaucha un vilain petit sourire, tout en faisant passer son gant de base-ball d'une main à l'autre.

— Hé, Forrester ! J'ai appris la nouvelle, pour ton vieux.

B.J. ricana à son tour.

— Dis donc, tu parles d'un truc ! Ça se fait pas de coucher avec la femme de son associé.

— Cassez-vous, pauvres tarés ! lança Ward d'un ton méprisant, tout en faisant claquer la porte de son placard. C'est pas vos mamans qui vous appellent, là-bas ?

— Minute, papillon ! dit Ferdy en désignant Nick. A propos de mère, c'est bien la sienne qui est censée avoir réponse à tout, non ? Elle nous dit ce qu'il faut faire pour éviter les pépins, seulement voilà, elle est même pas capable de s'occuper de ses propres affaires. Hein, Nicky, si le vieux Teddy s'envoie en l'air à droite à gauche, elle n'y est quand même pas pour rien ?

Nick laissa tomber les genouillères et sauta par-dessus le banc, prêt à se jeter sur Ferdy.

Avant que Ward ait pu intervenir, Jason Pate apparut de l'autre côté et empoigna vivement Ferdy par la peau du cou.

— Occupe-toi de tes fesses, sale enfoiré ! lança-t-il à Ferdy.

Il fit signe à Ward d'obliger Nick à se rasseoir sur le banc. Et quand il vit que Nick était immobilisé, il lâcha Ferdy.

— A quoi est-ce que vous jouez, tous les deux ? demanda-t-il aux deux comparses.

Ferdy, qui n'était pas assez fou pour se mesurer à un colosse comme Jason, recula, les mains levées en signe de reddition.

— Hé, mec, du calme ! On chahutait juste un peu.

— Ben voyons !

Jason lui renvoya son gant un peu plus fort que nécessaire.

— La prochaine fois, va plutôt chahuter avec quelqu'un qui apprécie ton humour à la con.

L'air dégoûté, il fit passer son polo par-dessus sa tête et regagna la rangée de placards réservée aux aînés.

Sans lâcher le bras de Nick, Ward regarda les deux compères filer sans demander leur reste.

— Ça ira, Nick ?

Nick jeta ses genouillères dans l'armoire métallique et ferma la porte d'un coup sec. Il resta un moment immobile, les yeux fixés sur la porte. Son cœur battait à se rompre, et il mourait d'envie d'arracher les yeux à ce tordu de Ferdy. Ferdy n'avait rien pour lui : aucune classe, aucun talent sur le terrain. C'était juste une grande gueule, et un de ces quatre…

— Parfois, je le hais, Ward.

— Pas la peine ! Jordan est un pauvre type : il ne vaut pas un clou. Oublie-le.

— Non, Ward. Je parlais de mon père.

— Oh, merde !

Nick ôta la serviette qu'il avait autour du cou et la fourra dans son sac de sport.

— Pourquoi il s'est tiré ? On était si pénibles que ça ? Je sais bien que ça arrive à un tas de gens, mais tu n'as aucune idée de ce que ça fait, tant que c'est pas tes parents.

— Ouais, c'est moche, mec.

Son sac à bout de bras, Nick resta encore un moment sur place.

— Pour ce qui est de Ferdy, tu as raison : c'est un pauvre type. Je crois que j'ai pété les plombs, tout à l'heure.

— Hé, j'aurais sûrement fait pareil !

Ward lui donna un coup de poing amical sur l'épaule,

et Nick sentit sa rage s'évacuer en partie. Peut-être qu'il ne pouvait plus compter sur son père, mais Ward ne le laisserait jamais tomber.

Ils jouaient au base-ball ensemble depuis l'âge de six ans. Dès le début, ils s'étaient passionnés pour ce sport ; ils étaient animés d'un puissant esprit de compétition. Après un match perdu, ils passaient un temps fou à chercher la faille, à repérer ce qui avait « foiré » afin de ne pas reproduire la même erreur la fois suivante.

Ensemble, ils avaient observé l'ascension fulgurante de Jimbo — le grand frère de Ward — qui avait décroché un contrat dans une grande équipe, grâce à une bourse pour l'université du Texas.

Avec un soupir, Nick rouvrit son placard pour y prendre son T-shirt. En se jetant ainsi sur Ferdy, il aurait pu compromettre toutes ses chances de jouer pour Monk Tyson. Il devait une fière chandelle à Jason Pate et à Ward pour s'être interposés. L'entraîneur aurait été furax s'il avait assisté à ça.

A cet instant, précisément, Monk Tyson apparut au bout de l'allée. Nick et Ward se redressèrent, aussitôt sur le qui-vive.

— Tu t'es bien débrouillé cet après-midi, mon petit gars, dit-il à Ward en posant une main puissante sur l'épaule nue du garçon. Il va falloir que tu apprennes à perfectionner tes effets sur la balle : ils manquent un peu de longueur.

— Oui, monsieur. Je vais m'y mettre.

— Prévois de partir plus tard, demain soir : je pourrai te consacrer un moment.

Ward s'efforça de ne pas laisser paraître sa joie.

— Oui, m'sieur, répondit-il avant d'enfiler précipitamment son T-shirt.

— Quant à toi, Nick, dit l'entraîneur en se tournant vers lui, j'apprécie les progrès que tu as fait, ces derniers temps. Bon, il y a eu quelques ratés aujourd'hui, mais ce sont des choses qui arrivent. Hier, tu as réussi deux doublés en un seul tour de batte. C'est bien, dit-il en hochant la tête. C'est très bien. Tâche de venir demain avec Ward, et on travaillera quelques coups. Ensemble, vous formez un duo épatant — Ward au lancer et toi en première base.

— Merci, coach.

— Continue comme ça.

— C'est bien mon intention, m'sieur.

S'adossant à la porte d'une armoire métallique, l'entraîneur fronça les sourcils.

— J'ai entendu parler de ce qui s'est passé pour tes parents. C'est moche. Un sale coup pour toi.

Terriblement gêné, Nick regarda ses pieds.

— Oui, m'sieur, grommela-t-il.

Tyson s'écarta de l'armoire et prit Nick par l'épaule d'un geste un peu bourru.

— Hé, ce sont des choses qui arrivent, fiston. Il ne faut pas croire que tu es le seul dans ce cas. Si tu te renseignes, tu découvriras que plus d'un quart des élèves sont passés par là, eux aussi.

— Oui, m'sieur.

— J'ai eu une petite conversation avec ta maman, ce matin.

Stupéfait, Nick leva les yeux.

— Ouais, je lui ai promis de trouver du temps pour parler avec toi, si tu le souhaites.

— C'est pas la peine, coach, répondit Nick, ulcéré. Ça va bien, je vous assure.

— Bon, dit Tyson en reculant, le sourire aux lèvres. Si tu as besoin d'un ami — en plus de ton copain Ward, évidemment —, tu n'as qu'à venir frapper à ma porte.

— Oui, m'sieur.

— Maintenant, finissez vite de vous rhabiller et hop, du balai ! L'entraînement est fini. C'est l'heure de la bouffe.

Cloués sur place, les deux garçons regardèrent l'entraîneur sortir des vestiaires. Puis il croisa Jason et le prit amicalement par l'épaule. Les liens qu'il savait entretenir avec ses joueurs les récompensaient des efforts consentis sur le terrain. Et grâce à lui, le lycée de Rose Hill et ses Mustangs étaient connus dans tout le Texas, ce qui n'était pas une mince affaire, compte tenu des dimensions de la ville et de la passion du sport qui animait la jeunesse de la région.

Un instant plus tard, trois autres joueurs de première catégorie se joignirent à Monk et Jason. Tout comme Jimbo et d'autres qui leur montraient la voie, ces quatre joueurs formaient l'élite des Mustangs. Sauf accident, l'influence quasi magique de Tyson leur assurerait à tous d'exceptionnelles carrières de sportifs — à l'instar de celle de Jimbo.

— Oh, putain ! souffla Ward en suivant des yeux le petit groupe qui entourait l'entraîneur — planètes gravitant autour de leur soleil. A ton avis, pourquoi on a droit à des faveurs particulières, aujourd'hui ?

La mine renfrognée, Nick enfila son polo, reprit son gant de base-ball et le fourra dans son sac de sport.

— J'en sais rien.

Quelque chose dans sa voix alerta son ami.

— Qu'est-ce qu'il y a ?

— Il faut toujours que ma mère se mêle de mes affaires ! maugréa-t-il en fermant son sac d'un geste rageur. Le coach va me prendre pour une putain de mauviette, comme s'il fallait me tenir la main pour me rassurer parce que mon papa a mis les voiles !

— Bof, je crois que tu as pris ça de travers, Nick. Il voulait juste… être gentil, quoi. Tu vois, il y a des gars qui sont plus proches de lui que de leur propre père. Comme ceux avec qui il est en train de parler, par exemple. Il pensait te faciliter les choses au cas… où tu aurais besoin d'aide ou un truc de ce genre.

Nick se redressa et regarda son ami.

— Est-ce que j'ai l'air d'avoir besoin d'aide ?

Ward haussa les épaules.

— Ecoute, il nous a proposé un entraînement particulier, alors moi, je vais sauter sur l'occasion sans hésiter !

Son sac de sport à la main, Nick observa les élus de l'entraîneur, admirant leur talent mais enviant aussi secrètement la chance qu'ils avaient d'appartenir à un petit cercle aussi fermé. Elèves du second cycle, ils étaient tous plus âgés que Ward et lui. Il serait difficile d'accéder à ce niveau, mais Ward avait raison : l'entraîneur venait de leur ouvrir une porte et il n'était pas question de faire la fine bouche. Les problèmes entre ses parents lui pourrissaient le moral mais il n'y pouvait strictement rien. Tout ce qu'il avait à faire, c'était s'occuper de lui… Il serait difficile de passer en équipe de première catégorie dès l'année prochaine — un an plus tôt que la grande majorité des joueurs —, mais avec le soutien de Tyson, ce n'était pas absolument impossible, et il allait faire le maximum pour atteindre cet objectif.

Il hissa son sac en bandoulière sur son épaule.

— Allons-y, Ward. Tu as entendu Monk ? C'est l'heure de la bouffe et je meurs de faim.

La débâcle de sa vie privée aurait pu inciter Rachel à négliger son boulot, mais le suicide de Jack lui avait servi de leçon et, bien qu'elle fût tentée de prendre quelques jours de congé et de les consacrer à ses enfants, elle ne pouvait oublier que certains élèves du lycée — notamment, Jason Pate — avaient un besoin urgent d'être aidés.

Non que Jason eût réclamé son aide, bien au contraire. Assis en face d'elle dans son bureau, il était retranché dans une attitude hermétique qui donnait à Rachel une folle envie de lui montrer la porte et de l'abandonner à son sort. Jamais elle n'avait eu autant de mal à arracher quelques mots de la bouche d'un élève en difficulté.

Dire qu'il était l'un des sportifs les plus renommés du lycée et qu'il ne trouvait rien de mieux à faire que noyer ses soucis dans la bière chaque week-end — parfois même durant la semaine.

Hantée par le souvenir de Jack Ford dont le geste fatal restait gravé en elle, lui rappelant qu'un jeune athlète doué, beau garçon et excellent élève pouvait mettre brusquement fin à ses jours sans aucune raison apparente, Rachel se sentait incapable de laisser tomber Jason. L'histoire ne se reproduirait pas avec lui. Du moins ferait-elle tout ce qui était en son pouvoir pour l'empêcher.

— Je vois que vous avez une petite sœur, Jason, lui dit-elle, essayant d'obtenir quelques indications sur sa vie de famille.

— Oui, madame. Elle s'appelle Jennifer.

Son genou gauche tressaillit malgré lui. Conscient d'avoir trahi son agitation, il se tortilla légèrement sur sa chaise, puis posa les mains sur ses genoux comme pour les maintenir en place.

— Treize ans, dit Rachel en jetant un coup d'œil à son dossier. Il paraît que c'est un âge difficile chez les filles, ajouta-t-elle en souriant au garçon.

— Je n'ai pas remarqué, dit-il. Ma sœur est plutôt cool.

Rien à tirer de lui de ce côté-là. D'accord. Rachel savait que Mme Pate luttait contre un cancer du sein. Avait-elle du mal à s'occuper de ses enfants ? Se sentaient-ils abandonnés, plus ou moins à la dérive ?

— Etes-vous inquiet pour votre maman ?

C'était une question directe, mais Rachel avait épuisé les tactiques d'approche plus subtiles.

— Bien sûr ! Mais le médecin dit qu'elle a bien réagi à la chimio. D'après les tests, il paraît qu'elle est guérie.

— C'est une merveilleuse nouvelle, Jason. Je suis heureuse de l'apprendre, et vous devez être tous soulagés, à la maison.

— Oui, m'dame.

Rachel se creusa la tête pour trouver d'autres sujets de conversation susceptibles de le rendre plus loquace.

— Est-ce qu'elle pourra bientôt venir vous voir jouer ?

— Elle n'est pas vraiment fana de base-ball. Quant à mon père, il a été débordé à cause de cette maladie… mais c'est pas grave. Je comprends ça.

Etait-ce bien vrai ? Ses parents n'avaient pas assisté à un seul de ses matchs cette saison, et leur vie de famille dans son ensemble avait dû être assombrie par l'angoisse. Jason noyait-il son désappointement dans l'alcool ? Le problème se résumait-il à cela ?

— Votre entraîneur m'a dit que vous étiez l'un de ses joueurs les plus prometteurs. Après le bac, vous auriez des chances d'obtenir une bourse et de poursuivre une carrière sportive au sein d'une équipe universitaire.

— Oui, madame. C'est ce qu'il dit.

Discernant une infime pointe d'ironie dans sa voix, Rachel marqua une pause.

— Douteriez-vous de ce qu'il affirme, par hasard ?

Il eut un rire bref.

— Personne ne met en doute la parole du chef.

— Avez-vous un problème avec Monk Tyson ?

Jason regarda ses mains.

— Si c'était le cas, je ne serais pas quarterback dans une équipe de première division.

Bon, il y avait peut-être quelque chose de ce côté-là. Une question concernant la gestion de l'équipe ou quelques tensions avec l'entraîneur lui-même... Hélas, il y avait peu de chances pour que Jason lui confiât quoi que ce soit de négatif concernant le « chef »... En tout cas, s'il buvait pour éviter d'affronter une difficulté quelconque, il risquait bel et bien de gâcher son avenir. Peut-être était-il temps d'en venir au fait.

— En buvant plus que de raison, vous pouvez passer à côté d'une belle carrière sportive, Jason. Vous devez prendre conscience de cela.

— Probablement.

Le tressaillement de sa jambe avait repris, et il semblait crispé. Rachel le sentit prêt à bondir de sa chaise et à décamper.

— Jason.

Elle se leva, contourna le bureau et vint s'asseoir à côté de lui.

— Pourquoi persistez-vous dans cette attitude destructrice ? Y avez-vous réfléchi ?

— Oui, m'dame.

Elle attendit. Il demeura muet.

— Donc...

Il haussa les épaules sans rien dire.

Rachel soupira.

— Il y a des moyens de se faire aider, Jason. Y avez-vous songé ? L'Association des alcooliques anonymes...

— Je n'ai pas besoin de ces trucs-là ! s'exclama-t-il, les poings serrés, le souffle court, manifestant enfin une véritable émotion. Je n'en ai pas besoin parce que je sais ce qui...

Rachel attendit en retenant sa respiration. Le garçon se détourna mais elle eut le temps d'apercevoir des larmes dans ses yeux.

— Vous savez... quoi, Jason ? insista-t-elle avec douceur.

Il la regarda, et elle eut envie de le prendre dans ses bras comme son propre enfant, tant ce regard était chargé d'angoisse et de souffrance.

— Comment peut-on savoir si on est gay, madame Forrester ?

7.

Rachel commençait à croire que Ted s'était volatilisé dans l'espace quand elle le trouva chez elle, ce soir-là.

— Où étais-tu passé ? lui demanda-t-elle. J'essaie de te joindre depuis plusieurs jours.

Il avala d'un trait les trois quarts de son whisky avant de répondre :

— J'étais très occupé.

— Ça, je m'en suis aperçue en allant à la banque. Tu as vidé notre compte commun : inutile de te dire que je trouve ça ignoble. Au moment de régler un achat avec ma carte bancaire, j'ai essuyé un rejet humiliant pour défaut de provision. Tu aurais pu me prévenir, l'autre jour… Mais qu'est-ce que tu as dans la peau, Ted ?

Il ôta ses lunettes noires destinées à dissimuler son œil au beurre noir. Avec un soupir, il se massa lentement l'arête du nez entre le pouce et l'index.

— C'est le genre de choses qui arrive en cas de divorce, dit-il.

Rachel le dévisagea, l'air incrédule.

— Alors, ta décision est donc prise ? Tu veux divorcer ?

Il s'assit sur le bras d'un fauteuil, un peu comme un visiteur.

— Tout ce que je sais, c'est que je veux rester avec Francine.

Il avait dit ça sans passion. Rien à voir avec l'amant plein de morgue auquel elle avait été confrontée, au chalet. Ce soir, il avait une mine de chien battu. Il semblait aussi en proie à un début de migraine. En d'autres temps, elle aurait compati. A présent, elle se moquait éperdument de le voir souffrir.

— Si tu t'entendais ! lui dit-elle avec dédain. On dirait un gamin qui découvre sa libido… S'il te plaît, change de disque ! Les ados, j'en ai ma dose quotidienne au boulot. Un peu de sérieux, tout de même ! C'est l'avenir de nos enfants qui se joue en ce moment. As-tu mesuré les conséquences de tes actes ? Es-tu capable de voir un peu plus loin que ton désir immédiat ?

— Je n'avais pas été aussi heureux depuis très longtemps, Rachel.

Elle l'observa avec froideur.

— D'accord, dit-elle. Je te reçois cinq sur cinq. Dis-moi seulement combien de temps il t'aurait fallu pour m'avouer ta liaison si je ne t'avais pas surpris avec Francine ?

— Je n'en sais rien. J'avais tellement peur que tu déclenches les grandes manœuvres pour tenter de trouver une solution… Il n'y a pas de solution à tout, Rachel, conclut-il en portant son verre à ses lèvres.

Elle eut un rire amer.

— Financièrement, si ! lança-t-elle. Sur ce plan-là, tu ne t'en sortiras pas aussi facilement, Ted. Je n'accepte pas de me retrouver sur la paille, figure-toi !

— La question est dépassée, de toute façon, déclara-t-il en passant la main dans ses cheveux parfaitement coupés. Aujourd'hui, c'est moi qui suis sur la paille.

Rachel fronça les sourcils.

— Qu'est-ce que tu racontes ?

— C'est un coup de Walter. Il a baratiné tous nos confrères du cabinet médical. Quand je suis arrivé, lundi matin, ils s'étaient déjà réunis pendant le week-end pour établir une proposition de rachat de ma part. Je la juge totalement inacceptable. Les poules auront des dents quand je les laisserai mettre le grappin sur mon cabinet. J'ai mis douze ans à en faire ce qu'il est. Mais pour qui se prend-il, ce type ?

— Ça me semble assez évident. Vous êtes associés et tu lui as piqué sa femme. C'est une trahison particulièrement cruelle pour lui.

— Ce ne serait pas arrivé s'il avait su rendre Francine heureuse, dit-il en contemplant le fond de son verre.

Rachel se laissa choir à son tour dans un fauteuil.

— Cette remarque est également valable pour moi, si je comprends bien. Tu n'étais pas heureux avec moi, n'est-ce pas ?

— Je te l'ai déjà dit, ce n'était pas prémédité. C'est arrivé comme ça.

— Oui, oui, je sais… J'avais bien entendu la première fois. Mais laisse-moi te dire que l'attitude de Walter est tout à fait compréhensible. Tu ne peux pas te taper la femme d'un autre et t'attendre qu'il le prenne bien. Tu ne peux pas non plus compter sur le soutien de tes confrères. Tout ce qui t'arrive aujourd'hui était tellement prévisible, Ted. Tu n'avais donc pas songé aux conséquences ? Walter a simplement trouvé la façon la plus efficace de te faire payer cet affront.

— Je ne vais pas me laisser manipuler comme ça. Je leur intente un procès.

Il posa son verre à côté de lui et sortit une enveloppe de sa poche.

— Tu as également beaucoup à perdre dans l'affaire, Rachel. Réfléchis un peu. Si Walter réussit à me baiser, la valeur de notre part sera diminuée de moitié. Tiens, dit-il en lui tendant l'enveloppe, voici un document établi par mon avocat.

Rachel la prit d'un air perplexe.

— Qu'est-ce que c'est que ça ?

— Au départ, ça devait être un contrat de séparation provisoire, mais il a fallu le modifier à la suite du coup bas de Walter, lundi matin.

Ted jeta un coup d'œil vers l'escalier.

— Les enfants sont là ?

— Non. Nick est à son entraînement de base-ball et Kendall à son cours de gym. Je dois aller la chercher à 6 heures et quart, dit Rachel en consultant rapidement sa montre avant de sortir le document de l'enveloppe.

Elle le déplia et parcourut rapidement la première page. Une expression incrédule se peignit sur ses traits. Elle leva les yeux vers Ted.

— Ce n'est pas sérieux, tout de même !

— Est-ce que tu m'as déjà vu plaisanter sur des questions d'argent ?

Rachel tint les feuilles agrafées du bout des doigts, comme si elle craignait d'être contaminée.

— Tu me suggères réellement de vendre la maison ? *Cette* maison ? Tu me crois capable de faire une chose pareille ? Nick et Kendall sont chez eux, ici. Tu n'as pas le droit de les dépouiller pour te tirer d'un mauvais pas.

— Si tu as une meilleure idée, n'hésite surtout pas à me la communiquer !

Il quittait son fauteuil pour aller remplir son verre quand la porte d'entrée s'ouvrit à la volée. Nick entra dans la pièce en coup de vent.

— Maman, il faut que je te parle !

Il marqua un léger temps d'arrêt en apercevant son père, puis se désintéressa aussitôt de lui.

— J'en ai assez que tu te mêles de mes affaires ! dit-il à Rachel.

Elle le toisa d'un air sévère.

— Tu ne vois pas que je suis en train de discuter avec ton père ? Attends au moins…

— Pourquoi es-tu allée dire à mon entraîneur que papa nous avait laissés tomber ?

— Qu'est-ce que tu racontes ? répliqua Rachel, stupéfaite.

— Tyson est venu me voir après l'entraînement, et il m'a offert son épaule pour pleurer ! C'était…

Il jeta son blouson sur une chaise et secoua la tête comme s'il était à court de mots.

— Bon sang, maman ! Ward a entendu ça et je ne sais pas qui encore. Je vais traîner ce boulet pour le restant de ma vie. Je n'arrive pas à croire que tu aies fait un truc aussi nul !

— Je n'ai jamais dit à Monk que ton père s'en allait.

— Alors, comment il l'a su ? demanda Nick d'un air ulcéré.

— Dans une petite ville comme la nôtre, tout finit par se savoir, Nick.

Rachel soupira, consciente que la défection de Ted allait lui valoir bien d'autres scènes de ce genre.

— Monk y a fait allusion ce matin, dans la salle des profs, expliqua-t-elle. Il m'a fait part de son inquiétude, c'est tout.

— Et tu l'as laissé supposer que je n'étais pas assez grand pour me tirer d'affaire tout seul ?

Ted intervint enfin.

— Personne ne peut croire ça, Nick. Bien sûr que tu en es capable ! Si tu veux mon avis, Tyson ne se soucie pas uniquement des résultats sur le terrain.

Nick se tourna rageusement vers lui.

— Les résultats sur le terrain ? Mais qu'est-ce que tu en as à foutre, toi ? Tu n'es pas venu me voir jouer une seule fois, cette saison !

— Ne me parle pas comme ça ! ordonna Ted. Tu sais qu'il est interdit de proférer des grossièretés, ici.

— Ouais, et tu comptes sur maman pour faire respecter la règle, c'est ça ?

— S'il vous plaît ! lança Rachel en levant une main pour les arrêter. Du calme, tous les deux ! Nick, ma conversation avec Monk n'avait rien de personnel. Tu n'as aucune raison de te sentir gêné. Il t'a proposé son aide au cas où tu en aurais besoin, c'est tout. Il n'y a vraiment pas de quoi te mettre dans un état pareil.

— Sauf que tout le monde s'est foutu de moi, rétorqua Nick avec amertume. Si tu avais entendu Ferdy, tu comprendrais de quoi je parle. Tu es la psy du lycée, maman ; ils te prennent tous un peu pour le bon Dieu. Ils comptent sur toi pour résoudre les problèmes.

— Oh là là ! maugréa Ted. Si tu écoutes tout ce que disent les gens, tes ennuis ne font que commencer.

— Je regrette, Nick, dit posément Rachel sans prêter attention à Ted. Je n'avais pas prévu ça, et je suis incapable de résoudre le problème, en effet. Mais nous allons nous en sortir. Maintenant, si tu allais manger quelque chose dans la cuisine ? J'ai acheté une pizza, en rentrant. On reparlera de tout ça plus tard.

Nick pivota sur ses talons.

— J'ai pas faim.

Il reprit son blouson d'un geste brusque et quitta la pièce sans un regard pour son père.

Quand il fut hors de portée de voix, Rachel jeta à Ted un regard éloquent.

— Selon toi, les enfants devaient traverser cette épreuve sans aucun dommage ?

— J'en suis persuadé. Ils mettront un peu de temps à s'y faire, mais Nick est un garçon solide : il s'adaptera.

Rachel leva les yeux au ciel, puis elle s'exhorta de nouveau à la patience.

— Très bien, Ted. Si tu le dis…

Elle réalisa qu'elle avait toujours les papiers de l'avocat dans la main.

— Avais-tu d'autres informations à me communiquer, à part le fait que tu nous mettes à la porte pour vendre la maison ?

— Encore une fois, j'ai parlé avec mon avocat. Les clauses du contrat établi lors de la création du cabinet stipulent que l'un des associés peut être exclu du groupe si les autres votent cette exclusion à l'unanimité. Le seul élément négociable est le montant de l'indemnisation qui lui est alloué. C'est donc là que les choses se corsent. Si je n'accepte pas ce qu'ils me proposent — et je le refuse catégoriquement —, je dois demander à un tribunal de trancher. Dieu seul sait combien de temps ça peut durer. Plusieurs mois… un an, peut-être ?

Il marqua une pause avant de reprendre :

— En attendant, il nous faudra des revenus pour subsister. Ton salaire au lycée ne sera pas suffisant. Unc fois la maison vendue, on pourra tenir le coup.

— Qu'est-ce que Francine dit de tout cela ?

— Elle est scandalisée, naturellement ! Selon elle, Walter s'ingénie à la faire souffrir par tous les moyens.

— Mais peut-être qu'il souffre, lui aussi, de voir sa femme coucher avec un homme qu'il prenait pour son ami ?

Comme Ted s'apprêtait à protester, elle haussa les épaules et ajouta d'un ton las :

— Inutile te chercher à faire passer tes galipettes pour autre chose que ce qu'elles sont. Il ne nous reste plus maintenant qu'à essayer de limiter les dégâts — en ce qui concerne les enfants, surtout.

Elle agita les papiers devant elle.

— En tout premier lieu, j'espère qu'il y a là-dedans une clause qui prévoit des ressources suffisantes pour ta famille pendant la durée de cette procédure.

— Naturellement ! A condition de mettre cette maison en vente et de réduire un peu notre train de vie.

— Tu as l'intention de t'installer au chalet du lac, je suppose ?

Ted opina.

— Pour le moment, oui.

— On pourrait aussi envisager de le vendre, suggéra-t-elle, le regard dans le vague.

— Il existe une solution qui ferait d'une pierre deux coups, dit Ted.

L'inflexion de sa voix la mit sur ses gardes, mais il se détourna rapidement et avala d'un trait son second verre de whisky.

— Laquelle ?

— Vous pourriez emménager tous les trois chez Dinah.

— Pardon ?

— Ça me semble tout à fait logique, Rachel.

Il reprit la bouteille et remplit son verre.

— Maintenant que Dinah est toute seule dans ce grand pavillon, je suis sûre qu'elle serait ravie de vous accueillir.

La réticence de Rachel parut l'agacer.

— Enfin, ce ne sera que provisoire ! Avant de refuser, passe-lui un coup de fil pour voir ce qu'elle en dit. Je n'en demande pas plus.

— C'est une façon de s'imposer, Ted. Réfléchis un peu.

Maman est veuve, sexagénaire ; elle a perdu l'habitude des enfants. C'est trop lui demander.

— Expose-lui le problème. Elle comprendra.

Il ne manquait pas de toupet, songea Rachel sans le quitter des yeux.

— Tu parles sérieusement, n'est-ce pas ?

— Oui, tout à fait.

— Et… As-tu déjà opté pour le divorce, Ted ?

— Tout ce que je peux te dire, c'est que je veux être avec Francine pour le moment. J'ignore où ça nous mènera.

Il porta le verre à ses lèvres, puis le posa sans avoir bu.

— Tout ça, c'est la faute de Walter, Rachel. C'est un véritable enfoiré.

— La faute de Walter ?

Elle le dévisagea sans sourciller.

— Je viens de te dire ce qu'il était en train de faire.

— Ted, il serait temps d'ouvrir les yeux. Walter n'est pas à l'origine de tes ennuis. Tu es l'artisan de tes propres malheurs — et des nôtres.

— Ne rallumons pas cette polémique, Rachel ! Dis-moi simplement que tu vas appeler Dinah… Elle raffole des enfants. Tout se passera très bien, tu verras… Au fait, j'ai rencontré un agent immobilier ; cette maison vaut une petite fortune, paraît-il.

— Tu as parlé à un agent immobilier sans même m'avoir consultée ?

— Je me suis juste renseigné, dit-il avec un haussement d'épaules évasif. Tu n'es pas contente d'apprendre que c'était un excellent investissement ?

Rachel le regarda encore un moment en silence.

— Si tu trouves que je me suis mise dans tous mes états à propos de ton sordide petit adultère, dit-elle enfin d'un ton mesuré, alors, tu vas voir de quoi je suis capable dans moins d'une minute.

— Oh là là, Rachel, je t'en prie !

Elle lui montra la porte.

— Sors d'ici, Ted ! Tout de suite.

Avec un ronchonnement incompréhensible, il posa bruyamment son verre sur le bar et déguerpit sans demander son reste.

8.

Trois mois plus tard

C'était un véritable défi et une besogne sans fin que de maintenir en état cette maison qui datait du siècle précédent. Mais Cam prenait plaisir à entretenir la demeure où il avait grandi. Et le travail manuel lui permettait de se libérer l'esprit pour réfléchir à son prochain roman. L'heure du déjeuner approchait, et il avait presque terminé ses travaux de peinture quand un camion de déménagement arriva au bout de la rue. Le semi-remorque ralentit au croisement, puis tourna dans sa direction. De nouveaux voisins ! songea-t-il. Il marqua une pause, posa son pinceau en travers du pot de peinture, et s'essuya les mains sur un chiffon imbibé de térébenthine.

Il vit le camion ralentir puis s'arrêter. Le chauffeur examina le numéro des maisons — la sienne, d'abord, puis celle de Dinah. Cam attendit, en se disant qu'il faisait halte pour se repérer. Mais une voiture apparut au croisement, dépassa le camion de déménagement et s'arrêta devant lui. Ses quatre occupants en descendirent. Cam reconnut Rachel et Nick Forrester, accompagnés d'une petite fille et d'un autre adolescent coiffé d'une casquette de base-ball.

Le chauffeur et son collègue descendirent à leur tour, allèrent ouvrir les portes arrière du véhicule et disparurent à l'intérieur après avoir installé la rampe de déchargement.

— Mamie, c'est nous ! cria la petite fille en courant vers la porte de Dinah.

Cam jeta son chiffon par terre, ferma le pot de peinture et donna un petit coup de marteau sur le couvercle. Tout en ramassant les journaux qu'il avait étalés pour protéger le sol, il vit du coin de l'œil Nick Forrester se diriger vers lui. Comme s'il avait besoin de ça ! La présence de Rachel Forrester et de son fils dans la maison voisine allait être pour lui une évocation constante de la mort de Jack…

— Bonjour, monsieur Ford.

Cam se redressa lentement, son paquet de journaux sous le bras.

— Comment ça va, Nick ?

— On vient vivre chez mamie.

Cam observa du coin de l'œil les déménageurs qui déchargeaient trois grands cartons attachés sur un diable.

— C'est ce que je vois, dit-il d'un ton mi-figue, mi-raisin.

La fillette revint sur ses pas en courant, ouvrit le coffre de la voiture et en sortit une petite malle en osier. Un miaulement véhément se fit aussitôt entendre.

— C'est un cas de force majeure, dit Nick en baissant la tête. Personne n'apprécie cette solution, sauf mamie et Kendy.

— Kendy, c'est ta petite sœur, je présume ?

— Oui, m'sieur. C'est le diminutif de Kendall. Elle prend ça pour des vacances… En réalité, mes parents sont en train de divorcer.

Et Rachel se retrouvait à la porte de chez elle ?

S'était-elle laissé embobiner par son mari au point de

prendre le même avocat que lui, sans penser un seul instant qu'il chercherait à la rouler ? Devant un tribunal, la preuve de l'adultère aurait dû lui suffire pour le saigner à blanc. Pourtant, c'était elle qui se retrouvait à la porte avec les enfants ! Cam essuya une tache de peinture sur ses tennis, en s'efforçant de cacher ce qu'il pensait. Curieusement, le fait d'avoir vu juste à propos de Forrester ne lui procurait aucune satisfaction.

— Je suis désolé pour vous, murmura-t-il.

Nick haussa les épaules d'un air fataliste.

— Maman dit qu'on ne restera pas trop longtemps chez mamie, dit-il en regardant Kendall sortir le chat apeuré de sa cage en osier. Il faudra attendre la fin du divorce pour chercher une autre maison à Rose Hill... Pas question de changer de région, de toute façon.

— C'est une chance que votre grand-mère ait de la place, en tout cas. Comme ça, vous ne serez pas obligés de changer d'école.

Le maintien d'un environnement familier aiderait les enfants à surmonter ce traumatisme, songea Cam. Jack, lui, n'avait pas eu cette chance : contraint de quitter New York pour le Texas, il avait dû accumuler les causes de stress...

Le dos tourné, le garçon suivit des yeux les déménageurs.

— Oui, c'est ce que maman a dit en nous annonçant qu'il fallait vendre la maison à cause du procès.

Rachel avait donc décidé de se défendre, en définitive ?

— Ta maman va continuer à travailler au lycée, je suppose.

— Probablement.

— Et ton père ?

Cam se reprocha aussitôt cette question. Tout cela ne le concernait pas le moins du monde...

Nick promena autour de lui un regard absent.

— Avec le procès, mon père devra quitter son cabinet. Il dit qu'il va chercher à s'installer ailleurs.

Ted envisageait d'ouvrir un autre cabinet ? Tout compte fait, ce n'était peut-être pas Rachel mais Walter Dillon qui lui intentait un procès. Ce dernier avait dû s'arranger pour évincer son associé. Si Forrester quittait Rose Hill, ses gamins allaient sûrement en pâtir. Mais se souciait-il réellement du bien-être de ses enfants ?

— Papa dit que son nouveau cabinet sera ici, à Rose Hill, ajouta Nick.

Cam vit toutefois que le garçon se mordillait l'intérieur des lèvres. Visiblement, il tâchait de faire contre mauvaise fortune bon cœur. Forrester avait-il vraiment songé aux conséquences de ses actes ? Que deviendraient Rachel et les enfants s'il se retrouvait au chômage ?

Cam se ressaisit, conscient de l'absurdité de ces réflexions. Il ferait certainement mieux de s'occuper de ses propres affaires.

— Comment se comporte l'équipe de base-ball, cette saison ? demanda-t-il, changeant prudemment de sujet.

— Plutôt bien. Les matchs de qualification vont bientôt commencer. L'entraîneur dit que je passerai sans doute en première catégorie, l'an prochain.

Nick enfonça les mains dans les poches de son jean, et ses traits s'éclairèrent en quelques secondes.

— Il a été super sympa : il nous entraîne séparément, Ward et à moi.

Il chercha son ami du regard, porta deux doigts à ses lèvres et émit un sifflement strident, tout en lui faisant signe de les rejoindre.

— Ward est venu nous donner un coup de main pour le déménagement.

Ward arriva au pas de course et s'approcha, un peu essoufflé.

— Bonjour, monsieur Ford.

Sans attendre les présentations d'usage, il ajouta :

— Comment allez-vous ?

— Pas mal, Ward. Et ton père ?

— Oh, lui, il est toujours aussi coriace, vous savez ?

— Hé là, minute ! coupa Nick. Vous vous connaissiez déjà, tous les deux ?

Le sourire de Ward s'estompa.

— Enfin, plus ou moins, dit-il en regardant Cam d'un air hésitant.

Des images de leur rencontre — le jour des obsèques de Jack — défilèrent sous les yeux de Cam. Il réussit cependant à répondre presque normalement :

— Son frère Jimbo et mon fils étaient de bons amis.

Il écarta délibérément les souvenirs douloureux.

— J'ai appris que Jimbo suivait une formation de joueur professionnel, dit-il, s'adressant de nouveau à Ward.

— C'est à peine croyable, répondit le garçon avec fierté. Deux responsables de clubs professionnels se sont déjà intéressés à lui, mais mon père voudrait le convaincre de terminer ses études. L'ennui, c'est qu'il a encore une année entière d'université devant lui avant d'obtenir son diplôme.

— Une année entière, répéta Cam, conscient que Ward jugeait cela interminable.

— Ouais. Et s'il était blessé, par exemple, tout tomberait à l'eau. Vous vous rendez compte ?

— Oui, bien sûr.

— Je ne savais pas que vous aviez un fils, dit Nick, visiblement intéressé. Est-ce qu'il habite ailleurs — chez sa mère, peut-être ?

— Tais-toi, Nick ! chuchota Ward en lui donnant un coup de coude dans les côtes.

— Aïe ! Quoi ? Qu'est-ce qu'il y a ?

— Mon fils est mort il y a cinq ans, dit Cam.

— Oh, mince ! Excusez-moi, m'sieur. Ward ne m'avait pas dit…

— Je ne savais pas que M. Ford habitait ici, expliqua Ward.

Il regarda de nouveau Cam.

— Tout le monde pensait que vous resteriez à New York, reprit-il.

— Rose Hill, c'est ma ville natale, répondit Cam. Et pour tout dire, un écrivain peut exercer son métier à peu près n'importe où… si le voisinage n'est pas trop bruyant.

Il aurait pu ajouter que les souvenirs vous suivent partout, où que vous alliez.

— Vous ne vous apercevrez même pas qu'on est là, promit Nick avec empressement.

Si ça pouvait être vrai ! songea Cam.

Puis il se tourna vers Ward.

— Alors, quelles sont les équipes qui s'intéressent à Jimbo ?

— St Louis et Chicago, répondit le garçon avec un sourire ravi. Mais ce n'est pas si évident. Nick et moi, on a parié sur le choix qu'il va faire : accepter un contrat ou attendre un an. C'est qu'ils doivent lui proposer un sacré paquet ! Nick prétend qu'il attendra ; moi, je dis qu'il va sauter sur le fric.

— C'est délicat, admit Cam. Mais il ne faut pas oublier que Jimbo peut être blessé aussi bien chez les pros que dans l'équipe universitaire ; il est donc plus prudent d'avoir un diplôme pour rebondir en cas de problème. Et puis, de toute façon, la carrière d'un joueur ne dure pas très longtemps.

— Et Nicolas Ryan, alors ? riposta Ward en faisant référence à un célèbre joueur texan. Il avait presque quarante-neuf ans quand il a arrêté de jouer.

— Nicolas Ryan est l'une des rares exceptions à la règle, dit Cam. Bon, expliquez-moi plutôt comment ça se passe avec Monk !

— J'ai parlé à Cam du coup de pouce que Monk nous donne à tous les deux, dit Nick à son ami, tout en exécutant un lancer imaginaire en direction du camion. Moi, mon score a grimpé en flèche. Au début, j'en revenais pas qu'il nous propose un entraînement individuel. Mais il a été vraiment chouette, hein, Ward ?

Ward ne semblait pas aussi enthousiaste que Nick, mais il opina néanmoins.

— Ouais, il est sympa.

Il se dandina d'un pied sur l'autre, tout en jetant un coup d'œil oblique sur la maison voisine.

— Je suppose qu'on a de la chance. Quand j'ai raconté ça à Jimbo, il m'a dit qu'il fallait s'attendre à des représailles de la part des autres joueurs. D'ailleurs, tu as vu, Nick : Ferdy et B.J. ont vraiment l'air furax.

— Ouais, c'est vrai, dit Nick avec un haussement d'épaules, mais c'est des pauvres types, de toute façon.

Il se tourna vers Cam.

— En fait, c'est surtout Ward qui a la cote avec l'entraîneur : Monk le trouve encore meilleur que son frère.

Le teint clair de Ward vira au cramoisi.

— Ça va, Nick, boucle-la ! maugréa-t-il.

— Il est timide, dit Nick en adressant un clin d'œil à Cam.

La réaction de Ward révélait autre chose qu'une simple timidité, songea Cam.

— Vous avez des ennuis avec… comment, déjà ? Ferdy et B.J. ?

— Rien d'insurmontable, répondit Ward.

— Ils sont jaloux, c'est tout, renchérit Nick.

— La jalousie peut rendre les gens redoutables, dit Cam sans cesser d'observer Ward.

— Pas de souci. J'assume.

Ward jeta à Nick un regard éloquent qui semblait vouloir dire : « Tu vas me payer ça tout à l'heure ! » Cam décida donc de ne pas insister. Si l'entraîneur avait choisi d'accorder quelques privilèges à ces deux-là, ils allaient devoir apprendre à l'assumer.

— Oh, oh ! murmura Nick en entendant quelqu'un l'appeler. Voilà Kendy-la-tigresse qui se pointe. La récré est finie, les gars.

Suivant la direction de son regard, Cam vit Kendall traverser la pelouse au pas de charge. Ses cheveux bruns, son nez retroussé et ses grands yeux noirs étaient autant de points communs avec sa grand-mère, mais son expression furibonde évoquait plutôt celle de sa mère.

En regardant mieux, Cam vit qu'elle portait un appareil photo en bandoulière.

— Nick, maman veut que tu viennes nous aider… tout de suite ! déclara-t-elle, un poing posé sur la hanche.

Comme de bien entendu, Rachel apparut au même moment.

— Il faut qu'on y aille, dit Nick ! Si maman se met en boule, c'est tintin pour la pizza qu'elle nous avait promise : on aura juste droit à une tartine de confiture.

Les deux garçons adressèrent un petit signe amical à Cameron, et s'empressèrent de rejoindre Rachel.

Cam les regarda s'éloigner, débordants de santé et d'énergie — avec leur vie tout entière devant eux…

Il attendit que la douleur refluât peu à peu dans les profondeurs de son être.

— Excusez-moi, monsieur Ford.

Il émergea péniblement de sa souffrance, et aperçut la petite fille qui le regardait, au pied de la terrasse. Le gros chat roux passait et repassait entre ses chevilles en ronronnant comme un poêle.

— Salut, Kendall !

— Vous connaissez mon prénom ?

— Nick m'a parlé de toi.

— Ah bon ?

Sans attendre d'y être invitée, elle gravit les marches du perron, le chat sur ses talons.

— C'est mon appareil photo *numérique*, dit-elle fièrement.

— Super ! Tu es photographe ?

— Oui. Et j'aimerais bien photographier votre maison, si ça ne vous ennuie pas.

— Ma maison ?

Elle examina la porte d'entrée, les moulures fraîchement repeintes, les hautes fenêtres surmontées d'impostes semi-circulaires.

— Ce n'est pas une maison comme les autres. Ça fait longtemps que je la regarde… chaque fois que je viens chez mamie. J'aime bien ces maisons anciennes ; on dirait qu'il y a des secrets cachés dedans.

— Tu as peut-être raison. En tout cas, il paraît qu'elle est hantée.

Tout en dévoilant ce *scoop* à sa jeune voisine, Cam se demanda ce qui lui passait par la tête.

Déjà, la fillette écarquillait les yeux.

— Vous avez un fantôme chez vous ?

Cam se baissa pour ramasser son pot de peinture.

Quand il était enfant, son grand-père lui avait fait croire que le spectre d'un aïeul déshonoré arpentait le grenier de la vieille demeure.

— Mon arrière-grand-oncle était un joueur invétéré, expliqua-t-il à Kendall. Il a été injustement accusé d'avoir triché au poker.

— Alors, c'est son fantôme qui hante la maison ?

— Certaines personnes le prétendent. On dit aussi qu'il ne trouvera le repos qu'après avoir été disculpé.

— Mais il ne pourra jamais prouver son innocence... dans l'état où il est ! lança la fillette avec une logique implacable qu'elle tenait sans doute de sa mère.

Cam haussa les épaules.

— Je l'ignore. Peut-être est-ce la raison pour laquelle il n'est pas monté directement là-haut, au Grand Casino des Cieux. Il veut d'abord être lavé de tout soupçon.

— Il doit compter sur vous pour éclaircir le mystère, dit Kendall d'un air songeur, la tête inclinée de côté. C'est bien ce que vous faites, non ? Vous écrivez des histoires de crimes et vous essayez de résoudre l'énigme ?

— En gros, oui, c'est à peu près ça.

Elle le dévisagea un long moment sans sourciller.

— Je peux photographier votre maison ?

C'était le moment d'établir des limites, mais Cam commit l'erreur de plonger le regard dans les grands yeux sombres de la fillette.

— D'accord, lui dit-il. Vas-y.

Il s'éloignait lorsqu'elle le rappela.

— Attendez ! Il faut que vous soyez sur la photo.

Elle dévala les marches du perron, puis cadra la façade dans le viseur de son appareil, et reporta les yeux sur Cam.

— Il faudrait vous asseoir dans ce fauteuil à bascule, lui dit-elle. Vous ressemblez beaucoup à un personnage d'autrefois ; vous savez, ces vieux portraits pris à l'époque où on a inventé la photographie ? Les gens ne souriaient jamais. Vous non plus. C'est peut-être vous l'arrière-grand-oncle ? Et si vous étiez revenu sur terre tout simplement pour laver votre honneur ?

— Tu crois à la réincarnation ?

— Qu'est-ce que c'est ? demanda Kendall.

— Exactement ce que tu viens de décrire : une personne morte depuis longtemps qui revivrait aujourd'hui dans le corps d'une autre.

— Hum… Je ne suis pas sûre que ça puisse arriver.

La fillette se tut un instant, la mine perplexe. Cam estima que Ted Forrester devait être dépourvu à la fois de cœur et de bon sens pour se séparer de ces deux gamins merveilleux.

— Si tu te dépêchais de prendre cette photo ? suggéra-t-il en apercevant Rachel qui se dirigeait vers eux avec un air sévère.

Kendall se remit aussitôt à cadrer la maison avec des gestes méticuleux.

— Kendy…

— Maman, il y a un fantôme à l'intérieur de la maison, mais ce serait un vrai coup de chance qu'il apparaisse sur ma photo !

Rachel plongea les yeux dans ceux de Cam, puis détourna vivement le regard.

— Kendall, M. Ford est occupé. Et tu dois déballer tes affaires. Les déménageurs ont déjà rentré tous les cartons étiquetés à ton nom.

— J'en ai pour une minute ! dit la petite, refusant de se laisser bousculer.

Elle reporta son attention sur Cam.

— Posez ce pot de peinture, monsieur Ford ! ordonna-t-elle. Tenez, cachez-le derrière cette plante.

— Bien, chef.

Cam obtempéra et alla s'asseoir dans le fauteuil à bascule.

— Kendall…

— C'est presque fini, maman.

Concentrée sur sa tâche, Kendall prit successivement plusieurs clichés.

— Voilà, c'est super. Merci beaucoup, monsieur Ford.

Elle le gratifia d'un grand sourire et détala à toutes jambes, suivie de près par le chat.

— Ce chat doit se prendre pour un chien ! dit Cam en le regardant d'un air amusé.

— Il s'appelle Graham, dit Rachel.

Elle respira à fond, et ajouta :

— Excusez-moi pour ces visites intempestives. J'ignore pourquoi Nick et Kendall se sont précipités chez vous, mais… enfin, ne vous inquiétez pas : je vais établir tout de suite des règles draconiennes. J'ai bien compris que votre travail exigeait une tranquillité absolue… ça ne se reproduira pas.

— Nick m'a dit que Ted comptait ouvrir un autre cabinet, dit Cam sans prêter attention à ses propos. Ne me dites rien, laissez-moi deviner… Walter a pris des mesures de représailles contre son associé, c'est ça ?

La jeune femme s'empourpra mais le dévisagea sans sourciller.

— Vous dites toujours ce qui vous passe par la tête, sans vous soucier de blesser les gens ou d'empiéter sur leur vie privée, monsieur Ford ? Ou bien est-ce moi qui vous inspire particulièrement ?

Sans attendre sa réponse, elle pivota sur ses talons.

— Avez-vous pris un avocat ?

Prise au dépourvu, elle se retourna.

— La réponse est oui, bien sûr ! Je ne suis pas débile. C'est indispensable en cas de divorce.

— Il ne s'agit donc pas du « démon de midi », en définitive ? Apparemment, c'est plus grave que ça…

— Personne ne vous demande votre avis, monsieur Ford ! lança Rachel froidement.

Puis elle lui tourna le dos et s'éloigna à grands pas.

Cam la regarda partir, décontenancé par son attitude. Certes, il éprouvait encore de la rancœur vis-à-vis d'elle, mais elle n'était pas la seule personne à laquelle il en voulait à cause de ce qui était arrivé à Jack. La première concernée était Cara. Il n'avait toujours pas pardonné à son ex-femme de s'intéresser davantage à son amant de l'époque qu'à leur fils… Hélas, il ne servait à rien de le lui rappeler. Comme lui, elle endurait un calvaire permanent depuis le suicide de Jack, alors que pour Rachel, le décès d'un élève qu'elle aurait dû soutenir était aujourd'hui une affaire classée.

Il jeta un coup d'œil au petit groupe qui s'affairait autour de la maison voisine. Depuis cinq ans, il s'évertuait à dominer ce chagrin insoutenable. La restauration de la vieille maison et son travail d'écrivain l'avaient aidé à trouver un certain apaisement. Mais la présence soudaine de Rachel Forrester risquait fort de raviver ses souvenirs les plus douloureux et d'anéantir le fruit de tous ses efforts. Cette réaction de rejet envers elle n'était sans doute qu'un réflexe salutaire.

— Dis donc, mec, parle-moi un peu de ce Jack ! Il est mort dans un accident de la route ou quoi ?

Tout en écoutant un disque d'Eminem, Nick était en train de ranger chaussettes et caleçons dans un tiroir de commode. Il se redressa et croisa le regard de Ward dans le miroir qui surmontait le meuble.

— Et comment ça se fait que tu étais au courant et pas moi ?

— Jack était le meilleur pote de mon frangin.

Ward poussa une valise vide sous le lit, puis se tourna vers Nick.

— A l'enterrement, Jimbo a aidé à porter le cercueil. C'était vraiment trop triste, mec.

— Oh, merde…

— Ouais, mais tu ne sais pas encore le pire. Il n'y a pas eu d'accident. Jack s'est suicidé.

Nick en resta bouche bée.

— Et ça s'est passé… quand exactement ?

Ward haussa les épaules.

— Je ne sais plus. Je devais être en sixième ou quelque chose comme ça.

Nick en déduisit qu'il avait une dizaine d'années, à l'époque.

— Je m'en souviens, maintenant ! Maman était sens dessus dessous. Je la revois ici, chez mamie, en train de pleurer. Je ne l'avais jamais vue pleurer, alors, ça m'a fait une drôle d'impression, tu comprends ?

Il se tut un moment, songeant que le suicide d'un ami devait être une chose atroce.

— Jimbo a dû prendre un sacré choc, hein ?

— Ouais. Ils étaient inséparables.

Ward fronça les sourcils, faisant appel à ses souvenirs.

— La mère de Jack était revenue ici à cause de son divorce. Et M. Ford était resté à New York. D'après Jimbo, Jack était plutôt mal en point, au début. Et puis, ça a commencé à aller mieux quand il est entré dans l'équipe de base-ball.

Ward regarda Nick ôter le disque d'Eminem du lecteur de CD.

— Ce qui l'a aidé à se remettre, c'est sa sélection en

première catégorie, l'année suivante. Faut dire qu'il était bon ! Monk Tyson l'appréciait beaucoup. Il aurait sûrement décroché une bourse sport études, comme Jimbo. Seulement, voilà : ça s'est terminé au bout d'une corde.

Nick tressaillit, oubliant d'éteindre le lecteur CD.

— Oh, merde, tu veux dire qu'il s'est pendu ?

— Ouais. Ça s'est passé dans un hôtel. Ils étaient allés jouer quelque part. Jack devait partager une chambre avec Jimbo, mais mon frère ne l'a jamais vu se pointer, ce soir-là. Ils l'ont trouvé dans une chambre inoccupée, comme s'il avait voulu faire ça sans que Jimbo puisse le trouver. C'est bizarre, hein ? Mon frangin était effondré. Heureusement que mes parents étaient là : ils étaient venus le voir jouer… Jimbo n'avait pas pleuré depuis le jour où il s'était pété la clavicule, en CM2. Mais là, il ne pouvait plus s'arrêter.

Ward s'assit sur le lit, posa les coudes sur ses genoux et regarda ses pieds.

— Je n'oublierai jamais ça.

Le silence s'installa dans la pièce. Les deux garçons demeuraient plongés dans de sombres réflexions. Le suicide, ça existe, mais ça n'arrive jamais aux gens qu'on connaît. Aux malades, peut-être, ou aux drogués. Ou aux personnes un peu dérangées… Nick pensa à Cameron Ford. Sans trop s'expliquer pourquoi, il le trouvait plus taciturne que la plupart des gens, comme s'il ruminait constamment de sombres idées… A présent, il le comprenait mieux. On ne doit pas voir la vie en rose quand on a eu un gosse qui s'est suicidé.

Rachel attendit la tombée de la nuit pour procéder à une petite réunion familiale. Elle était rongée par les scrupules à l'idée d'envahir ainsi la retraite de sa mère.

— Combien de fois devrai-je te le répéter ? lui lança Dinah. Je suis absolument ravie de vous héberger ici, tous les trois.

Sur ces mots, elle ouvrit le carton de pizza et le posa au milieu de la table.

— Nous savons l'une et l'autre que c'est provisoire. Cesse donc un peu de te tracasser. Cette situation est totalement indépendante de ta volonté. Il se trouve que je suis en mesure de vous rendre service. Essaie de voir ça comme une chance pour Nick et Kendy : ils ne se retrouveront pas dans un immeuble sinistre où les voisins se disent à peine bonjour quand ils se croisent.

— Tu crois peut-être que ton voisin est un homme chaleureux et cordial ?

— Cameron ? Sous son apparence bourrue, c'est un garçon adorable.

Rachel faillit s'étrangler avec sa limonade.

— Je viens justement d'avoir affaire à lui, maman. Il a été d'une grossièreté inqualifiable.

— Vraiment ? J'ai peine à le croire.

— En tout cas, je vais interdire aux enfants d'aller le voir.

— A mon avis, tu exagères, affirma Dinah en prenant des assiettes en carton sur une étagère. Tu sais très bien pourquoi il se montre grincheux avec toi, Rachel. Mais il ne reportera certainement pas sa rancœur sur les enfants.

— En effet — car je ne lui en fournirai pas l'occasion. Dès ce soir, je vais établir un règlement très strict. Je ne veux pas qu'ils aillent le voir. Sous aucun prétexte.

Elle se dirigea vers le couloir menant aux chambres.

— Nick, Kendall, on s'arrête un moment ! cria-t-elle. La pizza est chaude.

Kendall arriva tout de suite. Elle inspecta le contenu du carton et plissa le nez.

— J'aurais préféré autre chose, déclara-t-elle avec une moue.

Rachel lui lança un regard mi-fâché mi-amusé.

— Va te laver les mains ! dit-elle en tournant la salade. Et préviens les garçons que le dîner est prêt.

— Ward est parti. Sa mère l'a appelé. Et puis, je ne parle plus à Nick. Il m'a envoyée balader quand je lui ai demandé s'il savait où était passé mon disque des Dixie Chicks. Il est de mauvais poil.

— On l'est tous ! grommela Rachel à mi-voix, quand sa fille se fut éloignée.

— C'est une période difficile, dit Dinah avec indulgence. Je vais aller le chercher.

Rachel acquiesça avec reconnaissance. Sa mère avait été un ange en leur ouvrant sa porte sans la moindre hésitation.

— Le voilà ! lança Dinah en poussant dans la cuisine son petit-fils qui affichait une mine maussade. Vous, je ne sais pas, mais moi, je meurs de faim.

— J'ai pas fini de tout déballer ! protesta Nick. Je pourrais peut-être manger plus tard ?

Et éviter ma famille, songea Rachel avec un pincement au cœur. Nick se montrait particulièrement indocile, ces temps-ci ; il s'enfermait fréquemment dans sa chambre, désertait les repas, se couchait à des heures impossibles. Ces manifestations de rébellion exprimaient évidemment son mal-être, mais elles n'en étaient pas moins difficiles à gérer.

— Tu pourras dîner plus tard si tu veux, lui dit-elle en s'installant au bout de la table, de manière à présider l'assemblée. Mais il faut établir quelques règles de vie en commun puisque nous allons vivre ici, chez votre grand-mère.

— N'en rajoute pas, maman ! Les recommandations sur le rangement de ma chambre et l'obligation de bien me tenir, tu me les as déjà servies.

— Je veux t'entendre dire que tu vas les suivre, Nick.

— Tu me prends pour qui ? Un vrai taré ? Je les suivrai, tes règles, t'inquiète pas !

D'une pichenette, il envoya voler une miette de pain.

— Putain…

— La politesse est également de rigueur, alors surveille un peu ton langage. L'hospitalité de mamie mérite bien un minimum d'efforts de notre part.

— Bon, alors, c'est à quel propos, cette réunion de famille ? Enfin, ce qui reste de la famille…

Rachel compta jusqu'à dix.

— C'est à propos du voisin de mamie.

— Cam ?

— M. Ford ? demanda Kendall.

— Oui, M. Ford.

Rachel croisa les mains sur la table.

— N'allez plus chez lui sans y avoir été invités. Ne franchis pas la limite de son jardin pour quelque raison que ce soit, Kendy, et empêche Graham de le faire. C'est sans doute le genre d'individu qui viendra se plaindre des dégâts que le chat aura pu causer dans ses plates-bandes. Je ne veux pas m'entendre dire que mes enfants sont des casse-pieds.

Nick observa sa mère d'un œil soupçonneux.

— Est-ce qu'il t'a dit qu'on l'embêtait ?

— Non. Mais je ne veux pas lui donner la moindre occasion de rouspéter.

Avachi sur son siège, Nick émit un grognement sceptique.

— C'est un type sympa, maman.

— C'est quelqu'un qui tient par-dessus tout à sa tranquillité, riposta Rachel. Son travail l'exige. Par conséquent, tenez-vous éloignés de lui. Je ne veux pas avoir à vous le répéter.

— Bon, c'est tout ? demanda Nick en tambourinant sur la table du bout des doigts. Je peux m'en aller, maintenant ?

Sa mère le regarda un moment sans rien dire, puis le congédia d'un geste désabusé.

— Vas-y ! dit-elle avec lassitude.

9.

A la fin du mois, ils avaient à peu près trouvé leurs repères chez Dinah. Kendall semblait s'adapter sans problème à leur nouveau quartier, mais Nick se retranchait de plus en plus dans un isolement revêche. En dépit des efforts de Dinah pour la rassurer, Rachel se sentait souvent obligée de répéter qu'il s'agissait d'un séjour strictement temporaire et qu'elle se mettrait dès que possible en quête d'un logement. Mais ni l'une ni l'autre n'ignoraient que le partage des capitaux entre Ted et ses associés nécessiterait une longue procédure. En attendant, Rachel craignait d'empiéter sur la vie privée de sa mère.

La question ne se poserait pas pour les deux jours à venir, songea-t-elle un samedi matin, en remplissant un verre de jus d'orange à l'intention de Dinah. Ted était venu chercher les enfants, la veille, après l'école, et il allait les garder tout le week-end avec lui au chalet. Il comptait apparemment les emmener voir un rodéo à Fort Worth toute la journée du samedi. Son revirement inattendu était une agréable surprise pour Rachel. Depuis leur séparation, il n'avait jamais passé plus de deux heures d'affilée avec Nick et Kendall. Il s'arrangeait en général pour les emmener au fast-food un soir de semaine, ce qui l'obligeait à les raccompagner de bonne heure et lui permettait de consacrer ses week-ends à Francine.

Rachel sortit dans le jardin et trouva sa mère occupée à

rempoter des violettes africaines dans la serre. Elle la regarda un instant manipuler les plantes avec précaution, les mains terreuses, les cheveux relevés en un chignon lâche d'où s'échappaient quelques mèches folles.

— J'étais sûre de te trouver là, lui dit-elle en pénétrant dans la serre où l'atmosphère était humide et confinée. Tu as pris ton petit déjeuner, ce matin ?

— Pas encore, mais je ne vais pas tarder à faire une pause ; alors, ne me harcèle pas.

— D'accord, à condition que tu boives ça, dit Rachel en lui tendant un verre de jus d'orange. Et n'essaie pas de te défiler, ajouta-t-elle, voyant que Dinah s'apprêtait à refuser. Tu m'as promis de ne plus sauter le petit déjeuner, maman. C'est comme ça que ton hypoglycémie…

— Je n'en souffre plus, sinon j'aurais des vertiges… Tu vois bien que tu me harcèles !

Dinah prit tout de même le verre après s'être essuyé les mains sur sa salopette. Elle but le jus d'orange d'un trait, comme on prend un médicament. Puis elle écarta une mèche folle d'un revers de main, et remarqua soudain la tenue de sa fille.

— Tiens, tu as un nouvel ensemble ? Cette couleur te va à merveille.

— Merci, maman.

Rachel jeta un coup d'œil sur le pantalon et la tunique turquoise qu'elle avait achetés la veille.

— Je l'ai trouvé en solde dans une boutique de la galerie. L'état actuel de mes finances ne me permet pas de faire des folies, mais…

— Mais tu as quand même constaté que tu nageais dans la plupart de tes vêtements, ces temps-ci. Tu as beaucoup maigri, n'est-ce pas ?

— Pas tant que ça. D'ailleurs, j'avais quelques kilos à perdre.

— Ce n'est pas vrai, mais je suppose que tu ne me croiras pas.

Dinah rendit le verre vide à Rachel, puis elle prit une cagette remplie de pots de violettes et se dirigea vers la porte.

— Je vais essayer de trouver une place pour ces fleurs dans le patio. Il ne devrait plus y avoir de gelées, à présent.

Rachel posa précipitamment le verre.

— Attends, maman, je vais porter ça dehors !

— Non, non ! Tu risques de salir ton bel ensemble tout neuf, déclara Dinah en tenant fermement la cagette sous son bras.

Elle prit l'allée menant à la maison, et Rachel n'eut d'autre choix que de lui emboîter le pas. Un foisonnement de couleurs dans le jardin témoignait du talent de Dinah pour le jardinage. Dans cette région tempérée, les plantes fleurissaient pratiquement toute l'année, hormis pendant les semaines les plus froides de l'hiver — avantage que sa mère exploitait pleinement. Les haies de lauriers-roses et les massifs de vivaces multicolores, composés avec goût, étaient un véritable régal pour les yeux.

A l'entrée du patio, Dinah posa son fardeau à l'ombre d'un auvent et frotta ses mains sales l'une contre l'autre.

— Je ne sais pas si tu es comme moi mais les enfants commencent déjà à me manquer, dit-elle.

— Vraiment ? s'écria Rachel. Là, tu m'étonnes, maman. Nick est tellement pénible à supporter ces temps-ci ! Si seulement…

— Avec des si, on referait le monde. Nick se sent négligé par son père : c'est normal qu'il soit déboussolé.

— Ted leur manque beaucoup, admit Rachel, même s'il ne s'occupait pas tellement d'eux. Ce week-end avec lui est une aubaine tout à fait inattendue ; j'espère que Nick en tirera profit et que son comportement s'améliorera.

— A quelle heure est-il rentré, l'autre soir ?

— Tard.

Dinah soupira. Et comme Rachel ne voulait pas causer du

souci à sa mère, elle omit de préciser qu'il était plus de 1 heure du matin quand il avait enfin regagné la maison et qu'en plus, il avait bu. Aux questions de Rachel, il s'était borné à répondre qu'il avait « fait un tour avec des copains ». Ward n'était pas avec eux ; Rachel le savait parce qu'elle avait appelé les Rivers, sans hésiter à les réveiller.

— Pour ma part, je vais profiter de ce week-end pour me reposer et me faire plaisir : ce ne sera pas du luxe, dit-elle avec conviction.

— Mère indigne ! lança Dinah en esquissant un sourire. Tu as des projets précis ?

— Il y a une exposition intéressante à Dallas ; j'ai prévu d'y aller avec Marta. Veux-tu que je te rapporte quelque chose ?

— Non. Ne t'occupe pas de moi. Vis ta vie, pour une fois ! Tu n'as pas eu un moment de répit depuis que Ted vous a laissés tomber… A propos, comment va-t-il pouvoir se passer de Francine pendant deux jours — et surtout, deux nuits ? demanda Dinah en se penchant pour ôter quelques fleurs fanées d'une azalée en pot.

— Il n'aura pas à se passer d'elle. Elle sera là.

Dinah se redressa et dévisagea sa fille un instant.

— Ils ne vont pas dormir ensemble en présence des enfants, tout de même ?

— C'est bien ce qu'ils comptaient faire, dit Rachel. Comme une idiote, je m'étais figuré que Francine passerait le week-end ailleurs : je la voyais assez mal passer deux jours avec les enfants. J'ai tout de même posé la question à Ted avant qu'il passe les prendre ; il m'a répondu que Francine serait là. Quand je lui ai demandé comment ils s'organiseraient pour la nuit, il a paru surpris. Il ne voyait pas où était le problème.

Dinah leva les yeux au ciel et Rachel reprit :

— Il est incroyable, décidément !

Les poings sur les hanches, sa mère la regarda d'un air incrédule.

— Rassure-moi : tu ne lui as pas donné le feu vert ?

— Non, évidemment ! Francine ira dormir dans son appartement.

Songeant à cette petite victoire, Rachel esquissa un sourire.

— La perspective de dormir seul a mis Ted d'assez méchante humeur, reprit-elle.

— J'imagine. Comment lui as-tu fait lâcher prise ? Etant donné que cet homme n'a aucun principe…

— Il a du retard dans les versements de la pension alimentaire, et j'ai menacé de le poursuivre en justice.

Dinah opina.

— Bien joué !

— Avec le procès qui l'oppose à Walter, il est pris à la gorge en ce moment. Ça l'a contraint à céder. Il redoutait aussi la contre-publicité. Une secrétaire du cabinet m'a dit qu'il envoyait son CV aux cabinets les plus importants de Dallas.

— Francine doit l'encourager dans ce sens-là, étant donné que dans les grandes villes, les revenus sont proportionnels à la taille des cabinets.

— Peut-être, mais ce n'était sûrement pas la solution qu'il envisageait au départ : s'il exerce dans un grand cabinet, il lui faudra plusieurs années pour obtenir le statut d'associé. Il ferait mieux de s'installer à son compte, c'est évident. Quoi qu'il en soit, sa vie privée pèsera un certain poids dans la balance au moment de se constitucr une nouvelle clientèle.

— En attendant, il te doit de l'argent. Dans tous les cas de figure, tu es donc perdante, fit remarquer Dinah.

— Exact. Enfin, l'essentiel, pour l'instant, c'est que Ted ait décidé de consacrer un peu plus de temps aux enfants. Je commençais à craindre qu'ils cherchent à le remplacer, dit Rachel en jetant un coup d'œil vers la maison voisine.

Dinah suivit son regard.

— J'ai cru remarquer qu'ils appréciaient beaucoup Cameron, en effet.

— Les enfants sont imprévisibles, maugréa Rachel.

En dépit de tous ses efforts pour les éloigner de leur ombrageux voisin, Nick et Kendy semblaient tourner autour de lui comme des papillons attirés par la lumière.

— Kendy s'est carrément amourachée de lui, reprit-elle. J'ai beau faire, elle trouve toujours le moyen d'aller papoter avec lui — comme si elle le prenait pour une sorte d'oncle gâteau. Quand je la réprimande, elle me lance un regard outré et elle m'affirme que Cam est son ami. D'après elle, je devrais l'imiter. Elle me conseille d'acheter un de ses livres, de l'inviter à prendre un café et de lui demander une dédicace. Pour elle, c'est aussi simple que ça.

— Tu vas le faire ?

Rachel porta une main à son cœur d'un geste théâtral.

— Oh là là, certainement pas !

Sa mère s'esclaffa.

— A mon avis, Nick s'est entiché de lui, comme sa sœur.

— Peut-être même davantage. Mais Cam n'y est pas pour rien, maman. S'il voulait vraiment les décourager, il le ferait. Au lieu de cela, il passe un temps fou à bricoler devant son garage ou à rafistoler sa maison, et ils prennent ça pour une invitation.

— Je ne vois vraiment aucun mal à ça ! déclara Dinah tout en déplaçant son petit tabouret de jardinage. Tu sais, avant votre arrivée, il s'isolait du reste du monde, sans doute comme la plupart des écrivains. Pour être franche, je le préfère maintenant.

— Tu n'habites ici que depuis six mois !

— Ça m'a suffi pour constater que Cam vivait en reclus. Entre son travail solitaire, la perte tragique de son fils et l'échec de son mariage, il avait des raisons de se replier sur lui-même. Mais je le trouve nettement plus agréable, ces temps-ci. Alors, si les enfants le trouvent sympathique et que leur présence lui fait du bien, j'estime que tout le monde y trouve son compte. Pas toi ?

Au lieu de répondre à sa mère, Rachel lui posa elle-même une question :

— A propos de bricolage, qu'est-ce qu'il fabrique, au juste ? Je le vois entrer et sortir continuellement de son garage, je l'entends scier et taper sur des clous... Il est en train de construire quelque chose ?

— Il a peut-être entrepris de rénover cette vieille bâtisse, répondit Dinah en scrutant le visage de sa fille. Si ça t'intéresse tellement, pourquoi tu ne le lui demandes pas ?

Rachel reporta vivement le regard sur le patio.

— Ça ne m'intéresse pas tant que ça. Et puis, il faudrait être bien téméraire pour aller lui poser une question quelconque.

— Moi, je ne m'en prive pas. Et je trouve que c'est un excellent voisin.

— Même le plus médiocre des voisins serait venu à ton secours quand tu t'es évanouie au milieu de tes fleurs, maman.

— Je ne parle pas seulement de ça : Cam était déjà un bon voisin avant que je tombe dans les pommes, tu sais ?

— Autrement dit, il hochait brièvement la tête si d'aventure, vous vous croisiez au bord des pétunias ? Bientôt, tu vas me reprocher d'avoir brisé une amitié naissante.

Rachel accéléra le mouvement de la balancelle où elle était assise, la mine revêche.

Dinah fourra dans un sac le tas de brindilles qu'elle avait coupées, et s'esclaffa.

— D'où vient ce ton grincheux, dis-moi ? Tout compte fait, tu devrais peut-être prendre exemple sur Nick et Kendy.

— Pardon ?

— Tes enfants sont-ils vraiment les seuls à être attirés par mon charmant voisin ?

Rachel cessa brusquement de se balancer.

— C'est complètement absurde !

— Pourquoi serait-il absurde d'être attirée par quelqu'un comme Cam ? Ses livres ont du succès, il est libre, il est bel homme…

Elle baissa la voix et remua les sourcils de façon suggestive.

— Qu'est-ce qui pourrait bien te déplaire chez lui ?

— Je suis en plein divorce, maman ! En plus, je me trouve dans une situation financière si déplorable que nous n'avons même plus de quoi nous loger, les enfants et moi. Je sais, je sais, dit-elle en écartant d'un geste l'objection immédiate de sa mère : *mi casa es su casa*. Je t'en suis reconnaissante — tu ne peux savoir à quel point. Mais reconnais au moins que j'ai de quoi me faire de la bile.

— Raison de plus pour t'amuser un peu.

— Comment ? En couchant avec Cameron Ford ?

— Ma foi, ce ne serait pas une mauvaise idée, répondit sa mère, une étincelle diabolique au fond des yeux.

Rachel remit la balancelle en mouvement.

— Je ne suis pas de la génération hippie, moi. Je sais bien que l'amour libre était à la mode, à ton époque. Pour ma part, je viens d'en baver suffisamment avec Ted. Me suggérerais-tu de faire la même chose que lui ?

— Allons, répondit Dinah en riant, tu sais bien que je plaisante ! Mais enfin…

Elle s'interrompit, prêtant l'oreille à un bruit soudain. De l'autre côté de la maison, une porte claqua violemment et des éclats de voix leur parvinrent. Rachel se leva d'un bond.

— C'est Nick, dit-elle en se précipitant vers l'entrée. Oh, mon Dieu, il est arrivé quelque chose !

En pénétrant dans la maison, elle vit Nick gagner la cuisine comme une tornade. Il avait les traits crispés, les joues rouges de colère. Kendall, qui l'accompagnait, était toute pâle, comme effrayée. En apercevant Rachel, elle éclata en sanglots et se précipita dans ses bras. Ted n'était pas avec eux.

Tenant sa fille serrée contre elle, Rachel se tourna vers Nick.

— Qu'est-ce qui vous arrive ? Que s'est-il passé, Nick ?

— On ne retournera pas là-bas, maman. Et je me fiche pas mal de ce qu'il dira !

Ses yeux lançaient des éclairs. Il écarta une mèche de son front d'une main tremblante.

— Tout ça, c'était une idée débile, depuis le début. Regarde Kendy. Elle est dans tous ses états et il y a de quoi.

Rachel essaya de s'écarter pour voir le visage de Kendall, mais la petite restait farouchement agrippée à elle, encerclant sa taille des deux bras. Elle pleurait encore à chaudes larmes.

— Ta sœur est blessée ? demanda Rachel à Nick. Vous avez eu un accident ?

— C'était pas un accident, répondit le garçon d'un ton amer.

Il donna un coup de poing sur le plan de travail, faisant tinter la vaisselle et les couverts.

— Je ne comprends pas pourquoi papa est complètement gaga de cette bonne femme mais c'est comme ça. Tout le monde peut voir que c'est une pétasse, pourtant !

— Nick, surveille ton langage ! ordonna Rachel. Maintenant, calme-toi et raconte-moi ce qui est arrivé. Où est passé Ted ? Il vous a déposés à la porte et il est reparti comme ça ?

Nick esquissa une moue écœurée.

— Non, mais c'est sûrement ce que Francine aurait voulu. J'arrive pas à piger pourquoi il a voulu passer le week-end avec nous, alors qu'elle était là. Elle a commencé à faire la tronche dès qu'il est passé nous prendre, hier soir. C'est une vraie salope, maman.

— Ça suffit comme ça, Nick !

Ted se tenait sur le pas de la porte ; il fustigeait le garçon du regard.

— Je sais que tu n'aimes pas Francine, mais ne lui manque pas de respect.

— Du respect ? Elle n'en mérite aucun ! riposta Nick, furibond. Elle a fait mal à Kendy.

Rachel fronça les sourcils.

— Elle lui a fait mal ? Comment ça ?

Elle se dégagea de l'étreinte de sa fille, et examina son visage.

— Où as-tu mal, Kendy ?

— C'est rien ; juste une égratignure, répondit Ted d'un ton évasif. Tout ceci n'est qu'un malentendu. Francine a peut-être été un peu rude, en effet. Elle te présente ses excuses, Kendy. Elle m'a chargé de te dire qu'elle regrettait.

— C'est ça, elle regrette, maintenant ! lança Nick sur le ton du persiflage.

— Je la déteste ! affirma Kendall avec véhémence.

— Oh là là, je vous en prie ! dit Ted en levant les bras au ciel d'un air exaspéré. Elle a perdu son sang-froid ; ce sont des choses qui arrivent.

— Qu'est-ce qui s'est passé, à la fin ? s'exclama Rachel.

— On est allés manger au restaurant, expliqua Nick en jetant un regard furieux à son père. Personne n'avait envie d'y aller, mais sa Francine adorée insistait. C'était un endroit nul, pas du tout fait pour les enfants — mais tout ce que Francine veut, elle l'obtient.

Le garçon secoua la tête.

— Pendant le repas, Kendy a renversé son jus d'orange sans le faire exprès. Francine en a reçu la moitié sur les genoux et sa robe était toute tachée. Quelle idée, aussi, de s'habiller comme ça pour aller voir un rodéo ! On aurait plutôt dit qu'elle allait à une soirée… mais papa ne voit rien d'autre que son cul et ses nichons !

— Nicolas ! rugit Ted. Je t'ai interdit d'être grossier et je ne le répéterai pas.

— Nick, le reprit à son tour Rachel, un ton plus bas, ne parle pas comme ça. Dis-moi plutôt ce qui s'est passé avec Kendy.

— Elle l'a attrapée brutalement par le bras et elle l'a traînée jusqu'aux toilettes des dames. Et papa l'a laissée faire ! s'écria Nick d'un ton accusateur.

— Je ne pouvais pas l'emmener dans les toilettes des hommes !

— Et dès qu'elles ont été toutes seules là-dedans, poursuivit Nick sans prêter attention à la remarque de son père, elle l'a pincée jusqu'au sang !

— Je ne voulais pas la suivre, dit Kendall en levant sur sa mère un visage inondé de larmes, mais elle m'a obligée, maman. Je me suis mise à pleurer parce qu'elle m'aime pas. La preuve qu'elle m'aime pas : elle a pas voulu que je prenne mon appareil photo, ce matin, alors, tu vois ! Et elle m'a dit de me taire et que je lui faisais honte. C'est là qu'elle m'a pincée avec ses grands ongles, juste derrière la porte des toilettes. Regarde…

Elle tendit le bras et releva légèrement sa manche, montrant une ecchymose violacée assortie d'une écorchure.

Rachel l'examina et se tourna aussitôt vers Ted.

— C'est vrai, Ted ? demanda-t-elle posément.

Il soupira d'un air excédé.

— Ils dramatisent tout.

— De quelle manière ? Kendall a le bras meurtri ; sa peau est égratignée. Francine a-t-elle une version des faits différente de celle-ci ?

— Non, c'est à peu près ça, admit Ted de mauvaise grâce.

Francine n'a pas l'habitude des enfants. Et elle était contrariée que sa robe soit fichue.

— Je vais te dire ce qui me contrarie, moi, intervint Nick, hors de lui ; c'est de voir mon paternel aux ordres d'une bonne femme débile qui aurait presque l'âge d'être sa fille !

L'expression de Nick trahissait un profond mépris.

— De quoi as-tu peur, hein, papa ? Qu'elle refuse de baiser cette nuit sous prétexte que tu auras pris la défense de ta fille ?

Grommelant un juron, Ted avança vers Nick, la main levée. Plus rapide que lui, Rachel se plaça devant son fils.

— N'y songe même pas, Ted !

Sans le quitter des yeux, elle dit à Nick :

— Va dans ta chambre, s'il te plaît. Nous avons des choses à nous dire, ton père et moi.

Les poings serrés contre ses cuisses, le garçon hésita. Il en avait manifestement gros sur le cœur. Pourtant, il finit par capituler. Pivotant sur ses talons, il sortit en claquant la porte.

Dinah, qui observait la scène en silence, s'approcha aussitôt de Kendall. La prenant par l'épaule, elle l'entraîna gentiment vers le couloir.

— Viens, ma chérie. Je vais te montrer les zinnias que nous avons semés ensemble, dans la serre. J'ai une petite trousse de secours, là-bas, pour soigner ce vilain bobo.

Une fois seule avec Ted, Rachel fit un effort pour dominer sa colère. Elle respira à fond.

— Je vais être brève car apparemment, Francine est à bout de patience, aujourd'hui. Je suppose qu'elle t'attend dehors.

— Elle est partie en voiture. Je lui ai dit que je l'appellerais après avoir déposé les enfants. Je savais que tu allais en faire tout un plat — exactement comme eux, ajouta-t-il en s'adossant au bar et en croisant les bras. Alors, vas-y, et qu'on en finisse avec cette histoire !

— Tu reconnais quand même qu'il faut en discuter.

— Toi, Rachel, tu ne discutes pas : tu fais la morale aux gens. Alors, débite ton sermon, traite-moi de tous les noms… Je sais à quoi m'en tenir. Francine a été maladroite parce qu'elle ne connaît rien aux enfants, point barre.

Rachel dut lutter pour ne pas se laisser distraire par cette attaque personnelle.

— Le fait de ne pas être habituée aux enfants ne justifie pas la manière dont elle a traité Kendy, Ted.

Elle leva la main, coupant court à ses protestations.

— Non ! N'aggrave pas ton cas en essayant de la défendre, sinon je devrai admettre avec Nick qu'elle t'a embobiné au point de te faire oublier tes devoirs élémentaires de père… Mais qu'est-ce qui t'a pris de l'emmener voir un rodéo avec les enfants ? Ce genre de manifestation ne doit certainement pas l'intéresser.

— C'était une façon sympa de la présenter aux enfants, dit-il en s'écartant de quelques pas, la tête rentrée dans les épaules.

— Ils se connaissent déjà, tu le sais très bien ! Nous avons souvent reçu Walter et Francine à la maison. On a même fêté le dernier Noël ensemble… Mais la question n'est pas là, Ted. Après ce qui s'est passé, Kendy va probablement refuser de te voir en présence de Francine. Tu en es conscient, je suppose ? Ce serait une réaction tout à fait normale, à neuf ans.

— Elle aura bientôt oublié cet incident si tu évites de mettre de l'huile sur le feu.

Rachel secoua la tête.

— Le foyer de nos enfants est détruit et leur sentiment de sécurité menacé ; je ne tiens pas à les perturber davantage, rassure-toi. Ce divorce est un événement terrible pour eux, mais tu restes leur père et ils t'aiment. Ils ont besoin de toi. Ils sont inquiets et désemparés quand ils ont l'impression que tu les oublies.

— Je ne les oublie pas ! Pourquoi aurais-je organisé ce foutu week-end si je les oubliais ? lança-t-il, furieux d'être obligé de se défendre.

— Ted, tu n'as pas pris la défense de Kendy, aujourd'hui, quand Francine lui a fait du mal. Ils risquent de s'en souvenir longtemps, tous les deux.

— Et ce n'est pas toi qui vas arranger les choses, n'est-ce pas ?

— Je ne vois pas très bien ce que je pourrais faire si tu n'es pas capable de veiller correctement sur ta fille quand tu en as la garde.

Ted leva les bras au ciel.

— Tu dramatises, comme toujours ! Je te répète que c'était un restaurant chic. Les gens se sont retournés quand Kendy a renversé son verre. Il y en avait partout ; elle s'est mise à pleurer bruyamment. Francine ne savait plus où se mettre. Je ne pouvais quand même pas les suivre dans les toilettes des femmes ! Elle a eu tort de s'énerver, elle le reconnaît. Elle a présenté ses excuses. Ça ne se reproduira pas, je t'assure.

— Francine ne savait plus où se mettre et ça suffit à l'excuser ? Elle a fait du mal à Kendy, Ted. C'était de la méchanceté gratuite, si tu veux mon avis.

— Elle s'est cxcusée, répéta Ted, les dents serrées. Qu'est-ce qu'il te faut de plus ?

— Que tu défendes ta fille et que tu la consoles quand elle en a besoin. D'autant plus que ce n'est pas le fait de s'être excusée qui empêchera Francine de recommencer. Les enfants font des bêtises. Ils sont bruyants, casse-pieds, encombrants. Comment peux-tu être sûr que ta maîtresse ne perdra pas de nouveau son sang-froid ?

Ted la dévisagea un moment sans rien dire.

— Que faut-il faire pour que tu sois contente, Rachel ? Tu n'as pas cessé de me harceler pour que je m'occupe un peu des enfants et à la première anicroche, tu décides que je suis un monstre et qu'il n'y aura plus de visites.

Il marcha un instant de long en large, puis fit volte-face en pointant le doigt sur Rachel.

— Je sais de quoi il s'agit. Ce n'est pas le fait que Francine ait pincé le bras de Kendy qui te met en colère. Tout ça, c'est à cause du divorce. Tu es jalouse, voilà ! Et tu as sauté sur la première occasion de me faire payer mon départ.

Rachel le regarda avec des yeux ronds.

— Ça n'a absolument rien à voir avec le divorce, Ted. Mais si tu as envie de le croire, libre à toi. Tu peux penser ce que tu veux : ça m'est égal.

— Bon, je vois que cette conversation ne mène à rien, dit Ted en quittant la cuisine et en gagnant la porte d'entrée au pas de charge.

Il franchit le seuil, puis s'arrêta brusquement et se retourna vers Rachel, les traits crispés.

— J'aurais dû savoir qu'il ne faut jamais attendre la moindre indulgence de ta part, Rachel. Avec toi, tout est noir ou blanc ; pas la moindre place pour un faux pas, une petite faiblesse. Eh bien, figure-toi que Francine est tout le contraire de toi et que ça me fait un bien fou. Elle n'est pas parfaite, c'est sûr : elle boit un petit peu trop, et elle n'arrive pas à arrêter de fumer. Elle n'a pas ton QI et encore moins ton sens de l'organisation. De ce fait, selon tes préceptes, mon amour pour elle fait de moi un être futile et méprisable. Seulement, tu sais quoi ? Nick n'a pas tort. Son petit cul me rend fou, et quand on fait l'amour, j'ai l'impression de mourir entre ses bras et de grimper au ciel. Et avant de m'infliger un nouveau sermon, réfléchis un peu à ceci : il n'y a sans doute pas un homme sur cette terre qui n'aurait pas envie d'échanger sa place avec la mienne !

Cette tirade laissa Rachel sans voix. Immobile sur le seuil, elle regarda Ted descendre les marches du perron et sortir son portable tout en marchant. Il y jeta un coup d'œil, appuya sur une touche et se mit à parler avant d'être arrivé au bout de l'allée. Sous les yeux de Rachel, son expression se transforma comme par magie, ses traits figés dans l'amertume s'ensoleillèrent soudainement. Il ralentit le pas, et sa démarche elle-même s'assouplit. Quand il atteignit le trottoir, il avait retrouvé le sourire.

Rachel fit un pas en arrière et referma la porte sans bruit.

Tandis que ses parents se disputaient, Nick errait dans le jardin de Dinah tout en passant en revue les multiples façons de régler son compte à Francine. En la poussant sous un camion, par exemple, ou en l'arrosant d'huile bouillante. Il avait beau faire, il n'arrivait pas à comprendre comment son père avait pu les abandonner pour vivre avec une tarée pareille. D'accord, c'était sûrement un bon coup mais on ne passe quand même pas tout son temps à baiser, dans la vie. Tôt ou tard, il fallait bien avoir d'autres occupations. Francine parlait constamment de ce qui est à la mode — dans tous les domaines — et des meilleurs restaurants de Dallas. A l'entendre, elle connaissait les endroits les plus chic du Texas et savait exactement ce qu'il fallait commander à table. Et après ? Elle avait l'air de s'ennuyer fermc quand Kendy s'était mise à parler de ses photos et de son nouvel appareil numérique. Quant au sport, il ne fallait même pas aborder le sujet avec elle !

Et son père avait quitté sa mère pour cette nana ? Ça le dépassait complètement. Et puis, il ne pourrait jamais s'habituer aux changements qui venaient de s'opérer dans son existence…

Il se baissa pour ramasser une pièce de monnaie sur le sol. Trouver un penny par terre, ça porte bonheur, songea-t-il. Il en avait bien besoin, ces temps-ci : sa vie n'était vraiment pas drôle.

Un bruit de moteur lui fit tourner la tête. Cam s'arrêta devant son garage et se mit à sortir des provisions du coffre. Il se redressa et regarda Nick par-dessus le toit de sa voiture, mais il ne lui adressa aucun signe. Nick se demanda s'il était plus gai autrefois, avant le suicide de Jack… Le fiasco qui venait de se produire avec son père et Francine lui avait gâché la journée ; en dépit des recommandations de sa mère, il se sentait tout à fait sur la même longueur d'onde que Cameron. Il se dirigea vers lui.

— Salut ! dit-il en s'approchant du 4x4.

— Salut, Nick.

Occupé à décharger son coffre, Cam leva à peine la tête.

— Je peux vous donner un coup de main ?

Cam hésita.

— Oui, si tu veux.

Il avait un sac sous le bras et un autre dans chaque main.

— Tu peux prendre le pack de sodas et le sac qui est encore dans le coffre. Ce sont les choses les plus fragiles. Attention aux chips : je déteste quand elles sont en miettes !

— Moi aussi, dit Nick en calant le pack de boissons entre le pare-chocs et son genou pour pouvoir refermer le coffre.

— Tu ne devais pas être au rodéo, aujourd'hui ? lui demanda Cam en pénétrant dans la cuisine.

— Si. Vous vous en souvenez… C'est marrant.

C'était ça qui lui plaisait chez Cam : quand on lui disait quelque chose, il l'entendait pour de bon. On pouvait lui parler.

— Vous êtes rentrés de bonne heure, non ?

— On n'y est même pas allés.

Sans prendre l'avis de Cam, Nick entreprit de sortir différentes boîtes de conserve et un pot de sauce tomate d'un grand sac en papier.

— Je range tout ça dans le placard du fond ?

— Sauf la sauce pour les pâtes. C'est mon dîner de ce soir.

Cam prit deux canettes de soda dans le pack, en lança une à Nick et ouvrit l'autre pour lui.

— Tu peux prendre des chips si tu veux grignoter avec ça.

— Merci, dit Nick en déchirant le sachet. C'est Francine qui a tout fichu par terre.

— Ah bon ?

Le dos tourné, Cam entreprit de ranger ses provisions sur les étagères.

— Ouais, elle a voulu qu'on s'arrête pour déjeuner dans un restaurant « prout », dit le garçon avec une grimace. Et Kendy a renversé son jus d'orange sur les genoux de madame. Ça a fait tout un drame. Elle a traîné ma sœur dans les toilettes et là, elle lui a pincé le bras jusqu'au sang. Du coup, plus personne n'avait envie d'aller au rodéo : papa avait les boules et il nous a ramenés illico à la maison.

Cam fronça les sourcils.

— Elle a vraiment fait mal à Kendy ?

— Méchamment, ouais. Faut être complètement taré pour faire un truc pareil !

— Kendy n'avait pas fait exprès de renverser son jus d'orange ?

— Bien sûr que non ! Elle ne savait plus où se mettre, la pauvre. Mais on ne pince pas quelqu'un jusqu'au sang pour une maladresse, quand même !

Cam sortit le ketchup et le présenta à Nick.

— Tu en veux un peu avec tes chips ?

— Non, merci, répondit le garçon, la bouche pleine.

Il décapsula son soda et en but une gorgée.

— Vous savez, ce qui a vraiment tout gâché, c'est que papa n'a même pas défendu Kendy. Il s'inquiétait davantage pour cette pimbêche de Francine que pour sa propre fille. Kendy, elle a tout juste neuf ans. Elle était toute retournée ; elle pleurait comme une Madeleine.

— Est-ce que ta mère était là quand ton père vous a ramenés ?

— Ouais. Je crois qu'elle avait prévu d'aller quelque part avec Marta, mais elle n'est pas encore partie. Je préfère ça. J'ai dû balancer quelques trucs quand on est arrivés parce que j'en avais gros sur la patate. C'était un peu normal, non ? Après ça, mamie a emmené Kendy, et maman m'a viré pour pouvoir dire deux mots à papa, expliqua-t-il en enfournant trois chips d'un coup. A mon avis, ça a dû barder. Méchamment.

— Hmm.

Nick se jucha sur un tabouret de bar et regarda pensivement par la fenêtre.

— Avant, j'aurais voulu que mes parents recollent les morceaux, qu'ils se remettent ensemble, dit-il en faisant tourner la boîte en fer entre ses paumes. Maintenant, je commence à me demander si c'est encore possible. Tout bien réfléchi, il vaudrait peut-être mieux pas.

Cam se retourna pour le regarder.

— Tout bien réfléchi ? C'est-à-dire ?

— Eh bien, en fait, mon père n'a jamais été très « famille ».

Il hésita, puis ajouta, comme s'il voulait être plus juste :

— Evidemment, c'est un toubib, et les médecins font un noble métier — enfin, c'est le baratin que ma mère nous servait pour l'excuser de ne jamais s'occuper de nous. Il avait toujours des tas de trucs à faire. Il voyageait beaucoup, il jouait au tennis et au golf, en plus de son emploi du temps hyper chargé. Evidemment, il ne lui restait pas beaucoup de temps pour nous.

— J'imagine, oui.

— Au bout du compte, c'est plutôt ma mère qui aurait dû le tromper la première.

— Je ne vois pas ta mère faire une chose pareille.

— Je sais, mais je veux juste dire qu'elle aurait eu davantage de raisons d'aller voir ailleurs.

Cam abandonna sa besogne et se tourna vers le garçon en s'appuyant au bar.

— Il ne faut pas trancher aussi vite, Nick. Chaque couple est un cas particulier. Le mariage, c'est un peu comme se lancer dans un match dont on ne connaît pas les règles. Il y a deux joueurs — chacun avec une personnalité et un vécu différents. On fait du mieux qu'on peut, on commet des erreurs de parcours, et rien ne garantit que ça se passera bien.

— Il faut juste foncer et tenter sa chance, c'est ça ?

— A peu près, oui, dit Cam en se redressant. Mais tu sais, je suis plutôt mal placé pour donner des conseils en matière de difficultés conjugales. Je suis divorcé, moi aussi.

Nick examina les inscriptions sur la canette de soda.

— En fait, si je suis tellement déçu que ce week-end ait foiré, c'est parce que j'avais des tas de trucs à dire à papa. Vous comprenez, il a moins de temps que les autres pères pour venir me voir jouer au base-ball…

Il haussa les épaules d'un geste fataliste.

— Bref, vous pourriez peut-être… enfin, me donner votre avis sur quelque chose.

Cam hésita à peine une fraction de seconde.

— Certainement, dit-il. Je t'écoute.

— C'est à propos de Monk Tyson et de l'entraînement particulier qu'il nous donne, à Ward et à moi.

— Oui. Et il y a un problème ?

Nick se leva et s'approcha de la fenêtre, au-dessus de l'évier. Tournant le dos à Cam, il poursuivit :

— Jimbo a conseillé à Ward de se méfier des jalousies de la part des autres. Vous vous rappelez ? Ward nous en a parlé.

— Oui. Et il avait vu juste ?

— Enfin, il n'y a encore rien de vraiment net pour le moment, mais je sens quelque chose dans l'air, vous voyez ?

Il se retourna mais resta debout près de l'évier.

— Du coup, reprit-il, je me demande si c'est une bonne chose d'avoir un traitement de faveur. J'aimerais mieux être comme tout le monde, dans l'équipe. Comme ça, personne ne pourrait jamais dire que j'ai été favorisé.

— Monk Tyson a le chic pour repérer les joueurs de talent. S'il vous a pris en main tous les deux, ce n'est pas simplement pour passer le temps, et ce coup de pouce peut vous permettre d'obtenir une bourse sport études. Je suppose que tu en es conscient.

— Oui, bien sûr, mais combien de sportifs atteignent un jour le niveau professionnel ? Moins de un pour cent !

Nick retourna s'asseoir — à table, cette fois. Puis il se pencha en avant.

— Il y a autre chose qui me fait hésiter à continuer ces séances d'entraînement, reprit-il. Je sais que ça peut sembler bizarre, mais quand je me retrouve tout seul avec Monk Tyson, eh bien… je ne me sens pas tout à fait à l'aise.

— Pas à l'aise ? répéta Cam. De quelle manière ?

Le garçon haussa les épaules.

— C'est difficile à expliquer. C'est juste une impression… mais une drôle d'impression qui me fait froid dans le dos, pour ainsi dire. Bon, je sais bien qu'il m'accorde un sacré privilège et que je devrais le remercier, seulement…

— Seulement, tu en es incapable ?

— Ouais.

Le front plissé, Nick examina un moment ses mains, puis il leva de nouveau les yeux sur Cam.

— Je me dis aussi que je risque gros en lui disant « Non merci, je préfère me débrouiller tout seul ». Il pourrait me virer définitivement de l'équipe, par exemple.

— Et tu te sens prêt à assumer ça ?

— Vous rigolez ? Sûrement pas ! C'est pour ça que j'ai besoin des conseils d'un adulte.

— Ta mère est une adulte, Nick. Pourquoi ne pas lui faire part de tes soucis ?

— Non, elle en a déjà bien assez comme ça ! En plus, elle me donnerait un point de vue féminin sur la question du sport. Elle, elle préférerait que je m'intéresse à des carrières comme médecine, droit, architecture, écriture…

Cam le scruta avec attention.

— Tu t'intéresses à l'écriture ?

Nick esquissa un sourire.

— Pas du tout. J'ai juste glissé une allusion pour voir si vous m'écoutiez.

— Je t'écoute.

Tout en parlant, Cam ouvrit le lave-vaisselle et entreprit de le vider.

— Alors, qu'est-ce que vous en pensez ?

— Je réfléchis, dit Cam en rangeant les couverts dans un tiroir.

Nick le regarda s'acquitter consciencieusement de ces tâches ménagères. Lui, il laissait à Kendy ce genre de besogne ; mais il faudrait bien qu'il s'y mette parce que les femmes de sa génération étaient tout sauf soumises, il le savait parfaitement. Et s'il vit seul, un homme doit savoir se débrouiller — et même cuisiner, songea-t-il.

— Bon, j'ai une idée, reprit Cam.

Il se tourna vers lui et croisa les bras.

— Tu viens de me dire que ta mère avait beaucoup de soucis. Ça pourrait te servir d'excuse pour refuser la proposition de Tyson. Tu n'as qu'à lui expliquer qu'avec le divorce de tes parents, l'installation chez ta grand-mère et tous les tracas qui en découlent, tu as besoin de ralentir un peu le rythme pour pouvoir soutenir ta maman. Précise quand même que tu tiens toujours à jouer au base-ball et à rester compétitif sur le terrain. A mon avis, il ne pourra pas t'en vouloir.

— Ouais, génial ! s'exclama Nick, visiblement enchanté.

Puis il ajouta avec une pointe d'ironie :

— A condition qu'il avale ça !

Cam hocha la tête, conscient lui aussi que Monk Tyson ne serait pas forcément dupe et qu'il pourrait fort bien mettre le garçon sur la touche. Intuitivement, il jugeait l'entraîneur tout à fait capable d'une vengeance aussi mesquine envers un sportif qui l'avait contrarié.

De sa fenêtre, il regarda Nick traverser la pelouse au pas de course. Les critères de sélection de Tyson ne semblaient pas tout à fait clairs, songea-t-il… Mais il ne tarda pas à oublier les problèmes de Nick pour se concentrer sur son livre — tactique qui ne manquait jamais de lui occuper totalement l'esprit.

La méthode fonctionna tout au long de sa journée de travail. Mais en début de soirée, tandis qu'il mélangeait les ingrédients nécessaires à la confection d'un plat de spaghettis à la bolognaise, il repensa à cette conversation. L'idée que Nick puisse s'opposer tout seul à un personnage aussi influent que Tyson ne lui plaisait guère. Certes, ça ne le regardait pas, se dit-il tout en épluchant un oignon. Mais, d'un autre côté, ce gamin réclamait franchement son aide… Il se trouvait face à un choix qui pouvait affecter son avenir tout entier, et ses parents l'ignoraient autant l'un que l'autre.

Tout comme lui-même ignorait, à l'époque, les ennuis auxquels Jack était confronté.

Quelle ironie que Nick eût choisi de venir se confier à lui !

Cam posa son couteau, puis jeta les oignons dans une casserole. Il s'expliquait mal les raisons pour lesquelles Nick hésitait à accepter un traitement de faveur pour lequel la plupart de ses copains seraient probablement prêts à se damner. Nick ne s'était pas étendu sur le sujet, et il semblait être lui-même dans le flou, songea Cam en allant chercher la viande dans le réfrigérateur. Sa mère était sans doute la seule personne susceptible de découvrir la réponse ; peut-être faudrait-il tout de même l'inciter à fourrer un peu son nez dans le petit univers de Tyson.

Cam était en train de couvrir la casserole où sa sauce bolognaise commençait à mijoter quand Rachel frappa à la porte du fond. D'abord le fils et maintenant la mère ! Il allait devoir prendre des dispositions plus énergiques pour garder ses distances avec ses voisins — ces voisins-là, en particulier. Mais bon, il fallait justement qu'il lui parle de Nick…

Il prit une éponge au passage et tamponna quelques éclaboussures de tomate sur son polo, ce qui ne fit qu'aggraver les dégâts. Il jeta l'éponge dans l'évier et fit signe à Rachel d'entrer tout en faisant passer le polo par-dessus sa tête.

— Est-ce que je tombe mal ? s'enquit-elle en jetant un coup d'œil sur son torse nu.

— Non, j'étais juste en train de me badigeonner de sauce tomate.

Il se dirigea vers la buanderie où son linge propre était plié dans une corbeille.

— Asseyez-vous pendant que j'essaie de dénicher une chemise, dit-il en pointant le menton vers la banquette du coin repas. J'en ai pour trois secondes.

— Merci, mais je ne vais pas m'attarder. Je voulais juste…

— Un petit verre de vin, peut-être ? J'ai préparé des spaghettis, alors ce sera du chianti.

Il revint dans la cuisine, vêtu d'un pull en coton noir, et prit deux verres sur une étagère.

— Il est excellent. Le caviste qui me l'a vendu ne s'est pas moqué de moi.

Rachel était restée debout.

— Non, vraiment, j'étais juste venue pour…

— Tenez, goûtez-le.

Il posa les verres sur la table et lui toucha l'épaule pour l'inciter à s'asseoir.

— Je m'apprêtais justement à vous téléphoner, ajouta-t-il. Je voulais vous parler de Nick.

Elle soupira, la mine un peu abattue.

— Je sais. Excusez-moi. C'est la raison de ma visite. J'ignore pourquoi mon fils s'obstine à venir vous importuner. Dès que je me suis aperçue qu'il vous avait encore rendu visite, je lui ai répété pour la énième fois de…

— Il ne m'importune pas. Il parle. J'écoute. Je le renverrais si ça me dérangeait.

Il omit — inexplicablement — de mentionner que leur conversation l'avait pas mal retardé dans son travail.

Rachel le regarda d'un air perplexe.

— Dans ce cas, que vouliez-vous me dire à son sujet ?

Il prit le temps de s'asseoir en face d'elle.

— Saviez-vous que Monk Tyson le faisait bénéficier d'un entraînement particulier ?

— Oui, bien sûr ! Il n'en revient pas d'une pareille aubaine.

— Quand en avez-vous parlé tous les deux pour la dernière fois ?

— Ma foi… pas récemment, en tout cas. Je sais qu'il est passionné de base-ball… Pourquoi cette question ?

— A cause d'une réflexion qu'il a faite aujourd'hui à propos de cette situation. Une situation qui le met mal à l'aise — selon ses propres termes. Il est conscient du privilège que lui accorde l'entraîneur mais il s'inquiète des répercussions. A mon avis, il doit y avoir quelques grincements de dents parmi ses coéquipiers. Il envisage d'arrêter, mais il redoute la réaction de Tyson.

Rachel se leva.

— Merci de m'avoir avertie. Je vais en parler avec Nick.

Cam la prit par la main et l'obligea gentiment à se rasseoir.

— J'aimerais mieux pas, lui dit-il. D'abord, il en déduira qu'il ne peut pas se fier à moi pour garder ma langue. Ensuite, il m'a dit que son père n'avait pas beaucoup de temps à lui consacrer en ce moment ; il comptait lui exposer la situation au cours du week-end. Je suppose qu'étant un homme, j'ai plus ou moins servi de suppléant.

Il se frotta la nuque et regarda sa visiteuse du coin de l'œil.

— Vous voulez vraiment le priver de ça ?

— Non, bien sûr que non ! Ah là là, dit-elle en secouant la tête, le divorce, quelle calamité !

— Effectivement. Nick fondait de grands espoirs sur ce week-end.

Sans le regarder, elle fit tourner le pied du verre entre ses doigts.

— Il vous a donc confié ses problèmes avec Tyson, ses ennuis avec ses coéquipiers, ses déboires avec son père et… quoi d'autre, encore ?

— Ma foi, c'est tout.

Elle l'observa un instant.

— Vous n'avez pas eu droit à un récit détaillé de ce déjeuner infernal ?

Cam eut un rire bref.

— Il a juste fait une ou deux remarques sur « la pimbêche »…

Rachel hocha la tête sans rien dire.

— Il y a des jours où rien ne va, murmura-t-elle enfin.

— Raison de plus pour boire un petit verre de vin !

Cam leva son verre dans sa direction.

— Ça ira mieux demain.

— J'espère bien !

Elle trempa ses lèvres dans le chianti.

— Hmm, vous avez raison, il est délicieux.

— A la bonne heure ! dit Cam en se calant confortablement sur sa chaise. Vous avez envie d'en parler ?

— Non, non. Si c'était le cas, c'est moi qui vous importunerais.

— Non, pas du tout, car j'ai une dette envers vous.

Rachel fronça les sourcils.

— A quel sujet ?

— J'ai été grossier avec vous...

Il s'interrompit.

— Ah, zut, je voudrais bien pouvoir me racheter ! Je reconnais que j'ai été plus qu'incorrect, il y a cinq ans, quand j'ai débarqué dans votre bureau comme un ouragan. En tant que psychologue, vous avez dû vous douter que je n'étais pas dans mon état normal...

— Ça arrive à tout le monde.

— J'ai reporté ma colère et mon chagrin sur vous.

Rachel haussa les épaules.

— Ce n'est pas grave. J'ai vu pire.

— En tout cas, aujourd'hui, allez-y : importunez-moi.

Souriant à demi, elle passa un doigt sur le rebord du verre. Puis son expression se rembrunit rapidement.

— Nick ne se serait pas confié à moi comme il l'a fait avec vous. Ces temps-ci, j'ai toutes les peines du monde à lui faire dire quoi que ce soit. En tout cas, aujourd'hui, il avait de sérieux motifs d'en vouloir à son père. Ted était manifestement plus soucieux de défendre Francine que de veiller sur Kendy.

Cam opina.

— Il est donc venu me voir pour évacuer ce qu'il avait sur le cœur. Moi, ça ne me gêne pas du tout.

Si Jack avait trouvé quelqu'un auprès de qui s'épancher, peut-être serait-il encore là aujourd'hui, songea-t-il.

Rachel soupira de nouveau.

— Ce divorce perturbe énormément Nick. J'essaie de prendre mon mal en patience…

— Personnellement, je trouve que c'est un garçon épatant, affirma Cam.

— C'est vrai, vous avez raison.

Un sourire attendri éclaira le visage de Rachel, et elle ajouta :

— J'ai d'autant plus de mal à comprendre comment Ted…

Elle s'interrompit, embarrassée.

— Excusez-moi, je ne vais pas vous faire mes propres confidences, à présent. Si le fait que Nick vienne vous parler ne vous ennuie pas, c'est une bonne chose. Je suis contente qu'il ait le sentiment de pouvoir compter sur quelqu'un d'autre que moi… Ted est moins disponible que jamais. Le procès lui cause de graves soucis, et il doit se décider entre ouvrir son propre cabinet ou trouver une place ailleurs… Il n'a pratiquement pas de temps à consacrer à ses enfants.

— Dommage pour lui ! dit Cam simplement.

Leurs regards se croisèrent, se retinrent, dérivèrent un long moment vers des contrées totalement étrangères aux questions dont ils parlaient. Cam admirait le teint ivoire de Rachel qui formait un contraste superbe avec la masse sombre de ses cheveux. Il n'avait jamais vu non plus des yeux comme les siens, couleur de miel… Un bref instant, il ne put s'empêcher de fantasmer sur ses charmes cachés. Rachel se surprit pour sa part à analyser le trouble dans lequel l'avait plongée la vue de son torse nu.

Elle se leva brusquement.

— Bon, je vais vous laisser reprendre vos préparatifs culinaires.

Cam l'imita sans se presser.

— Ne vous tracassez pas trop pour Nick. Il a la tête sur les épaules.

— Il l'avait, en tout cas, dit-elle en se dirigeant vers la porte. La semaine dernière, il a oublié de rendre un devoir de biologie et il a récolté un zéro pointé. Quant à sa moyenne en maths, elle a dégringolé. Pourtant, il a toujours été brillant en maths et en sciences.

— Il doit se passer beaucoup de choses dans sa tête.

— Des choses que Ted ne cherche même pas à deviner ! dit Rachel d'un ton indigné.

Une fraction de seconde plus tard, elle parut réfléchir.

— Vous n'allez probablement pas me croire, reprit-elle, mais Ted n'a pas toujours été aussi... aussi...

— Aussi débile ?

— Oui, c'est ça.

— Juste une petite question avant que vous ne partiez : Francine a-t-elle vraiment pincé Kendy jusqu'au sang ?

— Oui. Je lui aurais bien fait la même chose pour me soulager, mais elle a déguerpi en voiture pendant que Ted déposait les enfants.

Cam esquissa un sourire et s'appuya au montant de la porte.

— Ma foi, je vous imagine assez mal en train de vous crêper le chignon avec une autre femme ! A mon avis, si cette Francine avait été en face de vous, vous lui auriez plutôt dit ses quatre vérités en lui recommandant d'aller voir un psychiatre.

Rachel hésita, la main sur la poignée de la porte.

— Puis-je vous demander quelque chose ? dit-elle en levant les yeux sur lui.

— Certainement.

— Lui dire ses quatre vérités, ce serait lui faire la morale, n'est-ce pas ? Ted m'a justement accusée de faire la morale à tout le monde... Mais suggérer à quelqu'un de se faire soigner pour apprendre à se dominer, est-ce si mal que ça ?

— Pas du tout. Pourquoi cette question ? Qu'est-ce qui peut

bien vous faire croire que ce serait mal ? demanda-t-il, sentant qu'il avait touché une corde sensible.

— En tant que psychologue, je me dois d'avoir recours au dialogue pour résoudre les conflits, n'est-ce pas ?

— Encore faut-il pouvoir amener les gens à se parler !

— Voilà précisément où se situe le problème, dit-elle avec une ironie amère. Ces temps-ci, j'ai l'impression que les gens à qui j'ai affaire préfèrent frapper d'abord et parler après.

— Qui a frappé qui ? demanda Cam avec brusquerie.

Elle porta la main à sa joue.

— Mais qu'est-ce qui me prend ? Cette conversation est totalement déplacée.

Cet homme était le confident de Nick, pas le sien, songea-t-elle.

— Qui a frappé qui, Rachel ?

— Les crises familiales comportent des épisodes au cours desquels les gens ne se contrôlent plus, dit-elle. Ma famille n'y échappe pas, même si je le déplore.

Elle se détourna, sur le point de partir.

— J'en ai déjà beaucoup trop dit. Je dois…

Cam la retint par le bras.

— Nick était bouleversé, tout à l'heure, mais la seule violence qu'il ait mentionnée, c'est l'épisode au cours duquel Francine a pincé sa petite sœur. Est-ce qu'il y a eu pire ?

Au point où elle en était, autant continuer, jugea Rachel.

— Nick a été grossier avec son père. Ted a levé la main sur lui et je me suis interposée. Sinon, je ne sais pas comment ça aurait tourné. L'idée qu'ils auraient pu en venir aux mains me rend malade… Et ce n'est pas le seul épisode de violence. Le jour où Walter a appris que sa femme le trompait, il a débarqué chez nous et ils se sont battus comme des chiffonniers, Ted et lui. C'était épouvantable. Nick a dû m'aider à les séparer, et Kendy a assisté à la scène, elle aussi. Elle a même pris des photos !

— Charmant, murmura Cam.

Elle l'entendit à peine.

— Et voilà qu'aujourd'hui, j'apprends que Francine s'en est prise à Kendall. Je ne suis peut-être pas tout à fait impartiale, mais il me semble que Ted aurait dû prendre la défense de sa fille, non ? Quand je le lui ai dit, il m'a répondu que j'étais à cheval sur les principes, que ce n'était qu'un incident mineur, qu'il fallait oublier ça. Il a ajouté qu'il était dingue de Francine, et que même si son QI était inférieur au mien, il se régalait avec elle. Cette nana a un petit cul de rêve et — tenez-vous bien —, quand ils font l'amour, il a l'impression de mourir et de monter au paradis.

Elle leva les bras au ciel, puis les laissa retomber le long de son corps.

— Je ne sais plus du tout où j'en suis, conclut-elle.

— Venez là.

Avant qu'elle eût deviné son intention, Cam la prit dans ses bras, lui offrant le réconfort d'une chaude étreinte masculine. Instinctivement, elle le repoussa… une fraction de seconde. Encore révoltée par l'injustice de sa situation actuelle, elle n'en apprécia pas moins ce geste amical. Les larmes lui montèrent aux yeux, et elle s'efforça tant bien que mal de les refouler. Elle renifla imperceptiblement.

— C'est vrai que vous avez un QI supérieur à celui de cette femme — aucun doute là dessus.

Il y avait de l'amusement dans sa voix.

Avec un petit rire nerveux, elle enfouit le nez dans son pull qui sentait merveilleusement bon.

— C'est Ted qui l'a dit — pas moi.

— Parce que vous n'êtes pas du genre à vous vanter !

— C'est vrai. Mais à quoi ça me sert d'avoir un QI élevé si je ne suis pas fichue de garder mon mari ?

— Vous n'auriez aucun mal à garder un mari correct.

— Merci.

Elle songea soudain qu'il était mal placé pour donner son avis après l'échec de son propre mariage, le suicide de son fils et la vie cloîtrée qu'il menait depuis plus de cinq ans. Malgré tout, il semblait plaire à tous les gens qui l'entouraient — Nick, Kendy et même Dinah. La tête au creux de son épaule, elle commençait à comprendre pourquoi et à apprécier certaines de ses qualités cachées.

— Et vous savez quoi ? reprit-il.

— Non. Quoi ?

— Je suis prêt à parier la prochaine avance de mon éditeur qu'au lit, vous valez largement Francine.

Avec un petit sourire incertain, elle se dégagea de son étreinte et alla chercher une serviette en papier dans la cuisine. Elle s'essuya les yeux, se moucha copieusement et se dirigea vers la porte.

— Je m'en vais pour de bon, cette fois. Ma dignité en a pris un coup, et je n'ai pas réussi à empêcher mes enfants de venir vous importuner.

— Ne vous en faites pas. Ils ne m'importuneront que si je les y autorise.

Il lui ouvrit la porte, et elle passa devant lui, les joues empourprées.

Quand elle fut en bas des marches, Cam lui lança :

— Encore une petite question !

— Oui ? dit-elle en relevant la tête.

— Etes-vous absolument certaine que Ted est bien leur père ?

Elle le dévisagea un instant. Voyant qu'il plaisantait, elle s'esclaffa :

— Merci ! Ça m'a fait du bien de parler avec vous.

10.

Avant d'essayer de tirer les vers du nez à Nick, Rachel voulait voir ce que Monk Tyson aurait à lui dire. Le lundi, comme il ne répondait pas à ses messages, elle décida de lui rendre une petite visite. A cette occasion, elle découvrit le gymnase où elle n'était jamais venue. Elle fut impressionnée. Le canapé de cuir, la moquette moelleuse, le bureau luxueux et les tableaux accrochés au mur évoquaient presque un cabinet de ministre. Elle remarqua plusieurs photos de Tyson en compagnie de célébrités, ainsi que de nombreuses coupes et médailles disposées sur des étagères — certaines gagnées par Tyson, d'autres par ses « poulains ».

— Ne dites rien, laissez-moi deviner ! lança-t-il après qu'elle se fut assise. Vous venez m'annoncer de mauvaises nouvelles… Lequel de mes joueurs risque de redoubler ?

— Ferdy Jordan, répondit Rachel. A moins que par miracle, il réussisse à remonter la pente en algèbre et en anglais.

Tyson eut un petit rire railleur.

— Il est peut-être un peu tard pour lui apprendre à lire.

Rachel soupira.

— Monk, voilà des mois que j'essaie d'attirer votre attention sur ses difficultés. S'il veut faire du sport, libre à lui, mais il doit aussi passer son bac, et ce n'est pas avec des notes aussi lamentables qu'il y arrivera.

— Je vais lui secouer les puces.

— Vous aviez promis de le faire au début du semestre, quand il était encore récupérable. Ce sera beaucoup plus difficile, à présent.

— Je lui ferai donner des cours particuliers ; malheureusement, ses parents ne peuvent pas l'aider. Qui d'autre encore ? demanda-t-il en tambourinant sur la table avec son stylo.

— Jason Pate. Comme d'habitude.

Il fronça les sourcils.

— Je lui ai remonté les bretelles à propos de son arrestation pour conduite en état d'ivresse. Bon sang, qu'est-ce qu'il a encore fait ?

— Il est absent depuis trois jours. Vous ne l'avez pas remarqué ?

— Il assiste aux entraînements.

— Alors, conseillez-lui de venir aux cours avec la même assiduité, dit-elle d'un ton acerbe. Sinon, il risque fort de rater sa vie, comme bon nombre de jeunes espoirs du sport.

Pour plus de sécurité, Rachel se promit de parler elle-même au jeune homme, quitte à venir le trouver après l'entraînement. Ça ne plairait sans doute pas à Monk mais tant pis.

— Deux ou trois merdes de plus et je perds mon boulot ! lança Tyson.

— Si nous parlions un peu de Nick ? Il est très flatté que vous lui accordiez des heures d'entraînement particulier. Ça se passe bien ?

Visiblement soulagé, Monk se cala dans son fauteuil.

— Il fait des progrès remarquables. Je suis content de voir que ça vous intéresse.

— Bien sûr que ça m'intéresse ! Je suis sa mère.

— Je voulais parler de sa carrière sportive. Il peut devenir une star, Rachel. Je l'ai d'abord fait jouer en première base, mais ses talents sont assez variés pour lui permettre de changer de position… Il n'a pas de problème, n'est-ce pas ? Le divorce ne l'a pas trop perturbé ?

— Il n'est pas aussi heureux qu'avant, mais je pense que ça va.

Elle était là pour essayer de comprendre le malaise que Nick ressentait en présence de Monk, pas pour répondre aux questions de ce tordu.

— Je me demandais si vous aviez remarqué quelque chose, reprit-elle. Un changement dans sa façon de jouer, par exemple.

— Non. Rien du tout.

— Tant mieux ! dit-elle en se levant. Je suis contente qu'il fasse des progrès. Le base-ball est sa passion.

— Vous l'avez vu sur le terrain ? C'est un joueur-né, je vous assure !

Son expression ne laissait deviner aucun sentiment particulier. S'il se passait quelque chose, ce n'était pas Monk qui la mettrait sur la voie. Elle consulta sa montre.

— J'ai une consultation à 13 h 30. Il faut que j'y aille.

Monk se leva à son tour.

— Ma foi, si tous mes gars étaient aussi équilibrés que Nick, vous n'auriez plus de boulot ici ! Ne vous inquiétez pas pour lui : il a la tête sur les épaules.

— Apparemment, tout le monde est d'accord sur ce point, dit-elle en se dirigeant vers la porte. Merci, Monk.

En sortant de la salle de sports, elle faillit heurter Ward qui arrivait en sens inverse.

— Ward, est-ce que tu ne devrais pas être en cours, à cette heure-ci ?

— Si, madame, mais l'entraîneur m'a fait un mot d'excuse.

— Ah bon ? Ce n'est pourtant pas l'heure de l'entraînement !

— C'est spécial, dit le garçon avec un regard fuyant. Juste pour Nick et moi.

Rachel fronça les sourcils.

— Vous n'êtes pas censés vous entraîner pendant les heures de cours. Ça arrive souvent ?

Visiblement mal à l'aise, le garçon regarda ses pieds.

— Tyson a un emploi du temps très chargé.

Quelque chose dans son attitude ne plaisait guère à Rachel. Avait-il les mêmes réticences que Nick au sujet de cette *faveur spéciale* ? Même si c'était le cas, il ne s'opposerait probablement jamais aux exigences de Tyson. Pas plus que les autres membres de l'équipe…

— Bon, vas-y, Ward, dit-elle avec un sourire, mais il ne faut pas que ça devienne une habitude. J'en toucherai un mot à votre entraîneur.

— Oui, m'dame.

Rachel se promit d'en parler aussi avec Nick… Décidément, Monk Tyson se croyait tout permis !

Avec un soupir écœuré, elle reprit le chemin de son bureau.

Les quinze jours suivants s'écoulèrent sans incident particulier. Deux fois de suite, Ted se décommanda alors qu'il devait dîner avec les enfants. Personne ne s'en soucia. Nick et Kendy ne lui avaient toujours pas pardonné les affres du week-end avec Francine. Le samedi, Rachel insista pour que Nick l'accompagne au magasin de bricolage : elle comptait installer des étagères dans le garage de Dinah pour ranger les articles de sport et les bicyclettes qui encombraient actuellement une bonne partie de l'espace.

— Tu penses pouvoir monter les étagères tout seul ?

demanda-t-elle à son fils, en pénétrant dans l'immense magasin, surnommé *le paradis des bricoleurs.*

Nick n'était pas enthousiaste, loin de là, mais il paraissait résigné.

— C'est là-bas, maman : allée 12, dit-il en désignant la direction opposée à celle que Rachel avait prise. Il va nous falloir un grand chariot plat pour transporter ça, ajouta-t-il sans bouger de l'endroit où il se trouvait.

— Je regarde les étagères pendant que tu vas chercher un chariot, déclara Rachel. Mais ne traîne pas : j'ai besoin de toi pour choisir !

— Les métalliques sont bien mieux, affirma Nick, les mains enfoncées dans ses poches. Mais le plastique, c'est plus facile à monter : n'importe quelle femme peut s'en charger.

— Nous en avons déjà parlé, Nick. C'est à toi de le faire — pas à moi. La plupart des objets qui encombrent le garage t'appartiennent.

Il leva les yeux au ciel et s'éloigna en ronchonnant.

Rachel le trouvait déroutant, depuis quelque temps. L'épisode du rodéo semblait avoir cristallisé pour lui et sa sœur la réalité du divorce, mais ils n'avaient visiblement pas envie d'en parler — du moins, pas à elle. En fait, ils n'avaient pas fait la moindre allusion à leur père ou à Francine, depuis lors. Ils allaient devoir se résigner et admettre les nouvelles priorités de Ted. D'autant plus qu'il lui avait annoncé son intention d'épouser Francine.

Elle comprenait bien que l'aspect sexuel jouait un grand rôle dans sa décision, mais elle était déroutée lorsqu'elle songeait au sentiment d'insatisfaction qu'il avait dû éprouver avec elle… Et puis, elle se rappela la façon dont Cam avait réfuté l'opinion de Ted, et ça lui mit un peu de baume au cœur.

A part ça, elle s'efforçait généralement de ne pas trop

penser à Cam. Heureusement, une femme divorcée ne manque pas de préoccupations pour toutes les questions dont elle doit assumer seule la responsabilité. Le soir, elle s'attaquait aux multiples factures et documents légaux définissant le partage des biens communs du ménage. Elle se rendit compte qu'elle avait assumé une partie de plus en plus importante des obligations familiales bien avant que Ted eût décidé de la quitter. Avait-il pris inconsciemment ses distances ou bien ce relâchement correspondait-il à un projet mûrement réfléchi de larguer bientôt les amarres ? Et combien de temps aurait-elle mis avant de comprendre ce qui se passait si elle ne l'avait pas surpris avec Francine ?

Elle en était là de ses réflexions quand une voix masculine lui susurra à l'oreille :

— Les étagères se trouvent quatre allées plus loin, juste après les tondeuses à gazon, sur la gauche.

Le cœur de Rachel fit une embardée.

Se retournant, elle croisa le regard de Cam. Ce jour-là, le bleu de ses prunelles semblait un peu voilé, moins éclatant que d'ordinaire.

— Hum, bonjour. Avais-je l'air égarée ?

— Un tout petit peu, il me semble. Et vous n'auriez fait qu'aggraver la situation en continuant dans cette direction.

— Comment savez-vous que je cherche des étagères ?

— J'ai croisé Nick qui allait chercher un chariot.

Il la prit par le bras et la fit doucement pivoter.

— Par ici.

Le contact de sa main la troubla de manière tout à fait inattendue. Elle remarqua qu'il portait un jean passablement usé, un sweat au logo des « Houston Texans » et des chaussures de jogging qui semblaient avoir parcouru des centaines de kilomètres… Tout ça en quelques secondes.

— Je ne connais pas bien ce magasin, bredouilla-t-elle, embarrassée.

Il opina et esquissa un petit sourire amusé.

— Je m'en doutais un peu. Permettez-moi de vous accompagner.

Sans attendre sa réponse, il la prit par la taille afin de la guider.

Elle remarqua que ses cheveux presque noirs auraient eu besoin d'un bon coup de ciseaux… Il ne semblait guère se soucier de son apparence physique. Mais c'était sans doute normal de la part d'un homme aussi séduisant.

Tout en faisant un écart pour éviter un client qui poussait un chariot chargé de planches, elle expliqua à son compagnon :

— Nick a entassé un tas de trucs dans le garage de maman : je compte sur lui pour installer des étagères et y ranger tout son fatras.

Pourquoi parlait-elle de cette voix mal assurée ? Elle se sentait aussi troublée qu'une collégienne au moment de son premier flirt.

— Il peut le faire, assura Cam. Et vous aussi, du reste. Inutile d'être un as du bricolage : il suffit de savoir lire une notice et d'emboîter correctement les éléments.

Ils avaient atteint leur destination, et Cam la guida vers le milieu de l'allée.

— Si vous manquez vraiment de place, poursuivit-il, j'en ai à revendre dans mon sous-sol et sur la mezzanine du garage. Cette maison est bien trop grande pour un homme seul !

Elle l'observa d'un air stupéfait, puis se ressaisit.

— Merci, c'est très aimable à vous, dit-elle, mais je ne pense pas que ce soit nécessaire.

— Que comptez-vous ranger sur ces étagères ? s'enquit-il,

la voyant perplexe devant le choix impressionnant qui s'offrait à elle.

— Des jouets, du matériel de sport, des cartons de vaisselle que je n'avais pas envie de laisser au garde-meuble — bref, tout le bazar qu'on relègue généralement au garage.

— A mon avis, des étagères en plastique feront l'affaire. C'est ce qu'il y a de moins cher et de plus facile à monter.

— Oui. C'est aussi l'avis de Nick. Il dit...

Elle s'interrompit en reconnaissant un homme qui approchait d'eux.

— Pete ! Pete Singletary ! dit-elle d'un air ravi. Quelle bonne surprise !

— Bonjour, Rachel. J'attendais à la caisse et je t'ai vue passer.

Grand, blond et bien bâti, l'ancien fiancé de Marta portait sa tenue habituelle — jean noir et blouson d'aviateur en cuir. Cela faisait longtemps que Rachel ne l'avait pas vu. Cinq ans, au moins, s'étaient écoulés depuis que Marta avait rompu brutalement avec lui.

— Qu'est-ce qui t'amène ici, Pete ? Je croyais que tu vivais à Dallas !

— J'habite ici, maintenant. J'ai acheté une maison dans le quartier historique. Pour l'instant, il n'y a rien dedans, à part un lit pliant, une télé et mes fringues. Le déménagement était prévu pour lundi mais il y a eu un contretemps. Il n'arrivera que mardi.

Rachel ouvrit de grands yeux.

— Tu n'es plus dans la police ?

— Je crois que nous sommes en présence de notre nouveau commissaire principal, dit Cam en avançant vers Pete, la main tendue. Cam Ford. Bienvenue à Rose Hill.

— Ça, par exemple ! murmura Rachel, tandis que les deux

hommes échangeaient une poignée de main. Ma foi, Pete, je tombe des nues.

A l'époque où il fréquentait Marta, Pete avait déjà un poste important dans la police de Dallas, et il était connu pour son ambition. De toute évidence, il avait rapidement gravi les échelons.

— Comment est-ce arrivé, Pete ?

— Le poste à pourvoir s'est libéré il y a deux jours, et j'ai tout fait pour l'obtenir, avoua-t-il avec un petit sourire espiègle.

Il se tourna vers Cam.

— Comment l'avez-vous appris ? Je n'ai obtenu la réponse qu'en milieu de semaine, et ma nomination n'a pas encore été officiellement annoncée.

— J'ai quelques relations à la mairie, répondit Cam. Votre arrivée n'est pas passée inaperçue ; je dois vous prévenir qu'ils attendent beaucoup de vous.

— J'essaierai de ne pas les décevoir, dit Pete. Comment va Marta ? ajouta-t-il en regardant Rachel.

C'était Marta qui avait pris l'initiative de la rupture : elle n'avait pas supporté qu'il la trompe. Elle l'avait rayé de sa vie, refusant obstinément de lui pardonner son infidélité, même si c'était *la seule fois*, et qu'il le regrettait amèrement.

— Elle va bien, Pete. Elle enseigne l'anglais dans les classes de haut niveau, maintenant.

— Ah, tant mieux ! dit-il en détournant le regard. Elle tenait à ce poste, et elle a travaillé dur pour l'obtenir. Je suis content que ses qualités aient enfin été reconnues.

— Oui, c'est une prof formidable. Tout le monde est d'accord là-dessus.

Pete se dandina d'un pied sur l'autre, visiblement gêné.

— Je n'ai appris le décès de Jorge que plusieurs mois

après. Ça a dû être terrible pour elle de se retrouver veuve au bout d'un an et demi de mariage.

— Effectivement. Il a été emporté si vite ! En fait, elle a vécu la plupart du temps avec un malade dont l'état se détériorait de jour en jour, en dépit des traitements de choc qu'il a subis.

— Oui, eh bien…

Pete s'éclaircit la voix, et fit passer ses achats d'une main à l'autre.

— Je ferais mieux d'aller me mettre au boulot, conclut-il. Je vais installer un ventilateur au plafond de la chambre.

Il gratifia Rachel d'un sourire, et salua Cam d'un petit signe de tête. Puis il s'immobilisa. Son expression changea. Il fit claquer ses doigts.

— Cam Ford ! Attendez… ce n'est pas vous, l'auteur du livre sur Ray David Jenkins ?

— Si.

— C'est un bouquin remarquable. Un jour, j'ai vu un enregistrement de son interrogatoire quand il décrivait la façon dont il tuait ses victimes. Il racontait ça avec un détachement invraisemblable, comme s'il parlait de la pluie et du beau temps. J'en avais la chair de poule.

— Je l'avais aussi en écrivant ce livre, dit Cam avec une grimace. Ce type était complètement à côté de ses pompes.

— Mais il n'a peut-être pas commis autant de crimes qu'il le prétendait, n'est-ce pas ? Vous avez étudié minutieusement la plupart de ses aveux ; il y a de quoi se poser des questions… Etes-vous en train de travailler sur un autre livre ?

— Oui. Je me livre à une enquête préliminaire.

— Ah bon ? dit Pete, visiblement intrigué. Je connais peut-être l'affaire. J'ai travaillé à la section Homicides, à Dallas.

Rachel se rappela qu'en effet, il devait prendre la tête du service, ce qui rendait sa présence à Rose Hill d'autant plus surprenante. Pourquoi diable aurait-il renoncé à un avancement aussi important ?

— Vous ne vous en souviendrez probablement pas, répondit Cam. Le crime a eu lieu au Texas, mais il y a près de quatre-vingts ans de cela. C'était dans un immense ranch près de San Antonio. Le propriétaire et sa maîtresse — une ex-danseuse de cabaret — ont été assassinés, et l'épouse trahie fut soupçonnée du meurtre, bien qu'il n'y ait jamais eu de preuve contre elle.

— Un drame de la jalousie ? demanda Rachel.

— En tout cas, c'est ce qu'a décrété le jury populaire, répondit Cam d'un air sceptique.

Pete fit claquer ses doigts.

— Le ranch du Diable. C'était au début des années 30, non ?

— C'est bien ça, dit Cam en s'effaçant pour laisser passer un client et son chargement.

— Si ma mémoire est bonne, elle n'a pas été arrêtée, dit Pete. Ni même mise en examen.

— Effectivement. A l'époque, on venait de découvrir du pétrole sur leur propriété. Du jour au lendemain, elle est devenue milliardaire — ce qui était rarissime au début de la Grande Dépression.

— Si vous écrivez un livre sur le sujet, dit Rachel, allez-vous essayer de démontrer sa culpabilité ?

— Je ne crois pas qu'elle les ait tués — tout comme je doute fort que Jenkins ait commis tous les crimes que la police lui a imputés.

— Les flics sont parfois pressés de clore les affaires qui les gênent, reconnut Pete. En tout cas, j'ai hâte de vous lire, et s'il vous faut des tuyaux sur les méthodes de travail d'un flic de la PJ, n'hésitez pas à m'appeler. Ou mieux encore, passez me voir au commissariat : je vous offrirai une tasse du café le plus répugnant que vous ayez jamais bu.

— Entendu, dit Cam en lui serrant de nouveau la main. Très heureux d'avoir fait votre connaissance.

— C'est sympa de s'être revus, Rachel, dit Pete avant de s'éloigner. J'ai beaucoup de travaux à faire chez moi, mais dès que je serai installé, je vous inviterai à un barbecue, Ted et toi.

Elle hésita à peine à le mettre au courant.

— Tu devras te contenter d'un seul convive, dit-elle. Nous sommes en plein divorce.

Il la dévisagea d'un air stupéfait.

— Tu parles sérieusement ?

Il regarda Cam, comme s'il cherchait une réponse, puis se tourna de nouveau vers Rachel.

— Merde, ça fait mal au cœur d'apprendre ça !

Elle haussa les épaules.

— Ce sont des choses qui arrivent, dit-elle en trouvant le courage de sourire. Merci, Pete. Tu sais, je te prendrai peut-être au mot pour cette invitation à dîner.

— A toi de fixer la date !

— Au revoir ! lui lança Rachel.

Elle le regarda s'éloigner, le sourire aux lèvres, jusqu'à ce qu'elle sente le regard de Cam posé sur elle.

— Qu'est-ce qu'il y a ?

— Votre premier flirt de femme divorcée ?

— Pardon ?

— A mon avis, vous ne lui êtes pas indifférente.

Elle secoua la tête et leva les yeux au ciel.

— N'importe quoi !

Elle balaya du regard l'autre extrémité de l'allée.

— Mais où est donc passé Nick ? Il sait bien que nous ne pouvons pas transporter ces étagères sans chariot.

— Pourquoi serait-ce n'importe quoi ?

Elle tourna la tête vers lui.

— Pete est juste un ami. Il a été fiancé avec Marta, et je suis sûre qu'il l'aime encore.

— Ah bon ? Vous savez ça, vous ?

— Oui, je le sais.

— Qu'est-ce qui s'est donc passé ?

— C'est de l'histoire ancienne. Si ça vous intéresse, vous n'aurez qu'à lui poser la question en dégustant un café infect… Quant à moi, je crois que je vais devoir aller chercher ce chariot moi-même.

Nick se dirigeait vers le fond du magasin où se trouvaient les chariots plats quand deux personnes lui emboîtèrent le pas, l'encadrant de près.

— Hé, mon pote ! dit Ferdy Jordan en le prenant par l'épaule. On t'a vu arriver. Tu viens faire des emplettes avec ta maman ? C'est bien, ça, mon grand !

Nick se dégagea d'un geste brusque.

— Va te faire foutre, Ferdy !

— Oh, dis donc, tu entends ça, B.J. ? Il me parle mal.

B.J. ricana.

— Ouais, drôlement mal.

Ferdy arracha vivement sa casquette à Nick et s'esquiva d'un pas dansant. Quand Nick fonça pour la lui reprendre, il la lança à B.J. qui l'attrapa au vol et l'envoya en l'air. Finalement, la casquette atterrit au sommet d'une pile de sacs d'engrais, dans les hautes sphères du magasin. Renonçant à la récupérer, Nick fit volte-face sans s'occuper d'eux, et s'approcha de la rangée de chariots. Quelle poisse d'être tombé sur ces deux-là ! Ils allaient encore faire leurs marioles.

S'exhortant au calme, il s'efforça de manipuler le chariot, tandis que Ferdy en agrippait un autre.

— Hé, s'exclama-t-il avec enthousiasme, si on jouait aux autos-tampons ?

Il fit signe à B.J. de lui dégager le passage, puis fonça droit sur Nick. Poussé par les deux comparses, l'énorme chariot en métal prit de la vitesse. Nick eut à peine le temps de faire un écart pour l'éviter.

— Vous êtes tarés ou quoi ? hurla-t-il. Ces trucs-là pèsent une tonne. Vous pourriez faire de sacrés dégâts !

Ferdy prit une mine faussement contrite.

— Aïe ! Le petit chouchou à sa maman a failli se faire bobo… A moins que ce soit le petit chouchou de l'entraîneur, maintenant ?

Ferdy regarda son compère.

— Tu as remarqué que Nicky et Ward étaient cul et chemise avec coach Tyson, ces temps-ci ?

— Ouais, répondit l'autre avec un sourire fielleux. Cul et chemise, t'en as de bonnes !

— C'est dégueulasse.

Ferdy prit un sac d'engrais et se le passa à plusieurs reprises d'une main à l'autre d'un geste désinvolte.

— Tu sais, B.J., on est en droit de se demander ce que Monk obtient en échange de toutes ces faveurs qu'il leur accorde ! Tu t'es jamais posé la question, vieux ?

— Si. Très souvent.

Nick les toisa d'un air méprisant, les jambes écartées dans une posture belliqueuse, les poings serrés.

— Est-ce que tes pensées nagent dans la merde vingt-quatre heures sur vingt-quatre, Ferdy, ou c'est juste quand t'es réveillé ?

Ferdy le toisait d'un regard mauvais.

— J'ai vu juste, hein, Nicky ?

Décidé à les planter là, Nick reprit son chariot. Mais Ferdy n'était pas prêt à lâcher prise. Son vilain sourire s'estompa, et son regard se fit glacial.

— A ta place, je n'espérerais pas trop passer en première catégorie, dit-il d'un ton qui avait perdu toute trace d'humour.

— C'est ça ! Le jour où tu seras entraîneur, on suivra tes recommandations, riposta Nick, refusant de se laisser intimider. En attendant, tu sais ce que tu peux en faire.

Tournant le dos aux deux compères, il reprit l'allée dans l'autre sens. Mais il n'avait pas fait trois pas quand Ferdy prit son élan et lui envoya le sac d'engrais dans le dos. Frappé à mi-hauteur de la colonne vertébrale, il perdit l'équilibre et s'étala de tout son long, les bras en croix, dans une grande gerbe d'engrais chimique. Le choc de son coude sur le sol en béton lui arracha un cri de douleur.

— Ouille ! lança Ferdy. Le petit chéri à sa maman s'est vraiment fait bobo, B.J.

— Ouais, quel dommage !

Les joues empourprées par l'excitation, le garçon sautillait d'un pied sur l'autre tout en jetant des coups d'œil furtifs vers l'autre bout de l'allée.

Pendant que B.J. faisait le guet, Ferdy s'approcha tranquillement et écarta le chariot avec le pied. Puis il secoua la tête d'un air faussement compatissant, et tendit la main à sa victime pour l'aider à se relever.

Nick la repoussa d'un coup de poing.

— Va te faire foutre !

Il était sonné, mais pas question de le laisser paraître devant ces deux tarés.

— Nick !

Merde. C'était sa mère. Vifs comme l'éclair, Ferdy et B.J. déguerpirent. Et *remerde* ! Cam Ford était avec elle. Nick songea qu'il devait avoir l'air malin, étalé par terre au milieu d'un sac d'engrais éventré.

Sa mère se planta devant lui, les mains sur les hanches.

— Qu'est-ce que c'est que ça, Nick ?

Quand il leva les yeux sur elle pour s'expliquer, l'expression de sa mère changea. Avec un petit cri d'horreur, elle s'agenouilla près de lui et passa une main sur son visage.

— Tu saignes ! Que s'est-il passé ? Qui sont ces deux types que j'ai vus détaler ?

— Les pires tarés du lycée, grommela-t-il.

Refusant l'aide de sa mère, il se remit debout tant bien que mal, encore sous le choc et terriblement vexé.

— Salut, Cam.

Les yeux plissés, Cam observait l'endroit où les deux voyous s'étaient séparés.

— Tu les connais, ces deux-là ?

— Ouais, répondit Nick, occupé à épousseter son pantalon et à se frotter les mains. C'est juste deux abrutis qui veulent jouer les durs.

— Pourquoi s'en sont-ils pris à toi, Nick ? demanda Rachel avec une sollicitude maternelle qui donna envie au garçon de rentrer sous terre.

Elle chercha un mouchoir dans son sac.

— C'est pas grave, maman, dit-il en se mettant à pousser le chariot. Allez, on va chercher les étagères. Ton cirque, ça attendra qu'on soit dans la voiture.

— Nick…

Rachel lui barra délibérément le passage.

— Je t'ai posé une question !

— Parce qu'ils cherchaient à faire les marioles et que

je passais justement par là. Il leur fallait une tête de Turc, c'est tout.

— Ils devaient bien avoir un motif, quand même ! Comment s'appellent-ils ?

— Boule et Bill.

Il tourna la tête, prit le mouchoir que sa mère lui tendait et s'essuya le front.

— Laisse tomber, maman, conclut-il.

Cam toucha le bras de Rachel pour lui faire lâcher prise, sans cesser d'observer Nick. Il y avait longtemps qu'il n'avait pas eu affaire à un ado, mais il se rappelait quand même à quel point ils ont horreur de toute manifestation d'affection, surtout en public. Nick était déjà mort de honte que Rachel ait débarqué en pleine bagarre.

— Je sais me défendre, grommela-t-il en reprenant le chariot.

— Nous allons payer les dégâts, dit Rachel sans quitter son fils des yeux.

Cam ramassa le sac éventré, le jeta sur le chariot, et prit la jeune femme par le bras pour la faire avancer. Il supposa que Nick allait subir un feu nourri de questions, sur le trajet du retour. Il s'en posait lui-même, du reste. Quelque chose semblait se tramer à l'intérieur du microcosme sportif créé par l'entraîneur.

Tandis qu'ils attendaient à la caisse, quelques minutes plus tard, Cam se promit de rendre visite à Tyson pour se faire une idée de la situation.

11.

— Qu'est-ce que tu fabriques ? demanda Marta.

Depuis l'entrée du garage de Dinah, elle observait son amie assise sur un tas d'emballages en carton, une notice de montage à la main. Une foule d'écrous et de vis, des étagères en acier et un assortiment d'outils variés jonchaient le sol autour d'elle.

— A ton avis ? maugréa Rachel en jetant la notice par terre d'un air dépité. J'essaie d'installer des étagères dans le garage.

Elle se leva et examina le contenu du premier carton, comme si elle contemplait les écailles d'un serpent à sonnette.

— Je crois que tu as bien fait de renoncer à des études d'ingénieur, déclara Marta, les mains sur les hanches. Apparemment c'est plutôt un boulot pour Nick. Il est là ?

Rachel leva les bras au ciel.

— Ward est passé le chercher. Kristin Gates et cinq ou six autres petits canons — je le cite — étaient en vadrouille dans la galerie marchande, paraît-il. Ils traînaient une langue de dix centimètres, tous les deux, alors j'ai rendu les armes. Dans l'état où ils étaient, je n'aurais rien pu en tirer, de toute façon.

— L'évidence même, dit Marta.

Elle se pencha, ramassa la notice, la parcourut sommairement et se mit à disposer autour d'elle les objets éparpillés un peu partout.

— Ces trucs-là sont conçus pour que n'importe qui puisse les assembler. A nous deux, on devrait y arriver.

Au lycée, Marta avait la réputation de savoir se servir d'un tournevis.

— Tu allais quelque part ? Je ne voudrais pas gâcher ton après-midi…

— Je comptais faire un tour à la galerie marchande, mais ça ne m'emballait pas autant que Nick et Ward.

Assise par terre, Marta se mit à trier avec dextérité les articles issus du sachet en plastique.

— D'après la notice, tu devrais avoir quarante-deux boulons avec autant d'écrous et de rondelles. Il va nous falloir une clé à écrous. J'espère qu'il y en a dans la boîte à outils.

— Comment savoir ? grommela Rachel.

Ignorant même si sa mère en possédait une, elle entreprit de fouiller le grand coffre, surtout rempli d'outils de jardinage. Autrefois, Rachel ne se chargeait jamais de ce genre de besogne. Ted non plus, d'ailleurs. Ils confiaient ce genre de tâche à des professionnels. Aujourd'hui, hélas, elle n'en avait plus les moyens.

— J'aurais dû accepter le coup de main que me proposait Cam, marmonna-t-elle en écartant une truelle, des gants de jardinage et un vieux chrysanthème en pot tout desséché. Après tout, il ne m'a pas épargné ses conseils quand j'hésitais sur le choix du type d'étagère.

Marta la dévisagea d'un air incrédule.

— Cameron Ford, le brillant romancier grincheux, t'a accompagnée chez Castorama ?

— Mais non, voyons ! J'y suis allée avec Nick, et on s'est rencontrés là-bas par hasard.

— Ma foi, pourquoi avoir refusé sa proposition ?

Marta s'assit sur ses talons pour mieux voir le jardin voisin où Cam réparait justement quelque chose sur une fenêtre de sa terrasse.

— Il a dit ça par politesse, Marta.

— Je l'imagine mal faire une proposition par pure politesse. La courtoisie n'est pas son fort, à mon avis.

Rachel secoua la tête d'un air déconfit.

— Je ne trouve rien qui ressemble à de vrais outils.

Elle sortit une boîte de bois à poignée métallique, mais le fond pourri céda et un flot de terre à rempoter lui tomba sur les pieds.

— Ah là là ! ronchonna-t-elle de plus belle. Bon sang de bonsoir, Nick n'est jamais là quand j'ai besoin de lui !

— Il a d'autres chats à fouetter — comme tous les hommes ! lança Marta. Ah, voilà !

Elle brandit d'un air triomphant une petite barre en acier perforée à intervalles réguliers.

— Apporte-moi ces fichues étagères, ma belle ! On n'a pas besoin d'homme quand on a l'intelligence, la détermination et l'ingéniosité !

— Peut-être, admit Rachel, mais c'est quand même bien pratique d'en avoir un sous la main.

— Je ne suis pas sûre que nous parlions de la même chose ! répliqua Marta en se replongeant dans sa lecture.

Elle saisit un panneau métallique, et demanda à son amie :

— Où veux-tu les installer ?

— N'importe où sauf dans ma chambre, répondit Rachel.

Puis elle repéra une boîte, la posa par terre et l'ouvrit. Marta s'approcha et regarda par-dessus son épaule.

— Les clés à écrous sont là, dans ce petit bac en plastique.

Rachel la laissa se servir. A son grand soulagement, Marta sélectionna sans hésiter le modèle qu'il lui fallait.

— Nous voilà équipées ! déclara-t-elle. Si tu commençais à ouvrir les autres cartons ? Mais n'éparpille pas tout, comme tu l'as fait tout à l'heure.

— C'est pas moi, c'est Nick !

— Peu importe. Il n'y a pas de pièce de rechange. Les Chinois estiment qu'il est inutile de fournir plus de quarante-deux écrous et boulons s'il n'en faut pas davantage.

— Un vrai casse-tête chinois, en somme ! marmonna Rachel.

— Allez, ça va être un jeu d'enfant, dit Marta en riant.

— Non, le jeu d'enfant, c'était le modèle en plastique, riposta Rachel. Mais je me suis laissé convaincre par trois machos d'acheter ces étagères métalliques qui, d'ailleurs, étaient deux fois plus chères.

— Trois machos ? Nick, Cam… et qui d'autre ?

— Ah… Je ne t'ai pas dit que j'étais aussi tombée sur Pete ?

— Quel Pete ?

Marta maintenait la première étagère devant elle, prête à la fixer au montant.

— Tu connais combien de types qui s'appellent Pete ?

— Alors, c'est lui ? Tu as rencontré Pete Singletary au Castorama de Rose Hill ? demanda Marta en posant lentement l'étagère par terre.

— En chair et en os — et toujours aussi beau gosse.

Marta émit un petit « pfft » méprisant.

— Rose Hill est carrément en dehors des limites de sa juridiction !

— A présent, c'est en plein dedans, déclara Rachel en riant.

Elle était persuadée que Marta n'avait jamais cessé d'aimer

Pete, malgré cette rupture et son mariage hâtif, quelques mois plus tard. Pour en avoir été récemment victime, elle savait que l'infidélité est une cruelle trahison ; mais à l'époque, Pete et Marta étaient confrontés à des problèmes épineux qui pouvaient justifier un petit dérapage.

— Pete est notre nouveau commissaire principal, annonça-t-elle.

Marta demeura bouche bée.

— C'est une blague ?

— Croix de bois, croix de fer, si je mens, je vais en enfer, dit Rachel en croisant les mains sur son cœur.

Oubliant les étagères, Marta s'assit au sommet d'un petit escabeau.

— Qu'est-ce qui a bien pu se passer pour qu'il renonce à Dallas au profit d'un petit patelin comme Rose Hill ? Tu lui as posé la question ?

— Non, mais tu vas pouvoir le lui demander toi-même, répondit Rachel en jetant un coup d'œil dans le jardin. Quand on parle du loup…

Marta fit brusquement volte-face, tandis que Pete s'avançait dans l'allée et contournait le vélo de Kendall abandonné, comme d'habitude, en plein milieu du chemin.

En découvrant les deux jeunes femmes, il se posta à l'entrée du garage. Le soleil de l'après-midi empêchait de voir son expression, mais Rachel devinait que s'il s'était arrêté, c'est qu'il avait reconnu la vieille guimbarde de Marta garée devant la maison.

— Salut, les bricoleuses ! On dirait que vous vous êtes lancées dans une opération compliquée, dit-il en contemplant le matériel éparpillé par terre.

Rachel l'accueillit avec un grand sourire.

— Salut, Pete ! Ton ventilateur de plafond a dû te causer moins de tracas que ces étagères ne m'en donnent.

— Probablement.

Il se tourna vers son ex-fiancée.

— Marta, ça me fait plaisir de te voir !

— Bonjour, Pete.

Les joues écarlates, Marta semblait toute disposée à déguerpir, mais l'imposante carrure de Pete lui barrait le passage.

Il jeta un coup d'œil sur la clé à écrous qu'elle tenait à la main.

— Je vois que Rachel a embauché de la main-d'œuvre.

— Euh, oui... On était justement sur le point de commencer.

C'était une façon détournée de le congédier, songea Rachel, prête à tout pour l'en empêcher.

— J'étais en train de raconter à Marta que je t'avais vu chez Casto.

— A propos, dit Marta en haussant légèrement le menton, faut-il te féliciter pour ton nouveau poste ?

Il esquissa un petit sourire amusé.

— Tout bien pesé, je dirai que oui. Il m'a fallu du temps, mais j'ai enfin renoncé à mon obsession de diriger la PJ de Dallas.

Il observa ses pieds un bref instant, puis plongea les yeux dans ceux de Marta.

— Donc, tu peux me féliciter. Je me sens tout à fait à ma place ici.

Marta le regarda un moment sans rien dire.

— Félicitations, dans ce cas.

— Merci, murmura-t-il sans la quitter des yeux.

Il se tourna ensuite vers Rachel.

— Dites donc, les filles, vous voulez un petit coup de main ? J'ai installé des étagères identiques à celles-ci dans mon cabanon du lac, le mois dernier. Le montage n'est pas si évident ; ça va beaucoup plus vite avec un tâcheron.

— Et toi, tu en avais un, sans doute ? lança Marta d'un ton aigre.

— Non. C'est ce qui me fait dire qu'il vous en faut un.

— Mais nous, nous sommes déjà deux, riposta Marta. Et on se débrouille très bien.

Rachel tendit un tournevis à Pete.

— Ne l'écoute pas. Je ne sais même pas si nous avons les outils adéquats dans la boîte de ma mère. S'il nous manquait quelque chose, je suis prête à aller l'acheter d'un petit coup de voiture. Jusqu'à Dallas, même, si nécessaire.

— Alors, je suis de trop ici, dit Marta, s'apprêtant à jeter par terre la clé à écrous.

— Sûrement pas ! s'insurgea Rachel en la retenant par le bras. Si je dois m'absenter pour aller chercher quelque chose, ce sera plus pratique pour vous d'être deux.

— Où est le problème, Marta ? demanda Pete d'un ton qui fit même palpiter le cœur de Rachel. Je te promets de ne pas évoquer le passé.

— Evoque tout ce que tu voudras, dit-elle en prenant le pot d'écrous d'un geste brusque. Ce que tu peux dire ou faire m'est bien égal, désormais.

— Dans ce cas, tu ne verras aucune objection à ce que je vous donne un coup de main, n'est-ce pas ?

Il se baissa, et prit un montant métallique.

— Tiens, je vais positionner cet élément et le maintenir bien en place pendant que tu fixes la première étagère. A moins que tu préfères qu'on inverse les rôles ?

Rachel s'aperçut que la situation amusait Pete : sa voix, son regard en témoignaient.

— Je ne fais plus un très bon sous-fifre, riposta Marta. Je préfère diriger les opérations.

Rachel réprima à grand-peine un sourire. L'enchaînement de coïncidences était étonnant, et la situation se corsait du fait que la tension, entre ces deux-là, pouvait exploser d'un moment à l'autre. Restait à espérer qu'il n'y eût pas d'effusion de sang.

— Et moi ? Qu'est-ce que je peux faire ? demanda-t-elle d'un air candide.

— Si tu t'occupais de tes oignons, par exemple ! grommela son amie de manière à n'être entendue que d'elle.

— Bon. D'accord.

Rachel s'épousseta les mains et leur abandonna le terrain sans se faire prier davantage.

— Je vais chercher quelque chose à boire, annonça-t-elle d'un ton enjoué. Qu'est-ce que vous prendrez, tous les deux ? Café ? Bière ? Thé glacé ?

— Pour moi, une bière ! répondit Pete sans hésiter.

— Un Coca sans sucre, si tu en as, grogna Marta entre ses dents.

D'un geste du menton, elle indiqua à Pete ce qu'il lui fallait. Pete obtempéra, mais en prenant tout son temps pour la détailler de la tête aux pieds.

— Du Coca sans sucre ? Tu t'es mise au régime, toi ? Tu n'as pas un pouce de graisse superflue. Ta silhouette est celle d'une fille de vingt ans.

— Je ne serais pas aussi mince si je ne veillais pas au grain.

Les joues en feu, elle enfonça le boulon à sa place dans un grincement métallique.

— Sais-tu combien de grammes de sucre contient une canette de Coca ? Et combien de calories ? Sans compter la caféine.

— Hé, à t'entendre, on croirait que c'est du poison !

— *C'est* du poison. L'une des choses qui m'énervent le plus à l'école, c'est que les gamins…

Rachel partit sur la pointe des pieds, les laissant ferrailler à leur aise. Au demeurant, elle aurait pu faire partie du décor, au même titre que les outils de jardinage accrochés au mur. Marta avait enfourché l'un de ses dadas favoris, et Pete semblait tout disposé à l'écouter.

Elle avait longtemps souhaité les réunir un jour, jugeant que Marta n'avait jamais vraiment réglé les questions sur lesquelles leur couple s'était brisé. De toute évidence, elle avait épousé Jorge Ruiz beaucoup trop vite après la rupture. Mais Marta avait toujours refusé d'admettre qu'elle gardait en elle, depuis cette affaire, un nœud de souffrance inextricable. L'idée que le destin avait finalement pris les choses en main à sa place fit sourire Rachel.

Cam était lui-même en train de calfeutrer ses fenêtres quand Pete Singletary avait garé sa voiture sur le trottoir devant la maison voisine. Il avait vu le nouveau commissaire principal longer l'allée et pénétrer dans le garage où Rachel et son amie se débattaient avec le montage des nouvelles étagères. Un certain agacement mêlé à un sentiment plus difficile à définir s'était emparé de lui. En fait, il savait bien ce qu'il ressentait, mais il s'en défendait. Il éprouvait de l'attirance pour Rachel. A quoi bon le nier ? Et le fait de voir un autre type lui tourner autour le rendait malade. Rachel se trompait en refusant d'admettre que Singletary s'intéressait à elle, songea-t-il en faisant claquer le couvercle de sa boîte à outils. Sinon, pourquoi se serait-il pointé chez elle ? Au départ, c'était Nick qui devait monter les étagères.

En voyant le gamin partir avec son copain, Cam avait supposé que l'opération serait ajournée. Mais c'était compter sans l'opiniâtreté de la jeune femme — dont il avait eu, déjà, quelques échantillons. En effet, elle avait décidé de s'atteler elle-même à la besogne. Il comptait venir lui proposer son aide, mais l'arrivée de Marta lui avait coupé l'herbe sous le pied. Désappointé, il s'était donc remis sans enthousiasme à son calfeutrage.

Tout en ramassant les saletés qu'il avait faites, il évita soigneusement de regarder dans le jardin voisin. Mais comment ne pas les entendre ? La voix de Rachel, un peu voilée, aux intonations musicales, se distinguait aisément de celle de Marta, plus sonore. A ce duo, le baryton du bellâtre, avec ses accents onctueux, formait un contrepoint exaspérant qui le fit grincer des dents. Ces trois-là n'allaient pas tarder à sortir le barbecue, songea-t-il, l'humeur de plus en plus maussade. « Allez-y, faites la fiesta, tant que vous y êtes ! »

Avec un soupir, il reprit son pistolet à boucher et sa boîte à outils. Après tout, si Rachel appréciait la compagnie d'un homme, en quoi cela le concernait-il ? Seule, bientôt divorcée, elle n'avait de comptes à rendre à personne.

La mâchoire serrée, il descendit les marches du porche avec son matériel. En se dirigeant vers son propre garage, il entendit Singletary s'esclaffer encore une fois, et s'arrêta brusquement. Sans réfléchir davantage, il posa son fardeau par terre, rebroussa chemin et traversa la pelouse en direction de la maison voisine.

Rachel l'aperçut avant les deux autres, qui étaient aux prises avec la partie supérieure d'un ensemble d'étagères.

— Salut, Cam ! Venez boire un verre avec nous, mais n'essayez pas de vous rendre utile. Marta vient de m'affirmer qu'ils n'avaient pas besoin d'aide.

— Je parlais seulement de *ton* aide ! corrigea la jeune femme. Tu t'es déjà tapé sur un doigt et tu m'as laissé tomber la clé à écrous sur le pied !

Rachel regarda Cam en souriant. Elle n'avait pas l'air vexé le moins du monde.

— Vous voulez une bière ?

— Avec plaisir.

Au lieu de l'attendre, il la suivit dans la maison.

— Dinah n'est pas là ?

— Elle est allée faire un tour à Dallas avec une amie. Elles doivent visiter une galerie. Elles ont emmené Kendall, qui doit être aux anges.

— Elle a pris son appareil photo ?

— Est-ce que le soleil brille ? Est-ce que l'herbe est verte ? Cet appareil, c'est un prolongement d'elle-même.

Rachel ouvrit le réfrigérateur et saisit une bouteille de bière brune.

— Une Corona, ça vous va ?

— Parfait.

Il prit la bouteille, la décapsula et savoura la première gorgée, laissant le liquide glacé lui râper la gorge. Maintenant qu'il était avec elle dans la maison, il se sentait mieux.

Il pointa la bouteille du côté du garage et demanda :

— Qu'est-ce qui se passe entre ces deux-là ? Je croyais qu'ils avaient rompu définitivement.

— Je ne crois pas avoir dit *définitivement*… Mais pourquoi les affaires de Marta et Pete vous passionnent-elles autant ?

— Elles ne me passionnent pas, mais si ce type souhaite rallumer la flamme entre Marta et lui, pourquoi vient-il chez vous au lieu d'aller la voir chez elle ?

— C'est à lui qu'il faudrait poser la question.

Elle se tourna pour prendre des nachos et du guacamole dans un placard. Ils se trouvaient sur une étagère en hauteur, et quand elle se haussa sur la pointe des pieds, les bras levés, son T-shirt remonta au-dessus de sa ceinture, dénudant sa taille et révélant l'arrondi de ses hanches. Elle n'était pas mince comme un fil, mais Cam ne tenait pas particulièrement à serrer un tas d'os dans ses bras. Hélas, ça n'arriverait sans doute jamais, bien qu'il n'eût aucun mal à se rappeler ce qu'il avait ressenti en la prenant contre lui ni la façon dont son corps tiède s'emboîtait au sien. Mais elle avait des enfants dont un ado rebelle, un divorce en cours et toutes sortes de difficultés liées à cette situation.

— Vous voulez bien ouvrir ça ? lui demanda-t-elle en lui tendant le pot de guacamole.

Elle sortit quelques coupelles pour servir les amuse-gueules.

— Vous donnez une réception ?

— Le moins que je puisse faire est de fournir quelque chose à boire et à grignoter aux amis qui sont venus me donner un coup de main.

Il ouvrit le pot de guacamole et le posa sur le plateau où elle avait disposé les nachos. Au lieu de le prendre et de gagner la porte, Rachel croisa les bras sur le comptoir.

— Avant d'aller les rejoindre, j'aimerais vous demander quelque chose.

— Oui ?

Il but une autre gorgée de bière.

— Quelque chose de personnel.

La façon dont elle l'observait l'incita à se tenir sur ses gardes.

— Très personnel ?

— J'aimerais savoir si vous pouvez vous rappeler quand Jack a été…

Le nom de Jack le fit se rétracter immédiatement. Il alla se poster près de la fenêtre, prêt à trouver le salut dans la fuite.

— Non, dit-il en secouant la tête. Désolé, je ne veux pas parler de Jack.

— Même si votre réponse est susceptible d'aider un autre garçon ?

Regardant dehors sans rien voir, il imagina d'autres parents recevant cet angoissant coup de fil en pleine nuit. Il songea à l'impact, sur d'autres que lui, d'une nouvelle si terrible qu'elle en bouleverse à jamais le cours d'une vie. Une existence privée de joie véritable — un tunnel interminable, obscur et froid comme la mort.

Il posa doucement sa bière sur le bar et respira à fond.

— Que voulez-vous savoir ?

— J'imagine à quel point ça doit être pénible, dit-elle. Je n'aurais pas…

Il se tourna vers elle et la regarda dans les yeux.

— La question, Rachel. Venez-en au fait.

Elle hésita une fraction de seconde, puis se lança.

— J'ai reçu dans mon bureau un élève qui est l'un des meilleurs joueurs de Tyson. S'il ne gâche pas tout, il est assuré d'obtenir une bourse. Mais je crains qu'il ne flanque tout par terre, justement. Il semble traverser une crise dans sa vie privée. Ses notes sont en chute libre ; il manque les cours, il commence à boire plus que de raison…

— Vous redoutez qu'il en vienne à la même extrémité que Jack ?

— Non, je ne crois pas qu'il ait atteint le fond du désespoir.

— Alors, quoi ?

— Est-ce que…

Elle détourna les yeux, réfléchissant intensément.

— Après lui avoir parlé, j'ai eu l'impression que…

Au lieu de manger les chips qu'elle tenait à la main, elle

les écrasa inconsciemment entre ses doigts, comme si elle ne parvenait pas à formuler ses préoccupations.

— Quelque chose tourmente ce garçon.

— Je ne vois pas le rapport avec Jack.

— On peut se demander si le sport est une bonne chose pour cet élève.

— La perspective d'une réussite l'effraie ?

— Non.

Elle finit par porter les miettes de chips à sa bouche, et se lécha pensivement l'index.

— Mais il y a un problème quelque part. Tyson est obsédé par ses joueurs — surtout les plus doués d'entre eux.

— C'est là que vous voyez un lien avec Jack ?

Elle leva les yeux sur lui.

— Vous n'avez jamais eu le sentiment que Jack subissait une sorte de harcèlement ? Ou bien qu'il y avait quelque chose d'anormal… quelque chose qui aurait pu le gêner dans la façon dont Monk Tyson gérait son équipe ?

« … j'ai des pépins avec des gens dans l'équipe. Je me demandais si tu ne pourrais pas venir faire un tour… »

Les paroles de Jack étaient imprimées au fer rouge dans la mémoire de Cam. Depuis la mort de son fils, il était incapable de penser à autre chose. Il s'était repassé leurs conversations ; il avait relu tous ses e-mails, revécu tous leurs entretiens, à la recherche du moindre indice révélateur d'une crise — sans aucun résultat.

— Jack ne vous a jamais fait part de soupçons concernant les activités de Tyson ? Des activités étrangères au sport ? insista Rachel.

— De quoi parlez-vous ? D'une sorte de club occulte ? Un culte satanique ? Drogue et pornographie ? Quelque chose dans ce goût-là ?

Rachel écarta les mains, l'air perplexe.

— Encore une fois, je l'ignore. Mais je repense à Nick qui vous fait part de son malaise alors qu'il devrait être aux anges, compte tenu de sa passion pour le base-ball. Croyez-vous qu'il puisse sentir quelque chose qui… ne serait pas à son goût ? Est-ce à cela qu'il faisait allusion, l'autre jour, quand il vous a rendu visite ?

— Je ne sais pas. Vous ne lui en avez pas parlé ?

Elle secoua la tête.

— Dès que je l'interroge, il est sur la défensive. Même pour les choses les plus anodines.

— Ecoutez, dit Cam, conscient de s'aventurer en terrain périlleux, je veux bien essayer d'avoir une conversation avec lui. S'il se sent plus à l'aise avec moi, nous aurions tort de ne pas en profiter.

— Vous feriez ça ? dit-elle, apparemment soulagée. Mais il faudra me répéter tout ce qu'il vous aura dit. Ce sont peut-être des idées complètement saugrenues, mais depuis quelque temps, il y a quelque chose qui me chiffonne. Et mon entrevue avec ce gamin en difficulté n'a fait qu'aggraver les choses.

— Vous ressentiez déjà ça avant la mort de Jack ?

— Non. Ça a commencé après.

Elle se retourna pour se rincer les mains dans l'évier.

— Ce drame m'a peut-être rendue plus réceptive à certains signaux.

— L'autopsie a révélé la présence de drogue dans l'organisme de Jack, murmura Cam. Vous le savez sans doute.

— Oui. Mais Jack n'était pas un drogué — j'en ai la certitude. Je n'ai jamais cru qu'il fallait chercher de ce côté-là l'explication de son geste. J'ignore pourquoi il en a consommé cette nuit-là, mais je le connaissais suffisamment pour savoir que c'était exceptionnel.

— Merci, dit-il dans un souffle.

Elle semblait prête à le prendre dans ses bras, comme il

l'avait fait lui-même, quelques jours auparavant. Il aurait bien aimé que ça se reproduise, tant l'évocation lui faisait chaud au cœur. Et pas seulement au cœur, il devait bien se l'avouer.

Contrarié par le tour que prenaient ses pensées, il secoua la tête et but une gorgée de bière.

— Je n'arrivais pas non plus à caser ce morceau du puzzle, avoua-t-il. J'ai parlé à plusieurs garçons auxquels Jack avait fait allusion dans ses conversations. A des filles aussi, à sa dernière petite amie en date. Personne ne l'avait jamais vu prendre de la drogue. De toute façon, il aurait eu beaucoup trop à perdre. Monk Tyson est un entraîneur pointilleux : il n'est pas question de se droguer quand on tient à rester dans son équipe. Tout le monde me l'a confirmé.

— Pas même des produits dopants ?

— Rien du tout.

Et toutes ses recherches étaient demeurées vaines. Pas le moindre indice susceptible de contredire les allégations des témoins. Au lendemain du suicide de Jack, Cam avait rencontré l'entraîneur et entendu les mêmes propos de la bouche même du « grand chef ». Tyson semblait sincèrement bouleversé par le décès d'un de ses joueurs les plus prometteurs. Idem avec Preston Ramsey. En fait, le principal semblait étonné que Cam ne se contentât pas d'admettre la triste réalité — à savoir l'immense fragilité morale des adolescents. A ses yeux, manifestement, Cam refusait de regarder les choses en face et de tourner la page. Devinant intuitivement que quelque chose lui échappait, Cam s'était alors livré à son activité favorite d'auteur de romans policiers : l'investigation. Mais encore une fois, toutes les pistes avaient abouti à une impasse. Zéro, sur toute la ligne. Il avait fouillé de fond en comble les archives de l'école, pris des renseignements sur le personnel, la direction, les enseignants, examiné à la loupe les activités extra-scolaires, les sorties, les associations… Finalement, il avait dû déclarer forfait.

— Avez-vous fait part de votre malaise à Ramsey ? demanda-t-il à Rachel.

— Que lui aurais-je dit ? Une suggestion aussi vague et aussi peu fondée ne l'aurait certainement pas convaincu.

— Donc, vous avez renoncé. Mais s'il se passe réellement quelque chose de bizarre, comme vous dites, un autre élève peut subir le même sort que Jack !

— C'est justement pour ça que je vous en parle, même si je sais à quel point cette évocation peut vous être pénible.

— Hmm. Aviez-vous fait votre propre enquête, à l'époque ?

— J'avais appelé la mère de Jack.

Comme il lui jetait un regard acéré, elle leva les mains dans un geste d'apaisement, sans pour autant s'interrompre.

— J'espérais obtenir quelques informations sur l'état d'esprit de votre fils, mais elle ne m'a été d'aucun secours. Elle était encore trop bouleversée. Cela se comprend. J'ai attendu un peu plus d'un mois avant de la rappeler, mais ça n'a toujours rien donné. Je lui ai demandé de me contacter si quelque chose lui revenait à l'esprit.

— Cara était probablement encore moins consciente que moi de ce qui se tramait dans la tête de Jack, dit Cam. Elle était bien trop occupée à harponner correctement le nouvel homme de sa vie. Jack et ses problèmes arrivaient loin derrière cette priorité-là.

— Les ados ne sont pas toujours faciles à décrypter, de toute façon, expliqua Rachel. Même quand les signes sont juste sous notre nez.

C'était la psy qui parlait, songea Cam ; il devait être facile pour elle de voir qu'il n'avait jamais pardonné à Cara ce coup de folie pour son Anthony, au moment où Jack avait tant besoin d'elle.

— Elle a fini par se remarier, dit-il, faisant un effort pour se montrer plus raisonnable. Je suppose qu'ils sont heureux.

— Tant mieux si c'est le cas, dit Rachel. Pour une mère, la perte d'un enfant…

Elle s'interrompit brusquement et esquissa un petit geste contrit.

— Excusez-moi, ça vaut aussi pour un père ; je ne voulais pas dire…

— Ne vous en faites pas. Cara semble avoir tourné la page, aujourd'hui. C'est une bonne chose.

— C'est une très bonne chose, en effet.

Et lui, pourquoi n'y arrivait-il pas ? Il pouvait presque lire la question dans les yeux de Rachel. Mais, bien sûr, son cas était une mine d'or pour les psychologues de tout poil.

Rachel se mit à fourrager dans un placard, et en sortit des serviettes en papier qu'elle ajouta sur le plateau.

— Je me demandais… étant donné qu'elle semble avoir repris une vie normale… si elle n'aurait pas une meilleure perspective, aujourd'hui, de ce qui se passait dans la vie de Jack au moment de son suicide. A la suite d'un chagrin violent, on se replie souvent sur un mode de vie élémentaire : se nourrir, dormir, travailler… une sorte d'instinct de survie. Plus tard, les souvenirs reviennent.

— Je vois, dit Cam. Et alors ?

— Si quelque chose lui revenait, vous n'en saurez rien… à moins de lui poser la question.

Il croisa les bras devant lui — et tant pis pour ce que révélerait son langage corporel.

— Autrement dit, vous me suggérez d'aller demander à Cara si elle accepterait de répondre à quelques questions concernant Jack — cinq ans trop tard ?

— Il n'est jamais trop tard pour découvrir la vérité.

— Encore faudrait-il qu'elle accepte de me parler, dit-il d'un ton sarcastique. Voilà une femme qui m'a trompé, qui a privilégié son amant aux dépens de Jack, qui passe le plus clair de son temps à se pomponner, et vous voudriez que j'aille faire ami-ami avec elle ?

— Si elle ne valait pas mieux que cela, je suis surprise que vous l'ayez appréciée au point de l'épouser.

— J'ai été stupide.

Rachel lui sourit.

— Nous le sommes tous à un moment ou à un autre, vous ne croyez pas ?

— Ted vous a certainement été fidèle un bon moment.

— Je n'en mettrais plus ma main au feu.

Ah ! Il s'en était douté mais il ne pensait pas que Rachel en eût été consciente. Et c'était un coup bas de sa part que de ramener ce sujet sur le tapis pour éviter de lui répondre. Du reste, elle n'était pas près de lâcher prise. Elle ne pouvait pas se mettre à sa place, bien sûr. Il demeurait convaincu que si Jack avait vécu avec lui et non avec Cara, il serait encore en vie aujourd'hui. Ce qui, hélas, ne lui était d'aucun réconfort.

— Qu'est-ce que ça coûte d'essayer ? insista-t-elle, sentant probablement que ses défenses s'amenuisaient.

Elle le regardait avec ses grands yeux tendres, pleins de compréhension. Il eut encore envie de prendre ses jambes à son cou, mais ne fit pas un geste pour fuir. Elle avait l'art de l'atteindre, inexplicablement, au plus profond de lui-même — ce qui expliquait sans doute sa réussite en tant que psychologue. Mais non, bon sang, elle n'avait rien su pressentir dans le cas de Jack ! se dit-il soudain. Somme toute, elle avait été aussi aveugle et sourde que Cara.

— Songez au résultat, si elle était capable d'éclairer un

peu votre lanterne, poursuivait Rachel. Vous vous êtes torturé pendant des années, dans le noir absolu. Vous pourriez apprendre quelque chose qui…

— Rachel, je vous en prie !

— Pardonnez-moi, dit-elle aussitôt. Je vois qu'il est encore trop difficile pour vous…

— Non, non…

Il poussa un profond soupir de défaite.

— C'est tout à fait logique, en effet. Seulement… C'est moi qui devrais vous demander pardon, dit-il. Je sais que vous êtes animée de bonnes intentions. Excusez-moi.

— Alors, réfléchissez-y. Je ne vous en demande pas davantage.

Il la regarda prendre le plateau, et eut un petit rire mi-figue, mi-raisin.

— D'où me vient cette impression d'avoir gagné cette bataille et perdu la guerre ?

— Nous ne nous faisons pas la guerre, Cam. Bien au contraire. Nous souhaitons l'un et l'autre empêcher qu'une autre tragédie se produise.

Sentant que c'était une question de pure rhétorique, Cam ne répondit rien.

— Pour en revenir à ce que je voulais savoir au début, poursuivit Rachel, n'avez-vous rien remarqué dans les propos de Jack qui aurait pu susciter quelques doutes sur l'organisation de cette équipe de base-ball et sur l'entourage de Monk ?

— Si. Il s'y passait apparemment des choses dont Jack voulait me parler. Il m'a appelé le soir… de sa mort.

Cam lui prit le plateau des mains et se dirigea vers la porte.

— Je ne sais pas à quoi il pensait ; il a seulement dit que ça concernait l'équipe de base-ball et qu'il avait des pépins. Mais il ne pouvait pas vraiment en parler au téléphone.

Voilà ce qu'il m'a dit. Après les obsèques, j'ai questionné Tyson, mais il a affirmé qu'il ne voyait vraiment pas de quoi il pouvait s'agir. D'après lui, il n'avait aucune difficulté de quelque nature que ce soit avec ses joueurs.

— Avouer des difficultés, ce n'est vraiment pas son genre, déclara Rachel. Il s'accrochera à son petit empire jusqu'au jour où il recevra une offre plus juteuse.

— Il semble très loyal envers Rose Hill, lui fit remarquer Cam. Je me suis laissé dire qu'il avait eu plusieurs fois l'occasion d'intégrer des établissements beaucoup plus prestigieux mais qu'il avait refusé toutes les propositions.

Rachel fronça les sourcils.

— Ce que vous me dites me surprend énormément. Si c'est vrai, je trouve ça étrange. Tyson adore la célébrité. Il n'a ni femme ni enfant qu'il pourrait craindre de déraciner. En fait, je ne l'ai jamais vu dans une réception qui ne soit pas liée de près ou de loin aux activités scolaires. En revanche, j'ignore tout de sa vie privée ; je ne sais même pas s'il en a une, en dehors du lycée.

— Assez parlé de Monk Tyson, décréta Cam en faisant signe à la jeune femme d'ouvrir la porte de communication avec le garage. Allons plutôt voir si vos amis n'ont pas besoin d'un petit coup de main.

12.

Nick poussa la porte du fond dans un grand élan d'énergie. Il sentait le pop-corn et un curieux mélange d'eaux de toilette de luxe.

— Tiens, je ne t'avais pas dit que les étagères, c'était rien du tout à monter, m'man ? Ward et moi, on aurait pas fait mieux.

— Alors, vous pourrez le faire la prochaine fois, dit Rachel en lui donnant un coup de poing sur le bras.

Elle recula et agita vigoureusement la main devant son nez, comme pour s'éventer.

— Tu es allé au rayon parfumerie de Dillard, hein ?

— C'est à cause de Kristin, répondit Nick.

Il prit une banane dans la coupe de fruits sur le chemin du frigo. Apercevant Cam juché sur un tabouret de bar, il le gratifia d'un large sourire. Puis quelque chose, dans la situation, lui parut insolite. Ils avaient un drôle d'air, tous les deux. Est-ce que Cam s'intéressait à sa mère… dans ce sens-là ? Si c'était le cas, il perdait son temps. Nick jugeait sa mère complètement sourde, aveugle et pratiquement débile dans ce domaine. Il n'y avait rien à en tirer.

— Salut, Nick. Tout baigne ?

— Affirmatif. C'est la grande forme.

— Tant mieux.

Nick termina la banane et lança la peau dans la poubelle avant d'examiner le contenu du réfrigérateur. Il repéra un reste de pizza, s'en empara aussitôt. Rien de meilleur qu'un reste de pizza si ce n'est une grosse pizza toute chaude sortie du four.

— Kristin adore cette eau de toilette de chez Ralph Lauren, dit-il en mordant dans un morceau riche en fromage. Ils la font pour hommes et pour femmes.

— Tu as donc essayé celle-là plus quelques autres, conclut Rachel.

— Ouais, mais la prof de sciences nous a dit que l'odorat humain ne peut pas distinguer plus de quatre senteurs différentes à la fois. Kristin ne voulait pas le croire, alors Ward a proposé de faire le cobaye pour elle. Ça m'a étonné parce qu'il est plutôt de mauvais poil, ces temps-ci. Enfin là, il a laissé Kristin le renifler de partout ! Il en pince pour elle mais il dit que c'est pas vrai.

Sa tranche de pizza avalée, il s'en servit une autre.

— Bref, à nous trois, on a dû essayer une bonne douzaine de parfums.

Il tira sur son T-shirt du bout des doigts et plissa le nez.

— Hum, j'aurais besoin d'une petite douche.

— Effectivement, dit Rachel, le retenant par le bras tandis qu'il se dirigeait vers la porte, le carton de pizza à la main. Et tu n'emportes pas ça dans ta chambre, bonhomme. Tu la finis ici, dans la cuisine, ou tu la laisses.

— Oh là là, maman, ça, c'est ta consigne à toi, pas celle de mamie ! Elle sait très bien que je ne laisse pas tomber une seule miette.

— Et moi, je te dis que rien de comestible ne franchira cette porte, Nicolas.

Nick haussa les sourcils, feignant l'affolement.

— Ouille, quand maman met trois syllabes à mon prénom, faut faire gaffe !

Cam descendit du tabouret.

— Et au garage, on a le droit de manger ? s'enquit-il.

— Il n'y a pas de consigne, répondit l'adolescent. Enfin, pas encore.

— Ne parle pas la bouche pleine ! lui lança Rachel.

— On pourrait aller y faire un tour et terminer le travail, suggéra Cam, tandis que Nick ouvrait une canette de bière sans alcool. Les étagères sont assemblées, mais elles ne sont pas encore fixées au mur. Il ne faudrait pas qu'elles basculent en avant, une fois pleines.

Avec un haussement d'épaules, Nick enfourna le dernier morceau de pizza, jeta le carton et sortit en direction du garage.

— Passons d'abord chez moi, lui dit Cam. J'ai une poignée de tasseaux qui devraient faire l'affaire, et ils seront plus faciles à fixer avec ma perceuse.

— D'accord.

Nick essaya de déchiffrer l'expression de Cam, mais ce n'était pas aussi facile qu'avec sa mère. Cam devait être un véritable as au poker.

Ils traversèrent en silence la pelouse de Dinah.

— Je songe à installer un panier de basket ici, dit Cam en indiquant un espace libre, près de son garage.

— Super ! Justement, ça me manquait un peu.

— J'imagine. Quand je l'aurai installé, n'hésite surtout pas à t'en servir. Même avec tes copains.

— Hé, c'est sympa… merci beaucoup.

A l'intérieur du garage, Cam prit une grosse mallette noire sur une étagère — la perceuse électrique, supposa Nick. Puis il fourragea dans des tiroirs, trouva les tasseaux qu'il cherchait et les tendit à Nick.

— Tiens, prends ça pendant que je cherche des vis de la bonne dimension, lui dit-il.

— Vous êtes drôlement bien équipé, murmura Nick en regardant autour de lui d'un air admiratif.

— A New York, ma boîte à outils tenait sans peine sous l'évier, répondit Cam. Ici, j'ai commencé à me passionner pour la restauration de cette vieille maison. C'est une expérience enrichissante, comme on dit. Par exemple, pour remplacer les vitraux d'origine, j'ai dû prendre des cours.

Nick s'approcha d'une machine qui se trouvait dans un coin.

— Ça, c'est un tour de menuisier, non ?

— Effectivement. Il fallait remplacer quelques barreaux manquants sur la rampe de l'escalier, alors... Mais là, je n'ai pas eu besoin de cours : j'ai acheté une cassette vidéo explicative.

Nick caressa un morceau de bois aussi lisse que du satin.

— C'est vraiment bien fait.

Cam esquissa un sourire.

— Je suis de ton avis, mais ce n'est pas une mince affaire que de tout remettre en l'état, à la manière d'autrefois. Heureusement, je ne suis pas limité par le temps.

— C'est une belle maison, dit Nick. Je pourrais peut-être vous donner un coup de main si vous avez besoin d'aide. Pour vous remercier d'avoir installé les étagères pendant que je vadrouillais dans la galerie marchande.

— En réalité, c'est Marta et Pete qui ont tout fait.

— Pete ? C'est qui, Pete ?

— D'après ta mère, ce serait l'ancien fiancé de Marta.

Nick ouvrit des yeux ronds.

— Ah, bon ? Ça, par exemple ! Depuis que je la connais,

Marta le traite de tous les noms chaque fois qu'elle parle de lui. Comment ça se fait qu'il était là ?

— Ta mère l'a rencontré par hasard au magasin de bricolage.

— Et elle l'a invité à la maison ?

— Je crois qu'il est juste passé comme ça.

— Et Marta ne lui a pas tordu le cou ?

Cam jeta quelques copeaux dans la corbeille en riant.

— Pas vraiment, mais elle n'avait pas l'air enchanté non plus.

Perplexe, Nick regarda les tasseaux en fer qu'il tenait à la main.

— J'ai aussi une dette envers lui, alors.

Cam alla sortir deux sodas d'un immense frigo.

— Tu ne nous dois rien ni à l'un ni à l'autre, mais j'accepte avec plaisir que tu me donnes un coup de main. Je vais bientôt m'attaquer au plancher du grenier. En fait, si tu pouvais en parler à Ward, ce serait bien : on ne sera pas trop de trois.

Il lança une canette à Nick et ouvrit la sienne.

— Le tarif sera basé sur le SMIC horaire — de quoi vous faire un peu d'argent de poche.

— Génial ! Il suffira de nous faire signe.

— J'en parlerai à ta mère, dit Cam après avoir bu une gorgée de soda. Dis-moi, comment ça se passe pour toi, au bahut ?

— Vous voulez savoir si j'ai parlé à Monk Tyson ?

— C'est oui ?

— Ouais.

Nick se baissa et ramassa un tout petit copeau de bois.

— J'ai inventé plusieurs excuses. J'ai dit que j'avais un test de rattrapage à faire, que ma mère était débordée par le déménagement et le divorce et que mon père avait besoin de moi pour un truc — ce qui est un gros bobard, vous vous en doutez.

— Il a pris ça comment ?

— Ben, il m'a pas viré de l'équipe, comme il aurait pu le faire. Il m'a dit de laisser passer un peu de temps et de revenir le voir quand les choses se seraient tassées à la maison. Il a ajouté qu'il aurait toujours du temps à me consacrer.

— Bon, dit Cam d'un ton évasif. Sinon, ailleurs, ça se passe comment ?

Nick haussa les épaules.

— Bien. Comme d'hab'.

— Est-ce que Ward abandonne aussi l'entraînement particulier ?

— Lui ? Non. Quand je lui ai annoncé ma décision, il m'a dit que j'étais complètement givré. Pour lui, il n'est pas question de laisser passer une chance pareille de jouer un jour dans la cour des grands, comme son frère aîné.

— Tu as bien dit tout à l'heure que Ward était tout le temps de mauvais poil, ces temps-ci ? Qu'est-ce que ça signifie, d'après toi ?

Nick s'adossa à un chevalet à scier pour mieux réfléchir.

— Je ne sais pas exactement, dit-il en examinant sa canette de soda, les sourcils froncés. Avant, il était bien plus marrant ; on pouvait plaisanter avec lui… Maintenant, il ne faut plus rien lui dire : il est devenu hyper susceptible. Il se met en pétard pour un rien.

— Et tu es sûr que ce n'était vraiment pas dans son caractère ?

— Sûr de chez sûr ! Ward n'est pas un mec lunatique.

— Tu crois que ça peut avoir un rapport avec les exigences de Monk ?

Voyant le garçon plisser le front d'un air totalement dérouté, Cam ajouta :

— Ce n'est pas parce que Jimbo a fait des merveilles avec le soutien de son entraîneur que Ward est aussi doué pour le base-ball. Il y a peut-être trop de pression sur lui.

— Je ne sais pas. Ward était vraiment aux anges quand Tyson nous a proposé cet entraînement particulier. Il était bien plus enthousiaste que moi, c'est sûr. Pour lui, c'était une chance de pouvoir briller un jour comme Jimbo.

— Tu crois qu'il espère pouvoir lui voler la vedette ?

— Oui, sûrement. Il aimerait faire encore mieux que Jimbo : comme ça, son père ferait enfin attention à lui.

Cam hocha la tête avec un sourire.

— Ward ne se sent pas suffisamment apprécié, c'est ça ?

— Ouais, tout à fait ça. La plupart du temps, il se sent, comment dire… relégué à la seconde place. Il passe toujours après Jimbo.

— Mais peut-être qu'aujourd'hui, Monk ne juge pas ses progrès suffisants ? Peut-être que c'est ça qui le met de mauvais poil ?

— Impossible ! dit Nick en haussant les épaules. Sur le terrain, c'est un joueur fabuleux.

— Mais tu n'es pas tout le temps avec lui quand il suit l'entraînement de Monk, n'est-ce pas ?

— Ben… non.

Nick réfléchit encore, analysant pour la première fois la situation de Ward.

— A dire vrai, je ne crois pas que ce soit ça. Si Monk était déçu par les performances de Ward, il ne se priverait pas de le dire. Il a plutôt tendance à se servir des gens qui foirent pour inciter les autres à donner le meilleur d'eux-mêmes. Il les utilise comme un exemple de ce qu'il ne faut pas faire.

— Personne n'aime être désigné comme un raté, murmura Cam.

— Exactement.

Nick but encore quelques gorgées tout en essayant de mieux cerner les raisons pour lesquelles Cam s'intéressait tant aux activités sportives du lycée. Il pressentait que c'était en rapport avec le suicide de son fils.

— Et toi, Nick, tu as l'impression que quelque chose ne tourne pas rond dans la façon dont Tyson gère son petit empire ? Tu n'as jamais eu le sentiment qu'il exerçait une pression beaucoup trop forte sur les joueurs ?

— La pression est énorme, c'est sûr. On entend dire que gagner n'est pas tout, que l'important c'est d'avoir bien joué…

Nick leva les yeux au ciel en ricanant.

— Foutaises, ouais ! On joue pour gagner — et rien d'autre.

— Bon, tu n'as jamais senti une certaine… inquiétude, parmi les membres de l'équipe ?

Cette fois, Nick s'esclaffa de bon cœur.

— Si ! L'entraîneur leur botterait les fesses s'ils ne participaient pas à cent dix pour cent.

— Tout ce que nous venons de dire peut s'appliquer à n'importe quel entraîneur, dit Cam en ramassant un clou qui avait roulé sur le sol du garage. Mais toi, tu as renoncé à cet entraînement particulier simplement parce que tu ne voulais pas avoir l'air de bénéficier d'une faveur quelconque, c'est ça ?

— Oui, c'est surtout ça.

Cam le regarda du coin de l'œil.

— Il y a autre chose ?

— Des fois, j'ai l'impression qu'il se passe des trucs… vous savez, quelque chose qui flotte dans l'air sans qu'on sache vraiment quoi…

Nick s'interrompit et secoua la tête.

— Tout ça est un peu loufoque, comme les trucs que John Edward croit voir dans son émission déjantée à la télé.

— Quel genre de trucs ?

— Eh bien… les joueurs prennent peut-être des stéroïdes. Ce ne serait pas si surprenant que ça.

Nick songea à Ferdy et B.J. Il aurait mis sa main au feu qu'ils se bourraient de stéroïdes comme si c'étaient des bonbons.

— Il paraît que les stéroïdes vous font faire toutes sortes de choses bizarres, dit-il encore. C'est à ça que vous pensiez ?

— Je ne sais pas à quoi je pense, Nick. Pas encore.

Cam leva sa canette et la vida d'un trait.

— Parle-moi de Jimbo.

— C'est un type bien ; vraiment bien. Un athlète complet, et quelqu'un d'intelligent, aussi. Il sera avocat, après avoir terminé sa carrière dans le base-ball.

— Est-ce qu'il lui arrive d'évoquer l'époque où il jouait dans l'équipe du lycée, ici, à Rose Hill ?

— Jamais quand je suis là. Mais quand il est seul avec Ward, peut-être.

— Tu ne l'as jamais entendu parler de mon fils, Jack ?

Mince, alors ! Nick dut faire un effort pour soutenir le regard de Cam.

— Non, monsieur. Jamais.

— Tu ne trouves pas ça étrange, sachant que c'était son meilleur ami ?

— Si. Je l'ai même dit un jour à Ward, mais il a éludé la question. Il dit qu'après ce qui s'est passé, Jimbo a tourné la page et qu'il ne veut pas revenir là-dessus. Il a reçu un sacré choc quand Jack… quand on lui a appris ce qu'il avait fait.

Cam opina d'un bref signe de tête. Nick eut l'impression que parler de Jack, ce n'était vraiment pas son habitude mais qu'il remplissait une sorte de mission en posant toutes ces questions.

Quand, d'un signe de tête, Cam donna le signal du départ, Nick s'écarta du chevalet, jeta sa canette à la poubelle et lui emboîta le pas. Lundi, au lycée, il irait voir s'il pouvait mettre le doigt sur quelque chose d'anormal. Ajoutés aux questions de Cam, ses propres soupçons — de simples intuitions, en fait — ne semblaient plus aussi loufoques. Il allait se mettre sur le qui-vive, prêter l'oreille et ouvrir grand les yeux. On verrait bien ce qui arriverait. Cameron Ford, en tout cas, semblait persuadé qu'il se tramait quelque chose de louche.

Qu'est-ce que ça pouvait bien être ?

En entendant le vrombissement d'une perceuse électrique dans le garage, Rachel comprit que Nick et Cam s'étaient mis au travail. Consciente que sa présence ne leur serait pas d'un grand secours, elle alla se servir un verre de vin et s'installa devant la télévision. Elle n'avait pratiquement jamais l'occasion de regarder ses émissions favorites ; dans ses rares moments de liberté, elle laissait généralement le choix à Kendall, Nick ou encore sa mère. Allongée sur le canapé, elle sélectionna un reportage avec de somptueuses images sur l'Afrique.

En réglant le volume au minimum, elle pouvait entendre le murmure de voix venant du garage. Nick n'avait jamais été un moulin à paroles, comme Kendall, mais en compagnie de Cam, il devenait presque volubile. De surcroît, il riait, pour la plus grande joie de Rachel. Il n'avait pas eu tellement de raisons de rire depuis le départ de son père. Cam riait aussi. Décidément, ils semblaient s'entendre comme larrons en foire, tous les deux.

C'était Ted qui aurait dû être là avec Nick, songea-t-elle, mais depuis la scène avec Francine, on pouvait craindre qu'il s'intéressât de moins en moins à ses enfants. Même avant de les quitter, il ne s'était jamais montré très empressé auprès d'eux, préférant occuper ses loisirs à jouer au golf ou à voyager seul. Pourquoi avait-elle accepté passivement cet état de choses ? Si elle s'était sentie, elle aussi, négligée, jamais elle n'avait réagi en le mettant au pied du mur, par exemple. Peut-être en avait-il déduit qu'elle ne s'intéressait pas à lui ? Etait-ce pour cette raison qu'il était allé chercher ailleurs ? Avait-il apprécié l'intérêt que lui portait Francine de la même manière qu'elle-même était touchée par les attentions de Cam ?

— Les lions ont-ils fini de rugir dans la jungle ?

— Oh !

Elle sursauta, et saisit vivement son verre avant qu'il se renversât. Cam se tenait sur le pas de la porte, les mains enfoncées dans les poches arrière de son jean. Son T-shirt était froissé et légèrement taché mais elle le trouva encore plus séduisant dans cette tenue négligée.

Elle se redressa brusquement en position assise. Ce genre d'idées pouvait la mener loin.

— Ne bougez pas, dit-il en traversant la pièce. Je ne fais que passer. Je voulais juste…

— Une bière ? Un verre de vin, peut-être ?

Embarrassée, elle chercha la télécommande à tâtons et éteignit la télé.

— Non, merci.

— Je ne m'étais pas aperçue que vous aviez terminé, tous les deux.

Le coin télé, chez Dinah, était un peu exigu, et Cam semblait occuper tout l'espace. Toujours assise sur le canapé, Rachel chercha désespérément ses chaussures. Où étaient-elles donc passées, nom de nom ?

Cam les dénicha sous un fauteuil.

— Il suffisait de visser quelques tasseaux dans le mur, répondit-il. Ce n'était ni très long ni très compliqué.

— Merci tout de même de vous en être chargé, dit-elle en se penchant pour enfiler ses chaussures.

Elle jeta un coup d'œil du côté de la cuisine et ne vit pas son fils.

— Où est passé Nick ?

— Je crois qu'il est allé se doucher, répondit Cam avec un sourire.

— Ce n'était vraiment pas du luxe.

Rachel prit un coussin et s'installa dans l'angle du canapé.

— Bon, ne me faites pas languir. Qu'est-ce qu'il vous a dit ?

— Pas grand-chose. Il sent intuitivement qu'il se passe des choses pas catholiques — comme il l'a déjà dit.

— Et c'est tout ? Il n'a vraiment rien vu, rien entendu ?

— Il a tendance à mettre en doute tout ce qui pourrait être négatif concernant les activités sportives du lycée parce qu'il tient énormément à son entraînement de base-ball — et à son entraîneur aussi, je suppose.

— J'aimerais qu'il attache autant d'importance à sa réussite scolaire.

— Ecoutez, Rachel, je sais que vous êtes tenue par la règle du secret professionnel, mais je dois quand même vous poser la question : l'élève dont vous m'avez parlé — celui pour qui vous vous faites du souci… est-ce que c'est Ward ?

Rachel se redressa complètement, écartant le coussin.

— Non, ce n'est pas lui. Pourquoi cette question ?

— Nick a remarqué un changement de comportement chez Ward ; il dit qu'il est tout le temps de mauvais poil, qu'un rien le met hors de lui — ce qui ne lui ressemble pas, paraît-il.

— C'est drôle que vous parliez de Ward, dit Rachel en plissant le front.

Elle se leva vivement, et posa son verre sur la table basse.

— Je l'ai croisé à l'entrée du gymnase en allant voir Tyson. Il est devenu tout rouge, comme si ça le gênait d'avoir été surpris.

— Pour quelle raison, à votre avis ?

— Il aurait dû être en cours. Evidemment, c'était Monk qui l'avait fait venir ; il lui avait même fourni une dispense. Apparemment, il a réussi à le persuader que l'assiduité aux cours passe largement après l'entraînement.

— Nick, lui, ne s'est pas laissé convaincre. Il a eu le courage de mettre un terme à ces séances supplémentaires. Il ne recevra plus de traitement de faveur de la part de Tyson. C'était un pas difficile à franchir, Rachel.

— Effectivement. Et je ne suis pas sûre qu'il aurait été capable de le franchir sans votre intervention. Je vous en remercie.

Cam écarta ses remerciements d'un haussement d'épaules.

— Je crois que je vais avoir une petite conversation avec Tyson. Si quelque chose est en train de se tramer, je ne vais pas rester assis en attendant le prochain drame. Je vous promets de vous tenir au courant.

— Je veux absolument tout savoir — jusqu'aux détails les plus anodins, dit Rachel. C'est d'accord ?

— Vous avez ma parole.

Elle ramena ses cheveux en arrière et soupira.

— Tout ceci est bien… déconcertant, n'est-ce pas, Cam ?

Il plongea les yeux dans les siens, avec une expression qui reflétait des préoccupations identiques aux siennes.

— Certes, mais nous nous alarmons peut-être pour rien.

Jetant un coup d'œil par la fenêtre, sur le jardin envahi par les ombres du crépuscule, Cam prêta l'oreille aux bruits familiers du soir. Le quartier, presque pittoresque dans sa simplicité, se préparait pour la nuit. Si le démon rôdait dans les parages, il se cachait bien.

— Finalement, je goûterais bien à ce vin, s'il est encore temps, dit-il en pointant le menton vers le verre de Rachel.

— Il est toujours temps.

Elle alla remplir leurs deux verres derrière le bar, et les rapporta dans le coin télé. Quand elle revint, le sourire de Cam s'était estompé.

— Qu'est-ce qu'il y a ? demanda-t-elle en lui tendant son verre.

— Rien. Rien du tout. Je me disais…

Il se passa une main sur la nuque et regarda ses pieds. Nick lui avait-il dit autre chose — quelque chose de si terrible qu'il avait besoin d'un verre d'alcool pour avoir le courage de le lui répéter ?

— Vous aviez raison, tout à l'heure, dans la cuisine.

— Dans la cuisine ?

Elle le regarda d'un air interdit.

— Oui, vous savez, à propos de Cara.

— Ah, oui.

Elle hocha la tête, à la fois soulagée et un peu surprise. C'était elle qui avait orienté la conversation sur sa femme, et il n'avait pas eu l'air d'apprécier. Pourquoi éprouvait-il le besoin d'en reparler ?

— J'ai décidé de la recontacter.

Rachel sourit. Apparemment, il aurait préféré se casser une jambe.

— A mon avis, c'est une excellente idée.

— Ouais, hum, il est possible qu'elle refuse de me dire

quoi que ce soit… ou même de m'écouter. Dans notre cas, on ne peut vraiment pas parler de divorce à l'amiable.

— Cela existe-t-il ?

— Probablement pas.

Il semblait avoir compris la chose depuis bien longtemps.

— J'ai réagi de façon viscérale en découvrant qu'elle me trompait, reprit-il. Je suis passé par tous les stades que décrivent les psy, et quelques autres encore. Je n'ai pas voulu tenir compte du fait qu'elle avait rompu avec ce type avant que le divorce ne soit prononcé et qu'elle était prête à faire amende honorable. J'étais simplement enragé — je ne voulais plus entendre parler d'elle, quoi qu'elle fasse.

Il regarda Rachel comme s'il s'attendait à des reproches de sa part.

— L'infidélité, dans un couple, est l'une des épreuves les plus pénibles qui soient.

— Est-ce la psychologue qui parle ou bien la voix de l'expérience ? demanda-t-il avec un maigre sourire.

Rachel savoura quelques gorgées de vin.

— Les deux. Et je ne crois pas non plus que Ted pourrait me faire changer d'avis, aujourd'hui. Je lui en veux beaucoup trop.

— Ne laissez pas votre colère l'emporter sur l'intérêt des enfants, Rachel. C'est là que nous nous sommes plantés, Cara et moi.

Elle scruta son visage, croyant discerner autre chose que les propos avisés d'un homme qui était passé par là.

— Pourquoi ? Nick vous a-t-il fait des confidences particulières à ce sujet ?

— Non, aucune… En fait, je me sens terriblement maladroit, à vouloir partager les erreurs que j'ai commises.

Il jeta un coup d'œil sur le canapé.

— Pouvons-nous nous asseoir ?

— Oui, naturellement.

Elle reprit sa place, et Cam s'assit dans le fauteuil en face d'elle, tenant son verre entre ses genoux.

— Mon amour-propre blessé m'a empêché de voir que je n'étais pas la seule victime dans cette affaire, et ça, je commence seulement à en prendre conscience.

— Vous pensez à Jack, murmura Rachel, constatant qu'il émergeait enfin d'une longue période de déni et d'isolement.

— Oui, répondit-il en contemplant son verre de vin. Tous ces remous dans l'univers sportif du lycée m'amènent à penser très souvent à mon fils, ce que j'évitais généralement depuis… depuis qu'il nous a quittés.

— J'ose à peine imaginer ce que je pourrais ressentir en pareil cas, dit Rachel avec douceur.

— J'ignore si Cara pourra me fournir des informations susceptibles d'éclairer un peu le passé, mais je vais tenter ma chance.

— Vous n'avez rien à perdre.

— Au début, je voulais à tout prix obtenir des réponses aux questions qui m'obsédaient, dit-il, les yeux toujours fixés sur le liquide ambré que contenait son verre. Mais au bout d'un moment, après un nombre incalculable d'impasses, ma conviction initiale qu'il ne s'agissait pas d'un simple suicide s'est estompée.

— C'est compréhensible, étant donné que personne n'avait émis le moindre doute à ce sujet.

Il leva les yeux, scrutant avec attention le visage de Rachel.

— Vous n'aviez aucun doute, vous non plus ? Rassurez-vous, je ne vous sauterai pas à la gorge si vous répondez par la négative, ajouta-t-il avec un sourire chaleureux. Promis.

Rachel hésita, sondant rapidement sa mémoire. Elle avait pris la mort de Jack comme un échec personnel…

— Je n'étais pas convaincue qu'il s'était suicidé, dit-elle lentement, tout en continuant de réfléchir intensément. Quant à affirmer le contraire… Je ne pouvais pas non plus en mettre ma main au feu, ajouta-t-elle en regardant Cam droit dans les yeux. Est-ce cohérent ?

— Oui, bien sûr. Vous aviez des doutes mais tout le monde pensait que c'était un simple suicide. Comme si un suicide pouvait être simple !

— En fait, reprit Rachel, j'ai harcelé Marta, qui avait été sa prof principale, interrogé individuellement tous ses autres professeurs, les membres de son équipe de base-ball ; j'ai cuisiné sans relâche Monk Tyson. Je ne voulais pas lâcher prise.

— Et que vous a dit Tyson ?

— La même chose qu'à vous. Que je devais cesser de me torturer et tourner la page ; que je ne pouvais pas les sauver tous.

Elle esquissa une grimace écœurée.

— Tout ça avec son tact habituel.

— Ce type est vraiment doté d'une sensibilité remarquable, dit Cam d'un ton sarcastique.

— Comme vous, j'ai fini par jeter l'éponge, conclut Rachel avec un air de regret.

D'un geste spontané, Cam posa une main sur sa joue.

— Il n'est jamais trop tard pour découvrir la vérité, dit-il.

Rachel sentit sa gorge se serrer. Elle aurait dû trouver des mots pour le réconforter et c'était lui, en définitive, qui la consolait.

— Je vais reprendre l'enquête à partir de zéro, dit-elle d'une voix rauque.

— Moi aussi.

Il se leva et lui tendit son verre vide.

— Merci pour le vin et pour… tout le reste. Il faut absolument que je rende visite à Cara.

— Nous, les psy, nous ne sommes pas censés donner des conseils — juste écouter. En l'occurrence, je dirai pourtant que vous avez raison.

— Inutile de me raccompagner, dit Cam en gagnant la porte.

Sur le seuil, il se retourna.

— Je l'ai sans doute déjà dit mais tant pis, je le répète : Ted Forrester est vraiment un imbécile.

13.

Le lundi, Cam se leva dans la grisaille d'une matinée humide. Durant la nuit, un gros orage avait déversé des pluies diluviennes sur la région et engendré deux tornades au nord de la ville. Voyant là un mauvais présage, il se dit que sa visite à son ex-femme allait tourner au désastre. Il avait passé la journée du dimanche à imaginer des excuses pour ne pas y aller, mais au bout du compte, il savait bien que c'était indispensable. En mémoire de Jack, il se devait de faire cet effort.

Cara avait été totalement prise au dépourvu en entendant sa voix. Comment l'en blâmer puisqu'ils ne s'étaient pas parlé depuis les obsèques de Jack, il y avait cinq ans de cela ? Après un échange de banalités sur la pluie et le beau temps, il lui avait dit qu'il aimerait avoir une petite discussion avec elle — au moment qui lui conviendrait, naturellement. Elle avait accepté — sans doute par pure curiosité, songea-t-il. Au demeurant, il n'avait remarqué aucune animosité dans le ton de sa voix.

Après avoir épousé Rossetti, Cara était partie vivre avec lui à Fort Worth, à une heure et demie environ de Rose Hill. Elle habitait un quartier plein de charme et de caractère, sous les frondaisons des vieux arbres. Son pavillon faisait penser à une maison de poupée. Le jardin soigné, très fleuri, évoquait un peu celui de Dinah. Quelqu'un, ici, se passionnait visiblement pour le jardinage. S'il s'agissait de Cara, c'était une surprise pour Cam car rien n'aurait pu le lui laisser deviner, autrefois. Mais peut-être que le jardinier était Rossetti. Après tout, Cam ignorait tout de lui…

A peine avait-il effleuré la petite cloche en cuivre de l'entrée qu'une silhouette apparut derrière le panneau vitré de la fenêtre. L'épaisseur du verre l'empêcha de distinguer si c'était Cara.

Quand la porte s'ouvrit, elle lui apparut. Elle était enceinte jusqu'aux yeux.

— Bonjour, Cam.

— Cara. Je te trouve…

Elle sourit.

— Grosse ?

Rayonnante.

— Est-ce que tu as un moment ou bien es-tu déjà en route pour la maternité ?

— La naissance est prévue pour dans dix jours, dit-elle en tenant son ventre à deux mains. J'aimerais bien que ce soit pour aujourd'hui, mais il ne faut pas rêver.

Elle hésita imperceptiblement.

— Entre, Cam, je t'en prie.

Il franchit le seuil et jeta un coup d'œil autour de lui. L'intérieur était chaleureux, accueillant, meublé avec goût, sans ostentation, de façon éclectique. Cam eut un peu de mal à situer son ex-épouse dans cet environnement, et plus encore dans cette situation.

— Allons prendre le café dans la cuisine, proposa-t-elle. Je l'ai préparé comme tu l'aimais : noir, corsé et sans sucre. C'est bien ça ?

— Tout à fait.

Elle le conduisit dans la cuisine et le fit asseoir en face

d'une baie vitrée qui donnait sur un jardin magnifique. La pièce sentait bon le café chaud. Dès qu'il fut installé, Cara remplit la tasse déjà posée devant lui.

— Pour moi, ce sera une tisane, dit-elle en plissant le nez. Je compte les jours en attendant de pouvoir de nouveau déguster un espresso bien corsé.

Cam s'efforça de retrouver ses repères. Durant cinq ans, il avait maudit presque quotidiennement cette femme pour avoir négligé Jack au profit de son Rossetti. Aujourd'hui, Cara était remariée ; elle menait une existence paisible dans un quartier agréable… et elle attendait un nouvel enfant.

— Vous avez une jolie maison, dit-il. Et un jardin somptueux.

Le compliment la fit rosir de plaisir. Elle regarda avec amour les parterres de pétunias qui entouraient une fontaine, au bord d'une pelouse ombragée.

— Merci. Hélas, à ce stade de ma grossesse, il m'est difficile d'aller retourner les plates-bandes. Une fois à quatre pattes, je risque d'avoir du mal à me relever.

— Je ne me doutais pas que tu t'intéressais au jardinage.

Ni que tu avais de l'humour.

— Je ne m'en doutais pas non plus avant de rencontrer Anthony, avoua-t-elle. Il est horticulteur, et depuis qu'il m'a initiée aux joies du jardinage, c'est un combat permanent pour exprimer nos talents respectifs dans tel ou tel endroit du jardin.

Un combat permanent — ça, il l'avait connu avec elle. Ainsi aurait-on pu décrire l'essentiel de leur vie de couple. Mais aujourd'hui, il se trouvait face à une femme apparemment comblée.

— Un horticulteur ? demanda-t-il, perplexe.

— Anthony est enseignant à l'université.

— Ah, je ne savais pas.

— Et toi, comment vas-tu ? s'enquit-elle avec sollicitude.

— Pas mal, grommela Cam. Je vis dans la maison de mes parents, à Rose Hill.

— Je sais. C'est une belle maison. J'ai toujours pensé qu'il lui faudrait quelqu'un qui l'aime assez pour la remettre en état.

— Eh bien, c'est chose faite, dit Cam avec un rire bref. Au début, j'ai failli renoncer devant l'ampleur des travaux, mais en définitive, j'en ai fait moi-même la majorité.

— Toi ? Là, vraiment, tu m'épates, Cam.

— Nous sommes à égalité, alors.

— Effectivement. Je dois presque avoir l'air d'une inconnue pour toi, dit-elle en posant une main sur la sienne dans un geste spontané. La femme que je suis à présent n'a plus rien à voir avec celle que tu as connue, Cam. Je t'ai fait du mal, j'en suis consciente. J'aimerais pouvoir revenir en arrière, faire les choses différemment.

— Est-ce le fait d'avoir perdu Jack qui t'a transformée ?

Elle hocha la tête et but une gorgée de verveine.

— Oui. Et aussi ma rencontre avec Anthony.

Cam se cala dans son siège et dévisagea Cara comme s'il cherchait à mettre en place l'une de ses énigmes policières. Il était difficile de comparer la jeune femme élégante et sophistiquée qu'il avait épousée à New York avec cette provinciale épanouie au milieu de ses pétunias.

— De quoi voulais-tu me parler, Cam ?

La voyant aussi rayonnante, il hésita à aborder un sujet qui ne manquerait pas d'être douloureux.

— Est-ce un garçon ou une fille ? demanda-t-il en désignant son ventre.

— On n'a pas voulu le savoir à l'avance. Fille ou garçon, cet enfant est un don du ciel : je n'espérais pas en avoir d'autre. Après la mort de Jack, j'ai cru que mon instinct maternel avait disparu avec lui. Mais, apparemment, il ne faut jamais dire « fontaine… »

Elle laissa sa phrase en suspens, et ils restèrent un moment silencieux.

— Je suis venu te poser quelques questions à propos de Jack, reprit Cam, mais je ne voudrais surtout pas te perturber à un stade aussi avancé de ta grossesse.

— Quel genre de questions ?

— Quand il est mort, j'ai cherché à en imputer la faute à quelqu'un. J'ai remué ciel et terre pour essayer de comprendre.

Cam se leva et alla se planter devant la fenêtre, tournant le dos à Cara.

— Pourquoi un garçon qui avait tout pour lui aurait-il fait… une chose pareille sans que personne puisse soupçonner ce qui se passait dans sa tête ?

— Si tu savais combien de fois je me suis posé cette question ! s'exclama Cara. Il n'y a pas de réponse.

Il se tourna pour la regarder.

— Il y a forcément une réponse. Je ne l'ai pas trouvée, mais je cherche encore. Voilà ce que je voulais te demander : as-tu perçu des signes de son malaise ?

— Rien de particulier, non. Les adolescents sont souvent irritables et d'humeur changeante… Crois-moi, je me suis creusé la tête pour essayer de retrouver un indice qui aurait pu m'échapper. Je m'en suis voulu de ne rien avoir vu venir à une époque où ma liaison avec Anthony m'occupait sans doute un peu trop l'esprit. Pourtant, je te le répète, Cam : je n'ai rien détecté d'alarmant à l'époque.

— De quoi parlait-il ? Ça pourrait nous mettre sur la voie.

— Il s'intéressait surtout au sport — au base-ball, en

particulier. Il s'était énormément investi dans l'équipe du lycée. Cela dit, il a dû essuyer quelques déceptions, une fois passé le premier élan d'enthousiasme.

— Qu'est-ce qui te fait dire ça ?

Elle haussa les épaules.

— C'est juste une impression. Quand j'essayais d'en parler avec lui, il se montrait évasif. Je mettais ça sur le compte de mon ignorance dans ce domaine, et je me rassurais en me disant qu'il pouvait toujours t'en parler, à toi. Quant à m'avouer clairement que quelque chose n'allait pas... non, il ne l'a jamais fait.

— Il a certainement eu du mal à s'adapter au changement entre New York et le Texas, dit Cam. Ce n'est jamais facile d'être « le petit nouveau » au lycée.

Cara opina.

— Les premiers temps, j'ai pensé que le sport l'aiderait à s'intégrer plus facilement. Mais il lui a fallu un an et demi pour se sentir totalement admis dans l'équipe de base-ball. Il ne vivait, ne respirait que pour ça. Et pourtant, un beau jour, il a parlé de laisser tomber. Il...

— Laisser tomber l'équipe ? coupa Cam avec brusquerie. Je ne l'ai jamais entendu dire ça. Il envisageait d'abandonner le base-ball ?

— Oui, mais j'avais du mal à le prendre au sérieux, tant ce sport lui tenait à cœur. J'ai plutôt eu l'impression qu'il s'agissait d'une réaction à des jalousies dans son entourage. L'entraîneur l'avait fait passer en équipe de première catégorie, alors que d'autres attendaient ça depuis des années...

— A ce propos, je voulais justement te demander : que pensait-il, au juste, de Tyson ? Est-ce qu'il se sentait proche de lui ?

— Au début, oui, sans aucun doute. Il s'extasiait continuellement sur les résultats fabuleux qu'obtenait son entraîneur...

Evidemment, Monk Tyson était un véritable dieu pour tous ces garçons.

— Tu as dit « au début ». Ça a changé, ensuite ?

Cara fronça les sourcils.

— Je ne peux pas l'affirmer. Ce dont je me souviens, c'est que Tyson exerçait une énorme pression sur ses joueurs. Ses méthodes ressemblaient presque à celles de l'armée.

— Et toi, comment le trouvais-tu, ce type ?

— Je ne l'ai rencontré qu'une fois, brièvement, lors d'un match. Je sais aussi qu'il est venu aux obsèques avec tout un groupe de sportifs du lycée, mais ça, je ne m'en souviens pas.

— Qu'est-ce que…

— En revanche…

Ils avaient parlé simultanément, et Cam retira ce qu'il s'apprêtait à dire.

— En revanche… quoi ?

— Maintenant que tu parles de Tyson, ça me rappelle une réflexion d'Anthony à son sujet.

— Laquelle ?

— Eh bien, en tant qu'enseignant, il est particulièrement perspicace pour ces choses-là. Tu comprends, un prof analyse toujours mieux les relations enseignants-élèves que nous autres, parents.

Le visage de Cara s'illumina soudainement.

— C'est un prof tellement formidable, reprit-elle. C'est vraiment le plus…

Cam l'arrêta d'un geste.

— Cara… Je suis certain qu'Anthony est un type épatant et un excellent professeur. Et je suis ravi de te voir aussi heureuse, mais dis-moi plutôt ce qu'il t'a dit au sujet de Monk Tyson.

— Oh, oui ! Bien sûr, excuse-moi. Il dit qu'il a connu des

profs comme Tyson qui exercent leur pouvoir sur les élèves et qui les manipulent comme des pantins. Il dit qu'à ses yeux, Tyson est plutôt une brute et un tyran qu'un bon entraîneur. Il pense que ce type a besoin d'être adulé en permanence par ses jeunes joueurs, comme certains hommes ont un besoin irrépressible de sexe.

Rachel étudiait le dossier de Jason Pate tout en se demandant comment le persuader de reprendre leurs entretiens quand Marta fit irruption dans son bureau.

— Qu'est-ce qui t'amène ? lui demanda-t-elle calmement.

— Pete m'a suivie jusque chez moi, samedi soir.

Rachel esquissa un sourire.

— Non ? C'est affreux !

— J'ai refusé de le laisser entrer.

— Pourquoi ?

— Quelle question ! Tu as perdu la mémoire ? J'ai rompu nos fiançailles le jour où je l'ai surpris au lit avec sa nouvelle collègue, Tammy Machin-Chose.

— Elle s'appelait Tanya.

— Peu importe. La date du mariage était déjà fixée. S'il hésitait, il n'avait qu'à me le dire avant d'aller faire des galipettes avec Tootsie.

— Tanya.

— Je l'ai donc envoyé balader, hier soir, de la manière que tu peux imaginer…

Rachel imaginait très bien, en effet. Marta n'avait jamais réussi à surmonter sa colère d'avoir été trahie ; aujourd'hui encore, un rien suffisait à ranimer le brasier.

— Ah, c'est donc ça ! dit Rachel en tambourinant avec son stylo sur le dossier de Jason. Ainsi, tu es de nouveau débarrassée de lui pour six ans ! C'est bien la peine encourue, n'est-ce pas ?

— Cinq ans et demi. Souviens-toi, on est tombées sur lui à la foire exposition, six mois après la rupture.

— Exact.

Encore sous le choc, Marta avait alors refusé toutes les tentatives d'explication de Pete, qui la suppliait de lui accorder une seconde chance.

— Il a téléphoné à plusieurs reprises, par la suite. Un homme moins déterminé que lui aurait laissé tomber, il me semble.

— Certainement, admit Marta.

Elle garda les yeux fixés sur ses pieds jusqu'à ce que Rachel reprît la parole.

— As-tu des regrets de lui avoir fermé la porte au nez, avant-hier soir ?

— Nous n'avons même pas atteint la porte. Il s'est arrêté derrière moi dans l'allée, et c'est là qu'on a discuté.

— Bon. Au moins, vous avez parlé — ce que vous n'aviez pas eu l'occasion de faire il y a six ans.

— Mmoui.

Rachel attendit un moment. Comme Marta restait assise sans rien dire, les yeux dans le vague, elle rangea son stylo, prit un tube de crème hydratante dans son tiroir, et en mit une noisette au creux de sa paume.

— Je ne sais pas si c'est pareil pour toi, dit-elle en l'étalant sur sa peau, mais j'ai les mains aussi sèches que du papier de verre.

— Oui.

Marta tourna le regard du côté de la fenêtre.

— C'est à cause du temps, poursuivit Rachel. Quand il fait humide, je ne peux pas me coiffer, et quand le vent tourne, ma peau ressemble à des écailles d'alligator, comme dans cette pub, tu sais, à la télé ?

Refermant le tiroir, elle jeta un coup d'œil furtif sur son amie.

— Tiens, à propos d'alligators, j'ai envie d'en offrir un à Kendall. Elle adorerait, tu ne crois pas ?

— Mmoui…

— Marta, ohé…

— Quoi ?

La jeune femme cligna des yeux et regarda son amie.

— Excuse-moi, j'ai eu une petite absence.

— Ça ne m'étonne pas vraiment, parce que…

Rachel laissa sa phrase en suspens, attendant la suite.

— Parce que j'ai passé une nuit blanche, voilà ! Tu te rends compte ? Après avoir dépensé une énergie considérable pour chasser ce type de ma mémoire, voilà que tout est à refaire !

Elle se leva, fit le tour du canapé qui encombrait le petit bureau, puis se retourna vers Rachel.

— Mais il y a mieux ! Au lieu de décamper quand je le lui ai demandé, monsieur est resté là. Quelle arrogance ! Et il a eu le toupet de me faire des reproches, par-dessus le marché !

— C'était un peu téméraire de sa part, je veux bien l'admettre.

— Il répète sans arrêt que j'aurais dû l'écouter mais que je suis trop entêtée pour ça… Entêtée, moi ! J'aurais dû fermer les yeux, peut-être, et le laisser tranquillement s'envoyer en l'air avec sa petite copine flic, dans le lit où nous…

Elle se mit à marcher de long en large, essuyant d'un revers de main les larmes de rage qui perlaient à ses yeux.

— Il prétend que si je l'avais laissé s'expliquer, on aurait pu trouver une solution. Comme s'il suffisait de quelques mots d'excuse pour que je tourne la page ! Si les hommes sont incapables de résister à la tentation, tant pis pour eux !

Rachel ouvrit un tiroir de son bureau, sortit un mouchoir en papier et le lui tendit.

— Je suppose que tu ne le sauras jamais, n'est-ce pas ?

Marta leva les yeux sur elle en clignant des paupières.

— Je ne saurai jamais quoi ?

— S'il aurait réussi à te convaincre de lui accorder une seconde chance.

— Je ne vois pas très bien comment : il a couché avec une autre femme alors que nous étions fiancés. Ce n'est pas quelque chose qu'on peut excuser.

Comme Rachel se taisait, Marta scruta un long moment son visage avant de s'asseoir de nouveau.

— Très bien, je connais cet air-là. Alors, quoi ? Tu es d'accord avec lui ? Tu penses que j'ai réagi de façon excessive ?

— Tu as fait comme la plupart des gens en pareil cas. L'être humain a ses limites, dit Rachel avec sincérité, songeant à sa propre souffrance, à son humiliation.

— Mais tu penses quand même que Pete a raison — que j'aurais dû écouter ses excuses vaseuses.

— Ce que je pense n'est pas très important, en l'occurrence. Tu as agi comme tu le sentais et tu as rompu tes fiançailles. Tu n'es sûrement pas la seule femme trompée qui ait été incapable de surmonter le choc.

— Tu ne réponds pas à ma question, Rachel. Crois-tu que Pete ait raison ? Que j'aie gâché quelque chose de précieux en ne me préoccupant que de mon amour-propre blessé ?

— C'est ce qu'il t'a dit ?

Les épaules de Marta s'affaissèrent brusquement.

— Oui, murmura-t-elle, les yeux fixés sur ses mains jointes entre ses genoux.

— Je m'étais toujours demandé ce qu'il aurait bien pu dire si tu avais accepté de l'écouter.

— Moi aussi, je l'avoue, dit Marta. Oh ! pas au début. Au début, j'étais tellement furieuse que je rêvais jour et nuit de le tuer ou de les tuer tous les deux. J'inventais des scénarios élaborés et je peaufinais le dialogue avec cent fois plus d'enthousiasme que lors de la rédaction de ma thèse. Mais plus tard, quand ma colère est un peu retombée, je me suis interrogée sur les raisons qui l'avaient poussé à agir comme il l'avait fait. Avait-il une revanche à prendre ? Le stress du boulot a-t-il joué un rôle ? Ou bien est-ce la perspective du mariage qui l'épouvantait ?

— Figure-toi que c'est le genre de questions qui me trottent dans la tête, à moi aussi.

Marta leva les yeux.

— Ah bon ?

— Quand Ted parle de ses rapports avec Francine, il dit qu'il se sent bien avec elle — notamment sur le plan sexuel. Elle flatte son amour-propre.

A son tour, Rachel regarda par la fenêtre d'un air songeur.

— Ce qui induit la question suivante : pourquoi a-t-il besoin d'une autre femme pour se sentir mieux, plus fort ou plus viril ? Et n'est-ce pas un motif un peu superficiel pour mettre un terme à une union qui a duré dix-huit ans ?

Elle se retourna vers Marta avec un sourire un peu désabusé.

— Quand j'aurai trouvé la réponse, je te ferai signe.

— Au moment où j'ai rompu avec Pete, tu as pensé que j'agissais trop précipitamment, dit Marta ; mais ai-je eu tort de ne pas vouloir épouser un homme volage ? Est-ce qu'il ne valait pas mieux que je m'en aperçoive à temps plutôt qu'après le mariage, quand on aurait eu des enfants, par exemple ?

— Ma foi, je peux te dire par expérience que ça fait mal aussi, à ce moment-là.

— Oh, Rachel, excuse-moi ! s'écria Marta. Quel manque de tact de ma part. Me voilà en train de pleurer sur mon sort, alors que c'est toi qui te retrouves seule avec deux enfants et des soucis financiers par-dessus la tête, après dix-huit ans de vie de couple.

— N'oublie pas que je suis également sans abri !

Elles s'esclaffèrent ensemble, non sans humour. Puis Marta enfouit la tête dans ses mains en gémissant :

— Oh, pourquoi a-t-il fallu que Pete réapparaisse dans ma vie ? Personne d'autre que lui n'a jamais été capable de me mettre dans un état pareil.

— Je me demande bien pourquoi, dit Rachel avec un doux sourire.

— Je ne l'aime plus, Rachel, si c'est la question que tu te poses. Ça m'a passé le jour où je l'ai surpris au lit avec cette fille.

— Si tu le dis.

— C'est la vérité !

Elle laissa échapper un soupir, et ajouta :

— Mais pour que la question soit réglée une fois pour toutes, je pense que je vais suivre ton conseil et avoir cette discussion avec lui.

— Fais-le seulement si tu le souhaites, Marta — et non pas parce que c'est mon avis. Personne ne peut nier que tu avais de bonnes raisons de rompre avec lui — ou du moins de suspendre cette relation. C'était une réaction prudente, compte tenu de son comportement. Mais je sais combien vous étiez amoureux l'un de l'autre. Et je me dis qu'il reste peut-être quelque chose entre vous ; sinon, tu ne serais pas aussi bouleversée de le voir réapparaître dans ta vie.

— Il n'est pas revenu dans ma vie, et il ne reste rien du tout, Rachel. C'est fini ! Foutu ! Râpé !

— Tu comptes quand même avoir une conversation avec lui ?

Marta haussa les épaules sans rien dire. Au bout d'un instant, elle répondit comme si elle se sentait agressée :

— Je sais ce qui en ressortira.

— Ah bon ?

— Cette coucherie était une stratégie pour m'inciter à rompre parce qu'il n'avait pas le courage de le faire lui-même.

— Il a donc couché avec une autre femme juste pour te faire réagir. Et après avoir obtenu ce qu'il voulait — la rupture —, il a passé des mois à tenter de te reconquérir ? Et il revient à la charge au bout de six ans ?

Marta se remit à arpenter la pièce.

— J'avais remarqué tout un tas de signes prouvant qu'il était de moins en moins chaud pour se marier. Mais je refusais de regarder la réalité en face.

— Quel genre de signes ?

— Il se portait volontaire pour des missions à haut risque, par exemple, alors qu'il savait à quel point ça me stressait.

Les mains croisées sur le dossier de Jason, Rachel attendit la suite. Dans le couloir, la sonnerie annonçant le premier service du déjeuner retentit. Marta s'approcha de la fenêtre et regarda les élèves sortir en masse du bâtiment principal.

— Mon père a été tué dans l'exercice de ses fonctions, à l'occasion d'une simple intervention pour scène conjugale, rappela-t-elle posément à son amie. Le danger, pour un flic, n'existe pas seulement lors d'un cambriolage ou d'une prise d'otage. Il peut laisser sa peau dans le service le plus routinier, comme je l'ai appris à l'âge de neuf ans. Un pauvre taré menaçait sa femme avec une carabine chargée ; il n'a pas apprécié que mon père essaie de le ramener à la raison, et pan ! Une balle en pleine tête.

— Je n'ai pas oublié, murmura Rachel. Tu avais parlé de tout ça avec Pete, à l'époque ? Tu lui avais fait part de tes inquiétudes concernant ces missions à risque ?

— De toute évidence, je lui cassais les pieds. Il n'avait pas envie d'en parler, décréta Marta en se détournant de la fenêtre, un pli amer au coin des lèvres. Quelle ironie de le revoir aujourd'hui si disposé à en discuter ! Au bout de six ans, il est un peu tard pour remettre ça sur le tapis.

Epoussetant machinalement un coin de son bureau, Rachel inclina la tête.

— Cette passion pour l'action policière cadre mal avec sa décision de revenir comme commissaire dans une petite bourgade paisible, dit-elle.

— Il ne nous a probablement pas tout dit.

— Crois-tu qu'il ait été viré de la PJ de Dallas ?

Marta haussa les épaules.

— Ça me paraît plausible.

— Je ne suis pas de ton avis. Il affirme qu'il a fait des pieds et des mains pour obtenir ce poste. En réalité, il voulait revenir vivre à Rose Hill, Marta, et si tu acceptes de l'écouter, cette fois, il pourra t'expliquer les raisons de ce revirement.

Elle rangea le dossier de Jason dans le tiroir supérieur de son bureau, et donna un tour de clé avant de reprendre :

— Il existe une explication à laquelle tu ne sembles pas avoir pensé.

— Laquelle ?

— Il y a six ans, si Pete avait été candidat au poste de commissaire principal de Rose Hill, tu n'aurais vu aucun inconvénient à cela, n'est-ce pas ?

— C'est sûr ! On a tout de même peu de chances de

prendre une balle dans la tête quand on passe ses journées derrière un bureau.

— Nous sommes bien d'accord. Et il serait rentré à la maison tous les soirs à 18 heures.

Rachel prit son sac accroché au dossier de son fauteuil, y jeta ses clés et se leva, prête à aller déjeuner.

— Comme je le disais, Marta, voilà un homme qui a de la suite dans les idées.

14.

Cameron Ford gara sa voiture au stade et resta un moment assis à attendre que la douleur qui lui serrait la poitrine se fût estompée. Il avait manqué bon nombre de matchs durant la période où Jack jouait dans l'équipe des Mustangs, mais il lui était tout de même arrivé de temps à autre de faire coïncider son emploi du temps avec celui de son fils.

Il se souvint d'avoir regardé Jack exécuter un double jeu au fond de la neuvième, par une belle soirée d'avril. Grâce à ce jeu, le garçon avait stoppé le joueur de première base en plein élan, surpassant un autre athlète de tout premier ordre. La victoire avait été d'autant plus appréciable que le joueur en question était un garçon de Rose Hill. Pour le nouvel élève qui arrivait de New York dans un lycée où la plupart de ses camarades se connaissaient depuis la maternelle, c'était un exploit qui comptait… Mais il était resté un obstacle dont il n'avait pas pu triompher.

Cam descendit de sa voiture, déterminé à découvrir lequel.

Clignant des yeux face au soleil déclinant de cette fin d'après-midi, il vit un groupe de garçons occupés à attraper des balles lancées à la main dans quatre tunnels de batting. Apparemment, Tyson n'avait pas réussi à obtenir des machines à lancer.

A l'autre bout du stade, le grand chef en personne faisait travailler une douzaine de joueurs. En l'écoutant aboyer ses ordres, Cam se remémora les griefs de son fils à l'encontre d'un entraînement presque inhumain ; en filigrane, on devinait cependant la fierté qu'il éprouvait à soutenir un effort physique d'un tel niveau.

— On n'a rien sans mal, disait-il avec un petit sourire crâneur lorsque Cam émettait quelque commentaire sur le temps qu'il consacrait au sport.

C'était pendant sa première année au lycée de Rose Hill. La seconde année, Cam avait dû affronter quelques soucis professionnels, changer d'éditeur et d'agent littéraire.

Quand Jack avait-il commencé à perdre les pédales ? se demanda-t-il pour la énième fois. Et pourquoi personne n'avait-il rien remarqué, dans son entourage ? Si, comme l'affirmait Cara, Jack avait parlé d'abandonner le base-ball, son entraîneur aurait dû en être le premier informé. Quant à Rachel, n'aurait-elle pas dû se tracasser pour Jack, comme elle le faisait à présent pour un autre gamin en difficulté ?

Tant de questions sans réponses… mais il ne désespérait pas d'en trouver quelques-unes, à force de persévérance.

Il traversa la piste de course et s'approcha de la barrière qui ceinturait le terrain d'entraînement et maintenait à l'écart les badauds qui auraient pu distraire les sportifs. Ils portaient tous des survêtements multicolores, mais au bout d'un moment, Cam parvint à distinguer Nick dans un groupe qui s'échauffait en passant la balle autour des bases. Il lui fallut quelques minutes de plus pour apercevoir Ward Rivers dans l'un des tunnels de batting.

Percevant une présence extérieure, Tyson se retourna et parut le reconnaître. Il donna un coup de sifflet strident, et cria à un élève de terminale de prendre sa place. Après quoi, il se dirigea vers Cam.

— Monsieur Ford, je suis content de vous voir.

Le grillage les empêchait de se serrer la main, mais l'accueil de Tyson était amical.

— Que pensez-vous de mes gars ?

— Ils ont l'air en pleine forme, dit Cam en adressant à Nick un signe de la main.

Tyson le remarqua et plissa légèrement les yeux.

— Vous connaissez Nick Forrester ?

— Sa grand-mère est ma voisine.

— Ah ! fit Tyson en hochant la tête. J'ai appris que Rachel s'était installée chez elle avec les enfants. Quel dommage, ce divorce !

— Certes.

— Vous venez le chercher ?

— Nick ? Pas du tout. En fait, je voulais vous voir…

Cam marqua une pause et reprit :

— Vous aurez peut-être un moment à me consacrer après l'entraînement ? Sinon, dites-moi simplement quand ce sera possible.

— Pas de problème pour aujourd'hui. Nous avions presque fini, de toute façon. Je n'aime pas trop dépasser 17 heures. Les journées sont longues pour les gamins — surtout ceux qui traînent jusqu'à minuit. La plupart abandonnent avant la fin de la saison mais de temps en temps, j'arrive à en motiver un, malgré l'irresponsabilité des parents.

Tyson pointa le menton vers l'un des tunnels de batting.

— Ferdy Jordan, par exemple. Il vit avec sa mère qui est divorcée et qui a deux autres marmots. Le gamin se couche à l'heure qu'il veut. Mais il a envie de jouer, et tant qu'il est capable de suivre le rythme, je le garde dans l'équipe.

— Bien, bien.

— Allons, je suis trop bavard. Laissez-moi le temps de boucler ça, d'envoyer tout le monde aux vestiaires, et venez me retrouver dans mon bureau. Disons, dans dix minutes — un quart d'heure.

— D'accord.

A travers le grillage, Cam vit les joueurs se disperser sur l'ordre de Tyson et se diriger vers l'entrée des vestiaires. Nick et Ward se rejoignirent, puis, à mi-chemin, Nick quitta son ami pour s'approcher de Cameron.

— Salut, Cam ! dit-il en se tamponnant le front et la nuque avec une serviette passablement usée. Je vous ai vu arriver. Quoi de neuf ?

— Pas grand-chose, répondit Cam en levant la main pour saluer Ward qui s'était arrêté sur place, un peu plus loin. Vous vous entraînez sérieusement, on dirait, hein ?

— Oui. Tyson ne nous ménage pas. Jeudi, le match promet d'être rude, et il ne serait pas content si ça foirait.

Cam jeta un coup d'œil derrière Nick, du côté de Ward.

— Veux-tu que je te raccompagne ? Je n'en ai pas pour très longtemps, ici. Je peux aussi déposer Ward chez lui.

— Non, ça ira. Kristin Gates a eu son permis, et elle a proposé de nous ramener. Pour son anniversaire, elle a eu un petit cabriolet presque neuf. C'est trop génial !

Cam leva les mains d'un geste de défaite.

— Bon, n'en dis pas plus. Je ne fais pas le poids, c'est sûr.

— Ward en pince pour elle, drôlement.

— Et c'est réciproque ?

Le garçon haussa les épaules.

— Comment savoir ? Avec les femmes, c'est difficile à dire.

— Ne m'en parle pas !

Cam esquissa un sourire et leva le pouce en signe d'encouragement. Sur le point de se rendre au bureau de Tyson, il s'arrêta, voyant que Nick le regardait d'un drôle d'air.

S'accrochant des deux mains au grillage, le garçon observa un instant ses pieds avant de lever les yeux sur lui.

— Vous n'allez rien dire au coach à propos de mon refus de continuer l'entraînement particulier, hein ?

— Ça ne regarde que toi, Nick. Pour tout dire, j'ai quelques questions à lui poser concernant Jack. Des questions qui ont attendu beaucoup trop longtemps. Ce n'est pas à propos de toi.

Le visage du garçon s'éclaira.

— Ah bon, je préfère ça, dit-il, visiblement soulagé.

Il s'éloigna de quelques pas, puis s'arrêta.

— Au fait, j'ai parlé à Ward du coup de main pour votre grenier. Vous n'aurez qu'à nous dire le jour et l'heure… Enfin, si ça vous intéresse toujours.

— Ça m'intéresse, dit Cam en se dirigeant vers le gymnase, tandis que Nick avançait de son côté. J'ai déjà commandé les matériaux. Je passerai un coup de fil à ta mère pour avoir son feu vert dès que tout sera prêt.

— Pas de problème : elle sera d'accord.

Ils s'arrêtèrent simultanément à l'entrée des vestiaires.

— A bientôt, alors ! dit Cam. Je vais faire provision de bière sans alcool, de pizzas et de chips.

Nick disparut dans les vestiaires, le sourire aux lèvres.

Cam demeura immobile, prêtant l'oreille au brouhaha qui émanait des lieux. Rires, sifflets, cris gutturaux se répercutaient entre les murs doublés de placards métalliques, et comme si ça ne suffisait pas, une musique genre rap dominait le tumulte. Cam se sentit brusquement submergé par le souvenir de Jack. Il attendit que ce moment de supplice soit passé pour faire volte-face et gagner les portes à double battant qui conduisaient à l'autre partie du bâtiment.

Le couloir était sombre, mais Cam se rappelait à peu près la disposition des lieux pour avoir déjà rendu visite à Tyson, un jour. Il prit un corridor à gauche, atteignit le bureau du chef et frappa légèrement à la porte. Tyson l'invita à entrer dans son bureau somptueux, et se leva pour l'accueillir.

Tout, dans cette pièce, semblait destiné à mettre l'accent sur le prestige de son occupant, jugea Cam.

— Asseyez-vous, dit Tyson en lui désignant l'un des fauteuils club en cuir fauve.

— Merci de me recevoir. Je vais essayer d'être bref.

— Prenez tout le temps qu'il vous faut, dit Tyson en se calant dans son propre fauteuil. Ça fait quoi ? Cinq ans ? Au fait, j'ai lu tous vos bouquins. Je fais partie de vos admirateurs.

— Vous aimez les enquêtes criminelles ?

— C'est fascinant de découvrir le mal que les gens ont en eux, mais ce genre de recherches doit vous plonger en permanence dans une atmosphère sinistre.

— C'est vrai, mais je m'efforce la plupart du temps de terminer mes livres sur une note optimiste.

— Oui. Hum… est-ce qu'il s'agit de Nick ?

— Nick ? Non, pas du tout. Pourquoi cette question ?

Tyson haussa les épaules.

— Eh bien, je vous ai vu bavarder avec lui et j'ai pensé que vous deviez bien le connaître si vous êtes voisins.

— Je dirais plutôt qu'on fait connaissance, petit à petit.

— Un sacré athlète, ce garçon ! Je m'étais arrangé pour lui réserver quelques plages dans mon emploi du temps, mais il est venu me dire l'autre jour qu'il ne pourrait pas suivre ces séances d'entraînement particulier. Le devoir l'appelle à la maison, paraît-il. J'espérais que vous pourriez m'en dire un peu plus.

— Apparemment, il vous a donné ses raisons.

Tyson haussa les épaules.

— En effet. Bref, je vais surtout m'occuper de Ward, ce semestre. C'est un bon élément, lui aussi.

— Aussi bon que son frère ?

— Ah, vous vous souvenez de Jimbo, hein ? Aux dernières nouvelles, il était en pleine négociation avec les plus grands clubs. Je suis content de me dire que j'y suis pour quelque chose.

— Ça ne fait aucun doute, admit Cam. Et selon vous, son jeune frère serait aussi doué que lui ?

— Aussi doué, oui, et peut-être même davantage. Nick est du même calibre que lui.

Tyson se pencha en avant, croisant les bras sur son bureau.

— Si vous avez la moindre influence sur ce garçon, c'est le moment de l'utiliser, monsieur Ford. Vous pourriez...

— Appelez-moi Cam.

— Entendu, Cam. Ecoutez, si vous pouviez le convaincre de trouver un peu de temps pour que je puisse peaufiner sa formation, il en retirerait d'énormes bénéfices. Il a ce petit plus qui fait toute la différence entre les joueurs. Croyez-moi, je connais la question.

Tyson employait les mots qu'il fallait. Pourtant, sans s'expliquer vraiment pourquoi, Cam n'avait aucune confiance en lui.

— N'est-ce pas un peu inhabituel de privilégier ainsi certains joueurs ? demanda-t-il. Ça ne risque pas de saper le moral de l'équipe ?

— Ce qui est bon pour le moral de l'équipe, c'est de voir le nombre impressionnant de mes gars qui réussissent à percer. Tous ceux que je distingue ne vont pas forcément devenir des joueurs professionnels, bien entendu, mais la plupart d'entre eux peuvent espérer obtenir une bourse dans une université renommée.

— Est-ce aussi l'avenir que vous envisagiez pour mon fils ?

Tyson le regarda d'un air grave et se cala dans son fauteuil.

— Jack était un formidable athlète, Cam. Effectivement, un avenir brillant l'attendait dans le sport. J'ai rarement eu des joueurs de son niveau.

— Alors, pourquoi s'est-il suicidé ?

— Je me suis posé la question des milliers de fois ; et comme je vous l'ai dit il y a cinq ans, je ne connais toujours pas la réponse. Au demeurant, le sport n'est qu'un aspect parmi d'autres dans la vie d'un garçon.

— Avez-vous interrogé Jimbo à propos de Jack ?

— Jimbo ?

— Oui, c'était son meilleur ami. Ils étaient inséparables. Jimbo doit avoir une petite idée de ce qui est passé par la tête de Jack. L'avez-vous questionné là-dessus ?

Tyson secoua la tête.

— Non, c'est une voie sans issue. Si Jimbo avait su quoi que ce soit, il m'en aurait parlé.

— Donc, vous ne lui avez jamais rien demandé, alors qu'ils partageaient la même chambre, la nuit du drame ?

— Jack était seul quand c'est arrivé. Il n'a pas fait ça dans leur chambre.

— J'essaie de me faire une idée plus précise des choses, Monk. Vous supposez que Jimbo ne savait rien, alors qu'il était sans doute la personne la plus proche de Jack ?

Tyson haussa les épaules.

— J'étais son entraîneur, monsieur Ford, pas son psy. J'ai cru ce que m'ont dit les gens qualifiés dans ce genre d'enquête.

— Ne craigniez-vous pas simplement de détourner l'attention de Jimbo d'un objectif essentiel à vos yeux — à savoir une bourse sport études à l'université du Texas ?

— Hé là, minute ! dit Tyson en fronçant les sourcils. Si vous disiez carrément ce que vous pensez ?

Cam savait qu'il y allait un peu fort, mais pour le moment, Tyson ne l'avait pas encore mis à la porte.

— Je ne suis pas très sûr de ce que je pense. Il y a cinq ans, je me posais des questions sur la mort de mon fils, mais ensuite, j'ai renoncé. Aujourd'hui, il faut que je sache si vous aviez personnellement connaissance de faits qui auraient pu conduire Jack à se suicider. Je vous présente d'avance mes excuses si mes questions peuvent vous paraître désobligeantes.

— Comment pourrais-je le dire plus clairement ? Je suis comme vous : dans la plus totale ignorance.

Cam promena les yeux sur les multiples coupes et trophées qui garnissaient les étagères, derrière le bureau — base-ball, football, basket, rugby… Parbleu, ce type était une véritable idole au lycée — voire même dans tout le Texas. Tout le corps enseignant et les parents d'élèves prononçaient son nom avec vénération. S'il savait effectivement quelque chose, comment serait-il possible de lui arracher des informations susceptibles de le mettre dans l'embarras — voire, pire ?

— Ecoutez, coach, j'ai passé cinq ans à me demander vainement ce que j'aurais pu faire pour secourir mon fils. Je reconnais que j'ai été un père absent, que je n'étais pas là quand il a eu besoin de moi. Quelque chose l'a conduit à se supprimer ; il est de mon devoir de découvrir quoi, même avec cinq ans de retard. Et j'ai l'intuition que la réponse est ici.

— S'il y avait quoi que ce soit ici, je l'aurais trouvé, répliqua Tyson.

— Excusez-moi, mais je pense plutôt que vous auriez tout fait pour éviter qu'un éventuel scandale puisse éclabousser votre renommée dans le monde sportif.

— Je n'en disconviens pas, admit Tyson. Mais encore aurait-il fallu qu'il y ait un scandale à redouter. Et contrairement à ce que vous suggère votre intuition, je vous affirme que ce n'était pas le cas… Vous devriez plutôt refaire votre vie, Cam. Pensez à autre chose. Ecrivez vos bouquins.

Cette tentative dérisoire et condescendante de lui faire lâcher prise n'eut aucun effet sur Cam.

— La dernière fois que j'ai cherché des réponses, j'étais en état de choc, déclara-t-il. A présent, j'ai le temps et les moyens de poursuivre mes recherches jusqu'au bout. Et il se trouve justement que l'enquête criminelle, c'est ma spécialité.

— L'enquête criminelle ?

Tyson rougit imperceptiblement, et quitta son fauteuil.

— Aucun crime n'a été commis, reprit-il. Regardez les choses en face, mon vieux. L'autopsie a démontré que votre fils s'était défoncé à mort. Et croyez-moi, je n'éprouve aucun plaisir à dire ça.

— Jack n'était pas un toxicomane.

Cam se leva à son tour.

— Il s'était pourtant bel et bien drogué, cette nuit-là !

Tyson soupira et poursuivit plus doucement, comme s'il essayait de raisonner un joueur déchaîné :

— Vous savez, il était dépressif depuis votre divorce. En outre il se sentait déraciné, perturbé par le changement entre New York et Rose Hill. N'importe quel psy vous dira que c'est plus qu'il n'en faut pour qu'un gamin se défonce et songe à en finir.

— Ça faisait dix-huit mois qu'il était là, riposta Cam, s'efforçant de ne pas perdre patience. Il avait eu largement le temps de s'adapter. Il *s'était* adapté. Il s'était fait des amis au lycée, et je sais qu'il avait renoncé à une réconciliation entre sa mère et moi. Elle avait un nouveau compagnon, et Jack m'avait même dit qu'il l'appréciait. Il était donc réaliste à cet égard.

— C'est peut-être ainsi que vous voyez les choses, monsieur

Ford, mais Jack pouvait souffrir d'une dépression cachée — comme beaucoup d'adolescents suicidaires.

— Quant à la drogue, poursuivit résolument Cameron, personne n'est jamais venu dire que Jack en consommait de façon habituelle…

Le téléphone sonna sur le bureau de Tyson. Il décrocha, parla brièvement, écouta quelques secondes puis répondit :

— Un petit instant.

Il posa sa main sur le microphone.

— Rien ne pourra, hélas, changer la triste réalité, monsieur Ford. C'est Jack qui a fait ça ; personne d'autre.

— Et personne ne se doutait le moins du monde de ses intentions ? demanda Cam. C'est ce que vous affirmez ?

— Moi, en tout cas, je ne m'en doutais pas. Pour les autres, je ne peux rien dire.

Cam sentit sa mâchoire se crisper. Il n'obtiendrait rien de plus de l'entraîneur, mais il lui était difficile de s'avouer vaincu. Il devait essayer une autre méthode. Les réponses évasives de Tyson ne faisaient que renforcer sa conviction. Ce type lui cachait quelque chose.

Il se leva et gagna la porte. Il s'apprêtait à sortir quand Monk reprit la parole.

— Je comprends votre besoin de comprendre, monsieur Ford. Toute l'équipe a été profondément bouleversée quand Jack est mort, et je fais partie du nombre. C'était un garçon exceptionnel, et votre malheur me touche beaucoup, croyez-moi.

— Merci, dit Cam.

Il referma doucement la porte derrière lui.

Le stade semblait désert quand il reprit le chemin en sens inverse, le long du grillage. Il n'y avait que deux voitures près de la sienne sur le parking. Pas de petit cabriolet sport en vue et, par conséquent, Nick et Ward étaient partis.

Esquissant un sourire, Cam imagina ce qu'il aurait ressenti, à quinze ans, si une jolie fille lui avait proposé de le raccompagner dans sa voiture.

En arrivant à hauteur des vestiaires, il entendit des voix, clairement audibles, qui provenaient de l'intérieur. La musique s'était tue et les mots échangés résonnaient entre les murs du local. Cam ne put s'empêcher de ralentir pour écouter.

— J'en ai marre de ce merdier, mec. J'y retournerai plus.

— Ben voyons ! Tu préfères aller te péter la gueule et passer encore une nuit en taule ? Tu crois que c'est malin de laisser passer toutes tes chances, Jace ? Tyson te dégote des types qui peuvent te faire percer, et toi, tu veux te défiler ? Putain, si tu continues, tu vas tout faire foirer !

— Je sais ce qui va se passer : c'est une spirale sans fin. A qui le tour, après ça ?

— Qu'est-ce que ça peut foutre ? T'as qu'à penser à autre chose. Merde, ce sera bientôt fini, tout ça.

— Ça vaut pas le coup !

Cette dernière remarque avait été proférée d'un ton d'angoisse. Cam hésita, sachant qu'il avait surpris cette conversation par hasard. Il se remit à marcher normalement, et arriva devant la porte au moment où les deux garçons sortaient du local. L'apercevant, ils tressaillirent et se turent brusquement. Sans laisser deviner qu'il avait pu les entendre, Cam se dirigea tout droit vers sa voiture. Mais une fois assis au volant, il se repassa mentalement leur conversation. Elle pouvait être interprétée de plusieurs façons, songea-t-il, bien que tout cela ne lui parût pas de très bon augure. Se défiler de quoi… d'un match, par exemple ? Aucun joueur absent lors d'un match ne continuerait à jouer dans l'équipe de Tyson.

Jetant un coup d'œil dans le rétroviseur, Cam vit les deux garçons monter dans une Mustang toute cabossée. Il ne restait plus maintenant qu'une seule voiture : un superbe monospace métallisé. Celui de Tyson, sans doute, qui permettait de transporter une dizaine de passagers.

Cam s'éloigna du stade, mais au lieu de tourner à gauche pour quitter le complexe scolaire, il gagna le parking des profs et vit que la voiture de Rachel était encore là. Depuis quelque temps, elle travaillait tard, et il n'aimait pas trop la savoir seule à ces heures-là, alors que le lycée n'était peut-être pas un endroit aussi paisible qu'il en avait l'air. Son petit entretien avec l'entraîneur n'était certes pas de nature à le rassurer à cet égard.

Mû par une impulsion subite, il alla garer sa voiture derrière la sienne.

Rachel rangea ses papiers dans un classeur en carton et glissa celui-ci dans un tiroir du bureau. Debout devant la fenêtre, elle réfléchit un moment, promenant son regard sur le parking de la salle de sport, derrière le stade. Il n'y restait plus que le monospace gris de Tyson. Elle songea un instant à aller lui parler, mais que pourrait-elle lui dire ? Autant chercher une aiguille dans une botte de foin quand on ne sait pas exactement ce qu'on veut ni par où commencer.

— Et j'ignore même où se trouve la botte de foin ! grommela-t-elle en se retournant pour prendre son sac.

Elle se retrouva nez à nez avec Cam.

— Oh ! Vous m'avez fait une de ces peurs ! lança-t-elle en portant une main à son cœur. J'aurais pu avoir une crise cardiaque.

— Désolé, dit-il.

Il la prit par le bras et la conduisit jusqu'au canapé.

— Je vous épargnerai le sermon sur le danger de ne pas vous enfermer à clé dans un bâtiment désert où n'importe quel rôdeur pourrait vous agresser. Il n'y a donc aucun règlement interne à ce sujet, nom d'une pipe ? Où se trouve le gardien ?

— Vous ne m'avez pas épargné le sermon, lui fit-elle remarquer. Et vous, que faites-vous ici ?

— Je suis allé enquiquiner Tyson.

Il se baissa pour ramasser les clés qui étaient tombées des mains de Rachel.

— Je n'ai pas vu votre voiture, dit-elle en jetant un coup d'œil par la fenêtre.

— Elle est garée derrière la vôtre, expliqua-t-il en posant les clés sur son sac, près d'elle. Est-ce que les profs s'accordent parfois le loisir d'un petit apéro ?

— Un apéro dans un bar, par exemple ?

— Il y en a un très sympa sur le chemin du retour. Moi, je suis partant.

Rachel consulta sa montre.

— Après une journée pareille, pourquoi pas ? Et puis, j'ai hâte d'apprendre ce que Monk Tyson vous a dit.

— Vous voulez qu'on prenne une seule voiture ou vous préférez me suivre ? demanda Cam en l'entraînant vers la porte.

— Je vous suis. Ça nous évitera de repasser par ici.

Le bar était, en fait, un charmant petit bistrot : Chez Flanagan — l'unique établissement de ce genre dans Rose Hill. Marta avait dit un jour à Rachel qu'on y mangeait très bien et qu'elles pourraient aller y dîner un soir. Rachel aurait été bien surprise si on lui avait prédit qu'elle irait d'abord y boire un verre avec Cam.

Quand le serveur leur eut apporté leurs consommations,

Cam leva son verre et le fit tinter légèrement contre celui de la jeune femme.

— Santé ! murmura-t-il.

— A la vôtre.

Elle but une gorgée de gin tonic, remarquant du coin de l'œil que son compagnon avait troqué son jean et son polo usés contre une tenue plus soignée, notamment une chemise blanche qui mettait son hâle en valeur. Etait-ce pour rendre visite à Tyson ? Non. Elle se rappela qu'il devait aller voir Cara.

— Quelle botte de foin ? demanda-t-il.

— Botte de foin…

Elle réfléchit un instant, puis s'esclaffa.

— Je pensais tout haut, dit-elle.

— Vous auriez quand même dû verrouiller votre porte.

— C'est vrai.

Elle se pencha en avant.

— Alors, vous êtes allé voir Cara chez elle, à Fort Worth ?

Il jeta quelques cacahuètes dans sa bouche.

— Je croyais que vous vouliez savoir ce que Tyson m'avait dit.

— C'est vrai. Excusez-moi. Ce ne sont pas mes affaires, bien sûr. Et j'aimerais effectivement savoir ce que Tyson vous a dit.

— Je vous taquine, Rachel. Oui, je suis allé la voir. C'était…

Il regarda dans le vague tout en mâchant ses cacahuètes, puis posa de nouveau les yeux sur elle.

— Disons que je regrette d'avoir attendu aussi longtemps. Cara est enceinte.

— C'est vrai ? dit Rachel avec un sourire.

— Oui, mais elle n'avait pas grand-chose à m'apprendre

sur Jack. Cette visite m'a tout de même aidé à tirer un trait sur le passé. Cara a totalement abandonné la carrière qui la motivait tellement à New York. Elle ne parle plus que de son Anthony.

— Anthony ? Oui, je me souviens qu'il était avec elle le jour où j'ai essayé de la voir. Il avait une attitude très protectrice.

— Oh, mais c'est un prince !

Rachel haussa les sourcils.

— Il était là, lors de votre entrevue ?

— Non, mais je le reconnaîtrais entre mille. Ça doit être un chevalier blanc juché sur un cheval ailé.

Elle réprima un petit sourire amusé.

— Vous m'avez bien dit que cette visite avait été fructueuse ?

— Certes, elle l'a été.

Il fit tinter les glaçons dans son verre avant de goûter son cocktail.

— Elle était enceinte et absolument radieuse. Et figurez-vous que cette femme qui se faisait les ongles de façon presque obsessionnelle s'est prise d'une passion pour le jardinage. On croirait voir Dinah parmi ses pétunias. Je la reconnaissais à peine. Apparemment, je n'ai jamais connu la véritable Cara.

— Vous n'étiez peut-être pas faits l'un pour l'autre.

— Je ne vois pas pourquoi ! Ça se passait très bien au lit, dit-il en jetant à Rachel un petit regard en coin. Mais la prochaine fois, je tiendrai compte de certains autres critères si l'envie me prend de me remarier.

— Excellente nouvelle ! déclara Rachel du même ton pince-sans-rire que le sien. Bon, que vous a dit Cara à propos de Jack ?

— Seulement qu'il avait commencé à parler d'abandonner le base-ball.

— Vraiment ? dit Rachel en fronçant les sourcils. Elle n'a pas trouvé ça étrange ? Il avait surmonté tant d'obstacles pour intégrer cette équipe…

— Elle a mis ça sur le compte d'un ras-le-bol face aux exigences de Tyson qui soumet ses joueurs à un entraînement physique presque inhumain.

Cam se massa pensivement le menton, puis secoua la tête.

— Jack était pourtant fier de pouvoir relever ces défis. A mon avis, ce n'est pas pour ça qu'il voulait abandonner le sport.

Il marqua une pause et regarda Rachel.

— A propos de Tyson, justement…

— Oui ! Comment s'est passée votre entrevue ?

— Il n'a pas changé de refrain depuis cinq ans. La mort de Jack reste une énigme pour lui. Il a tendance à l'imputer aux stupéfiants découverts lors de l'autopsie.

Rachel opina.

— Il m'a raconté la même chose. C'est sa version des faits, et il n'en démord pas.

Cam contempla le contenu de son verre et le fit tourner lentement.

— En quittant le gymnase, j'ai surpris la conversation de deux joueurs — des garçons de terminale, je pense. Ils jouent déjà en première division. En me voyant, ils se sont tus immédiatement, mais j'en ai entendu assez pour me poser des questions. Je n'ai qu'un prénom : Jace. Est-ce que ça vous dit quelque chose ? Le garçon semble avoir un avenir dans le sport. Ils parlaient des conséquences d'un éventuel désistement de sa part.

— Jace ? C'est Jason Pate, dit Rachel. Mais Jason n'abandonnera jamais le base-ball. Il fait partie de l'élite des joueurs de Tyson — le dessus du panier. Ses performances sportives lui vaudront une bourse d'études supérieures dans une université prestigieuse, dès l'an prochain. Etes-vous sûr que c'était bien Jason qui parlait de tout laisser tomber ?

— Sûr et certain.

Rachel cessa de jouer avec sa serviette en papier, maintenant pliée en accordéon bien serré. Elle la poussa de côté et reprit son verre.

— Je suis tenue au secret professionnel, mais je dirais que Jason est confronté à de graves difficultés personnelles. J'essaie de travailler avec lui, de l'amener à se confier davantage… Ce ne sera pas facile parce que je le sens très profondément perturbé.

Cam lui prit la main et la serra dans la sienne.

— Excusez-moi, ce n'étaient peut-être que des futilités, mais j'ai pensé qu'il fallait vous mettre au courant.

Elle sourit vaillamment.

— Merci quand même.

Il retourna sa main et observa sa paume comme s'il voulait lire son avenir. Ces gestes affectueux contrastaient avec son tempérament d'ours solitaire, mais ils semblaient tout naturels de sa part… Il y mettait, d'ailleurs, tant de désinvolture que ça ne voulait probablement rien dire.

— Il faut que j'y aille, dit-elle en retirant sa main et en se levant.

Il se leva aussi, déposa quelques pièces sur la table pour régler l'addition.

— Tout semble désigner Tyson, reprit-il. Je crois que je vais aller rendre une petite visite à notre nouveau commissaire, Rachel. Pete pourrait peut-être nous fournir quelques informations sur les antécédents du bonhomme. Rien ne dit qu'il acceptera, mais ça vaut la peine de tenter le coup.

Voilà. N'était-ce pas de la désinvolture ?

En tout cas, elle avait intérêt à ne pas se monter la tête. Si une simple caresse sur la main lui faisait autant de bien, que se passerait-il si elle s'autorisait à aller plus loin ?

Pendant ce temps, Nick commençait à récolter les fruits de sa décision. Depuis qu'il avait renoncé à ces séances d'entraînement particulier avec Monk, la tension sur le terrain et dans les vestiaires s'était dissipée comme par magie ; les autres joueurs étaient redevenus beaucoup plus amicaux avec lui. Nick connaissait nombre d'entre eux depuis l'école primaire, et il avait souffert de se voir traiter comme une sorte de lépreux pendant quelque temps. Mais tout ça était fini, désormais.

Il en eut une preuve supplémentaire quand Robbie Sims s'arrêta devant son casier pour blaguer un peu avec lui. En fait, Robbie ne jouait plus qu'en première catégorie ; il appartenait au corps d'élite de Monk, et Nick n'avait jamais passé plus de cinq minutes en sa compagnie en dehors du terrain. Il faillit donc tomber à la renverse quand Robbie lui demanda s'il avait des projets pour vendredi soir.

— Euh, non, pas encore, bredouilla-t-il en se redressant, une chaussette à la main.

— Mes vieux ont un chalet sur le lac Ray Hubbard. Avec des copains de l'équipe, on va aller faire la fête et dormir là-bas, vendredi, après les cours. J'ai ma voiture — au cas où tu aurais un problème de transport.

C'était le cas, effectivement. Nick n'avait pas son permis mais une simple autorisation de conduite accompagnée.

— Ouais, c'est sympa, dit-il. Est-ce que j'apporte quelque chose ?

Robbie lui sourit.

— Ta présence suffira. Il y aura plein de trucs à bouffer et puis, tu sais, il y a aussi une piscine chauffée.

Putain ! Ça, alors !

— Qui est-ce qui vient, Robbie ?

— Je serai avec Mack Turner, Leo Smallwood, Kyle Burgess, Jason Pate et Steve Morgan ; peut-être deux ou trois autres, je ne sais pas encore.

Rien que des grosses pointures — des joueurs de première catégorie.

— Et puis toi et Will Smythe, de l'équipe junior de première division, ajouta Robbie.

Ward n'était pas invité. Nick en éprouva une pointe de regret et un soupçon de honte. Ward comprendrait immédiatement la raison pour laquelle il était exclu — bien qu'une invitation au lac Hubbard n'eût certes pas suffi à le faire renoncer à ses séances d'entraînement. Mais Nick n'aimait pas abandonner son ami tout un week-end. Une idée lui vint à l'esprit. Si Kristin acceptait de sortir avec Ward, il ne remarquerait même pas l'absence de Nick. Ward rêvait d'elle depuis des mois, mais il était trop timide pour la draguer franchement. Nick se promit de parler à la jeune fille à sa place. Il ne fallait pas traîner : on était déjà mardi ! Si son plan réussissait, il pourrait aller chez Robbie la conscience tranquille.

15.

Café brûlé, tabac froid et désinfectant. Tous les commissariats sentaient la même chose, songea Cam en prenant le couloir qui menait au bureau de Singletary. Il en avait visité plus d'un depuis qu'il écrivait des romans policiers, mais ses recherches concernaient généralement son travail en cours. Hormis l'enquête concernant Jack, c'était la première fois qu'il avait des motifs personnels de s'y rendre.

Il n'avait pas téléphoné, se disant qu'il reviendrait une autre fois si Pete n'était pas libre. A l'accueil, une jolie brune lui proposa un café, qu'il refusa.

— Vous avez raison, lui dit-elle en souriant. Il est de ce matin, et mes collègues s'imaginent que s'ils tiennent bon, j'en préparerai du frais.

— Ils se trompent ? demanda Cam qui admirait son aplomb — et ses longues jambes.

— Sur toute la ligne. Si je m'aventure sur ce terrain, ils ne tarderont pas à me demander de les servir, et pourquoi pas leur faire le ménage, aussi ?

Elle le gratifia d'un clin d'œil complice.

— Seulement, voilà, reprit-elle, j'ai demandé mon inscription à l'école de police. J'aimerais voir la tête qu'ils vont faire quand ils apprendront ça.

— Ce sera comique, en effet… Angela ?

— Oui, c'est ça.

Cam esquissa un sourire.

— Bonne chance, alors, Angela.

— Merci.

Elle pointa le doigt en face d'elle.

— Le bureau du commissaire est au fond du couloir.

La porte était ouverte, et Singletary, assis derrière sa table de travail, lorgnait du coin de l'œil l'écran de son ordinateur. Le bureau était impeccable : aucun dossier, aucun papier ne traînait. Il pouvait y avoir deux raisons à cela, estima Cam : soit une petite ville comme Rose Hill ne l'occupait pas suffisamment et il réglait au fur et à mesure tout ce qui arrivait, soit les policiers étaient suffisamment nombreux et efficaces pour se charger de tout, auquel cas le commissaire n'avait rien à faire.

Cam frappa discrètement sur le battant ouvert. Singletary se retourna, lui sourit et se leva pour l'accueillir.

— Cameron Ford ! Quelle coïncidence : je pensais justement à vous.

Les deux hommes échangèrent une poignée de main.

— Asseyez-vous. Angela vous a-t-elle offert une tasse de notre fameux café ?

— Je me suis rappelé votre mise en garde, alors je l'ai rcfusé.

— A cette heure-ci, c'était plus prudent, en effet.

Pete attendit que Cam fût assis pour se réinstaller dans son fauteuil.

— Que puis-je faire pour vous, Cameron ?

— Appelez-moi Cam. Je dois vous avertir d'emblée que ce que je viens vous demander pourrait vous mettre dans l'embarras. Par conséquent, je ne me vexerai pas si vous m'envoyez sur les roses.

— Je ne me vexerai pas non plus si vous faites de même

quand vous saurez pourquoi je pensais à vous, riposta Pete en se calant dans son siège. A vous de commencer.

— Très bien. Voici ce qui m'amène. J'ai besoin de renseignements sur un personnage en vue dans cette ville. J'ai l'impression qu'il n'est pas irréprochable, malgré les apparences. Bien sûr, je me base sur mon intuition pour dire ça, mais elle m'a rarement induit en erreur, jusqu'ici. Cela dit, si des soupçons pèsent réellement sur ce type, ça ne plaira pas à tout le monde. Et ça pourrait vous coûter cher.

Pete ébaucha un sourire.

— Nom d'une pipe, quelle entrée en matière ! Une véritable colle. Après ça, comment voulez-vous que je vous envoie promener sans chercher à en savoir plus ? Avant de vous lancer dans le roman policier, vous avez dû être avocat, ma parole !

— Non, j'étais agent de change, répondit Cam en riant.

— Hum, intéressant, grommela Pete. Qui est donc le notable en question ?

— Avant d'aller plus loin, je dois d'abord vous exposer le contexte.

Cam jeta un coup d'œil aux diplômes, citations, médailles qui ornaient le mur. Il y avait aussi une photo de Pete avec George Bush quand il était gouverneur. Et une autre à la Maison Blanche, près d'un sapin de Noël. Ce type avait autant de relations que Tyson. Se prenait-il aussi pour un dieu ? Cam l'ignorait encore.

— J'habitais New York quand j'ai divorcé, reprit-il. J'y suis resté, ensuite. Ma femme, elle, est revenue s'installer à Rose Hill avec notre fils. Jack avait tout juste quatorze ans et il était doué pour le sport. En moins de deux ans, il a réussi à s'intégrer dans l'équipe de base-ball du lycée et à passer en première division.

Cam marqua une pause, observant une photo de Pete au côté de Rudy Giuliani, dans les ruines du World Trade Center.

— Un soir, poursuivit-il, j'ai reçu un coup de fil de Jack ; il voulait me parler de « quelques pépins qui l'ennuyaient beaucoup dans son équipe de base-ball ». J'avais un bouquin à terminer, et je lui ai dit que je m'occuperais de ça dès que le livre serait chez l'éditeur. Plus tard, dans la nuit, mon ex-femme m'a appelé pour m'annoncer que notre fils s'était suicidé.

— Oh, non ! murmura Singletary. Il n'y a pas de mots…

— Non.

Cam s'éclaircit la voix.

— Je me suis repassé mentalement notre conversation un nombre incalculable de fois. Enfin… c'était il y a cinq ans. Et je fais aujourd'hui ce que j'aurais dû faire à l'époque. Mais il m'était impossible, alors, de raisonner avec un minimum d'objectivité. Aujourd'hui, j'ai besoin de savoir. Ce suicide a surpris tout le monde, apparemment. Personne n'a pu me fournir la moindre explication — sinon que Jack était un adolescent perturbé par le divorce de ses parents, son retour au Texas, l'adaptation à un nouvel environnement scolaire, ainsi de suite… Je n'étais pas d'accord et je ne le suis toujours pas.

— La drogue aurait-elle pu jouer un rôle ?

Cam laissa échapper un petit rire amer.

— L'autopsie a effectivement révélé la présence de stupéfiants dans son organisme.

— Les stupéfiants peuvent provoquer toutes sortes de comportements insolites, dit Pete d'un ton circonspect.

— J'en suis conscient. Bien entendu, ce serait l'explication la plus logique. Seulement, Jack n'était pas un drogué. Si, cette nuit-là, il avait consommé des substances illégales, c'était tout à fait inhabituel.

— Qu'attendez-vous de moi, Cam ?

— D'une part, j'aimerais avoir accès au dossier concernant le suicide de Jack. Le dossier complet, si possible. Je ne connais pas le règlement en la matière, mais j'espère que vous l'assouplirez quand vous connaîtrez mon autre motif.

Cam changea de position sur sa chaise et ajouta :

— Je flaire quelque chose de louche dans les activités sportives du lycée.

— Quelque chose de louche ? Pourriez-vous être plus précis ?

— Non. Et je n'ai pas l'ombre d'une preuve — rien que des impressions. Les propos de Jack au téléphone, cette nuit-là, me hantent constamment. Le petit royaume de Tyson recèle des secrets, Pete. Je ne peux pas mettre le doigt dessus, et encore moins prouver quoi que ce soit, mais je le soupçonne plus que jamais.

— Bon sang, votre *personnage en vue* ne serait pas Monk Tyson, par hasard ?

— Lui-même. Vous comprenez ce que je voulais dire à propos des gens qui risquent de ne pas apprécier d'éventuelles révélations ?

— Merde ! Effectivement.

Pete se redressa et croisa les bras sur son bureau.

— Laissez-moi deviner la suite. Vous allez demander à voir le dossier de Tyson, je suppose ?

— Il a un casier judiciaire ?

Pete secoua la tête avec un soupir.

— Oui. Bon, dites-moi un peu ce qui a éveillé vos soupçons ?

— Jimbo Rivers était le meilleur ami de Jack, au lycée. Il poursuit maintenant ses études à l'université du Texas. Je l'avais rencontré après la mort de Jack, et il m'a semblé que si quelqu'un savait quelque chose, c'était lui. Mais il était sur le point d'obtenir une bourse sport études, et il a préféré se taire. Aujourd'hui, les plus grands clubs le courtisent, et son avenir est assuré. Il ne tient certainement pas à le compromettre.

— Vous n'avez donc aucun indice ? Ni même aucune précision sur la nature de ce qui pourrait se tramer ?

— Exact.

— Est-ce que ça pourrait être une affaire de drogue ? Pensez-vous que les athlètes en consomment ? Ou bien qu'ils en revendent ? Croyez-vous que Tyson ait créé un réseau de trafiquants avec les garçons qui jouent dans ses équipes ?

— Comment dire ? Je ne prétends pas que ce soit impossible, dit Cam en se levant et en allant se poster à la fenêtre. Pour être franc, je n'ai pas la moindre idée de ce qu'il trafique. Ça pourrait être une affaire de drogue, mais ce n'est pas le sentiment qu'il me donne. Tyson ne manifeste aucune tolérance à cet égard, et rien de ce que j'ai pu voir ne m'a laissé supposer le contraire. D'après Rachel, l'un des joueurs favoris de Tyson est sur la pente de l'alcoolisme — pas de la drogue. Mais il s'agit là d'une tendance récente qui s'apparenterait plutôt, dans son cas, à une sorte de symptôme.

— Un symptôme de quoi ?

— J'aimerais le savoir, dit Cam en regardant dehors. Personnellement, je n'ai pas encore eu l'occasion de lui parler. Mais c'est un garçon qui peut prétendre à un avenir fabuleux dans le sport. Pourquoi gâcherait-il ainsi toutes ses chances ?

— Il a peut-être des problèmes familiaux ?

— C'est possible. Mais là encore, mon petit doigt me dit…

— Que c'est à cause de Tyson ?

— Oui.

— Y a-t-il autre chose ?

— Eh bien, Tyson a proposé des séances d'entraînement supplémentaires à Nick, le fils de Rachel, et à son ami Ward, le frère cadet de Jimbo. Ward compte sur l'appui de Tyson pour obtenir, lui aussi, une bourse sport études. En revanche, Nick a récemment décidé de renoncer à ces faveurs exceptionnelles. Il craignait d'être jalousé par les autres, mais j'ai aussi décelé chez lui des réticences plus directement liées à Tyson.

— Pourriez-vous l'inciter à vous en dire plus ?

— J'essaie.

— Bien.

Singletary réfléchit encore un moment sans rien dire. Puis il se tourna vers son ordinateur, pianota brièvement sur le clavier et attendit l'arrivée des informations sur l'écran.

— Je jette un coup d'œil sur la fiche d'identité de Tyson, dit-il enfin. Réputation impeccable. Vous êtes tombé sur un sacré renard.

— C'est peut-être une fausse piste, dit Cam. J'ai pu imaginer des choses…

— Peut-être, peut-être pas.

Pete se tourna vers la fenêtre et contempla la rue, profondément absorbé par ses réflexions. Son expression était identique à celle qu'il avait quelques instants plus tôt, seul devant son ordinateur. Il tenait quelque chose à la main, qu'il pressait dans sa paume à intervalles réguliers. Une balle de relaxation en caoutchouc, semblait-il. Cam suivit les mouvements de ses muscles, favorablement impressionné par cet homme aux manières simples, qui semblait à la fois perspicace et d'une efficacité remarquable. Comment le commissariat de Rose Hill avait-il pu s'offrir un professionnel de cette pointure ?

— J'ai un vieil oncle richissime, dit Pete d'un ton songeur.

Toute sa vie, il a cherché du pétrole dans des terrains vierges. Il en a effectué des forages — et souvent en pure perte. Il a fait fortune, puis il a tout perdu à plusieurs reprises. Quand on creuse un puits, on n'a aucune garantie de voir jaillir l'or noir, mais ça ne veut pas dire qu'il ne faille pas creuser.

— Vous ne me prenez pas pour un père anéanti qui cherche des explications vaseuses à la mort de son fils dans le but de se déculpabiliser ?

Pete examina la balle de relaxation, au creux de sa main.

— J'ai vu beaucoup de parents anéantis par la mort de leur gosse qui en voulaient à la terre entière. Prétendez-vous n'avoir jamais éprouvé ça ?

— Si, hélas, et bien pire encore. Pendant près de cinq ans. Je commence seulement à me remettre en cause avec honnêteté.

Comme Pete gardait le silence, Cam décida de jouer le tout pour le tout.

— Je n'ai pas à vous dire comment vous y prendre, bien sûr, mais je trouve que Tyson a des revenus plutôt faramineux pour un prof de sport du secondaire. Vous savez comme moi que les rumeurs d'une enquête officielle à ce sujet soulèveraient un tollé général parmi ses admirateurs inconditionnels.

— En revanche, depuis les attentats du 11 septembre, le Patriot Act nous accorde une marge de manœuvre beaucoup plus large, dit Pete en jetant sa balle dans un tiroir du bureau. Dans le climat de suspicion actuel, les secrets de Tyson sont mes secrets, pour ainsi dire.

— Encore une chose, dit Cam en se rasseyant. Comme je vous l'ai dit, Ward n'a pas eu le courage de refuser les faveurs de Tyson. Il a beaucoup trop envie de surpasser son frère pour y renoncer.

Pete attendit, sentant que Cam n'avait pas encore dit où il voulait en venir.

— D'après Nick, Ward est déprimé, ces temps-ci. Il est devenu lunatique, susceptible et maussade, lui qui avait, paraît-il, un caractère en or.

— L'adolescence est une période difficile, Cam ; et ce garçon a peut-être des peines de cœur.

— Il s'intéresse à une certaine Kristin, mais il n'y a encore rien eu entre eux. Et j'ai l'impression que ses problèmes sont plus compliqués que ça. Les changements de comportement brutaux sont souvent très mauvais signe…

— Vous pensez qu'il est sur la même pente que votre fils ?

— Je n'irai pas jusque-là. Mais je ne peux pas m'empêcher de faire le rapprochement entre Ward et le jeune homme dont je vous ai parlé, qui risque de gâcher toutes ses chances en sombrant dans l'alcoolisme… Pourrait-il y avoir un rapport ?

— Pour être franc, Cam, ça ne me semble pas probant… Nick sait peut-être quelque chose qu'il ne veut ou ne peut pas révéler, si vous voyez ce que je veux dire.

Cam opina.

— Effectivement. J'essaie de le faire parler, mais je ne voudrais pas l'effrayer.

— Il n'a pas l'air désorienté ?

— Pas trop, non. Il a eu le cran de s'opposer à Tyson, ce qui en dit long sur sa force de caractère.

— Ecoutez, Cam, je ne voudrais pas dénigrer le moins du monde votre fils, dit Pete avec précaution, mais croyez-vous qu'il se soit senti incapable d'affronter une situation insoutenable que lui auraient imposée Tyson et ses sbires, par exemple ?

— C'est là que le bât blesse, répondit Cam en massant son

menton hérissé d'une barbe naissante. Jack était un garçon dégourdi, avec un sacré caractère. Tout le monde savait qu'il n'était pas du genre à se laisser faire. Les défis ne l'effrayaient pas, au contraire. Il l'a prouvé à maintes reprises, dès le moment où il est arrivé à Rose Hill. Alors, pourquoi aurait-il brusquement choisi de se tuer au lieu de se battre ?

Pete ouvrit le tiroir central de son bureau, en sortit un stylo et un petit carnet.

— Il y a quelques points que je vais essayer d'éclaircir, dit-il en griffonnant quelques notes.

Au bout d'un moment, il referma son carnet et le fourra dans la poche de sa chemise.

— Vous avez dû rencontrer Tyson, quand c'est arrivé. Que vous a-t-il dit ?

— La même chose qu'hier : qu'il avait été stupéfait, bouleversé, totalement pris au dépourvu.

— Hier ?

— Oui, je suis allé le voir à la fin de l'entraînement. Sa ligne de conduite est exactement la même qu'il y a cinq ans. Son bureau est plus luxueux qu'à l'époque, c'est tout. Il n'avait toujours pas la moindre idée des motivations de Jack ; il aurait tendance à imputer son suicide à la drogue. Mais il est bien le seul à le penser. Personne n'a jamais vu Jack prendre quoi que ce soit, Pete. Il ne fumait même pas de cigarettes.

— D'accord. Donnez-moi quelques jours pour mener mon enquête. De toute façon, je vous tiens au courant… Et maintenant, à mon tour.

Les deux hommes se mesurèrent un instant du regard. Cam se demanda où Pete voulait en venir.

— En installant ces étagères chez Rachel, l'autre jour, j'ai constaté que vous vous connaissiez un peu, tous les deux. C'est une très belle femme, vous l'avez sûrement remarqué.

— Il faudrait être aveugle, dit Cam, toujours sur ses gardes.

Pete hocha lentement la tête.

— Dans ce cas, je suppose que passer une soirée avec elle ne serait pas vraiment une corvée ?

— Essayez-vous de me ficeler un rendez-vous, commissaire ?

— Non, j'essaie de m'en ficeler un, à moi.

Tout en parlant, Pete cliqua avec sa souris sur l'écran de l'ordinateur — comme s'il voulait gagner un peu de temps, songea Cam.

— Vous avez fait la connaissance de Marta samedi après-midi, n'est-ce pas ?

— En effet.

— Nous avons été fiancés, autrefois. Et à cause d'une connerie, je n'avais pas eu l'occasion de la revoir, depuis lors. Elle ne voulait plus entendre parler de moi.

— Vraiment ?

Pete soupira. La balle de relaxation avait réapparu dans sa main.

— A l'époque, j'étais un jeune flic dévoré d'ambition, et Marta aurait aimé me voir changer de métier. Son père, qui était brigadier, a été tué en service quand elle avait neuf ans. Ça l'avait tellement traumatisée qu'elle insistait pour que je reprenne mes études de droit. Cette histoire créait un climat de conflit permanent entre nous. Je lui en voulais… Bref, il y avait une jeune collègue qui me faisait les yeux doux et, un soir où j'avais un peu trop bu, j'ai succombé à la tentation. Marta nous a surpris au lit.

— Aïe !

Personnellement échaudé par les infidélités de Cara, Cam se sentit assez peu enclin à compatir.

— Sans rien vouloir écouter, elle a immédiatement jeté ma bague de fiançailles dans les toilettes.

— Ça ne m'étonne pas d'elle ! murmura Cam.

— Plus tard, j'ai appris que son mari était mort d'un cancer. Depuis, je me démène comme un diable pour changer de mode de vie.

Pete suivit du regard, par la fenêtre, le flux intermittent de la circulation.

— Je crois en avoir trouvé un qui pourrait convenir à Marta, conclut-il.

Cam jeta un coup d'œil sur les photos et les citations encadrées qu'il avait remarquées à son arrivée.

— Vous troquez une brillante carrière dans la PJ de Dallas contre un poste de commissaire à Rose Hill, à cause d'une femme ?

— A cause de Marta. Elle a épousé Jorge Ruiz six mois après la rupture de nos fiançailles. J'en ai été malade, figurez-vous. L'idée de passer le restant de mes jours sans elle m'était insupportable. Quand j'ai appris qu'elle était veuve, j'en ai été désolé, croyez-moi. Mais la voilà de nouveau libre, et je ne veux pas laisser passer ma chance, cette fois-ci.

Pete se tut et Cam attendit encore, se doutant de ce qui allait suivre.

— Quels rapports entretenez-vous, au juste, avec Rachel ? lui demanda Pete.

— Nous sommes voisins, c'est tout.

— Samedi soir, j'aimerais pendre la crémaillère. En petit comité.

— Je vous enverrai un cadeau, promit Cam.

— Si vous veniez plutôt accompagné ?

— Attendez, laissez-moi deviner ! Je viendrais en compagnie de Rachel, laquelle essaierait de persuader Marta de se joindre à nous ?

— Excellente déduction, mon cher Watson.

Pete rapprocha sa chaise de son bureau et se pencha en avant pour ajouter :

— Vous me rendriez un immense service, Cam.

Il se tut, et Cam apprécia qu'il s'abstînt de toute allusion à une réciprocité quelconque. Du reste, ce que Pete lui demandait là n'était qu'une broutille en regard de ce qu'il attendait de lui.

— Je vais tenter le coup, dit-il en se levant. Espérons que j'aurai assez d'influence sur Rachel…

— C'est une jeune femme romantique, affirma Pete. Depuis six ans, elle rêve de nous réconcilier, Marta et moi. Il ne devrait pas être trop difficile de la convaincre.

Cam se dirigea vers la porte, conscient de s'être fait manœuvrer.

— Quand pourrai-je consulter le dossier de Jack ? s'enquit-il.

— Tenez, le voilà.

Pete se tourna immédiatement vers son ordinateur, appuya sur la touche « impression », et se cala dans son fauteuil en souriant.

— 6 heures et demie, c'est l'heure de l'apéro. Avez-vous une marque de bière préférée ?

16.

— Avec qui parlais-tu ?

Dinah regarda sa fille qui venait de couper la communication et gardait le téléphone sans fil à la main, l'air préoccupé.

— Rachel ? C'était une mauvaise nouvelle ? C'est Ted ? Qu'est-ce qu'il a encore fait ?

Rachel tourna la tête, s'aperçut qu'elle tenait toujours l'appareil et le posa sur la table.

— Pardon ? Oh, non, ce n'était pas Ted ! C'était Cam. Il me demande d'aller le voir. C'est peut-être à propos de Tyson — ou de Jack. Il devait passer au commissariat pour essayer d'avoir accès au rapport de police… A moins qu'il ait à se plaindre de Nick et Kendy, qui passent leur temps à l'importuner…

— Allons donc, Cam est tout à fait capable de se débarrasser d'eux tout seul : il n'a pas besoin de toi pour ça.

— Alors, pourquoi me demande-t-il de venir chez lui ?

— Parce que tu lui plais, peut-être ?

— Maman, ne dis pas de sottises !

Rachel gagna sa chambre pour aller se changer. Tamika Jessup, une élève de seconde évincée du groupe de pom-pom girls, avait sangloté pendant un quart d'heure dans ses bras, laissant des traces de mascara sur le chemisier blanc qu'elle portait ce jour-là.

— Habille-toi sexy !

Sur le pas de la porte, Dinah lui adressa un clin d'œil. Avec un soupir, Rachel lança son chemisier sale dans la corbeille à linge et fouilla un moment sa penderie.

— Que penses-tu de ça ? demanda-t-elle en sortant un corsage noir, dos nu et brodé de strass, qu'elle avait porté une fois pour le réveillon.

Dinah secoua la tête en riant.

— Des paillettes avant 10 heures du soir ? Tu pourras t'autoriser ce genre d'excentricités quand tu auras mon âge, ma chérie, pas avant !

Elle alla s'asseoir sur le lit de sa fille.

— Mais s'il faut choisir, reprit-elle, les paillettes sont encore préférables à ce genre de tunique ample que tu t'apprêtais à enfiler.

Rachel cessa de chercher et se tourna vers elle.

— Pourquoi t'imagines-tu que Cameron Ford s'intéresse à moi — et moi à lui ? Pour ça, encore faudrait-il que je cherche à remplacer Ted — ce qui n'est pas le cas !

Dinah fronça les sourcils et porta l'index à sa tempe, comme pour réfléchir.

— Pourquoi, en effet ? Je ne vois aucune raison — à part que c'est un homme séduisant, intéressant, sympa, et qu'il habite juste à côté.

Feignant de ne rien entendre, Rachel brandit un joli petit T-shirt blanc et un jean couture qu'elle avait achetés la semaine précédente.

— Et ça ?

— Excellent choix, répondit Dinah d'un ton approbateur. Enfin des vêtements dans lesquels tu ne vas pas flotter !

— J'aurais aimé avoir le temps de grignoter quelque chose avant de partir, dit Rachel en se tortillant pour enfiler son jean moulant. Je n'ai pas eu le temps de déjeuner, aujourd'hui.

Il reste peut-être une pomme ou deux ? Je comptais faire quelques courses, mais j'étais déjà en retard pour emmener Kendall à sa leçon de piano.

Apercevant quelque chose sur le T-shirt de sa fille, Dinah s'approcha d'elle.

— Il n'y a plus de fruits et le frigo est vide, répondit Dinah en s'approchant de sa fille pour ôter l'étiquette collée sur la manche de son T-shirt. Mais ne t'en fais pas : je vais aller faire un tour au supermarché avec Kendy.

Rachel soupira.

— Je ne sais pas comment te remercier pour tout ce que tu fais, maman. J'ai hâte que le divorce soit prononcé : je te revaudrai ça quand j'aurai touché ma part de la maison.

Dinah recula de quelques pas pour examiner la jeune femme.

— Tais-toi donc ! lui dit-elle. Tu sais bien que tu ne me dois rien. Du reste, si je comptais là-dessus, je serais probablement morte de vieillesse avant que cette canaille de Ted t'ait réglé ton dû !

Rachel se regarda dans le miroir et décida de changer de boucles d'oreilles.

— Il m'a appelée tout à l'heure au lycée ; il paraît que le divorce se passe très mal entre Walter et Francine. Elle est dans tous ses états.

— Qu'est-ce qu'elle espérait, cette gourde ? grommela Dinah. Qu'il lui adresse tous ses vœux de bonheur accompagnés d'un gros chèque ?

Troquant ses boucles contre une paire de petites créoles en or, Rachel s'esclaffa.

— Comment me trouves-tu ? demanda-t-elle en se tournant vers sa mère.

— Ravissante.

— Tu n'exagères pas un peu ?

Voyant que Dinah s'apprêtait à protester avec véhémence, elle la prit dans ses bras.

— Bon, même si ton point de vue n'est pas entièrement objectif, merci quand même. C'est bon pour le moral.

Dinah la gratifia d'une petite tape sur les fesses.

— Maintenant, file en mettre plein la vue à notre charmant voisin.

Rachel préféra s'abstenir de toute repartie.

— J'ignore si j'en ai pour longtemps — par conséquent, je vais passer voir Nick avant. Il a un exposé de bio à rendre vendredi ; comme d'habitude, il va le faire au tout dernier moment.

Dans la chambre voisine, Rachel trouva Nick allongé sur son lit, les yeux au plafond. Les accents assourdis d'une musique de rap s'échappaient des écouteurs vissés dans ses oreilles. Il jeta un coup d'œil sur sa mère, soupira d'un air résigné et se redressa en position assise sans prendre la peine de baisser le son.

— Eteins ça, Nick.

Il soupira encore, mais obtempéra.

— Qu'est-ce qu'il y a ?

— Je viens voir où tu en es. Tu as fini ton exposé de biologie ?

Il jeta les écouteurs sur la table de chevet.

— On n'est que mercredi ! C'est pour dans deux jours.

— Nick, c'est un exposé important. Morton ne te fera pas de cadeau. Tu as intérêt à rendre quelque chose de bien si tu veux que ta moyenne remonte un peu.

— T'en fais pas, maman, c'est fastoche. Je te promets que tu n'auras pas honte de moi.

— C'est toi qui risques d'avoir honte, pas moi. Ecoute…

Elle s'interrompit, sachant qu'il était inutile de le sermonner.

— Je ne vais pas te faire la leçon, reprit-elle. Je te préviens seulement que si tu ne rends pas ce devoir à temps et si tu as une mauvaise note, tu seras privé de sorties et de CD pendant un an.

— *Un an ?* s'exclama-t-il, outré.

— Tu ne pourras t'en prendre qu'à toi, déclara Rachel en s'adossant à la commode et en croisant les bras. Pourquoi m'obliges-tu à te menacer de sanctions ? Mets-toi au travail, débarrasse-toi de cet exposé et tu pourras profiter tranquillement de ton week-end. Ce sera mieux que de le rendre en retard, avec une mauvaise note à la clé et un week-end gâché.

— Je vais le faire, te bile pas.

Il remonta les genoux et entoura ses jambes de ses bras.

— A propos du week-end, je suis invité, vendredi soir.

— Ah bon ? Chez qui ?

Le regard du garçon s'anima.

— Robbie Sims. Ses parents ont un chalet sur le lac Hubbard. Il y aura d'autres joueurs de l'équipe. On dormira tous là-bas. C'est vraiment super. Ils ont une piscine chauffée et un bateau sur le lac. Je sais, tu vas me demander s'il y aura des adultes ! T'en fais pas : Robbie a dit que son père viendrait.

Rachel fronça les sourcils.

— Qui d'autre est invité ?

Nick haussa les épaules.

— Mack Turner, Leo Smallwood, Kyle Burgess, Jason Pate, Steve Morgan…

— Mais ce sont tous des joueurs de première catégorie, dit Rachel, surprise. Il n'y aura personne de ton âge ?

— Will Smythe.

— Oh, Nick, je ne sais pas…

— Maman, tu ne te rends pas compte !

Piqué au vif, il se leva d'un bond et se planta en face d'elle, de l'autre côté du lit.

— C'est vraiment quelque chose de fabuleux ! Leur baraque n'a rien à voir avec notre minable petit chalet. C'est un genre de paradis pour sportifs, tu vois ? J'ai entendu les gars en parler. C'est une chance inouïe de pouvoir y aller.

— Je comprends ça, Nick. Ce que je ne comprends pas, par contre, c'est que tu sois invité avec une bande d'élèves de terminale qui ont tous au moins deux ans de plus que toi. Je ne pense vraiment pas…

— Oh là là, arrête un peu d'angoisser ! Si je te laissais faire, tu me tiendrais encore par la main pour traverser la rue. Je ne suis plus un bébé. En cas de pépin, j'ai mon portable.

— Tu n'as pas mentionné la présence de Ward, reprit Rachel. Robbie a dû l'inviter, puisque c'est ton meilleur ami.

— Non, Ward n'y sera pas. Je suis sûr que c'est à cause de ces séances d'entraînement avec Tyson, ajouta Nick en se baissant pour sortit son CD du lecteur. Et je n'aurais pas été invité, moi non plus, si j'avais continué.

— Pourquoi, à ton avis ?

— Bof, les autres prennent ça pour du fayotage, répondit Nick en choisissant un second disque.

— Mais vous n'avez rien demandé à Tyson ! C'est lui qui vous l'a proposé.

— Ouais mais ça fait rien… Enfin, moi, j'en avais marre, alors que Ward tient absolument à surpasser Jimbo.

Rachel opina sans insister davantage. Nick venait déjà de se confier comme il le faisait rarement.

— Bon, j'en parlerai ce soir à ton père, d'accord ?

— Non, maman.

Il jeta la boîte du CD sur le lit et la regarda d'un air de défi.

— Je lui en parlerai moi-même. Et s'il est d'accord pour le week-end chez Robbie, la question sera réglée. Ça te va ?

Bien sûr, elle avait envie de lui faire plaisir. Et puis, ce n'était pas la peine de l'inciter à se rebeller davantage. Elle préférait garder son énergie pour d'autres combats.

— Entendu comme ça.

Elle s'apprêtait à quitter la pièce quand il la rappela. En se retournant, elle le vit agiter un cahier qu'il venait de tirer de dessous le lit.

— Le devoir de biologie, dit-il. Il est fait. Je l'ai fini il y a une heure.

La nuit était presque tombée quand Rachel traversa enfin la pelouse pour aller voir Cam. Il y avait de la lumière à ses fenêtres, et Rachel apprécia une fois de plus le charme de cette maison pleine de coins et de recoins évocateurs de fantômes. En gravissant les marches de la terrasse couverte, elle admira les couleurs subtiles du vitrail, au-dessus de la porte d'entrée. Nick lui avait dit que c'était l'œuvre de Cam. De la part d'un amateur comme lui, c'était un travail remarquable. Elle s'apprêtait à heurter le marteau en cuivre quand la porte s'ouvrit inopinément.

— Oh, bonsoir ! bredouilla-t-elle, prise au dépourvu. J'étais en train d'admirer votre imposte. Nick affirme que vous l'avez refaite vous-même.

— Oui, le vitrail est une technique passionnante. Entrez, Rachel.

A la lumière du vestibule, il la détailla de la tête aux pieds, et sourit.

— Hmm… Sympa, ce petit jean, dit-il, la faisant rougir jusqu'aux oreilles. Vous avez dîné ?

— Non, mais…

— Tant mieux ! Encore une occasion de me racheter. Que diriez-vous d'un gaspacho puis d'un risotto aux fruits de mer avec des galettes de crabe ?

Rachel ouvrit de grands yeux.

— C'est une blague ? La dernière fois que je suis venue, vous m'avez dit que vous n'étiez pas très bon cuisinier.

Il inclina la tête d'un air espiègle.

— Effectivement. Je plaisantais.

Il la prit par la taille et la guida vers la grande cuisine à l'ancienne avec sa table de ferme de bois épais et son carrelage rustique.

— A part les grillades, je n'ai que deux spécialités : spaghettis et lasagnes. Ce soir, c'est le tour des lasagnes. J'espère que vous aimez ça… Ne dites pas non, je vous en prie ! Vous avez déjà refusé mes spaghettis, l'autre soir ; je vais finir par penser que ce n'est pas ma cuisine qui vous fait fuir, mais moi.

— Je croyais que vous aviez quelque chose à me dire, murmura Rachel en jetant sur la table un coup d'œil perplexe.

Le couvert était mis pour deux personnes, avec au centre de la table une bougie entourée de camélias — œuvre de Dinah. Rachel se demanda si sa mère était de connivence avec Cam et si le frigo, chez elle, était réellement vide.

— Vous n'aviez pas parlé d'un dîner !

— Vraiment ?

Il se frappa la tempe du plat de la main.

— J'aurais dû ! Bon, puisque vous êtes là, vous prendrez bien un verre de vin ?

— A votre avis, je vais en avoir besoin ?

— Pour accompagner les lasagnes, ça me semble tout indiqué.

Il brandit deux bouteilles.

— Rouge ou blanc ? A mon avis, le rouge est meilleur.

— Je ne parlais pas du repas, riposta Rachel. Je craignais que vous ayez des doléances au sujet de mes enfants.

Visiblement stupéfait, il posa ses bouteilles sur le plan de travail.

— Quelle idée ! Moi qui avais trouvé des tâcherons pour m'aider à isoler le grenier… Sans parler de Kendy qui a bien voulu me rendre un service exceptionnel.

— Un service ? répéta platement Rachel.

— Elle est en train de mettre au point un système pour exorciser le fantôme de mon arrière-grand-oncle.

Rachel baissa la tête, se pinça l'arête du nez et faillit éclater de rire. Lorsque Cam faisait son numéro de charme, il n'y allait pas de main morte.

— Rouge, dit-elle.

— Vous avez raison.

Déjà armé du tire-bouchon, il entreprit de déboucher la bouteille de cabernet-sauvignon. A en juger par l'étiquette, c'était un vin plus raffiné que le chianti.

Les poings sur les hanches, Rachel le regarda faire.

— Qu'est-ce qui se passe, Cam ?

Avant de lui répondre, il acheva de remplir les verres, lui tendit le sien et l'entraîna vers la banquette du coin repas, près de la fenêtre.

— Je suis chargé d'une mission humanitaire, dit-il quand ils furent assis.

Elle dégusta quelques gorgées de vin tout en lorgnant la table si joliment dressée.

— J'ignore de quoi il s'agit, mais vous avez suffisamment tourné autour du pot. Dites-moi ce que vous attendez de moi, à présent.

— J'ai un immense service à vous demander. Mais pas pour moi. C'est pour Pete et Marta.

— Pete et Marta ? Vous êtes en mission pour Pete et Marta ?

— Vous savez que je devais rendre visite à notre nouveau commissaire. J'y suis allé hier. Mais Pete est un petit malin : il a profité de l'occasion pour solliciter mon aide. Il voudrait inviter Marta à sa pendaison de crémaillère mais il est sûr qu'elle refusera.

Cam posa son verre et croisa tranquillement les jambes devant lui.

— Il nous propose donc de venir tous les deux, et il espère que vous saurez la convaincre de se joindre à nous.

— Ah, c'est ça ? Bon, j'essaierai, dit-elle, un peu gênée qu'il se trouvât plus ou moins forcé de l'accompagner.

Se laissait-elle influencer malgré elle par les idées rocambolesques de sa mère ? Elle avait intérêt à se ressaisir.

— Ce grand événement est prévu pour quand ?

— Vendredi soir, vers 19 heures.

— D'accord, à condition que Dinah accepte de garder Kendy. Nick ne sera pas là, vendredi soir ; il va faire la fête chez des amis, au bord du lac Ray Hubbard.

— Parfait, dit Cam en opinant. Je passerai vous prendre et nous irons ensuite chercher Marta. Comme ça, nous rentrerons tous les deux à la fin de la soirée, et Pete pourra raccompagner Marta chez elle.

— Je vois.

Effectivement, Pete avait tout prévu. Rachel jugea inutile de préciser que Marta avait déjà accepté l'idée de discuter avec lui, même si elle n'était pas encore prête à lui pardonner.

— Alors, qu'en pensez-vous ?

— C'est astucieux, admit-elle, mais à la place de Pete, je ne me ferais pas trop d'illusions quand même. Marta a de bonnes raisons de lui en vouloir.

— Il m'a dit qu'elle l'avait surpris au lit avec une autre femme. Selon lui, c'était une bêtise qu'il a aussitôt regrettée.

— Seulement, le mal était fait. Je ne sais pas si Marta sera un jour capable de lui rendre sa confiance.

— Vous pensez tout de même qu'il mérite une deuxième chance ? J'ai été surpris quand Pete m'a dit que vous incitiez Marta à revenir sur sa décision.

— Ce n'est pas tout à fait ça. Je pense seulement qu'ils auraient dû parler avant de décider que tout était fini entre eux.

— Vous m'avez pourtant dit un jour que l'infidélité était pour vous l'une des épreuves les plus pénibles que puisse connaître un couple ! Auriez-vous changé d'avis ?

— Non, mais Pete et Marta n'étaient pas encore mariés quand cette histoire s'est produite. La période des fiançailles permet en principe aux couples d'apprendre à se connaître afin de savoir gérer d'éventuels conflits. Au lieu de cela, Marta a rompu sur un coup de tête. Son mariage précipité avec Jorge Ruiz en a été la suite logique, du reste.

— Comment était-il ?

— Jorge ? C'était quelqu'un d'adorable. Tranquille, un peu timide. L'homme le plus gentil du monde.

— Un type rassurant, en somme. Peut-être aussi un peu ennuyeux… Et depuis qu'elle est veuve, Marta n'a rencontré personne qui l'intéresse ?

— Pas à ma connaissance, non.

Cam se pencha pour reprendre son verre.

— Aujourd'hui, rétrospectivement, vous continuez à croire que le couple qu'elle formait avec Pete aurait pu surmonter cette crise ?

— C'est difficile à dire ; je ne suis pas extralucide, répondit-elle, percevant autre chose dans ces questions qu'un intérêt amical pour Pete et Marta. Mais ils peuvent toujours en discuter : ils n'ont rien à perdre.

— Sans doute. Pour ma part, une discussion ne m'aurait sûrement pas évité de divorcer.

Moi non plus, songea Rachel en examinant le dessin gravé sur son verre en cristal. Cam avait sans doute hérité de ses parents la vaisselle et la plupart des meubles qui se trouvaient dans cette maison. Elle le regarda dans les yeux.

— Vous ne m'avez pas dit ce que vous comptiez obtenir en échange de ce service.

— Le plaisir de votre compagnie, d'une part, répondit-il. Ensuite, Pete m'a remis un exemplaire du rapport de police établi lors de la découverte du corps de Jack, ainsi que celui du médecin qui a constaté le décès dans le comté d'Angelina, à quatre-vingts kilomètres d'ici.

— Deux documents qui ont dû vous mettre au supplice, murmura Rachel.

— Oui.

Il s'éclaircit la voix et but une gorgée de vin.

— Je n'aurais pas supporté ça il y a cinq ans. Je ne sais pas si le fait d'avoir lu autant de rapports d'autopsie dans le cadre de mon travail est un avantage ou pas, mais quand il s'agit d'un être cher…

D'un geste spontané, Rachel se pencha vers lui et lui toucha la main. Il la serra dans la sienne, tout en respirant profondément, comme pour reprendre des forces. Sans trop réfléchir, devinant que tout ce qu'il pourrait apprendre de positif sur son fils lui ferait du bien, elle se mit à parler.

— Marta considérait Jack comme un élève particulièrement doué. Son cours magistral est réservé aux meilleurs d'entre eux, comme vous devez le savoir. Tel père, tel fils, sans doute… Elle m'a fait lire deux dissertations remarquables qu'il avait rédigées. Nous étions épatées qu'un sportif aussi accompli possède aussi une telle maîtrise de la langue. C'est pourquoi je me suis posé des questions quand ses notes ont commencé à chuter, au second semestre.

Cam la regardait fixement.

— Vous avez des textes rédigés par mon fils ?

— Non. Marta ne m'a jamais rien laissé. Elle m'a seulement fait partager ce qu'elle appréciait, et les dissertations de Jack se distinguaient nettement du lot.

Rachel s'interrompit, discernant quelque chose dans le regard de son compagnon.

— Vous saviez qu'il avait un talent d'écriture, n'est-ce pas ?

Lâchant sa main, il se leva et alla se poster devant la fenêtre, le dos tourné.

— Où se trouvent ces textes, à présent ?

— Marta les a peut-être conservés.

Mon Dieu, il ne savait pas ! Elle ressentit pour lui un profond élan de compassion.

— Nous pouvons lui poser la question, Cam. Habituellement, un professeur ne garde pas aussi longtemps les devoirs des élèves, mais vu la qualité de ceux-là…

Elle le vit s'assouplir machinalement les doigts, comme s'il cherchait à dominer sa souffrance.

— Pouvez-vous me dire quelque chose sur ce qu'il écrivait ? demanda-t-il d'une voix sourde.

Rachel fit un effort de mémoire.

— Je me souviens d'une dissertation sur la découverte d'un nouveau monde ; il y avait toutes sortes de rapprochements inventifs — probablement issus de l'expérience personnelle d'un garçon parachuté dans un univers différent de celui qu'il connaissait. Il avait le sens de la formule mais aussi une profondeur de pensée remarquable pour son âge. J'avais trouvé ça très beau. Plus tard, cependant, Marta m'a parlé de textes beaucoup plus tourmentés qui la plongeaient dans une certaine perplexité.

— Et personne n'a pris cela comme un signal de détresse ? s'exclama-t-il d'un ton acerbe.

Elle secoua la tête avec un sourire triste.

— L'adolescence est un déferlement de colère — nous en avons des preuves chaque jour. Cela dit, Marta m'a quand même avertie. Nous nous sommes concertées sur le cas de Jack, et c'est à ce moment-là que je l'ai convoqué pour la première fois. J'ai eu le sentiment qu'il n'avait pas besoin de psy, qu'il était parfaitement capable de maîtriser une situation délicate et de s'en sortir.

— Ça ne m'étonne pas du tout.

Rachel écarta les mains.

— Je ne peux rien vous dire de plus.

Elle se leva, posa son verre presque plein sur le bar et tira soigneusement sur le bas de son T-shirt.

— Eh bien, merci pour le vin.

— Quoi ?

— Merci encore, répéta-t-elle.

Elle fit un pas dans l'intention de gagner la porte, mais il se posta sur son passage et plongea dans les siens ses yeux gris-bleu au regard encore vibrant d'émotion contenue.

La gorge nouée, Rachel comprit soudain que ce qu'elle ressentait pour lui allait bien au-delà d'une simple attirance physique. Sa liberté fraîchement recouvrée lui avait donné le sentiment de pouvoir s'autoriser un petit flirt sans conséquences. Elle avait simplement négligé de mesurer les éventuelles conséquences.

— Dinah devrait être rentrée du supermarché, bredouilla-t-elle d'une voix incertaine. Par conséquent…

— Ecoutez, pardonnez-moi de m'être montré un peu véhément, dit-il en se massant la nuque. Vous m'avez pris au dépourvu en me parlant de ces dissertations écrites par mon fils. C'est très important pour moi.

Il prit le verre sur le bar et le lui remit dans la main.

— Sans compter que cela pourrait me fournir des indications sur son état d'esprit, ajouta-t-il. Bon, j'ai dû vous paraître un peu cassant… Décidément, je passe mon temps à vous adresser des excuses, dit-il avec un petit rire embarrassé.

— Ce n'est pas grave. Je comprends. Et si les devoirs de Jack sont classés quelque part, nous remettrons la main dessus, dit-elle en s'interdisant fermement de laisser vagabonder ses pensées. Mais je vous en prie, ne fondez pas de trop grands espoirs là-dessus ; Marta les a peut-être gardés, mais ce n'est pas sûr à cent pour cent.

— Entendu.

Il la prit par la main et la reconduisit avec douceur jusqu'à la banquette.

— Bon, à votre tour de parler de votre ex, dit-il en s'asseyant près d'elle. Un dialogue approfondi avec Ted aurait-il des chances de vous faire reprendre la vie commune ?

Elle ne put s'empêcher de sourire.

— D'abord, Ted n'a aucune envie de reprendre la vie commune avec moi. Et moi non plus, à présent. Il m'a suffisamment décrit tout ce que je ne lui ai pas apporté et qu'il a découvert avec Francine. Le retour en arrière n'est plus possible.

— Tant mieux parce qu'il ne vaut pas la peine d'être recyclé.

Se levant, il la prit par la main.

— Acceptez-vous de partager mon modeste repas ?

Elle se leva aussi, sans résister, surprise qu'il exprimât aussi fréquemment le mépris que lui inspirait Ted. Se souciait-il donc de savoir si elle était totalement détachée de son ex ?

— Il faut vraiment que je rentre aider ma mère à préparer le dîner.

— Ce n'est pas nécessaire. Elle va rapporter une pizza toute prête.

Rachel le dévisagea, stupéfaite.

— Ah bon ?

— Elle m'a appelé, pendant que vous veniez ici, pour me dire que vous n'aviez pas besoin de vous presser.

— Ça, par exemple ! Quelque chose me dit que ma mère est aussi collante avec vous que mes enfants… Mais c'est votre faute, après tout ! Comment pourrais-je les empêcher de venir vous embêter si vous continuez à vous comporter comme un vieil oncle gâteau ?

— Je ne vois aucun inconvénient à être l'oncle gâteau… mais pas si vieux que ça, tout de même… Un petit instant, ne bougez pas.

Il passa dans l'autre partie de la cuisine, enfila des gants isolants et apporta le plat de lasagnes fumantes. Quand il le posa sur la table, un délicieux arôme de basilic, d'origan et de sauce tomate à l'ail vint chatouiller le nez de Rachel. Elle sentit immédiatement revenir sa fringale.

— Portons un toast, dit Cam en s'asseyant près d'elle au bout de la table.

Rachel leva son verre, bien décidée à profiter de sa soirée — et tant pis pour le danger.

— Buvons à la réconciliation de Pete et de Marta, reprit-il en faisant tinter son verre contre le sien. Et à Ted et Francine, aussi. Puissent-ils avoir tout ce qu'ils méritent !

Rachel s'esclaffa et but à longs traits son excellent cabernet.

— Et maintenant, dit Cam en se frottant les mains, j'espère que vous avez une faim de loup.

17.

La résidence secondaire des Sims ne ressemblait pas du tout à un chalet, jugea Nick en observant la vaste bâtisse de plain-pied qui venait d'apparaître au bout d'une longue allée. Assis à côté de Will Smythe à l'arrière du van de Robbie, il admira l'architecture complexe et raffinée de la maison, qui suivait la pente naturelle du terrain, avec d'immenses terrasses à plusieurs niveaux. Si Robbie avait parlé d'un chalet, c'était sans doute à cause des murs extérieurs construits en rondins de bois sombre. Nichée dans une pinède au bord du lac Ray Hubbard, cette somptueuse résidence était plutôt un refuge de milliardaires.

Tous les passagers descendirent du van et attendirent que Robbie eût indiqué à Mack Turner, le conducteur du second véhicule, où se garer. Mack, un autre joueur de première catégorie, s'arrêta à côté d'un monospace gris qui se trouvait déjà là.

— Mince alors, ça en jette ! murmura Will à l'oreille de Nick. Qu'est-ce qu'il fait comme boulot, le père de Robbie ?

Les deux garçons avancèrent côte à côte, suivant d'assez loin Robbie et Kyle Burgess.

— Il est dans la politique, répondit Nick. Ma mère m'a dit qu'il avait un poste important à Austin.

— Alors, pourquoi est-ce qu'il habite Rose Hill ? demanda Will à mi-voix. Il ne vit pas à Austin ?

— Si, mais les parents de Robbie sont divorcés. Sa mère est revenue avec lui à Rose Hill parce que sa famille s'y trouvait. Allez viens, on va rattraper les autres.

Nick sentit son enthousiasme s'émousser quand il découvrit Ferdy Jordan et B.J. Folsom parmi les passagers de Mack. A première vue, ils étaient une douzaine de garçons en tout — sans compter les occupants du monospace qui se trouvait là lors de leur arrivée. Bon, ça ferait assez de monde pour qu'il puisse éviter sans peine les deux tarés, se dit-il.

A l'intérieur, ils se retrouvèrent dans l'immense séjour dont les baies vitrées donnaient d'un côté sur le lac, de l'autre sur le parc. D'énormes poutres soutenaient le plafond, et Nick remarqua plusieurs trophées de chasse qui ornaient les murs. Il s'approcha de la cheminée sur laquelle était posé un genre de gros chat empaillé, dont une patte pendait négligemment du manteau. Mince, c'était un léopard !

Par la baie vitrée, il aperçut la piscine dont Robbie lui avait parlé. Elle était de dimensions olympiques. Nick avait emporté son maillot de bain et mourait d'envie d'aller faire un plongeon. Mais les autres semblaient nettement plus attirés par le bar. Robbie s'y tenait déjà, alignant devant lui des bouteilles de bière. L'alcool ne manquait certes pas, et les joints commençaient à circuler, tandis que les martèlements de la musique disco ébranlaient l'espace autour d'eux.

Mack, Kyle et Leo Smallwood prirent une bouteille chacun. Nick regarda autour de lui, se demandant où étaient les adultes — ou du moins, le père de Robbie. Peut-être se trouvaient-ils dans un autre endroit de la maison ?

Will prit une poignée de cacahuètes dans une coupelle.

— Tu vas boire une bière ?

— Tout à l'heure, dit Nick en se servant des biscuits salés.

Il n'était pas encore à l'aise avec ce groupe. Pourquoi avait-il été invité, au juste ? Ces garçons formaient l'élite des joueurs du lycée. Etait-il là parce qu'il avait renoncé aux faveurs spéciales de l'entraîneur ? Sinon, pour quel autre motif ?

— Nick, mon pote ! lança Robbie en le prenant par l'épaule et en lui plaçant une bière dans la main. C'est le moment de s'amuser. Ferdy ! cria-t-il au garçon qui était en train de fouiller parmi les CD empilés près de la chaîne stéréo. Occupe-toi un peu du bar : je vais faire visiter la maison à Nick !

Ferdy obtempéra sans discuter.

Sa bière à la main, Nick jugea qu'il aurait l'air d'une mauviette s'il ne buvait pas.

— C'est super, chez toi, dit-il à Robbie.

— Ouais, mais ne te fais pas trop d'illusions : ça appartient à la boîte de mon paternel. Ils s'en servent pour épater les politiciens et les gens célèbres. En fait, deux présidents sont déjà venus passer un week-end ici.

La bière était bonne — fraîche et âpre sur sa langue. Nick jeta un coup d'œil derrière lui et vit que Will était planté au bar et picolait comme tout le monde. Rien à cirer, après tout : ils n'avaient pas à conduire pour rentrer. Tout le monde dormait là, cette nuit.

— Tu veux faire un plongeon dans la piscine ? L'eau est chauffée.

Robbie ouvrit la baie vitrée et sortit.

— Il y a un local avec des serviettes et tout le nécessaire.

— Génial ! J'ai apporté mon maillot.

— Bof, tu n'es pas obligé d'en mettre un. En général, les mecs se baignent à poil. Enfin, tu fais comme tu le sens.

— Je comptais d'abord aller abattre un lion, mais je le ferai plus tard.

Robbie se marra.

— T'es trop, mec. Mais bon, ici, c'est pas comme ça qu'il faudra prouver ta virilité.

— Ah bon ? Ce sera comment, alors ?

Robbie ouvrit un portillon et le fit passer devant lui.

— C'est une surprise, mais pas tout de suite. Viens jeter un coup d'œil sur les jet-skis.

Ils avancèrent côte à côte sur le chemin qui contournait la piscine et descendait jusqu'au hangar à bateaux, au bord du lac.

— Est-ce que ton père est déjà là ?

— Il a eu un empêchement. Il devait aller à Washington, je crois. Ou à Los Angeles. Sa boîte a des bureaux un peu partout dans le pays. Mais même quand il est à Austin, il trouve toujours une raison pour ne pas venir.

Robbie ramassa une pierre et la lança sur l'eau où elle fit trois ricochets.

— Il est bien trop occupé à se taper son assistante pour penser à sa famille.

— Ton père a une maîtresse ?

— Il en a même plusieurs.

Ils longeaient maintenant le ponton, après le hangar à bateaux. Arrivés à l'extrémité, ils contemplèrent l'eau sombre, animée des reflets du crépuscule. Nick se retourna pour jeter un coup d'œil au hangar, dont l'architecture était aussi recherchée que celle de la maison. Il contenait trois bateaux et deux jet-skis qu'ils mettraient à l'eau le lendemain, déclara Robbie.

— Si tu trouves qu'il fait quand même un peu frisquet pour ça, je te prêterai une combinaison étanche.

Une combi de plongée, évidemment. Ils ne pouvaient quand même pas chauffer le lac.

Une ombre passa, et Nick tourna la tête, croyant avoir vu bouger quelque chose.

— Tu as vu ça ?

— Quoi ?

Penché pour relacer sa chaussure, Robbie n'avait rien remarqué.

— Il y a quelqu'un dans le hangar à bateaux. Il me semble avoir vu passer une ombre.

— Des bestioles, ce n'est pas ça qui manque autour du lac. La nuit, on peut même apercevoir des cerfs et des sangliers.

— Hé, rassure-moi, dit Nick ; le léopard, sur la cheminée, il a été tué en Afrique ou bien dans les parages ?

Robbie rigola doucement.

— Mon vieux a rapporté ça d'un safari qu'il avait fait en compagnie de quelques huiles et de sa chérie du moment.

Nick hocha lentement la tête. Tyson avait peut-être raison, pensa-t-il en buvant un bon coup au goulot. Selon lui, la moitié des élèves du lycée avaient des parents divorcés… Mais pourquoi les gens se mariaient-ils avant d'être sûrs d'avoir trouvé la *bonne personne* ?

— Bon, je n'ai déjà plus rien à boire, dit Robbie en finissant sa bière d'un trait.

Au bout du ponton, il jeta sa bouteille vide dans une petite poubelle prévue à cet effet.

— J'avais juste un petit truc à te dire, ajouta-t-il en pivotant pour rebrousser chemin : il y aura deux types plus vieux que nous, ce soir. Ils se pointent en général dès qu'ils apprennent qu'il y a une petite fiesta ici.

— Le monospace est à eux ?

— Ouais. Il y a aussi une salle de muscu, un sauna, un Jacuzzi… enfin tout le bazar, dans une autre partie de la baraque. Ils ont dû y aller directos en arrivant.

— Ou bien ils étaient au hangar à bateaux ? hasarda Nick.

— Possible. Bref, ils se pointent et on est sympa avec eux. C'est normal d'être sympa, non ?

— Bien sûr ! Pas de problème.

Robbie regarda la bouteille de Nick.

— Tu as presque fini ?

Nick avala aussitôt ce qui restait et jeta la bouteille vide avant de regagner la maison en compagnie de son nouveau copain.

Quelques heures plus tard, il ne comptait déjà plus le nombre de bières qu'il avait descendues. La fiesta tournait au chahut et, hormis quelques cacahuètes et biscuits salés, il n'y avait pas grand-chose à se mettre sous la dent. Robbie et ses amis étaient vraiment marrants. Plus Nick buvait, plus il se sentait détendu. Il ne se souciait même plus de ces deux tarés de Ferdy et B.J., et bien que les *types plus vieux qu'eux* dont Robbie lui avait parlé semblaient plutôt cool, Nick s'arrangea pour les éviter, eux aussi. En fait, ce qui manquait à cette soirée, c'était des filles.

Il ne comptait pas, bien sûr, les nanas bidons des films porno qui défilaient depuis un bon moment sur l'écran de télé géant. Putain, il avait déjà vu du porno mais ces trucs-là battaient tous les records. Cela dit, tout le monde semblait trouver ça normal…

L'idée des filles le fit penser à Ward. Complètement avachi dans un canapé douillet, en face de la cheminée, sa bouteille de bière en équilibre sur le ventre, il se demanda comment son ami se débrouillait avec Kristin. En ce moment, Ward devait être un homme heureux, et Nick avait fait tout ce qu'il fallait pour qu'il arrive à ses fins. Ce bon vieux Ward pourrait le remercier.

Tandis qu'il regardait vaguement du côté de la cheminée, quelqu'un bougea dans son champ de vision. L'un des vieux mecs que Robbie lui avait présentés, et aussi son copain, qui s'appelait Malcolm. Malcolm comment ?

— Salut, je m'appelle Joseph.

Ces barjos n'avaient pas de nom de famille ? Nick hocha imperceptiblement la tête.

— Moi, c'est Nick.

Joseph lui sourit.

— Quelle est ta position, Nick ?

— Républicain tendance conservateur, répondit Nick, pince-sans-rire.

— Non, je voulais parler du base-ball !

— Première base. Equipe junior de première catégorie.

— En première catégorie ? répéta Joseph qui se tenait curieusement déhanché, le poids du corps sur une seule jambe. Tu dois être un excellent joueur.

— Je fais de mon mieux.

Se rappelant que Robbie lui avait recommandé d'être « sympa », Nick réprima l'envie de se lever pour changer d'air.

— Et toi, Joseph, qu'est-ce que tu fais dans la vie ?

— Je suis cinéaste. Je tourne des films vidéo. Et j'adorerais te filmer. Ces pommettes saillantes, ces jolis yeux couleur d'ambre… superbe, vraiment. Tu n'as jamais été mannequin ?

Mannequin ? Dépliant son corps d'un mouvement brusque, Nick quitta vivement le canapé, soudain assoiffé d'air pur. Au seuil de la terrasse, il vacilla imperceptiblement sous l'effet de l'alcool.

Joseph, qui l'avait suivi à son insu, passa un bras autour de son épaule.

— Ça ne va pas, Nick ? Tu es tout pâle. Attends, je vais…

— Ça va très bien, merci.

Ecœuré, il se dégagea d'une secousse. Joseph le draguait carrément ! Il imagina l'un de ses coéquipiers en train de repousser les avances de l'autre malade, Malcolm Tartempion. Le pire, c'est que Robbie devait être au courant, se dit-il soudain. Voilà pourquoi il lui avait demandé d'être *sympa* avec eux.

Pris de vertige, il regarda autour de lui pour voir s'il était le seul à s'être fait harponner. Une demi-douzaine de gars jouaient aux fléchettes tandis qu'au fond de la pièce, les autres faisaient une partie de billard. Quelques-uns restaient scotchés au bar. Dehors, un petit groupe s'ébattait dans la piscine : ils étaient tous complètement à poil. La musique assourdissante empêchait d'entendre les conversations.

Les martèlements du disco résonnaient dans sa tête embrumée par les vapeurs d'alcool ; il regretta amèrement d'avoir bu. Pire encore, il se prit à regretter de ne pas être resté chez lui.

Il sortit d'un pas titubant, avalant de grandes goulées d'air frais. Qu'allait-il faire ? Il n'était pas question de passer la nuit dans cette baraque. Il pouvait toujours partir à pied, mais il aurait au moins huit heures de marche pour rentrer chez lui. Appeler sa mère était hors de question… Marta, peut-être ? Mais non, elle avertirait Rachel en un rien de temps.

Merde.

Un bruit de voix lui fit lever la tête. Deux hommes revenaient du hangar à bateaux. L'un d'eux était un joueur de l'équipe ; l'autre, grand et fort, était un vrai costaud. Déjà peu visible dans l'ombre des grands pins, Nick ne fit pas tellement d'efforts pour se cacher davantage. Occupés à se disputer, ils ne l'auraient certainement pas remarqué, de toute façon. Quand ils arrivèrent à portée de voix, Nick tomba des nues en reconnaissant Jason Pate et Monk Tyson.

— C'est pas une blague ! beugla Jason, hors de lui, en se plantant devant l'entraîneur, les poings serrés. Je plaque tout. Je laisse tomber le sport et ton équipe à la con. Ça ne vaut pas le coup.

— Allons, Jace, tu vas pas recommencer...

Tyson tendit la main vers lui mais Jason l'évita.

— Tu sais bien que ce n'est pas vrai !

Soudain Jason fondit en larmes. Nick, stupéfait, vit le joueur vedette des Mustangs enfouir son visage dans ses mains, les épaules secouées de sanglots. Putain, il n'avait jamais vu personne chialer comme ça ! L'entraîneur eut un soupir excédé et détourna la tête comme s'il n'était pas concerné.

— Ça suffit, bon sang ! grogna-t-il au bout d'un moment. Tu veux que tout le monde te voie pleurnicher comme un bébé ?

Ce fut long, mais Jason finit tout de même par se calmer. Il respira profondément, de façon entrecoupée.

— Chaque fois, c'est le même cirque ! dit Tyson d'un air excédé.

— Je te hais ! riposta farouchement Jason. Un de ces jours, je te ferai la peau.

Pétrifié, Nick le regarda cracher par terre aux pieds de Tyson, puis s'essuyer la bouche d'un revers de manche.

— Je vais faire un tour au lac, dit-il encore. Je reviens tout à l'heure.

— T'as intérêt, bonhomme. Et inutile de répéter que tu plaques tout : tu ne le feras pas et tu sais pourquoi.

Sur ces mots, Tyson se dirigea vers la maison. Une fois sur le seuil, il se retourna et se parla à lui-même :

— Il vaudrait mieux que j'aille voir ce qui se passe là-dedans avant que Joseph s'en prenne à n'importe qui.

18.

Il n'était pas très tard quand Rachel se réinstalla à la place du passager, dans la voiture de Cam. Pete les avait régalés de côtelettes grillées à la perfection, arrosées d'un excellent vin rouge offert par Cam.

— Ma foi, ça s'est plutôt bien passé, vous ne trouvez pas ? lança-t-il en regardant sa passagère du coin de l'œil.

— Je réserve mon jugement, répondit prudemment Rachel. La ficelle était un peu grosse quand vous avez prétexté ce coup de fil pour partir de bonne heure. Si nous apprenons demain qu'ils se sont entretués, vous pourrez vous considérer comme responsable.

— Strictement parlant, ce n'était pas un mensonge, répliqua-t-il. Je suis en train de négocier un contrat important avec mon éditeur.

— Votre répondeur aurait enregistré le message ; et je constate que vous aviez votre portable sur vous.

Rachel réprima cependant un sourire. Le subterfuge n'avait trompé personne, si bien qu'elle en avait même ri sous cape avec Marta pendant que les deux hommes se serraient la main.

— L'important, c'est que Pete ait réussi son coup, affirma Cam. A présent, voilà nos deux tourtereaux en tête à tête. Qui sait ce qui va se passer ?

— J'ignorais que vous étiez aussi romantique.

— C'est ma contribution au triomphe du grand amour.

Rachel esquissa un sourire.

— J'ai un aveu à vous faire. Marta commençait déjà à se demander si elle n'avait pas rompu un peu trop précipitamment avec Pete. Elle était prête à écouter ses explications.

— Autrement dit, ce stratagème était superflu ?

— Non, il va permettre d'accélérer un peu les choses, dit Rachel, tout en prêtant l'oreille à la voix rauque et sensuelle de Rod Stewart qui chantait un blues langoureux sur Radio Night.

Il ne lui manquait plus que ça, après le climat de provocation tacite et de tension érotique qui avait régné entre les anciens amants pendant tout le repas.

Fort heureusement, ils étaient presque arrivés.

Quand ils s'engagèrent dans leur rue, Rachel éprouva un soupçon de désappointement à l'idée que la soirée commençait pour Pete et Marta tandis qu'elle s'achevait pour eux.

Cam fit le tour du véhicule pour aller lui ouvrir la portière, mais elle descendit sans l'attendre.

— C'était sans doute le barbecue le plus bref de ma vie, mais je me suis bien amusée.

Elle noua son pull autour de ses épaules et lui tendit la main.

Cam la prit, mais au lieu de la serrer amicalement, il entrelaça ses doigts aux siens.

— Ce n'est pas parce que nous sommes partis tôt que nous devons nous séparer tout de suite, dit-il. Dinah est avec Kendy, n'est-ce pas ?

— Euh… oui.

— Et Nick passe le week-end chez des amis ?

Rachel opina, la gorge sèche, sa main toujours dans la main de Cam.

— Vous n'avez donc aucune raison de regagner précipitamment vos pénates ?

— Je suppose que non.

— Et si je vous disais que je connais un endroit tranquille où la musique est bonne, où le vin n'est pas coupé d'eau et où personne ne nous mettra à la porte, quelle que soit l'heure ?

— Ecoutez, je ne veux pas trop m'éloigner de chez moi. Si Nick appelle, je…

Cam posa un doigt sur ses lèvres.

— C'est tout près. En fait, nous y sommes.

— Ici ? Chez vous ? dit Rachel en regardant bêtement sa maison.

— Pourquoi pas ? Vous avez dit vous-même qu'il n'était pas bien tard. Et j'ai du vin…

— Non, plus de vin ! dit-elle en riant. Je suis sûre que vous avez d'excellents millésimes dans votre cave, mais j'ai largement assez bu. Et le café après 21 heures m'empêche de dormir.

— Alors, que diriez-vous d'un petit dessert ? Une crème glacée choisie par votre fille ?

— Kendy vous accompagne au supermarché ?

— Parfaitement. Elle m'empêche d'acheter des « trucs débiles » tels que sardines en conserve et rillettes de viande.

— Comptez sur elle pour surveiller votre cholestérol, affirma Rachel en riant.

Le fait de parler des enfants la fit redescendre sur terre. Qu'allait-elle imaginer ? Cam n'était qu'un voisin attentionné et elle, une divorcée presque quadragénaire. Ils allaient terminer la soirée sur une note amicale, rien de plus.

— Vous avez froid, dit-il en faisant tinter ses clés dans sa main libre.

— Oui, un peu.

Elle aurait dû enfiler son chandail. Mais Cam passa un bras autour de ses épaules, et la chaleur de son corps lui procura une délicieuse sensation de réconfort. Il la garda ainsi serrée contre lui pendant qu'il déverrouillait sa porte.

A l'intérieur, il alluma la lumière et alla accrocher son blouson dans la penderie de l'entrée. Rachel regarda autour d'elle, observant le mélange éclectique de meubles anciens et d'objets rapportés de lointains voyages. Sans doute avait-il profité de sa liberté, après le divorce, pour parcourir le monde, songea-t-elle. Ted aurait-il éprouvé un besoin de liberté identique, loin des exigences liées à la vie familiale ?

— Vous avez l'air bien sérieux, soudain, dit Cam en revenant près d'elle.

— Oh, ce n'est rien. Je me demandais d'où venait cette statuette, dit-elle en désignant l'objet de sa curiosité, sur une console. On dirait de l'art africain.

— Elle vient d'Ethiopie, mais je l'ai trouvée dans une salle des ventes, à Chicago… Pourquoi une déesse de la fécondité vous rendrait-elle aussi triste ?

— Je pensais à la liberté qui était la vôtre, et je me demandais si Ted s'était senti étouffé par ses obligations familiales…

— Vous pensez que Ted a ressenti un besoin subit de liberté, de voyages ?

Tout en parlant, Cam alla mettre un disque dans le lecteur de la chaîne stéréo, et la douce voix de Sarah Brightman emplit la pièce.

— Je crois plutôt qu'il commençait à se sentir vieillir. Une nouvelle aventure donne toujours l'illusion d'un regain de jeunesse, dit-il en revenant vers elle. Ça ne durera pas, mais il est incapable de s'en rendre compte, pour le moment. Une psychologue doit savoir ça, non ?

— Dans le cas de Ted, j'ai un peu de mal à rester objective, je l'avoue.

— Je comprends. Mais ce qui est certain, c'est qu'à cause de son égocentrisme et de sa vanité, Ted a perdu tout ce qui comptait réellement dans sa vie.

— Aïe, je vais pleurer sur son sort, à présent !

— Surtout pas ! dit Cam en riant. Cet homme n'a aucune intégrité. Ce qu'il avait de mieux, c'était vous. Et il ne vous a plus. Si je devais éprouver un soupçon de compassion pour lui, ce serait à cause de ça.

Sur ces mots, il l'entraîna dans la cuisine et la fit asseoir à table. Rachel réprima une folle envie de lui sauter au cou et de l'embrasser dans un grand élan de gratitude. De gratitude, seulement ?

— Je me demande comment j'ai pu vous trouver un jour grincheux et rébarbatif, lui confia-t-elle.

— Je le suis — mais uniquement quand j'ai un livre à finir. Bon, voyons un peu ce que Kendy a choisi pour nous, dit-il en allant ouvrir le congélateur : rhum-raisins, poire vanillée, pure pistache, choco praliné, macadamia caramel…

— Choco praliné, dit Rachel sans hésiter. Voulez-vous que je sorte deux coupes ?

— Oui, dans le placard derrière vous. Je dois avoir un ustensile pour…

Le téléphone sonna pendant qu'il fourrageait dans un tiroir. Quand le répondeur se déclencha, il entendit la voix de son interlocuteur et referma le tiroir à la hâte.

— Cam, tu vas être content, vieux, je quitte à l'instant le…

— Mon agent littéraire ! dit Cam en décrochant précipitamment. Excusez-moi, Rachel, j'en ai pour une minute.

Comme elle faisait mine de partir, il la retint par le bras.

— Alors, Ben, quoi de neuf ? Ah bon, sans blague ? Eh bien, ma foi, peut-être… Non, je t'ai dit : peut-être, Ben, c'est tout. Ecoute, je te rappelle demain matin, d'accord ? Quoi ? Oui, parfaitement, et… Je sais que c'est important mais ça peut attendre demain. Allez, *ciao*, je t'appelle.

Il raccrocha, adressa un clin d'œil à Rachel et retourna vers le congélateur.

— Ce Ben, il exagère toujours !

— Oh, vraiment ? Je croyais que vous attendiez cet appel avec impatience.

Une coupe dans chaque main, elle le regarda en battant des cils d'un air candide.

— Ce n'est pas pour ça que nous sommes partis de bonne heure ?

— Vous n'êtes pas près de me pardonner le moindre petit mensonge, hein ?

— Sûrement pas.

Il franchit en trois enjambées la distance qui les séparait, une lueur malicieuse dans les yeux.

— Continuez à me regarder comme ça et…

— Et quoi ?

Ils étaient en train de flirter, purement et simplement. Ce constat fit à Rachel l'effet d'un rayon de soleil après la pluie. Un véritable plaisir. Ted n'avait jamais vraiment flirté avec elle ; ils étaient jeunes quand ils s'étaient rencontrés, et leur relation fondée sur des aspirations similaires manquait un peu de fantaisie.

Cam prit son visage entre ses mains.

— Je pourrais bien oublier la crème glacée au profit d'autre chose, dit-il, les yeux rivés à ses lèvres.

Sans lui laisser le temps de réagir, il l'embrassa.

Accrochée des deux mains à sa chemise, Rachel se délecta de la saveur musquée, virile… absolument merveilleuse de sa bouche. C'était infiniment plus excitant que la musique sensuelle ou les rêves érotiques du soir dont elle devait se satisfaire depuis longtemps — bien avant le départ de Ted. Il lui sembla avoir toujours vécu dans le cadre étroit de la logique et de la raison, sous le poids des contraintes et des responsabilités. Tout cela partait tout à coup en fumée, comme emporté par un feu de paille. Elle se cambra contre lui, souhaitant de toute son âme que cet instant ne se termine jamais.

Afin de prolonger le plaisir, elle noua les bras autour de la taille de Cam et se serra fiévreusement contre lui. Depuis le temps, elle avait presque oublié à quel point c'était bon, un baiser. Sa réaction attisa considérablement le désir de Cam et, l'espace d'un moment, il sombra dans un vertige identique au sien.

Quelques secondes plus tard, il rompit enfin leur étreinte avec un gémissement sourd, et appuya les lèvres contre sa joue, haletant.

— Oh là là, murmura-t-il contre son oreille.

Il la maintint fermement dans ses bras tandis qu'elle tanguait, dans une attitude de total abandon.

D'un geste instinctif, elle embrassa le creux de sa gorge et s'imprégna de son odeur.

— C'est si bon… et ça faisait si longtemps ! murmura-t-elle en souriant, toujours douillettement blottie au creux de ses bras. Succomber à l'ivresse, à la fièvre… je me rappelais à peine ce que c'était.

— Vous m'avez joliment enfiévré, moi aussi.

Oui — et elle était ravie de le constater. Elle leva les yeux sur lui.

— Pourquoi avez-vous arrêté ? Vous avez bien dû sentir que j'étais… incapable de réfléchir clairement.

Comme il ne répondait pas tout de suite, elle ajouta presque sèchement :

— Je suppose que je viens d'illustrer ce qu'on dit généralement des femmes divorcées…

— Ce n'était qu'un baiser, Rachel. Ne me dites pas que vous vous refusez tout droit au plaisir !

De plus en plus embarrassée, elle s'écarta.

— Il vaut mieux que j'y aille.

Elle jeta un coup d'œil autour d'elle, aperçut son chandail sur le dossier d'une chaise et alla le chercher. Cam la suivit sans chercher à la retenir, ce qui n'atténua en rien son embarras. Elle prit le chandail et se dirigea aussitôt vers la porte d'entrée.

— Rachel !

Comme elle s'apprêtait à tourner la poignée, Cam la retint par le bras et lui prit doucement le chandail des mains.

— Croyez-moi, j'étais vraiment à deux doigts de vous prendre là, sur le carrelage de la cuisine, murmura-t-il en posant le pull sur ses épaules.

— Vraiment ?

— Oui, vraiment. J'ai envie de vous depuis… je ne sais plus quand. Sans doute depuis que je vous ai vue emménager à côté ?

— C'est complètement fou, murmura-t-elle.

— J'étais sûr que ce serait fabuleux, entre nous — j'en suis toujours persuadé. Mais est-ce que… vous vous sentez prête à passer la nuit avec moi ?

— Non, avoua-t-elle franchement. Nous ne sommes pas dans la même situation, vous et moi. Mon divorce est encore trop frais, et une brève aventure me ferait plus de mal que de bien.

— Et si c'était plus qu'une brève aventure ?

Elle soupira et secoua la tête.

— Pourquoi ai-je le sentiment que nous nous comportons comme deux adolescents perturbés par leur libido ? Les troubles de la puberté dont je m'occupe à longueur de journée finissent peut-être par déteindre sur moi ? Allons, ouvrez cette porte et laissez-moi partir. La nuit porte conseil, de toute façon.

Il obtempéra en riant, mais la suivit dehors.

— Je vous raccompagne, dit-il en lui prenant la main. L'air frais me remettra les idées en place.

Rachel se demanda si pour sa part, il n'en faudrait pas davantage pour apaiser le feu qui couvait en elle.

Main dans la main, ils descendirent les marches de la terrasse et gagnèrent le jardin de Dinah.

Ils venaient de traverser la pelouse quand une voiture ralentit dans le virage et s'arrêta au bout de l'allée. Rachel la reconnut aussitôt et esquissa une grimace.

— N'est-ce pas la Lexus de Ted ? lui demanda Cam.

— Si. Il est un peu tard pour une visite, maugréa-t-elle, profondément contrariée.

Heureusement, il était venu seul, constata-t-elle tandis qu'il coupait le contact.

— Il veut sans doute me faire signer quelque document mis au point par son avocat.

— Je suppose que vous allez lui demander de l'envoyer au vôtre ?

— Evidemment ! Pourquoi continue-t-il à utiliser ces moyens détournés ? Ça me dépasse. Il espère peut-être m'apitoyer ?

Elle leva les yeux sur Cam.

— Vous ne tenez certainement pas à être mêlé à ça, lui dit-elle. Alors, merci encore et…

— Je vous accompagne jusqu'au pas de la porte, dit-il sans lui lâcher la main.

Ted était sorti de sa voiture quand ils approchèrent de la maison. Apparemment, il ne les avait pas encore vus. Rachel remarqua que son costume était froissé et qu'il avait l'air agité. Il laissa tomber ses clés et les chercha un moment à tâtons sur le sol. En se relevant, il passa une main dans ses cheveux et s'efforça de rentrer sa chemise dans son pantalon.

Il n'était vraiment pas dans son état normal.

— On dirait qu'il a roulé dans un fossé, murmura Cam.

— Oui. Ça ne lui ressemble pas du tout. Lui qui est toujours tiré à quatre épingles…

— Il est peut-être ivre ?

— Je l'ai rarement vu dans cet état, en tout cas… Ted ! Ça ne va pas ?

— Rachel, il faut que je te…

Il s'interrompit en voyant qu'elle n'était pas seule.

— Je ne m'attendais pas…

— Tu connais Cameron Ford, je crois ?

L'air distrait, il salua Cam d'un bref signe de tête.

— Certainement. Bonsoir.

— Bonsoir, Ted. Ça fait un bail.

Ted jeta un regard oblique sur sa main qui tenait toujours celle de Rachel.

— En effet, répondit-il. Comment allez-vous ?

— Mieux que jamais, dit Cam.

Il lâcha la main de Rachel, mais l'attira plus près de lui.

— Ah, j'arrive peut-être au mauvais moment ? demanda Ted, visiblement déconcerté, pour une fois.

— Nous étions sur le point d'aller nous coucher, répondit Cam.

Il entraîna Rachel vers l'entrée. Sans prêter attention à Ted qui restait à la traîne, il se pencha devant elle et ouvrit la porte. Puis, comme il l'avait fait dans la cuisine un moment auparavant, il prit son visage dans ses mains et l'embrassa longuement. Cette fois encore, son baiser sensuel la mit sens dessus dessous et lui parut beaucoup trop bref.

Cam fit un pas en arrière et lui sourit.

— Bonne nuit, mon cœur.

En passant devant Ted, il leva une main d'un geste désinvolte, et reprit le chemin de sa maison en sifflotant.

Un peu étourdie, Rachel éprouva une folle envie d'aller se coucher tout de suite pour savourer le goût de ce baiser qu'elle gardait aux lèvres. Avec un peu de chance, son subconscient achèverait, en rêve, ce qu'ils avaient entamé dans la cuisine de Cam. Mais son ex-mari ne semblait vraiment pas disposé à la laisser tranquille, ce soir.

— Depuis quand est-ce que tu fricotes avec Ford ?

Elle soupira et faillit lui claquer la porte au nez.

— Que viens-tu faire à cette heure-ci, Ted ?

— Il n'a pas mis longtemps à venir fourrer son nez ici, hein ?

Comme elle s'apprêtait à fermer la porte, il glissa vivement l'épaule dans l'ouverture pour l'en empêcher.

— Qu'est-ce que les enfants pensent de ça ?

— Si tu trouvais un quart d'heure à leur accorder, tu pourrais leur poser la question, répondit-elle du tac au tac. Mais à ta place, je ne m'y risquerais pas.

— Dinah doit être encore responsable de cette connerie : j'en mettrais ma main à couper. Dès qu'elle a su que son voisin était un célèbre auteur de polars, elle a dû combiner quelque chose.

— Occupe-toi de tes oignons, Ted ! lança Rachel, exaspérée. Qu'est-ce que tu viens faire ici ? Il est bientôt minuit. Kendy dort depuis longtemps, et Nick passe le week-end chez des amis. Si tu veux me parler, oublie tout de suite ma vie privée.

Elle s'interrompit, examinant son visage et son allure débraillée.

— Qu'est-ce qui t'arrive ? Tu es dans un état lamentable.

La mine soudain déconfite, il se massa la nuque d'un geste accablé.

— Je ne veux pas que Dinah nous entende. Où pouvons-nous parler ?

— Dans le coin télé.

Elle le laissa entrer et lui fit signe de la suivre.

— Et tâche de ne pas élever le ton. Je ne veux pas réveiller Kendy. Elle se lève tôt demain matin : elle va au zoo avec ses copines.

— J'aimerais boire un verre, s'il te plaît.

Comme s'il s'intéressait à ce que sa fille ferait le lendemain… Sans un mot, elle alla ouvrir le placard où sa mère rangeait quelques bouteilles d'alcool.

— Whisky ?

— Oui, mais tu peux doubler la dose.

— A mon avis, tu n'en es pas à ton premier verre, et comme je ne suis pas d'humeur à te reconduire chez toi…

— Je ne suis pas soûl, déclara-t-il avec un rire bref. Je suis même peut-être en train de dessoûler.

Fronçant les sourcils, Rachel l'observa un instant avant de lui servir un doigt de scotch.

— Tiens, c'est à prendre ou à laisser. Et va t'asseoir là-bas, sur le canapé.

— Toujours aussi autoritaire ! maugréa-t-il en prenant le verre.

— Je vais dire à ma mère que je suis rentrée ; nous parlerons ensuite.

Ted avala d'un trait le contenu de son verre en pestant à

mi-voix. Rachel hésita, jugeant son comportement vraiment insolite. Peut-être s'était-il encore battu avec Walter ?

— Où est Francine ? demanda-t-elle par curiosité.

— Je n'en sais trop rien.

Rachel haussa les sourcils, mais s'abstint de tout commentaire. Lui tournant le dos, elle se dirigea vers le couloir qui menait aux chambres. La porte de sa mère était restée entrouverte et sa lampe de chevet était allumée. Elle frappa doucement et entra. Dinah était assise dans son lit.

— J'ai entendu, lui dit-elle. Qu'est-ce qui se passe, à ton avis ?

— Je l'ignore, mais il n'est pas dans son état normal. On dirait qu'il a dormi tout habillé.

— Ça, ça n'a rien d'étonnant : je serais surprise que Francine s'occupe de son linge.

— Maman…

— Bon, bon, d'accord, je suis mauvaise langue. Il faut dire que ce type n'a pas l'art de me rendre angélique.

Elle marqua la page de son livre et le posa sur le lit.

— As-tu passé une bonne soirée ?

Rachel ne put s'empêcher de sourire.

— Une *excellente* soirée, répondit-elle avec un clin d'œil. Oui, je sais, tu me l'avais dit. Cam est un homme intéressant, séduisant, et qui sait vraiment s'y prendre pour… choisir le vin.

— J'espère que Ted ne va pas t'importuner trop longtemps avec ses problèmes, dit Dinah en secouant la tête. Je me demande bien pourquoi il se tourne toujours vers toi dès qu'il a un pépin.

— Je me le demande aussi. Il vient de me dire qu'il me trouvait autoritaire.

— Ce n'est pas le meilleur moyen de t'amadouer, n'est-ce pas ? Quelle différence avec Cam, qui…

— Ne veille pas trop tard, coupa précipitamment Rachel.

En refermant la porte, elle entendit Dinah s'esclaffer.

Au salon, Ted observait son verre, les coudes sur ses genoux. La bouteille de whisky était posée près du canapé. Apparemment, il s'était resservi.

Rachel ramassa la bouteille et alla la ranger dans le placard.

— Ça suffira pour ce soir, Ted. Maintenant, dis-moi ce qui t'arrive. Qu'est-ce que tu es venu faire ici ?

— Francine dîne avec Walter.

— Ah bon ?

— Et je me demande si elle veut toujours le quitter.

Rachel hocha lentement la tête. Elle resta un moment debout puis alla s'asseoir dans le fauteuil en face de lui.

— En a-t-elle jamais eu sincèrement l'intention ?

— Plus ou moins.

— Il m'en faudrait un peu plus pour me faire une idée précise.

— C'est compliqué, dit-il en secouant légèrement les glaçons dans son verre.

— Il paraît que j'ai un QI supérieur à la moyenne.

Ted eut un petit rire bref et sans joie.

— Tiens, c'est drôle, je n'avais jamais remarqué ça, chez toi.

— Remarqué quoi ?

— Ton esprit sarcastique.

Elle se cala dans son siège. D'abord, elle faisait la morale aux gens, puis elle était autoritaire et maintenant, sarcastique. Il avait une sacrée liste de reproches à son encontre.

— Je vais essayer de parler sérieusement, dit-elle. Quelle raison compliquée Francine a-t-elle de vouloir changer d'avis ?

— Elle n'a encore rien décidé, mais j'ai peur qu'elle en arrive là. A mon avis, c'est une question d'argent.

Ça alors, quelle surprise !

Aïe, encore du sarcasme.

— A mon avis, elle ne s'attendait pas qu'il soit aussi coriace, reprit Ted. Elle pensait pouvoir le manœuvrer de manière à obtenir la moitié de tout… Tu sais ce qu'il lui a dit ?

— Je ne sais pas… Va te faire voir ? Dans tes rêves, Franny ? Redescends sur terre ?

— Il a dit qu'elle n'aurait pas un sou tant qu'elle coucherait avec moi. En gros, elle se retrouvera avec ce qu'elle possédait avant son mariage, plus quelques broutilles.

— Quant à toi, ta situation est bloquée à longue échéance.

— Et ça, grâce à Walter, bien sûr ! Il ferait n'importe quoi pour m'emmerder, dit Ted avec un haussement d'épaules, comme s'il s'en fichait. Il a donc réussi à perturber Francine — ce qui était son unique objectif. Il se dit que s'il tient bon, elle décidera que ça ne vaut pas le coup et elle reviendra vers lui.

Son regard balaya la pièce et s'arrêta sur les photos de famille.

— Elle n'a pas non plus très envie d'être une belle-mère.

Rachel s'efforça de ne rien laisser paraître de ses sentiments.

— Qu'attendait-elle de toi ? Que tu abandonnes tes enfants ? Que tu les bannisses de ta vie ?

C'était à peu près ce qu'il avait fait, au demeurant.

— Je ne crois pas qu'elle ait tellement réfléchi à ça.

— Et toi ?

— Pas vraiment non plus.

Leurs regards se croisèrent et, l'espace d'un instant,

Rachel revit l'homme qu'elle avait épousé, plusieurs années auparavant.

Elle se leva et gagna la fenêtre qui donnait sur l'arrière de la maison voisine. La cuisine était encore éclairée, et elle aperçut Cam qui allait et venait à l'intérieur. Avait-il mangé sa crème glacée ? se demanda-t-elle.

Comme s'il percevait sa présence, il s'arrêta devant la fenêtre, et ils se regardèrent d'une maison à l'autre.

— Qu'est-ce que tu veux de moi, Ted ? demanda-t-elle sans se retourner.

— Je ne sais pas trop. J'ai l'impression de me réveiller d'un… je ne dirai pas d'un cauchemar mais d'une sorte d'état de semi-conscience.

— Tu l'aimes encore ?

Il eut un rire bref.

— L'ai-je jamais aimée ? La question serait plutôt là. Et quelle importance, puisqu'elle va probablement retourner vivre avec Walter ? Elle n'est pas comme toi, Rachel. Tu serais plus compréhensive si tu vivais des moments difficiles avec quelqu'un. Tu aurais plus… plus de considération pour les sentiments de l'autre. Francine se préoccupe avant tout de ses propres désirs.

— Autrement dit, je suis une carpette — pas elle.

Il la regarda dans les yeux, pour la première fois depuis qu'il était arrivé.

— Non, pas du tout. Tu es plus sensible, c'est ça la vérité.

— Mais tu es tombé amoureux d'un être insensible — autrement dit, d'une belle garce. Rien de tout ce que tu racontes là ne me surprend vraiment, tu dois t'en douter.

Elle eut le sentiment qu'il voulait discuter — que ce soit pour essayer de se justifier ou dans l'espoir, peut-être, que leur couple ne soit pas irrémédiablement détruit. Dans un cas comme dans l'autre, elle s'en moquait éperdument.

— Je n'ai pas très bien compris pourquoi tu tenais à me raconter tout ça, mais il est tard et je suis fatiguée, reprit-elle. Apparemment, une bonne nuit de sommeil ne te ferait pas de mal non plus. Rentre chez toi, Ted. La nuit porte conseil.

— Chez moi ? Mais je n'ai plus de chez moi !

A qui la faute ?

Etant un être humain sensible, elle s'abstint de formuler la question.

— Il te reste le chalet du lac, riposta-t-elle d'un ton las. Contrairement à ta femme et à tes enfants qui n'ont vraiment plus de maison et qui ont été obligés de squatter ici !

Un long moment, il regarda fixement son verre vide, puis il leva les yeux sur elle.

— J'ai vraiment tout foutu en l'air, hein ? Avec les enfants, je veux dire. C'est aussi à ça que je pensais, ce soir. Je leur ai imposé ces visites avec Francine en leur faisant croire que je les verrais régulièrement… Après ça, je ne serais pas surpris qu'ils me tournent définitivement le dos.

— Tout dépend de toi, Ted. Nick et Kendy n'ont qu'un seul père et ils l'aiment. Ça, c'est un acquis. Mais il est vrai que tu les as déçus. Ils ont du mal à comprendre comment tu as pu disloquer leur famille comme ça, du jour au lendemain.

— Je n'ai jamais voulu les faire souffrir.

Elle eut toutes les peines du monde à garder son sang-froid. S'il ne voulait pas les faire souffrir, pourquoi l'avait-il fait ? Personne ne l'avait obligé à partir. Il espérait avoir le beurre et l'argent du beurre. Et maintenant, il s'apercevait que son erreur lui coûtait beaucoup trop cher.

— Malheureusement, ils ont souffert, lui dit-elle. Il ne sera pas facile de réparer tes torts.

— Tu pourrais me faciliter les choses… si tu le voulais.

— Je t'ai toujours dit que l'intérêt des enfants passait avant tout. Je ne ferai rien pour t'empêcher de les reconquérir, au contraire. Mais en ce qui me concerne… ne t'attends pas que je te pardonne. Je ne suis pas une sainte.

— Inutile que j'insiste, je présume ?

— Totalement inutile, en effet.

Il se leva lentement.

— Je suppose que tu ne me laisseras pas passer la nuit ici ?

Elle le regarda d'un air incrédule.

— Pas même si la maison du lac était en flammes et tous les hôtels de la région archicombles.

— Je n'ai sans doute que ce que je mérite.

— Effectivement.

Il se tenait un peu voûté, et ses mouvements manquaient d'assurance. Il ne sortirait pas indemne de cette liaison, songea-t-elle.

— Je peux tout de même aller aux toilettes ? demanda-t-il en lui tendant son verre vide.

— Tu sais où c'est.

Il se leva, et trébucha sur les baskets de Kendy. A l'époque où ils étaient mariés, il aurait copieusement pesté contre sa fille et déploré que Rachel fût incapable d'apprendre l'ordre aux enfants. Mais là, il parut à peine le remarquer.

Quelques instants plus tard, elle l'entendit sortir des toilettes, mais elle ne prit même pas la peine de le raccompagner à la porte. Il connaissait le chemin.

19.

Aux toutes premières heures du jour, la sonnerie du téléphone tira Cam d'un rêve érotique où Rachel tenait le rôle vedette. Il mit une bonne minute à réaliser que ce n'était qu'un rêve et à reconnaître la voix de Nick, sur son répondeur. Son cœur se mit à cogner à grands coups dans sa poitrine, tandis qu'il cherchait l'appareil à tâtons. Depuis ce terrible coup de fil, cinq ans auparavant, il ne supportait pas que le téléphone sonne après minuit.

— Cam ? chuchota Nick d'une voix à peine audible. Je suppose que je vous réveille ? Je suis désolé.

— Ah, oui… Enfin, c'est pas grave.

S'appuyant sur un coude, Cam cligna des yeux pour lire l'heure sur son réveil. Il était 2 heures du matin.

— Qu'est-ce qui se passe, Nick ?

— Je suis au lac Ray Hubbard, m'sieur.

Au lac… Cam s'assit dans son lit.

— Tu es blessé ?

— Non, m'sieur. Je suis soûl.

Cam se passa une main sur le visage, et faillit éclater de rire.

— Ah oui, la nuit de folie avec l'élite des Mustangs, c'est ça ?

— Maman a dû vous en parler.

— Effectivement. Et toi, tu m'appelles au milieu de la nuit pour me raconter ton week-end ?

— C'est que… Robbie ne m'avait pas dit comment ce serait.

Sa voix baissa encore d'un ton, et Cam dut retenir son souffle pour entendre la suite.

— Il y a des hommes avec nous.

Cam fronça les sourcils.

— Tu ne parles pas du père de Robbie, je suppose ?

— Non, m'sieur. Peut-être qu'il les connaît mais… c'est des pédés.

— Des pédés ?

Cam repoussa le drap et s'assit au bord de son lit.

— Oui. Et, apparemment, ils veulent que… enfin, vous comprenez, ils veulent se taper les joueurs.

Il fallait normalement deux heures pour se rendre en voiture au lac Ray Hubbard, mais Cam fit le trajet en deux fois moins de temps. Le dos arrondi derrière le volant, il s'efforçait de distinguer les bornes kilométriques, mais par cette nuit sans lune, il n'était pas très sûr d'avoir suivi la bonne direction. Où était donc le pont que Nick lui avait indiqué comme point de repère ? Cinq cents mètres plus loin, il devait prendre à gauche sur une petite route secondaire.

Le pont apparut soudain devant lui, comme surgi de nulle part. Il y avait ensuite un virage serré qui faillit lui faire manquer l'embranchement annoncé. La route de campagne, étroite et sinueuse, bordée de profonds fossés, serpentait entre des terrains boisés. Il faisait noir comme dans un puits.

Cam n'avait pas parcouru plus de huit cents mètres sur la petite route quand la silhouette de Nick se découpa dans le faisceau de ses phares. Planté au beau milieu de la chaussée, son sac à dos sur l'épaule, le garçon se protégeait de la lumière aveuglante, une main en visière au-dessus des yeux.

Cam jura entre ses dents et enfonça la pédale du frein. Il dut braquer au dernier moment pour éviter de le renverser.

Le cœur battant à tout rompre, il sortit de la voiture, prêt à lui passer un savon.

— Bon sang, Nick ! J'ai bien failli t'écraser. Enfin, qu'est-ce qui te prend ? Tu m'avais dit que tu m'attendrais à deux ou trois kilomètres de l'embranchement.

— Excusez-moi, je…

Incapable d'en dire plus, il se détourna brusquement, laissa tomber son sac, se pencha en avant et vomit au bord de la route.

— Ah, merde !

Cam courut chercher la serviette qu'il avait laissée sur le siège arrière en sortant de son club de sport. Quand il revint près du garçon, il le trouva affalé dans l'herbe, le teint livide. Mais il avait réussi à ne pas se salir.

— Attends, je vais t'aider à te relever.

Il lui mit la serviette dans les mains, le prit à bras-le-corps et le conduisit jusqu'à la voiture.

Nick s'assit à l'arrière, les jambes à l'extérieur.

— Respire à fond, lui dit Cam. Prends ton temps.

L'adolescent obtempéra, tenant la serviette contre son visage d'une main tremblante. En fait, il tremblait de la tête aux pieds. Cam ôta prestement son blouson et le lui mit sur les épaules.

En attendant que le garçon se remette un peu, il examina la route obscure qui devait mener au chalet des Sims. Il ne perçut aucun signe de vie, mais ils allaient probablement se mettre à la recherche de Nick dès qu'ils constateraient sa disparition. A cette heure-là, les routes étaient relativement désertes ; ils n'avaient pas intérêt à trop s'attarder dans les parages.

— Il va falloir y aller dès que tu te sentiras mieux, dit-il à Nick.

— Oui, m'sieur.

Nick jeta un coup d'œil dans la même direction que Cam.

— A mon avis, ils sont tous trop soûls pour s'apercevoir que je suis parti.

Possible, songea Cam.

— En tout cas, c'est vraiment sympa d'être venu me chercher jusqu'ici, en plein milieu de la nuit.

— Je suis content de te rendre service.

— J'ai essayé d'appeler mon père mais je n'ai eu que son répondeur.

— Ah…

Nick fit un effort pour se tenir droit et ne pas avoir l'air avachi.

— Et c'est aussi sympa de ne pas avoir appelé ma mère. Elle était pas chaude pour ce week-end, alors j'ai téléphoné à mon père, et lui, il m'a donné l'autorisation.

Ce bon vieux Teddy.

— Il faut la mettre au courant, Nick. Dès demain matin.

— D'accord, murmura le garçon, l'air exténué.

— Bon, allons-y, maintenant, déclara Cam en le prenant par le bras.

Il l'installa sur le siège arrière, boucla sa ceinture et regagna le volant. Quand il jeta un coup d'œil dans le rétroviseur, Nick avait déjà incliné le dossier en arrière et commençait à s'assoupir.

Tout au long du trajet de retour, Cam rumina de sombres pensées. Nick ne lui avait pas encore raconté grand-chose, mais il avait saisi l'essentiel. Des prédateurs sexuels avaient jeté leur dévolu sur quelques joueurs de l'équipe — et Nick était du nombre.

*
* *

Rachel se leva de bonne heure, le samedi matin, pour préparer le petit déjeuner de Kendy qui allait au zoo de Dallas avec ses amies. Pendant que sa fille buvait son chocolat en regardant la télé, elle sortit déguster son café dans le patio. La journée s'annonçait radieuse, avec un ciel sans nuage, un air sec et frais — mais pas froid. Installée dans la balancelle, elle se poussa doucement du pied, sa tasse chaude au creux des mains. Sa mère était sous la douche, prête à partir, elle aussi, visiter des roseraies avec un petit groupe de passionnés de jardinage. Ce qui offrait à Rachel une occasion rarissime de profiter du beau temps en rêvassant à la soirée de la veille.

Elle avait eu un mal fou à s'endormir, mais ce n'était certes pas à cause de la visite inopinée de Ted ou de ses malheurs. Après les fougueux baisers qu'elle avait échangés avec Cam, les lamentations de son ex-mari ne lui faisaient plus ni chaud ni froid, il fallait bien l'avouer.

Elle regarda un audacieux colibri — l'un des premiers de la saison — descendre en piqué dans la mangeoire à oiseaux de Dinah. Désormais, elle ne pouvait plus feindre l'indifférence à l'égard de Cam. Depuis quelque temps déjà, elle fantasmait à son sujet, tout en se demandant comment un homme aussi séduisant pourrait s'intéresser à elle.

A présent, elle avait pris conscience du danger.

Se connaissant, elle se savait incapable d'envisager une relation sexuelle sans amour. Leur baiser n'avait rien changé à son caractère ; il lui interdisait simplement de continuer à croire qu'elle pouvait entretenir avec Cam une relation juste amicale. Rien de plus facile, hélas, que d'aimer cet homme-là, songea-t-elle. La trahison de Ted l'avait blessée et humiliée, mais elle serait anéantie si Cam lui faisait subir la même chose.

A la réflexion, l'idée lui parut totalement absurde. Avec

Ted, elle avait eu deux enfants et dix-huit ans de vie commune, alors qu'elle ne connaissait Cam que depuis quelques mois. Elle devait s'estimer heureuse d'avoir pu mesurer l'effet que ses jeux de séduction produisaient sur elle. Une femme avertie en vaut deux, décida-t-elle.

Un grincement de porte lui fit tourner la tête vers la maison voisine. Cam se tenait sous l'auvent de sa cuisine, en jean, torse nu, un bol à la main. Il n'avait pas l'air d'un homme qui gagne sa vie en écrivant des livres, songea Rachel en admirant la ligne harmonieuse de ses épaules et son ventre plat. Sans doute avait-il une salle de musculation quelque part, chez lui…

Prenant soudain conscience qu'elle le détaillait sans la moindre discrétion, elle avala précipitamment une gorgée de café qui passa de travers et la fit s'étrangler.

Quand elle leva de nouveau les yeux, Cam se dirigeait vers elle. Il avait enfilé un vieux T-shirt sans prendre la peine de passer un peigne dans ses cheveux. Ebouriffé, mal rasé et vêtu de la façon la plus décontractée qui soit, il était plus séduisant que jamais.

— Vous vous êtes levée tôt ! dit-il en la gratifiant de son sourire ravageur.

— Kendy va passer la journée au zoo avec ses amies, alors il fallait être sur le pont de bonne heure.

— Belle journée pour une balade.

Il s'appuya au mur et demanda négligemment :

— Est-ce qu'elle rentre ce soir ?

— En fait, elle va dormir chez Carly, sa meilleure copine.

— Hum. Et vous, que comptez-vous faire aujourd'hui ?

Elle hésitait à lui avouer qu'elle n'avait rien prévu de particulier quand la porte s'ouvrit à la volée.

Kendy fonça vers eux, visiblement hors d'elle.

— Maman, mon appareil photo a disparu ! Je l'avais hier quand j'ai pris les photos de cet oiseau-mouche qui buvait la rosée dans une fleur. Je l'ai rangé sur l'étagère des livres de cuisine où tu m'as dit de le mettre, et il n'y est plus, maman. C'est Nick qui l'a pris, j'en suis sûre !

— Attends, attends, dit Rachel, déjà debout. Tu es sûre de ne pas l'avoir mis dans ton sac à dos avec tes affaires, hier soir ?

— J'ai déjà regardé. Mais c'est pas la peine de chercher parce que c'est Nick qui l'a !

— Nick ? Il n'aurait jamais pris ton appareil sans te le demander, poussin. Tu as regardé dans ta chambre ?

La petite fille tapa du pied.

— C'est pas la peine. Il voulait que je lui prête et j'ai dit non parce que j'allais au zoo. Alors, il me l'a piqué !

— Si c'est vrai, dit Rachel en défroissant le col du chemisier de Kendy, je te donnerai des sous et je demanderai à la maman de Madison si elle peut t'acheter un appareil jetable. Mais je vais d'abord voir si je ne le trouve pas.

Sans l'écouter, Kendy se tourna vers Cam.

— Vous ne pourriez pas m'emmener à ce lac où ils sont allés, Cam ? Je parie qu'il est dans son sac de sport. Il est devenu complètement débile, mon frère. Il n'arrive même plus à avoir la moyenne en classe.

— Kendy !

Rachel la toisa sévèrement.

— Cam ne t'emmènera nulle part. Il faudra te contenter d'un appareil jetable, pour une fois. Et si Nick a vraiment pris le tien, il aura affaire à moi.

Cam écouta en silence et regarda Kendy.

— Tu es persuadée que ton appareil est dans le sac de Nick ?

Elle opina vigoureusement.

— Il voulait prendre des photos des filles à la soirée, expliqua-t-elle d'un air dégoûté.

— J'ai peut-être les moyens de résoudre ce problème, dit Cam à Rachel. Nick dort en ce moment dans ma chambre d'amis. Son sac doit être resté dans mon coffre.

Il prit Kendy par la main.

— Allons jeter un coup d'œil dedans avant que ta copine arrive.

Rachel resta figée sur place.

— Nick a dormi chez vous ? Mais pourquoi donc ? Qu'est-ce...

Elle s'interrompit en voyant l'expression de Cam, et plissa les yeux.

— Ce n'est pas une blague ?

— Pas du tout. Je vous expliquerai tout. En fait, j'étais venu pour ça, mais j'ai préféré attendre que vous ayez fini votre café. Je vais aller jeter un coup d'œil dans ce sac de sport, et dès que Kendy sera partie, nous en parlerons.

Kendall observa tour à tour les deux adultes, et dit d'un ton jubilatoire :

— Ça va barder pour Nick, hein, maman ?

En dépit du fait que Nick ne se conduisait pas toujours très bien, ces temps-ci, Rachel fut scandalisée de découvrir qu'il avait effectivement pris l'appareil de sa sœur. Ils le trouvèrent dans son grand sac qui était à l'arrière du 4x4. Kendy le brandit d'un air triomphant.

— Tu vois, maman ? Je te l'avais bien dit ! Il va être privé de sorties, hein ?

Sur ces entrefaites, la mère de Madison Snow se gara au bout de l'allée, leur épargnant une discussion sur le sort qu'il convenait de réserver à Nick.

Après avoir regardé partir sa fille, Rachel rejoignit Cam chez lui.

— Il est là-haut, dit-il avant qu'elle ait pu ouvrir la bouche. Il prend sa douche. Si vous avez un peu de compassion pour lui, ne le bousculez pas trop tant qu'il est dans le cirage. Avec la gueule de bois qu'il tient, de toute façon, il a déjà touché le fond.

Elle se laissa choir sans un mot sur la chaise qu'il poussait dans sa direction. Le mauvais tour qu'il avait joué à Kendy semblait dérisoire comparé au fait qu'il se fût soûlé.

— Comment a-t-il atterri chez vous ? demanda Rachel, ne sachant trop par où commencer.

— Il m'a appelé de la maison du lac, après avoir essayé sans succès de joindre son père. Il ne voulait pas vous faire venir là-bas toute seule en pleine nuit. Je ne peux que l'approuver, sur ce point.

— Il était donc bien chez Robbie ?

— Oui.

Cam prit une tasse et lui servit du café.

— Dans l'état où il était, il ne m'a pas tout raconté en détail. J'ai tout de même compris qu'il s'était passé des choses douteuses auxquelles il ne s'attendait pas du tout. Il a eu la bonne idée de leur fausser compagnie.

— Kendy vient de dire que Nick voulait prendre des filles en photo…

— Il n'y avait aucune fille, Rachel. Et M. Sims n'était pas là non plus. Robbie a sans doute menti pour des raisons évidentes… Tenez, vous allez en apprendre davantage, dit Cam en jetant un coup d'œil dans l'escalier. Voilà Nick qui descend !

Le garçon était très pâle, et il se déplaçait d'un pas mal assuré, mais il gagna vaillamment la cuisine et alla s'asseoir en face de sa mère. Le soleil matinal qui entrait à flots par la fenêtre le fit grimacer, et il se détourna avec un petit gémissement. Cam s'assit à côté de lui.

— Veux-tu un jus de fruits ou des céréales ? lui proposa-t-il.

Il sourit quand Nick ferma les yeux et leva la main d'un geste de refus.

— Encore un peu barbouillé, hein ?

Nick se tourna vers Rachel.

— Je suis désolé, m'man. Je sais que je serai privé de sorties mais je te jure que je ne savais pas ce qui se passait là-bas. Tu m'en veux sûrement d'avoir dérangé Cam en pleine nuit ; alors, vas-y, passe-moi un savon.

— Avant de te passer un savon, j'aimerais savoir exactement ce qui s'est passé là-bas.

— D'accord, je vais te le dire. Mais je veux d'abord remercier Cam… Vous savez, Cam, ce ne sera pas la peine de me payer pour les travaux au grenier ou sur le toit. Je vous dois une fière chandelle.

— Nous avons déjà parlé de ça ; tu ne me dois rien du tout, riposta Cam. Et je suis content que tu aies eu le réflexe de m'appeler. La prochaine fois, n'hésite surtout pas.

— Il n'y aura pas de prochaine fois, affirma Nick avec ferveur. Ce genre de soirée, c'est vraiment pas mon truc, croyez-moi. J'étais loin de m'imaginer que des gars de dix-neuf ans qui jouent en première catégorie m'invitaient uniquement pour mes beaux yeux.

Il frotta du bout des doigts une petite éraflure sur la table.

— Il y avait un type en particulier qui me trouvait à son goût. Un certain Joseph — sans nom de famille. Ces types-là, ils n'ont pas de nom de famille. Joseph est cinéaste et il voulait me faire tourner dans un film vidéo, ajouta-t-il avec une grimace.

— Je crois que je commence à me figurer le tableau, dit

Rachel en fronçant les sourcils. Quand as-tu compris ce que les gens étaient venus faire exactement dans cette soirée ?

Nick remonta ses genoux et posa le menton dessus.

— Je suis sorti sur la terrasse du fond qui était dans le noir, au bord de la pinède. J'avais descendu beaucoup de bières… Je sais que c'est nul, m'man, ajouta-t-il en risquant un bref coup d'œil du côté de Rachel. Bref, il me fallait un peu d'air et un moment pour réfléchir au moyen de me casser dare-dare. Il n'était pas question que je dorme là-bas. Au bout d'une minute, j'ai vu deux types qui remontaient du lac en s'engueulant : un jeune qui chialait et un grand costaud — mais je ne savais pas encore qui c'était. Quand ils se sont approchés, j'ai entendu le plus gros qui appelait l'autre « Jace ».

— Jason Pate, dit Rachel.

— C'est là que j'ai reconnu le type qui l'accompagnait. C'était Monk Tyson. J'en croyais pas mes yeux, c'était tellement dingue ! Je t'assure, m'man, j'en revenais pas. Et le pire, c'est qu'à les entendre, y avait plus aucun doute : ils venaient de faire des trucs ensemble.

Une demi-heure plus tard, Rachel conseilla à Nick de retourner se coucher, et lui promit qu'ils reparleraient de tout ça plus tard. Cam avait raison : il n'était pas en état de se faire réprimander, mais il avait pleinement conscience, apparemment, de la gravité de ce qu'il avait vu. Et il avait bien réagi en déguerpissant, même s'il avait eu tort de ne pas lui téléphoner.

— Sur ce point, j'estime qu'il a bien fait, déclara Cam en remplissant leurs tasses dans la cuisine. Moi-même, je n'étais pas vraiment rassuré. Le coin est pratiquement désert et plutôt inquiétant pour une femme seule. Et je parie que vous n'auriez même pas eu l'idée de m'appeler pour que je vous accompagne.

— Sûrement pas, en effet ! C'est mon fils et je suis responsable de lui.

— Bien sûr. Et vous ne pouvez pas compter sur Ted, apparemment.

— Ne vous en faites pas. Ted ne va pas tarder à avoir de nos nouvelles, dit-elle froidement. Mais en attendant, qu'est-ce que vous pensez de cette histoire, Cam ?

— Vous avez bien fait de dire à Nick qu'il devait se tenir à carreau, garder tout ça pour lui et nous avertir s'il se passait quoi que ce soit.

Au lieu de se rasseoir, Cam s'adossa au bar, sa tasse à la main.

— Vous le connaissez mieux que moi : pensez-vous qu'il suive ces consignes à la lettre ?

— Je n'en suis pas sûre. Cette affaire l'a profondément ébranlé. En tout cas, je n'ai pas envie d'attendre les bras croisés la réaction de Monk. Je ne comprends pas très bien pourquoi il a pris le risque de laisser voir à Nick ce qui se tramait.

— A moins qu'il n'en ait jamais eu l'intention. Ce Joseph n'était peut-être pas censé draguer Nick. Mais maintenant que le secret est éventé, Tyson va être obligé de réagir.

— Il faut en parler à Pete, dit Rachel. Cette affaire est du ressort de la police. Dans l'immédiat, je me fais du souci pour Nick mais il n'est sûrement pas le seul joueur en cause.

— Comment se fait-il qu'aucun élève n'ait jamais vendu la mèche à propos de Tyson ? dit Cam en croisant les bras. Il n'y a jamais eu aucune rumeur sur lui au lycée ?

— A ce sujet-là ? Non, pas la moindre.

— Sans porter atteinte au secret professionnel, puis-je vous demander si Jason n'avait pas fait allusion à ses relations avec son entraîneur au cours de vos entretiens ? Tyson a jeté son dévolu sur lui, mais à en juger par ce que Nick a entendu, ça ne va pas sans heurts.

— C'est un garçon terriblement tourmenté, en effet. Il n'est certes pas le seul élève à s'interroger sur sa sexualité et, comparé à d'autres, j'ai plutôt l'impression…

Rachel s'interrompit et secoua la tête.

— Oh, mais à présent, je comprends mieux son dilemme, bien sûr ! Monk Tyson est un véritable monstre ! Quel salaud, ce type ! La direction du lycée et les parents d'élèves lui confient la responsabilité de ces adolescents. Il est payé pour leur enseigner la pratique du sport, pas pour profiter d'eux !

Cam lui serra doucement l'épaule.

— C'est intolérable, en effet ; mais il ne faudrait pas, dans votre indignation, risquer de couper l'herbe sous le pied de la police. Vous allez devoir laisser à Pete le temps de rassembler des preuves.

— Oui, oui, je serai prudente. N'empêche que je me sens révoltée.

Elle soupira, manipulant distraitement sa petite cuillère sur la table.

— Quand vous êtes arrivé dans mon bureau, l'autre jour, je venais d'entreprendre des recherches dans les archives du lycée pour savoir si d'anciens élèves de Tyson n'avaient pas changé d'établissement sans quitter la région pour autant. Cela me prend un temps fou mais je compte me remettre à la tâche dès lundi matin. Il doit bien rester quelque trace écrite.

— Sans doute. Mais pour le moment, que diriez-vous de venir faire un tour avec moi à Austin ? Nous passerons d'abord voir Pete pour lui raconter ce qui s'est passé, puis nous le laisserons faire son boulot de son côté. Et maintenant que nous avons des éléments concrets, j'aimerais essayer de les relier à ce qui est arrivé à Jack.

— Pourquoi Austin ? demanda Rachel, séduite malgré elle par la perspective d'une journée en compagnie de Cam. Je ne pense pas que ce soit pour visiter la ville ?

— Non, je la connais déjà et vous aussi, dit Cam en débarrassant la table. Je songeais plutôt à une visite du campus universitaire.

— Jimbo Rivers fait ses études à l'université du Texas, murmura Rachel, songeuse.

— Exact. Pendant que vous disiez au revoir à Kendy, j'ai appelé M. Ward. Il m'a dit que Jimbo avait un entraînement, aujourd'hui ; il devrait être sur le campus. En partant dans une heure, nous pourrions être là-bas avant midi.

Son rangement terminé, il enfonça les mains dans les poches arrière de son jean.

— Et si je ne le trouve pas aujourd'hui, j'essaierai un autre jour, conclut-il.

— Vous pourriez lui passer un coup de fil. Ce serait plus logique que d'aller jusqu'à Austin sans être sûr de le rencontrer.

— Je crains qu'il m'envoie sur les roses si je lui téléphone. Il a été poli après le décès de Jack, mais je suis persuadé qu'il ne m'a pas tout dit. A l'époque, je n'ai pas insisté ; aujourd'hui, en revanche, je suis prêt à tout.

Rachel l'observa un instant, comprenant que les révélations de Nick sur l'univers de Tyson alimentaient sa conviction que Jack ne s'était pas suicidé. Il était farouchement déterminé à découvrir la vérité, et les analyses criminelles approfondies auxquelles son travail le conduisait lui fournissaient une solide expérience dans ce domaine. Elle perdrait manifestement son temps en lui disant qu'il se préparait à souffrir davantage. Si Jack avait été victime d'un meurtre, l'idée serait peut-être encore plus difficile à supporter.

— Vous ne préférez pas être seul pour parler à Jimbo ?

lui demanda-t-elle. Vous auriez peut-être plus de chances de lui tirer les vers du nez ?

Cam esquissa un sourire.

— Cela signifie que vous acceptez de venir ?

— En avez-vous douté un instant ?

— Parfait. Je passe vous chercher dans une heure, dit-il en l'entraînant vers la porte.

Avant qu'elle ait franchi le seuil, il se pencha et lui murmura à l'oreille :

— Prenez votre brosse à dents, à tout hasard.

S'il y avait une chose que Tyson détestait par-dessus tout, c'était d'avoir à modifier ses projets à cause d'un énergumène qui faisait tout foirer. Surtout quand son week-end était fichu. Sims laissait son fils utiliser sa résidence secondaire à sa guise, et il s'arrangeait toujours pour être retenu ailleurs. Il y avait sur place un cuisinier d'une discrétion absolue, des placards remplis de victuailles et de l'alcool à volonté. En outre, la maison était assez grande pour lui permettre de se livrer tranquillement à ses activités favorites.

Et puis surtout, Sims ne cherchait pas à connaître la liste de ses invités. Si Monk avait envie de passer un week-end avec Jack l'Eventreur, son hôte ne s'y opposerait probablement pas. Il était prêt à tout pour que son fils accède au monde du sport professionnel. Apparemment, il ne se doutait pas des penchants sexuels de Monk, mais eût-il soupçonné la vérité qu'il aurait sans doute offert le gamin en pâture à son entraîneur afin de lui assurer une place dans une équipe renommée. Seulement voilà : Robbie n'était pas du tout son genre. Monk n'aimait pas les garçons trapus, aux muscles artificiellement gonflés par les stéroïdes, au visage fade et inexpressif.

Un autre, en revanche, lui faisait beaucoup d'effet — et c'était justement ce qui lui avait gâché le week-end. Comment Nick Forrester avait-il pu se débrouiller pour disparaître en pleine nuit ? Monk se promit de régler la question lundi avec Ferdy et B.J., mais en attendant, il fallait essayer de limiter les dégâts. C'était la deuxième fois que Nick lui jouait un sale tour. On ne se moquait pas impunément de Monk Tyson ; il l'apprendrait à ses dépens, un de ces jours. A part ça, le garçon était un morceau de choix — visage éveillé, corps mince, souple, élancé et gracieux comme une antilope sur le terrain. Le seul fait d'y penser lui mettait l'eau à la bouche. Mais en allant le draguer bêtement, cet imbécile de Joseph lui avait peut-être gâché toutes ses chances.

Cette soirée au bord du lac était censée éblouir Nick et lui donner envie d'appartenir au groupe. La plupart des garçons de seconde se seraient damnés pour être invités à se joindre un week-end à l'élite des sportifs du lycée. Monk avait donné des instructions pour que Nick ne puisse rien soupçonner avant d'avoir été adroitement pris en main. Il fallait de l'assurance et une bonne dose de culot pour prendre la fuite à pied, en pleine nuit. Et le garçon ne manquait pas non plus d'audace pour avoir renoncé à son entraînement particulier. Le divorce de ses parents et la désertion de son père auraient dû faire de lui une proie facile ; à cet égard, Monk l'avait sous-estimé. Mais ce n'était sûrement pas pour aider sa mère que Nick avait renoncé à ces faveurs. Futé comme il l'était, il avait dû sentir intuitivement le danger… Ce serait un véritable plaisir de le briser.

Monk songea avec une pointe d'irritation qu'il avait pourtant pris un maximum de précautions avec Nick… tout comme avec Jack Ford, quelques années auparavant. En l'occurrence, il avait commis une erreur de jugement — l'une de ses très rares erreurs au lycée de Rose Hill. Il tremblait encore en se rappelant l'épisode de la mort de Jack, au cours duquel il avait réellement frôlé la catastrophe.

Le lien entre Nick et Cameron Ford le troublait particulièrement. Le suicide de son fils avait éveillé les soupçons de Ford, à l'époque, mais Monk s'était montré extrêmement prudent… Cependant, c'était un autre homme qu'il avait reçu la semaine dernière dans son bureau ; le désespoir d'un père effondré qui essayait de trouver des explications cédait aujourd'hui la place à une agressivité de mauvais aloi. Il ne faudrait surtout pas que Nick aille se confier à lui… ou à sa mère, ce qui serait peut-être encore pire car Rachel était une garce sacrément coriace. Si la moindre rumeur de ce qu'il avait mis des années à dissimuler lui parvenait, elle ferait tout pour le détruire, quitte à y sacrifier sa propre situation. Elle manifestait un zèle ahurissant dans l'exercice de son métier, et ce serait probablement encore pire si son fils était en cause.

Le trio infernal — Nick, Rachel et Cameron Ford — risquait donc de lui attirer de sérieux ennuis. Jusqu'à présent, une règle d'or basée sur la discrétion, la prudence et l'élimination impitoyable des menaces qui pesaient sur lui avait assuré sa survie. Cela dit, depuis quelque temps, il sentait qu'il serait prudent de changer d'air. Mais auparavant, il y avait quelque chose qui lui tenait à cœur. L'envie de s'offrir Nick le démangeait toujours, et il ne partirait pas sans être parvenu à ses fins.

20.

Ils arrivèrent sur le campus de l'université juste à temps pour assister à la dernière demi-heure d'entraînement sur les gradins du fameux terrain de Disch-Falk. Cinq ans auparavant, Cam avait vu Jimbo jouer à Rose Hill, à l'époque où Monk Tyson était son entraîneur et celui de Jack. Le talent à l'état brut qu'il déployait autrefois s'était aujourd'hui affiné pour atteindre une quasi-perfection. Rachel et Cam le regardèrent avec admiration effectuer une série de lancers aussi éblouissants que le soleil du Texas en plein midi.

— Ma foi, je comprends que les grandes équipes se le disputent, murmura Rachel. Il est magnifique.

— En effet.

Cam savait qu'elle ne s'y connaissait pas tellement en base-ball, mais apparemment, elle était capable d'apprécier la grâce et la précision d'un athlète en pleine possession de ses moyens.

— Et si son frère cadet espère le surpasser un jour, ajouta-t-il, il a encore du pain sur la planche.

— Je préférerais tout de même qu'ils le laissent terminer tranquillement ses études, dit Rachel avec une pointe de mélancolie. Contrairement à la pratique du sport, les bienfaits de la culture durent toute la vie.

— Mais s'il gagne une fortune sur le terrain, qu'importe qu'il sache lire ? Ouille !

Cam s'esclaffa tout en se frictionnant les côtes à l'endroit où Rachel venait de lui administrer un coup de coude.

— Je plaisantais, je le jure !

— Vous êtes un fana de sport. Les gens de votre espèce ne plaisantent pas sur ce sujet.

Il ne pouvait nier qu'il aurait aimé voir Jack atteindre le niveau qui était à présent celui de Jimbo. En le regardant, il sentit son cœur se serrer douloureusement. Il ne pouvait pas s'empêcher d'imaginer son fils en athlète épanoui, au sein d'une université prestigieuse.

Allons, il n'était pas venu à Austin pour ressasser son chagrin, tout de même.

— Si ça peut vous rassurer, Ward m'a dit que Jimbo n'avait pas encore décidé s'il allait passer sa licence ou signer avec St Louis, confia-t-il à Rachel.

— Je me réjouis qu'il prenne ses études au sérieux, dit-elle. Ce n'est certes pas Monk Tyson qui lui aurait donné ce conseil.

Ils regardèrent un moment le match sans rien dire. Mais bien qu'elle gardât les yeux fixés sur le terrain, Rachel avait l'esprit ailleurs, de toute évidence.

— Cam, reprit-elle enfin, croyez-vous que Nick ait renoncé à ces séances d'entraînement parce que Tyson s'en prenait à lui ?

— Pas vraiment, répondit-il. D'après ce qu'il m'a dit, je crois plutôt qu'il était intuitivement mal à l'aise avec lui. En outre, Nick avait vraiment envie de réussir par lui-même sans que personne puisse prétendre qu'il avait bénéficié de faveurs particulières.

Rachel hocha lentement la tête, visiblement angoissée. Il eut envie de la serrer contre lui pour la réconforter.

— C'est un garçon formidable, dit-il encore. Il a du courage, une forte sensibilité et un cœur d'or. En plus, il est intelligent. Faites-lui confiance et tout s'arrangera.

Sur le terrain, les joueurs commençaient à se disperser. Cam se leva et Rachel le suivit entre les gradins.

— Je pensais à Jimbo, dit-elle quelques instants plus tard, tandis qu'ils attendaient celui-ci près de l'entrée du stade. Croyez-vous qu'il ait été au courant et qu'il se soit tu ?

— S'il craignait de compromettre son avenir dans une grande équipe nationale, c'est possible, en effet. Après tout, sans l'intervention de Tyson, il n'en serait peut-être pas là aujourd'hui.

— Je comprends, oui, mais pour Ward…

Bouleversée, Rachel porta une main à sa joue.

— Il n'a donc pas songé que Tyson pourrait s'en prendre à son frère cadet ?

— Je l'ignore. En tout cas, Nick affirme que Ward s'ingénie à rivaliser avec son frère. Ça procure un sacré moyen de pression à Tyson pour l'inciter à faire des choses qui ne lui viendraient pas à l'idée dans d'autres circonstances.

— Je n'arrive pas à le croire !

Au comble de l'agitation, elle se mit à marcher de long en large puis s'arrêta devant Cam.

— En fait, si, c'est tout à fait logique… Mais comment ai-je pu être aussi aveugle ? Mon Dieu, combien de garçons…

Cam referma la main sur son épaule.

— Ecoutez, Rachel, Tyson n'est pas un enfant de chœur. A son âge et avec son expérience, il a eu tout le loisir de peaufiner sa tactique. A présent, Pete est au courant de ses agissements, et ça devrait chauffer pour son matricule. Mais en ce qui vous concerne, vous n'avez absolument rien à vous reprocher : tout le monde s'est fait berner, dans l'histoire.

Percevant son désarroi, il l'attira contre lui et la prit dans ses bras. Rachel se laissa faire et noua les bras autour de sa taille.

— C'est étrange, Cam, murmura-t-elle. Au moment où vous commencez à croire que la vie pourrait retrouver un sens, voilà qu'émerge une monstruosité de ce genre.

— Le monstre, c'est Tyson, mais il cachait sacrément bien son jeu, l'animal.

Cam ferma les yeux pour savourer cet intermède délicieux. Il posa la joue contre les cheveux de la jeune femme, et respira leur parfum délicat.

— Je préférerais que nous soyons là pour quelque chose de plus palpitant que la chasse aux secrets de Tyson, avoua-t-il en effleurant sa tempe d'un baiser. Après la soirée d'hier, j'avais envie de passer la journée avec vous. Je suis content d'avoir réussi à vous convaincre de m'accompagner.

— Ça n'a pas été bien difficile.

Il sourit et lui chuchota à l'oreille :

— La prochaine fois que nous sortons ensemble, ce sera restaurant-ciné, je vous le promets. A moins que vous ne préfériez autre chose…

Rachel soupira, les yeux fixés sur l'entrée du stade, derrière lui.

— Tiens, je crois que c'est Jimbo qui arrive, dit-elle.

Cam s'écarta et mit la main en visière au-dessus de ses yeux pour regarder Jimbo qui approchait en compagnie de deux autres joueurs. Ils se dirigèrent ensemble vers le parking.

— Attendez-moi ici, dit-il à Rachel. J'en ai pour deux minutes.

Il traversa la chaussée en diagonale et rejoignit Jimbo au moment où les deux autres s'éloignaient en direction de leur véhicule. Le jeune homme le reconnut aussitôt.

— Tiens, monsieur Ford ! dit-il avec un sourire. Ça fait un bail. Comment allez-vous ?

— Bien. Appelez-moi Cam. Comment allez-vous, Jimbo ?

— Ça va. Pas de souci.

Jimbo s'était arrêté pour lui parler. Il jeta un coup d'œil interrogateur du côté de Rachel, qui se tenait près du 4x4.

— Ce n'est pas Mme Forrester, la conseillère éducative du lycée ?

— Si. Rachel a fait le trajet avec moi.

— C'est une femme charmante. J'ai appris qu'elle avait divorcé. Ça nous a fait un coup, à Ward et à moi…

Jimbo reporta son attention sur Cam.

— Je pensais que vous retourneriez vivre à New York, mais Ward m'a dit que vous vous étiez installé dans votre maison de famille.

— Elle me convient tout à fait. Je ne vais plus à New York que pour apporter un manuscrit à mon éditeur.

— Moi, je ne crois pas que j'aurais envie de m'enterrer à Rose Hill, surtout si j'avais l'occasion d'aller ailleurs, dans un endroit plus palpitant.

— Comme St Louis, par exemple ? dit Cam avec un clin d'œil.

Jimbo esquissa un sourire.

— Ward ne sait pas tenir sa langue.

— Il est très fier de son grand frère.

— Ward a pas mal de talent, lui aussi. Et son copain Nick, également. Je les ai vus jouer tous les deux. Quand ils seront en terminale, Tyson les aura suffisamment formés pour qu'ils obtiennent une bourse sport études. Ce type est phénoménal, ajouta Jimbo en secouant la tête d'un air convaincu.

Cam jeta un coup d'œil sur le sac de sport du jeune homme.

— Vous allez quelque part, maintenant ?

— Pas spécialement. Pourquoi ?

— C'est l'heure de déjeuner. Choisissez l'endroit, c'est moi qui régale. Je crois me souvenir qu'il y a de bons petits restos dans la 6e Rue.

Ses clés à la main, Cam jeta un coup d'œil autour de lui. Apparemment, il n'y avait pas de petite amie en vue.

— Une matinée d'entraînement intensif, ça doit vous ouvrir l'appétit, ajouta-t-il.

— Oui, j'irais bien grignoter quelque chose. Et la 6e Rue, c'est sympa. Merci.

Il sortit son téléphone portable de sa poche.

— Je dois juste appeler quelqu'un et on y va. Mme Forrester vient aussi ?

— Si vous n'y voyez pas d'inconvénient.

— Pas du tout. Comme je vous le disais…

Cam lui sourit et ils conclurent d'une même voix :

— C'est une femme charmante.

Jimbo leur suggéra une petite brasserie en haut de la 6e ; on y mangeait très bien et la musique n'empêchait pas de parler.

— J'aime bien venir ici avec Gail, ma petite amie, leur dit-il quand ils furent installés à une table du fond. En général, les endroits fréquentés par les étudiants sont bruyants et enfumés : c'est loin d'être l'idéal quand on a envie de se parler.

— Votre petite amie ne s'appellerait pas Gail Maddox, par hasard ? demanda Rachel, surprise.

Jimbo la regarda, une frite en suspens au bout de sa fourchette.

— Si, c'est elle.

Rachel hocha la tête en souriant.

— Si ma mémoire est bonne, vous sortiez déjà ensemble en seconde. C'est plutôt rare, les couples qui durent depuis l'adolescence.

— En fait, on a rompu deux mois après notre arrivée

à la fac. Toutes ces filles…, dit Jimbo avec un clin d'œil éloquent.

— Et tant de garçons ! ajouta Rachel sur le même ton.

— Bref, pendant trois ans, on a dragué chacun de notre côté. Et puis, il y a six mois, je l'ai revue à une soirée…

Il haussa les épaules, l'air un peu embarrassé.

— On s'est redécouverts, pour ainsi dire. Je lui ai offert une bague pour Noël, mais je ne sais pas quand on pourra se marier ; il faudra attendre que j'aie mon diplôme ou… autre chose.

Cam se cala dans son siège, sa chope de bière à la main.

— Difficile de choisir entre les études et les propositions des grandes équipes, hein ?

— Ne m'en parlez pas !

— Je me réjouis pour vous, Jimbo, dit-il doucement en levant sa chope à la santé du jeune homme.

Jimbo hocha lentement la tête.

— Merci.

Il joua distraitement avec une frite, la trempa à plusieurs reprises dans du ketchup.

— Certains soirs, reprit-il, quand je pense à tout ça, j'aimerais pouvoir en parler à quelqu'un qui comprenne tout ce que je ressens. Gail, elle est contente pour moi mais le base-ball, c'est pas vraiment son truc. Ce qui me manque, c'est un véritable ami — comme Jack.

Cam acquiesça d'un geste à peine perceptible.

— Oui.

— C'était quelqu'un d'exceptionnel, monsieur F… pardon, Cam. Le meilleur ami que j'aie jamais eu.

— Ça me fait plaisir de le savoir, répondit Cam en souriant vaillamment. Comme la plupart des pères, j'aime bien entendre des compliments sur mon fils. Jack vous appréciait énormément, lui aussi.

— J'ai mis longtemps à admettre qu'il n'était plus là. C'était tellement horrible, tellement dingue... D'autant plus que Jack était le type le moins dingue que je connaisse. Ça lui ressemblait tellement peu de faire un truc pareil, comme ça, d'un seul coup.

Le jeune homme repoussa son assiette.

— S'il était sur le point de craquer, pourquoi est-ce qu'il n'a rien dit ? On était très proches. Il pouvait me dire n'importe quoi... *n'importe quoi*, je vous assure.

Cam le dévisagea intensément.

— C'est vrai, Jimbo ? Il aurait pu vous dire n'importe quoi ?

Jimbo fronça les sourcils, discernant une inflexion particulière dans cette question.

— Absolument, affirma-t-il.

Il regarda Rachel qui examinait sa serviette en papier, la pliant et la dépliant continuellement, puis se retourna vers Cam.

— Pourquoi cette question ? C'est à quel propos ?

— Avant tout, je voudrais m'assurer que notre conversation restera strictement confidentielle. Pouvez-vous me le promettre ?

— Oui, répondit Jimbo en sondant attentivement son regard. Je me doutais bien que vous n'étiez pas venus jusqu'ici uniquement pour me voir lancer quelques balles. C'est à propos de Jack, n'est-ce pas ?

— Il y a un rapport avec Jack, en effet.

— Bon. De quoi s'agit-il ?

— J'ai votre parole ?

— Vous avez ma parole. Bon sang, si quelque chose pouvait nous aider à comprendre les raisons qui l'ont poussé à faire ça...

Cam, qui n'avait rien commandé, posa sa bière sur la table.

— Vous n'êtes pas le seul à avoir trouvé le suicide de Jack incompréhensible, dit-il, tout en s'efforçant de dominer son émotion.

Il était terriblement tenté de se lever et de tout planter là. Pour se donner du courage, il respira à fond.

— Personnellement, reprit-il, je n'arrivais pas à y croire. Je me disais que mon fils n'aurait jamais fait ça. Comme vous, je pensais qu'il aurait pu me parler de ses problèmes, quels qu'ils soient. Je l'aurais soutenu dans l'adversité.

Rachel posa une main sur la sienne, et ce geste l'aida à continuer. Avec un sourire amer, il leva les yeux sur Jimbo.

— En fait, Jack m'a appelé, ce soir-là. Il m'a dit que ça n'allait pas, dans l'équipe de Tyson, et qu'il avait besoin de moi. Mais j'étais en train de terminer un bouquin. Je lui ai demandé d'attendre une semaine ou deux… Il n'a pas attendu. Quelques heures plus tard, il était mort.

Des larmes brillèrent dans les yeux de Jimbo.

— Ça a dû être terrible, murmura-t-il.

Cam opina, la gorge nouée.

— Si je vous raconte ça maintenant, c'est que j'ai une question à vous poser, Jimbo. Savez-vous ce que Jack voulait dire ? Y avait-il quelque chose qui n'allait pas, selon vous, dans l'équipe de Tyson ?

— A mon avis, rien qui ait un rapport quelconque avec le suicide de Jack, répondit Jimbo en choisissant ses mots avec soin, comme s'il avançait en terrain miné.

— D'accord. Mais cette réponse signifie que vous aviez conscience d'un problème. De ce fait, même si vous estimez qu'il n'a aucun rapport avec la mort de Jack, j'aimerais que vous me disiez de quoi il s'agit.

A ce moment-là, ce fut Jimbo qui parut tenté de se lever et de les planter là.

— Ce n'était qu'une vague rumeur, répondit-il enfin.

— Une rumeur à quel sujet ? A propos de quelqu'un ?

Jimbo se tassa sur son siège.

— Merde, je ne sais pas si je devrais parler de ça. C'était juste un bruit qui courait, et si ça se répand, ça risque… enfin, ça pourrait faire énormément de tort.

Comment l'amener à prononcer ces mots sans les lui suggérer ? se demanda Cam.

— Du tort au lycée ? Ou du tort à quelqu'un, en particulier ?

— Les deux. Ecoutez, je ne serais pas où j'en suis sans les appuis que j'ai reçus au lycée de Rose Hill. Ce serait trop moche de ma part d'aller répéter des trucs qui n'ont peut-être aucun fondement.

Cam comprit qu'il allait devoir passer à la vitesse supérieure.

— Est-ce la réputation de Monk Tyson qui est en jeu ?

Les deux hommes se regardèrent.

— Je suppose, répondit prudemment Jimbo.

— Je ne peux pas prononcer les mots à votre place, Jimbo. Il faut parler sans détour. Si ce que vous me dites confirme mes soupçons, j'y donnerai suite, mais je peux vous assurer que votre nom ne sera jamais mentionné.

D'un geste machinal, Jimbo se frictionnait vigoureusement les cuisses. Visiblement, les pensées se bousculaient dans sa tête. Puis, tout à coup, il parut se décider.

— En fait, commença-t-il, c'est surtout pour Ward que je me fais du souci. Tyson est bien capable de se venger sur Ward et de réduire ses ambitions à néant, d'un simple claquement de doigts. Ce type est impitoyable. Si je me montre aussi discret, c'est uniquement à cause de Ward.

— Avant d'examiner la question de votre frère cadet, dit Cam, j'ai besoin de savoir quel est ce secret que vous hésitez tant à dévoiler.

Jimbo soupira ostensiblement.

— Le bruit courait qu'il aimait les garçons.

En plein dans le mille.

Cam se contenta d'opiner, tandis que Rachel laissait échapper un petit gémissement.

— Personnellement, je n'ai jamais rien vu, dit Jimbo, mais il y avait deux joueurs qui étaient… ses chouchous. On savait tous qu'il se passait des trucs bizarres mais qu'on avait intérêt à tenir notre langue. Tyson ne plaisante pas avec la discipline — c'est le moins qu'on puisse dire. Il valait mieux être dans ses petits papiers si vous ne vouliez pas vous faire virer du groupe.

— Il doit bien y avoir des garçons qu'il a pris en grippe, dit Rachel. Pour une insolence par exemple ?

— Ceux-là, en général, ils changeaient de bahut. J'en vois deux qui, à mon avis, ont dû s'en aller parce que Monk s'était permis des familiarités avec eux. Mais ce type est extrêmement sévère ; il a même des hommes de main, des gros costauds qu'il recrute parmi les plaqueurs de rugby. De véritables gorilles. Une petite descente ou même une simple menace de Ziggy ou Jay, et pfft ! Plus la moindre dissidence au sein de l'équipe.

— Sauriez-vous où sont passés Ziggy et Jay, aujourd'hui ? demanda Cam.

— Non, mais leurs parents habitent toujours à Rose Hill. Il ne devrait pas être trop difficile de les retrouver.

— Des hommes de main, murmura faiblement Rachel.

— Je ne les crois pas capables de tuer qui que ce soit, déclara Jimbo, mais pour faire taire les rumeurs, ils étaient d'une efficacité redoutable.

— Et chaque année, Tyson avait de nouvelles recrues à persécuter, conclut posément Cam.

— Ouais, et si vous vouliez rester dans l'équipe de Monk Tyson, il fallait jouer le jeu.

— Croyez-vous qu'il s'en soit pris à Jack ? demanda Cam.

Il s'exprimait toujours aussi calmement, dominant de son mieux la rage qui bouillonnait en lui.

— Non, sincèrement, je ne pense pas, répondit Jimbo.

— Vous n'avez jamais parlé, entre vous, des… penchants de Tyson ?

— Bien sûr que si ! Jack était complètement écœuré. Les chouchous de Tyson ne sont pas tous homosexuels, loin de là, et Jack en avait conclu que c'était du viol pur et simple.

Cam dévisagea le garçon d'un œil incrédule.

— Et quand il s'est suicidé, qu'en avez-vous déduit, Jimbo ?

Il était stupéfait que le garçon n'ait fait aucun rapprochement entre la mort subite de Jack et ses critiques non déguisées concernant Tyson.

— Je ne savais pas trop que penser. Ma seule certitude, c'est que Jack n'aurait jamais laissé Tyson l'approcher. Il ne fallait donc pas chercher de ce côté-là le motif de son suicide, dit Jimbo.

Il leva sur Cam un regard contrit.

— A dire vrai, ajouta-t-il, j'ai cru que vous lui manquiez trop et qu'il avait préféré en finir. Il parlait tout le temps de vous… Il aimait sa mère, bien sûr, mais elle avait la tête ailleurs. Et avec le succès de vos bouquins, il vous voyait mal venir vous enterrer dans un trou perdu du Texas.

Cam eut l'impression de recevoir un coup de couteau dans le cœur. Livide, il dut s'accrocher au rebord de la table et fit un effort surhumain pour ne pas hurler sa douleur ou prendre ses jambes à son cou. Comment avait-il pu se préoccuper uniquement de sa carrière, au lieu d'écouter les appels au secours de son fils ? Pendant qu'il s'employait à rédiger sa version d'un ancien crime, Jack sombrait dans l'enfer d'une réalité quotidienne insoutenable.

Rachel serra doucement sa main dans la sienne, mais ce fut à Jimbo qu'elle s'adressa.

— Comment pouvez-vous être certain, lui demanda-t-elle, que Ward ne sera pas la prochaine victime de Tyson ?

21.

— Je crois deviner ce que vous pensez, Rachel, mais à mon avis, nous ne pouvons pas nous servir de ce que Jimbo nous a appris pour agir. Pas encore.

Cam tourna dans l'allée de son jardin et coupa le contact.

— Ses révélations ne sont basées que sur des ouï-dire, reprit-il en se tournant vers elle, un bras autour du volant. Pete va réclamer des preuves. Et nous ne pouvons pas non plus aller demander au proviseur de se séparer de son entraîneur sous prétexte que c'est un prédateur sexuel. A lui aussi, il faudrait fournir des preuves.

Rachel ouvrit sa portière, inondant l'habitacle de lumière.

— Il est tout de même difficile de rester les bras croisés pendant que ce type est toujours libre de faire… n'importe quoi, répliqua-t-elle avec un frisson.

Elle descendit de voiture, et Cam vint la prendre par le bras au moment où elle claquait la portière.

— Je dois au moins essayer de parler à Ward, maintenant que je connais le danger qu'il court. Je vais trouver un prétexte pour lui proposer un entretien. Il devrait avoir suffisamment confiance en moi pour tout me dire : je le connais depuis qu'il était en maternelle avec Nick.

— Ça ne veut pas dire qu'il sera plus à l'aise avec vous, Rachel. Je me demande même si vous n'auriez pas plus de chances avec Jason, puisqu'il a déjà abordé le sujet dans votre bureau… Et puis, de toute façon, rien ne dit que le changement d'humeur de Ward ait un rapport quelconque avec Tyson.

— En tout cas, ma suggestion a donné une sacrée claque à Jimbo, n'est-ce pas ? Vous avez vu sa tête quand je lui ai demandé s'il avait pensé à ça ?

— Oui. A mon avis, il s'imaginait que Tyson le craignait suffisamment pour éviter de s'en prendre à son petit frère.

— L'ennui, dit Rachel, c'est que si Tyson a jeté son dévolu sur Ward, le pauvre garçon aura probablement bien trop honte pour l'avouer à Jimbo.

— Sans doute, oui. Mais c'est valable aussi pour vous : il aurait trop honte pour vous le raconter. La peur et la honte sont les armes dont se servent les prédateurs comme Tyson pour continuer à profiter impunément de leurs victimes.

Cam appuya sur la télécommande qui gérait la fermeture des portières.

— Rentrez un moment avec moi, proposa-t-il. Nous ne pouvons absolument rien faire ce soir et franchement, j'aimerais changer un peu de sujet.

Rachel hésita, se demandant si son fils avait respecté ses instructions de ne pas quitter la maison.

— Je vais d'abord jeter un coup d'œil chez moi pour vérifier que Nick est bien là, dit-elle.

— En vous attendant, je débouche le vin pour l'aérer un peu ! lança Cam.

— Entendu. Je peux apporter quelque chose ? Du fromage, des fruits ?

Il la rattrapa en deux enjambées, enlaça sa taille et l'attira contre lui.

— Voilà tout ce dont j'ai besoin.

Sa bouche fondit sur celle de Rachel, s'en empara dans un baiser fougueux. Totalement inattendu. Une vague de désir, inattendue elle aussi, submergea soudain la jeune femme.

Mais Cam avait d'autres projets. Rompant leur étreinte, il l'écarta doucement.

— Gardez cela à l'esprit, murmura-t-il avant de se diriger vers sa maison.

Elle eut un peu de mal à insérer sa clé dans la serrure, et dut respirer lentement afin de se calmer. Aïe, elle ne faisait pas le poids avec Cameron Ford, se dit-elle en avançant dans le couloir. Malgré le danger, elle éprouvait pour lui une attirance absolument stupéfiante. Une idée lui vint subitement à l'esprit. Ted avait-il ressenti la même chose pour Francine, au départ ? Si c'était le cas, elle pouvait presque comprendre son cheminement. A une différence près, cependant : personne d'autre qu'elle ne subirait, le cas échéant, les séquelles d'une aventure avec Cam.

Elle s'arrêta derrière la chambre de Nick, puis ouvrit la porte sans bruit. A la faible lueur de la lune, elle vit qu'il dormait à poings fermés. Allongé sur le dos et entortillé dans ses draps, il ronflait même légèrement. Il semblait serein. En le regardant, Rachel sentit son cœur se gonfler de tendresse. Elle songea à Cam qui n'aurait jamais plus le plaisir de voir rentrer son fils sain et sauf d'une sortie, et sa gorge se serra douloureusement.

Avec un soupir, elle réprima l'envie d'aller border Nick et de remonter sa couverture, comme naguère. Son fils n'était plus un enfant mais pas encore un homme, non plus… Finalement, elle se retira sur la pointe des pieds et referma la porte en priant pour que le monstre qui sévissait au lycée fût rapidement mis hors d'état de nuire.

Elle ne prit pas la peine d'allumer le couloir en gagnant la cuisine. Sur la table, elle choisit deux belles poires dans la coupe à fruits et alla chercher un morceau de brie au réfrigérateur. En fourrageant à l'intérieur, elle s'immobilisa soudain, croyant avoir entendu un bruit dehors. Elle s'approcha de la fenêtre et scruta un moment les ombres du jardin, en direction de la serre. Tout semblait calme, cependant. Quelques secondes plus tard, elle reconnut un grattement familier derrière la porte du fond, suivi d'un miaulement insistant.

Les chats aiment à rôder la nuit, songea-t-elle en allant ouvrir pour faire entrer Graham. Il se frotta aussitôt contre ses chevilles en ronronnant, passa et repassa entre ses jambes.

— Kendy te manque, hein, gros matou ? chuchota-t-elle en le caressant.

Elle remplit sa gamelle de croquettes et vérifia qu'il avait de l'eau dans son bol. Elle griffonna ensuite un petit mot pour dire à Nick où elle était, au cas — fort improbable — où il se réveillerait et remarquerait son absence.

En traversant la pelouse, elle éprouva l'impression bizarre d'être observée, mais à la réflexion, elle mit ça sur le compte des émotions de la journée. Son imagination commençait à lui jouer des tours, se dit-elle en accélérant brusquement le pas. Elle avait hâte de retrouver Cam.

Elle était un peu essoufflée quand il vint lui ouvrir.

— Poires et fromage, dit-elle en lui donnant un petit panier en osier. Pour accompagner le vin — ou l'inverse.

— Merci.

En prenant les victuailles, il vit qu'elle était un peu pâle.

— Ça ne va pas ? lui demanda-t-il. Il s'est passé quelque chose ?

— Ce n'est rien. J'ai… Toutes ces histoires ont dû finir par m'effrayer un peu, je suppose.

— Peur du noir ? dit-il en la prenant par la main.

Il l'entraîna vers la cuisine et posa le panier sur le plan de travail.

— Et Nick, ça allait ?

— Il dort comme une souche.

— C'est beau, d'avoir quinze ans.

Cam sortit ce qu'elle avait apporté, et Rachel entreprit de déballer le fromage.

— Je pensais à la soirée de vendredi, au lac Ray Hubbard, dit-elle. Vous ne trouvez pas étrange que Monk ait l'audace d'inviter des types comme Joseph à une petite fête entre adolescents ? C'est à se demander si le père de Robbie ne serait pas au courant de tout.

— Il est possible qu'il se doute de quelque chose et qu'il préfère fermer les yeux.

Le morceau de brie à la main, Rachel chercha des yeux un endroit où le poser. Cam prit un plateau de bois sur une étagère et le lui tendit.

— Tenez, voilà le plateau à fromage. Et regardez, j'ai même une petite merveille pour tartiner ce brie, dit-il en brandissant un couteau à spatule avec un manche sculpté en forme de souris.

— C'est trop mignon ! dit Rachel en riant. Mais pour en revenir à Sims, vous rendez-vous compte de ce que ça signifie, s'il est au courant ?

— Son fils recevra un coup de pouce pour obtenir une bourse universitaire, je suppose… Vous me trouvez trop cynique ?

— Hélas, non. Robbie a déjà une bourse assurée, mais je crains que M. Sims ne vise encore plus haut.

— Il peut encore faire à Tyson des cadeaux… matériels. Remeubler son bureau, par exemple… Bien que, d'après ce que j'ai pu voir, il n'en ait guère besoin.

— Comparé au mien, le bureau de Tyson est un palace, en effet ! répliqua Rachel en disposant les poires dans une coupe à fruits.

Puis elle prit son sac sur la chaise où elle l'avait posé, et déclara en changeant brusquement de sujet :

— J'irais bien me rafraîchir un peu si vous m'indiquez où se trouve la salle de bains.

— La deuxième porte à gauche dans le couloir… Pendant ce temps-là, je vais écouter mes messages là-haut. Je reviens tout de suite.

Dans la salle de bains, Rachel sortit son rouge à lèvres et se refit sommairement une beauté. Puis elle donna un coup de brosse à ses cheveux mi-longs, et acheva l'opération en vaporisant un peu de parfum au creux de sa gorge.

Quelques secondes plus tard, elle entrait dans le salon au moment où Cam descendait l'escalier.

— Tout va bien ? demanda-t-il en la rejoignant.

Il s'approcha et se pencha sur elle, si près qu'elle sentit son cœur faire une embardée.

— Hmm, vous sentez merveilleusement bon, murmura-t-il. Je ne connais pas ce parfum. Qu'est-ce que c'est ?

— Eternity. Rien d'exceptionnel.

— Sur vous, il est exceptionnel.

Il la prit par la taille.

— Je viens d'avoir une idée, dit-il. Si je faisais un don au lycée pour meubler votre bureau ?

Rachel mit un moment à se ressaisir.

— Fantastique ! s'exclama-t-elle enfin, croyant qu'il plaisantait. Il me faudrait aussi une moquette neuve. Et pourquoi pas un tableau ? Une superbe aquarelle comme celle qui est accrochée dans votre vestibule, par exemple.

— Allez choisir ce qui vous plaît et je vous le ferai livrer.

Elle le dévisagea.

— Vous parliez sérieusement ? Ils ne m'autoriseraient même pas à accepter un bouquet de fleurs !

— Il y aurait donc deux poids, deux mesures ? Tyson peut se faire offrir n'importe quoi en tant qu'entraîneur, mais vous, si vous avez besoin d'un canapé, vous devez l'acheter vous-même ?

— C'est totalement illogique mais c'est comme ça.

— Vous avez manifestement besoin de meubles, et j'aimerais faire quelque chose pour l'établissement — en souvenir de Jack. Laissez-moi régler ça.

Un don pour l'école — à la mémoire de Jack : c'était de sa part un geste concret indiquant une volonté de surmonter son terrible deuil. Rachel apprécia le progrès considérable que cela représentait pour lui. Et le fait qu'il eût choisi tout particulièrement son bureau lui réchauffa le cœur.

S'installant dans l'immense fauteuil qui faisait face au canapé, elle le regarda prendre deux verres à pied au-dessus du bar. Il portait une chemise en velours noir très finement côtelé qui accentuait son allure de beau ténébreux. Une barbe d'un jour creusait légèrement ses joues. Il avait un profil à la fois énergique et doux, un regard chaleureux qui conservait cependant une aura de mystère. Rien en lui ne la laissait indifférente... Seigneur, elle était en train de tomber follement amoureuse de lui !

Il traversa la pièce, vint la rejoindre et lui tendit un verre de vin.

— Quel était le problème de Ted, hier soir ? demanda-t-il sur un ton tout à fait anodin.

Soulagée par cette diversion, elle trempa les lèvres dans son verre, puis répondit sur le même registre :

— Francine songe à le quitter pour retourner avec son mari.

— Quoi ?

Cam s'assit sur le pouf, en face d'elle.

— C'est incroyable ! Quoique… une femme aussi intéressée que Francine ne restera jamais avec un homme qui se débat dans les problèmes financiers.

Rachel esquissa un sourire.

— Votre analyse est tout à fait exacte. En tout cas, Ted est en train de s'apercevoir qu'il a commis des erreurs.

— Pourquoi venir pleurer sur votre épaule, à présent ?

Elle posa son verre sur la table basse.

— Ma mère m'a posé la même question. A mon avis, la réponse est simple : il n'a tout simplement personne d'autre à qui confier ses malheurs.

En guise de commentaire, Cam fit mine de promener un archet sur un violon imaginaire. Rachel dut faire un effort pour ne pas s'esclaffer. Puis elle eut un peu honte d'avoir envie de rire alors que ce pauvre Ted traversait manifestement une crise existentielle.

— Au début, quand j'ai rappelé à Ted que Francine n'avait pas hésité à plaquer son premier mari pour Walter qui était beaucoup plus riche, il m'a répondu qu'ils vivaient un amour exceptionnel — sous-entendu, qui n'avait rien à voir avec ce que nous avions partagé, lui et moi.

Elle reprit son verre et en avala la moitié d'un trait.

— Sur le moment, ça m'a fait mal.

— Et maintenant ? demanda Cam sans la quitter des yeux.

— Maintenant, je suis désolée qu'il ait commis des erreurs aussi désastreuses, mais je n'éprouve pas de réelle compassion pour lui. Il n'en a eu aucune pour moi ni même pour ses enfants. Il a agi avec un égoïsme insupportable, sans aucune considération pour les difficultés dans lesquelles il plongeait sa famille.

— Qu'attendait-il de vous, au juste, hier soir ?

— Vous voulez dire : à part la permission de dormir dans la maison ?

Elle avait dit cela comme une boutade, mais Cam ne prit visiblement pas la chose à la légère. Son visage s'assombrit et il posa sur elle un regard étincelant.

— Vous n'avez pas accepté ?

Rachel secoua la tête.

— Certainement pas ! J'ai rangé la bouteille de whisky et je l'ai mis à la porte avec quelques paroles de réconfort. Ted a besoin d'encouragements quand il est angoissé.

Cam esquissa une moue écœurée et garda un moment le silence.

— Elle va sûrement le plaquer, et il viendra pleurnicher pour que vous lui accordiez une seconde chance, reprit-il enfin. Il a commis une erreur et il jurera de ne jamais recommencer.

— Il m'a déjà demandé de l'aider à se réconcilier avec Nick et Kendy. J'ai acquiescé.

Cam se leva brusquement, posa son verre de vin à peine entamé sur le bar, et sortit une bouteille de scotch.

— Certes, c'est ce qu'il y a de mieux à faire, dit-il en se servant une bonne rasade d'alcool. Nick et Kendy ont besoin de leur père, bien sûr. Vous ne serez pas la première à pardonner et à tout oublier en pareille situation.

Rachel se leva et s'approcha de la bibliothèque encastrée

dans un pan de mur, tout en songeant que Cam avait des goûts très éclectiques.

— Ces étagères sont votre œuvre ?

— Oui, c'est ma première expérience de menuisier. N'y regardez pas de trop près.

Il prit la bouteille de vin pour la resservir.

— Non, ça suffit ! lui dit-elle en posant la main sur son verre.

En fait, cette bibliothèque ressemblait fort à un travail de professionnel, mais elle n'était pas vraiment qualifiée pour en juger. Elle promena un doigt sur quelques ouvrages, ne trouva aucun livre écrit par Cam, et en déduisit qu'il les rangeait à l'étage, dans son bureau. Le lui ferait-il visiter, un jour ?

— C'est tout ce que j'ai promis à Ted, dit-elle en examinant une photo encadrée de Cam et de Jack quand le garçon avait une dizaine d'années. Rien de plus.

Cam posa son verre de whisky et s'approcha d'elle.

— Vous ne pouvez pas lui pardonner de vous avoir trompée, c'est ça ?

Elle prit le cliché et l'observa un instant, tout en réfléchissant.

— Je crois que je pourrais pardonner, répondit-elle enfin, mais oublier, ça, jamais. En outre, il a fait preuve d'une négligence impardonnable à l'égard des enfants — un véritable manque de cœur. Je n'aurai plus jamais confiance en lui, après ça. Et une relation de couple sans confiance…

— Est une relation précaire.

— Je ne l'aime plus, Cam, dit-elle en plissant le front d'un air perplexe. Ça fait déjà pas mal de temps, et je pense que Ted l'a senti avant moi. De ce fait, je suis en partie responsable de ce qui s'est passé. Si je ne m'en suis pas aperçue plus tôt, c'est peut-être parce que ce manque affectif était largement compensé par mes enfants et aussi par ma vie professionnelle.

— En tant que médecin, Ted avait également une vie professionnelle épanouissante, ce qui ne l'a pas empêché de prendre une maîtresse, riposta Cam.

— A mon avis, Ted a choisi d'exercer la médecine pour l'aspect lucratif de ce métier. Après dix-huit ans de vie commune, je commence à le connaître. Et pourtant, il n'a pas hésité à mettre sa situation en péril pour Francine. C'est dire s'il tenait à elle ! Francine lui a apporté ce qui lui manquait dans notre couple, ajouta-t-elle en haussant les épaules. Que voulez-vous, je ne suis pas vraiment une bombe sexuelle !

— Dans ce cas, vous m'avez bien eu, dit Cam avec un petit sourire en coin.

Il lui prit gentiment le cadre des mains et le remit à sa place.

— Pourrions-nous vérifier cela encore une fois ?

Il glissa les doigts dans ses cheveux, lui souleva le menton et effleura ses lèvres d'un baiser aussi doux qu'une aile de papillon. Rachel ferma les yeux et renversa imperceptiblement la tête, mais au lieu de poursuivre sur sa lancée, il appuya son front contre le sien, tout en promenant un doigt sur sa bouche.

— Il faut être sûre, Rachel.

Elle était sûre d'en vouloir davantage, sûre de vouloir éprouver une ivresse analogue à celle où il l'avait plongée la veille, sûre d'avoir envie d'aller plus loin. Elle avait besoin d'être caressée, de s'immerger dans un océan de volupté. Et elle était sûre de vouloir le faire avec Cam. Elle était également persuadée que ce ne serait pas un épisode anodin. Avec lui, jamais elle ne ferait l'amour sans amour.

— Je n'ai pas eu d'autre amant que Ted, avoua-t-elle. Mon expérience en matière sexuelle est donc assez limitée. Et comme je ne sais pas vraiment ce qui manquait dans notre couple, je me dis que je suis peut-être irrécupérable… Par conséquent, si nous faisons l'amour ensemble, je tiens à être honnête. Il est possible — pas certain mais possible — que je me serve de vous pour me prouver quelque chose.

Elle le regarda dans les yeux.

— Cela vous fera-t-il changer d'avis ?

Cam secoua la tête en souriant.

— Si vous voulez vous prouver quelque chose, je préfère que ce soit avec moi, affirma-t-il avec conviction. Car pour ma part, j'ai bien l'intention de vous démontrer que vous vous trompez complètement sur votre compte.

Rachel eut un petit rire mal assuré.

Une pluie de baisers s'abattit sur ses joues, sa bouche, son menton.

— Vous avez sans doute beaucoup d'expérience, Cam ?

— Suffisamment pour savoir que quand une femme réagit comme vous l'avez fait l'autre soir, il y a peu de risques pour qu'il lui manque quoi que ce soit sur le plan sexuel.

Il lui mordilla le lobe de l'oreille, promena sa bouche le long de sa gorge, et elle renversa complètement la tête, grisée par ses caresses. Haletante, paupières closes, elle s'abandonna au plaisir des sens, la peau parcourue de frissons délicieux, le sang pétillant dans ses veines comme du champagne. Délicatement, il entreprit de déboutonner son corsage, et le fit glisser de ses épaules.

— Oh, voyez-vous ça ! murmura-t-il en découvrant son petit balconnet en dentelle ivoire. C'est absolument ravissant… mais tout à fait superflu.

Il le dégrafa prestement et soupira d'aise quand les seins de Rachel jaillirent dans ses mains. Du bout de la langue, il effleura tour à tour leurs pointes qui se durcirent instantanément. Gardant la bouche sur sa poitrine offerte, il glissa les mains le long de son dos, suivit la courbe de ses hanches, trouva la fermeture Eclair de son jean et l'ouvrit.

— Je veux vous embrasser là, dit-il en soulevant son minuscule slip en dentelle. Mais d'abord…

Ses lèvres remontèrent jusqu'à celles de Rachel, et leurs bouches se joignirent en un baiser fiévreux.

Un torrent de lave se répandit en elle, emportant toutes ses appréhensions comme un fétu de paille.

A son tour, elle glissa les mains sous sa chemise, apprécia le grain de sa peau, sa souplesse, la fermeté de ses muscles.

Il tressaillit violemment, interrompant leur baiser, quand elle fit rouler la pointe tendre d'un mamelon entre le pouce et l'index.

Il la lâcha alors pour ôter sa propre chemise, puis l'aida à enlever son jean.

Quand elle fut complètement nue devant lui, il s'immobilisa brusquement.

Consternée, Rachel eut envie de rentrer sous terre. La lampe qu'il avait allumée baignait la pièce d'une douce lumière, mais elle eut soudain l'impression d'être soumise à l'éclairage impitoyable d'un projecteur. Dans l'état de fébrilité où elle se trouvait, elle avait oublié son apparence physique — celle d'une femme de quarante ans, qui avait eu deux enfants…

Elle aurait voulu se serrer contre lui pour l'empêcher de voir qu'elle n'avait plus un corps de jeune fille.

Comme elle essayait de se cacher, il captura ses mains.

— Ne faites pas ça ! dit-il. Vous êtes belle, Rachel.

— Oh, non ! gémit-elle. J'ai eu deux grossesses. Et j'aurai quarante ans en septembre.

— Et moi, je viens d'en avoir quarante-quatre.

Il promena ses doigts sur l'arrondi d'un sein, le prit en coupe dans sa main avec un soupir.

— Dans ce cas, je suppose que nous devons arrêter tout de suite.

Elle ne put s'empêcher de rire. L'idée d'en rester là paraissait presque grotesque.

— Ou bien faire ça dans le noir, ajouta-t-il.

Pantelante de désir, les sens en émoi, Rachel songea que s'ils éteignaient la lumière, elle ne pourrait pas le voir.

— N'arrêtons pas, dit-elle en commençant à lui déboutonner son jean. Et n'éteignez pas non plus : j'ai envie de vous voir.

— Ah, voilà comme je vous aime !

Il se débarrassa de son jean et retint son souffle quand Rachel glissa les mains sous son caleçon, les promena sur ses fesses musclées puis son ventre, refermant les doigts sur son sexe en érection. Tandis qu'elle le caressait, Cam lui maintenait la tête contre son torse où son cœur battait la chamade. Rachel respira sa peau moite, s'enivrant de son odeur chaude mêlée d'un soupçon de savonnette à la lavande et de légers effluves du scotch qu'il venait de boire.

Avec un gémissement sourd, il la souleva du sol et l'allongea dans les profondeurs de l'immense fauteuil, aussi large qu'un lit. Elle ouvrit les bras pour l'accueillir, mais il était trop occupé à couvrir son corps de caresses sensuelles, de baisers torrides qui embrasaient sa chair sur leur passage.

Quand il mordilla l'intérieur de ses cuisses, puis se servit de sa langue pour exacerber son désir, elle chavira brusquement, s'accrocha des deux mains aux rebords du fauteuil, cambra les reins et jouit en criant son nom dans un feu d'artifice de sensations.

Elle n'avait jamais rien éprouvé de tel. Sans doute était-ce une expérience unique, songea-t-elle avec l'impression de flotter sur un petit nuage.

Puis il la pénétra, et l'ascension reprit au rythme de leurs corps soudés dans un même élan. Ils atteignirent ensemble l'orgasme, et Rachel découvrit qu'elle s'était trompée : c'était aussi bon que tout à l'heure — et même bien meilleur. C'était le bonheur.

Cam n'avait encore jamais vraiment connu l'état de torpeur comblée et de profonde satisfaction qui suit l'amour. Là, avec le corps doux et chaud de Rachel blotti contre le sien, il se surprit à savourer une sensation de plénitude totalement inédite pour lui. Il resta un moment allongé à réfléchir. Ce qu'il éprouvait en ce moment allait bien au-delà de l'assouvissement des sens après le plaisir, aussi délectable fût-il. Autant qu'il pût en juger, il avait enfin trouvé la femme qui était faite pour lui — et qu'il cherchait peut-être à son insu. C'était là une chose à laquelle il n'était pas du tout préparé et qu'il ne savait pas très bien comment aborder.

Le visage niché au creux de sa gorge, il respira le parfum qui l'avait envoûté tout à l'heure, quand il l'avait retrouvée dans le salon. Sans doute avaient-ils su l'un et l'autre, à ce moment-là, ce qui allait se passer entre eux. Seulement, voilà : sans trop savoir comment, au lieu de nouer simplement une liaison agréable et satisfaisante, il se trouvait dans une situation infiniment plus délicate. Perché sur un petit nuage, le cœur rempli d'allégresse, il découvrait non sans surprise qu'il était follement amoureux de Rachel.

— A quoi penses-tu ? lui chuchota-t-elle au creux de l'oreille.

— Je suis un peu triste que tu doives rentrer chez toi alors que j'aurais aimé te garder toute la nuit là-haut, dans mon lit.

Il la sentit sourire contre sa tempe.

— Mmm… moi aussi, j'aurais bien aimé.

Cam souleva la tête pour la regarder dans les yeux.

— Pas de regrets ?

— Sûrement pas ! Me voilà rassurée.

— Il y a de quoi, dit-il en riant. Mais j'aimerais bien savoir ce que tu as découvert, au juste.

Elle bougea contre lui, trouva une position plus confortable.

— Avant tout, que faire l'amour n'est pas une activité à laquelle on se livre de temps en temps parce qu'on est marié — comme c'était le cas entre Ted et moi. Maintenant, je sais aussi que je fonctionne tout à fait normalement en tant que femme et que si tout se passe bien, je peux avoir un orgasme. Faire l'amour est une question de spontanéité, d'épanouissement sexuel, mais comment est-ce possible avec quelqu'un qui te considère uniquement comme l'intendant du ménage et son consultant particulier en cas de pépin ?

— Hé là, minute ! dit Cam en se redressant sur un coude, la mine perplexe. Qu'est-ce que c'est que cette histoire d'orgasme ? Tu veux dire qu'il t'est rarement arrivé d'en avoir ?

Rachel se leva et alla ramasser son corsage sur le tapis.

— Non.

— Ah bon ! Je comprends qu'en dépit de graves problèmes affectifs, on puisse rester avec son conjoint dans l'intérêt des enfants mais se priver, de surcroît, de toute satisfaction sexuelle, ce serait tout de même un comble !

— Les hommes sont apparemment capables de séparer les deux, grommela Rachel en enfilant son corsage puis en cherchant des yeux ses sous-vêtements.

Elle semblait un peu fâchée, et Cam se demanda quelle bévue il avait pu commettre. Pendant qu'elle boutonnait son corsage, il se leva et prit son visage dans ses mains, l'obligeant à le regarder.

— Ce n'est quand même pas ça, n'est-ce pas ?

— Qu'est-ce qui n'est *pas ça* ? demanda-t-elle en évitant son regard. Je voudrais finir de m'habiller.

Cam aperçut son slip sous le pouf, et se baissa pour le ramasser.

— Votre vie de couple n'était pas idyllique mais vous aviez quand même des rapports sexuels satisfaisants, de temps en temps ? Bon, évidemment, je ne parle pas de prodiges comme l'expérience que nous venons de partager, dit-il en lui coulant une œillade suggestive pour la faire sourire. Mais il te faisait jouir, n'est-ce pas ?

— Non.

Elle lui arracha son slip des mains sans l'ombre d'un sourire.

— Non ? Tu n'avais pas d'orgasme ?

— Est-ce si terrible que ça ?

— Jamais ?

Elle s'assit au bord du fauteuil et respira à fond.

— Il n'y a pas de quoi en faire une histoire, Cam. Je suis désolée d'avoir parlé de ça. Tu ne crois pas que tu pourrais remettre ton caleçon ?

En l'occurrence, la pudeur n'était pas son principal souci, mais il chercha quand même ses vêtements pour ne pas la mettre mal à l'aise. Maintenant qu'il savait tout, il s'expliquait mieux son embarras quand il l'avait déshabillée, ainsi que son analyse un peu maladroite des raisons du départ de Ted.

— Tu sais ce que j'en pense, Rachel ?

Comme il ne trouvait pas son caleçon, il enfila son pantalon à même la peau.

— A mon avis, c'est un véritable miracle que tu n'aies pas trompé Ted au bout de six mois de vie commune… Cela dit, je peux t'affirmer que le plaisir que nous venons de partager n'avait rien d'ordinaire, mon cœur. C'était le nirvana.

Rasséréénée, elle hocha lentement la tête et lui sourit.

Cam s'assit au bord du fauteuil, lui prit la main et la porta à ses lèvres.

— Bon. Maintenant, nous voilà confrontés à un nouveau problème, dit-il gravement.

— Je sais. Au premier coup d'œil, ma mère va certainement tout deviner, et Nick aussi, je suppose. Ça doit être écrit en majuscules sur mon visage. Je t'avais bien dit que les galipettes sans conséquence, ça n'était pas mon genre.

— La question n'est pas là, chérie, dit-il patiemment. Et pourquoi parler de galipettes, en ce qui nous concerne ?

Il effleura ses cheveux d'un baiser.

— Notre problème majeur, dans l'immédiat, c'est de savoir où et quand nous allons pouvoir poursuivre ce que nous avons si bien commencé. J'aimerais bien t'emmener en voyage pendant quelques jours, mais l'affaire Tyson exige des mesures immédiates… En tout cas, crois-moi, nous n'en sommes qu'au début d'une histoire fabuleuse, tous les deux.

— Tu es en train d'envisager une liaison, dit-elle, le regard attiré malgré elle vers le triangle de poils qui s'amenuisait et disparaissait dans l'ouverture de son jean déboutonné. Mais c'est impossible, Cam. Réfléchis un peu. Si ça venait à se savoir, je serais probablement licenciée.

— De nos jours ? Dans ce pays ?

Il faillit s'esclaffer, mais il vit à son expression qu'elle parlait sérieusement.

— Très bien, dit-il. Quel délai faut-il respecter à la suite d'un divorce pour fréquenter un autre homme ?

— Je ne peux me permettre aucune liaison.

— Et Marta, alors ?

— Quoi, Marta ? Elle ne fréquente personne.

Cam inclina la tête, la regardant du coin de l'œil.

— Je parie ce que tu veux qu'en ce moment même, ta chère Marta est au lit avec Pete.

— De toute façon, Marta n'a pas d'enfant. Quel exemple donnerais-je à Nick et à Kendy ? Ted les a suffisamment traumatisés avec Francine. Nous avons vu le résultat.

Il se leva brusquement, et l'aida à se remettre debout.

— D'accord. Je vois que nous n'arriverons à rien ce soir. Mieux vaut remettre cette discussion à plus tard. Mais je ne perds pas espoir : à mon avis, c'était assez exquis pour que tu sois tentée d'étouffer tes scrupules, chuchota-t-il dans ses cheveux.

Il fit un mouvement de côté pour esquiver son coup de coude.

— Tu es un véritable démon, tu sais ?

— Je te donne trois jours, dit-il en plaquant un baiser sur ses lèvres souriantes.

22.

— O.K., m'man, je sais que j'suis privé de sorties et que je dois dix CD à Kendy, mais tu ne peux pas, en plus, m'obliger à rester enfermé ! C'est de la maltraitance.

— Désolée, mais être privé de sorties, c'est précisément rester enfermé, Nick. Tu es puni et tu sais parfaitement pourquoi, déclara Rachel, tout en battant un œuf pour faire des muffins à la banane. Tu as transgressé tellement de règles que tu devrais t'estimer heureux de revoir un jour la lumière du soleil en dehors de l'école.

— J'ai dit que j'étais désolé, m'man. J'ai foiré, je l'admets. Mais qu'est-ce que je vais faire du matin au soir ? Il est 8 heures du matin, et je m'emmerde déjà comme un rat mort.

— Tant pis ! répliqua Rachel en versant avec précaution le mélange dans le moule à muffins. Marta a dit qu'elle passerait aujourd'hui. Tu nous tiendras compagnie.

Elle feignit de ne pas entendre le juron étouffé de Nick.

— Tiens, j'ai une idée pour t'occuper ! Tu pourrais ranger le bazar que vous avez mis dans le garage, avec Ward, quand vous avez posé le nouveau panier de basket.

— Maman…

— Oh zut ! Je pensais avoir un melon dans le frigo, dit-elle en fouillant le bac à légumes.

— Je l'ai mangé hier soir.

— Bon, je n'aurai donc que des fraises.

Au bout d'une minute, elle se releva et se tourna vers Nick.

— Tu as mangé aussi les fraises ?

— J'avais faim, m'man.

Elle leva les bras au ciel.

— Nick, je me demande si tu n'as pas le ver solitaire ou quelque chose de ce genre. Je voulais des fruits pour accompagner les muffins. Maintenant, je vais devoir courir à l'épicerie chez Kroger.

— Non non, laisse-moi y aller à vélo !

Eh bien…

Elle avait besoin de ces fruits. Et Marta allait arriver… sans doute en compagnie de Pete. Elle n'avait même pas pris sa douche et…

— Où est ton sac ?

Trente secondes après avoir posé la question, Nick avait déjà changé de T-shirt et enfilé ses tennis.

Rachel lui tendit cinq dollars.

— Si tu n'es pas de retour avant l'arrivée de Marta, je double ta punition !

Il disparut avant qu'elle en ait dit davantage.

Le supermarché n'était pas la destination principale de Nick. Il y passa quand même en coup de vent pour acheter le melon et les fraises, comme promis. Il pédala ensuite comme un diable jusque chez Ward. Il détestait devoir encore désobéir à sa mère, étant donné la quantité de bêtises qu'il avait accumulées dernièrement. A croire qu'il était abonné aux mauvaises actions, ces temps-ci. Il avait honte d'avoir piqué l'appareil photo de Kendy et de s'être soûlé. Il répondait beaucoup à sa mère et lui reprochait souvent leur vie merdique alors que c'était son père qui les avait plantés… Bref, quelles que fussent les punitions infligées par sa mère, il les avait bien méritées.

Seulement, voilà : il devait parler à Ward entre quat'z'yeux. Il l'avait appelé, la veille, pour savoir comment s'était passée la sortie avec Kristin. Et, apparemment, ça n'avait pas été génial, loin de là.

— Alors, où avez-vous atterri ? avait-il demandé en entendant la voix sinistre de Ward.

— On a vu un film. Puis Pizza Hut.

— Ouais, ouais. Et puis…

— Je l'ai ramenée chez elle. Bon, écoute, Nick, je dois y aller Je te parle plus tard.

— Attends ! Ward, qu'est-ce…

Mais il avait déjà raccroché. De toute évidence, ça allait de travers. Il était convaincu que Ward était encore dans un de ses jours cauchemardesques.

Après une brève réflexion, il avait composé le numéro de Kristin, et s'était trouvé confronté à une seconde énigme. Aussitôt après avoir reconnu sa voix, elle avait adopté une attitude froide et hostile, mais il avait décidé de ne pas en tenir compte.

— Alors, comment s'est passée cette soirée avec M. Rivers, Kristin ? Tu vas me remercier d'avoir fait l'intermédiaire ?

— Non, Nick, je vais plutôt te demander pour qui vous me preniez, Ward et toi ?

Perplexe, Nick était resté un moment sans voix.

— Qu'est-ce qui s'est passé, Kristin ?

— J'avais vraiment tort à propos de vous deux, Nick. Je parie que ta mère serait choquée.

Puis elle s'était enfin expliquée : d'après elle, Ward avait disjoncté. Il y était allé trop fort. Il lui avait fait peur. Elle avait vraiment cru qu'il allait la violer...

Quelle horreur ! Nick était vraiment consterné.

Voilà pourquoi il allait voir Ward. Il se sentait plus ou moins responsable car c'était lui qui avait tout organisé, sachant à quel point son copain en pinçait pour Kristin... En tout cas, maintenant, Ward allait devoir se justifier. Et il avait intérêt à être convaincant.

Nick avait eu d'abord l'intention de se montrer compréhensif afin d'obtenir des explications ; au lieu de ça, il éjecta Ward de sa chambre où il écoutait de la musique country, et l'alluma immédiatement.

— T'es fou ou quoi ? T'es malade ? Mais qu'est-ce qui t'a pris, hein, Ward ? Kristin est une fille bien.

Marchant de long en large, il shoota dans une vieille balle de tennis.

— C'est le genre de fille à qui on tient la porte. Tu commences par la prendre dans tes bras et peut-être, seulement peut-être, au bout du troisième rendez-vous, tu pourras l'embrasser. Tu ne sautes pas — tu m'entends, Ward ? — tu ne sautes pas dessus pour prouver ta virilité, connard !

Ward s'assit dans l'herbe et croisa les bras autour de ses genoux.

— Ma mère va t'entendre, dit-il.

Mais il avait l'air de s'en foutre. Aucune excuse. Aucune dénégation.

Nick se posta au-dessus de lui dans une attitude de défi.

— Kristin est une amie à moi. Elle pense qu'on a manigancé un plan pour que tu te la fasses.

— Je ne sais pas où elle est allée chercher ça.

— T'as pas essayé de te la faire ? T'as pas essayé de la sauter ? Tu l'as pas effrayée à mort jusqu'à ce qu'elle en chiale ?

— J'veux dire que je ne sais pas où elle est allée pêcher que t'avais quelque chose à y voir.

Toujours debout, Nick le scruta. Ward était son meilleur ami depuis la maternelle. Si on lui avait dit, hier, que ce type était capable de faire peur à une fille, il l'aurait défendu jusqu'à la mort… Il ne comprenait pas ce qui s'était passé ; il ne pouvait pas se l'expliquer.

— Aide-moi, s'il te plaît. J'essaie de comprendre.

— A quoi bon ? dit Ward avec un regard de chien battu. J'me sens merdeux.

— Y a de quoi ! C'est une chouette fille. La plus chouette.

Ward tourna la tête.

— Je sais, dit-il d'une voix étranglée.

Nick s'aperçut qu'il était sur le point de fondre en larmes. Avec un soupir, il s'assit près de lui.

— Elle m'a dit que tu n'étais même pas soûl, alors… Alors quoi, Ward ? Parle-moi.

Ward s'essuya les yeux du revers de sa manche.

— Est-ce qu'elle… euh, est-ce que… je lui ai fait mal ?

— Plus de peur que de mal, je pense. Elle n'a pas montré à sa mère qu'elle était bouleversée. Elle savait que ça la rendrait folle.

— Elle aurait dû, dit Ward avec une émotion soudaine. Elle aurait dû appeler la police : je le méritais.

Complètement perdu, Nick se laissa aller en arrière et regarda le ciel. Un oiseau chantait à gorge déployée dans l'arbre au-dessus. Ça paraissait singulier, un chant d'oiseau, alors qu'ils parlaient de… ça.

— Ça devient de plus en plus dingue, Ward. D'abord, tu sautes sur Kristin comme un homme des cavernes ; ensuite, je t'appelle et tu réagis comme… comme si t'en avais rien à foutre. Et maintenant tu estimes que tu mérites la prison. J'te r'connais plus, Ward.

— J'm'en doute !

Nick le fustigea du regard.

— Tu veux bien t'expliquer ?

Ward se redressa d'un bond et regarda Nick droit dans les yeux.

— Dis-moi, Nick. Pourquoi as-tu arrêté ces cours particuliers avec Tyson ?

— On change de sujet ou quoi ? Qu'est-ce qu'il y a ? T'en as marre ?

— Réponds-moi simplement.

Nick haussa les épaules.

— J'te l'ai dit. Je ne voulais pas que le reste de l'équipe pense que j'avais droit à un régime de faveur. Si j'avais pu passer en première catégorie par moi-même, O.K. Sinon, ça n'en valait pas la peine.

— Et c'est tout ? Rien d'autre ? Y avait vraiment rien d'autre ?

Nick regarda son vieux copain et, brusquement, ça lui sauta aux yeux.

— Comme quoi ? demanda-t-il doucement.

Ward baissa les yeux sur ses pieds.

— Je sais pas, murmura-t-il. Quelque chose... d'autre.

— Comme si le coach voulait me peloter ?

— Il l'a fait ? demanda Ward, soutenant de nouveau le regard de Nick. C'est pour ça que tu es parti ?

— Il ne l'a pas fait... mais c'était pas faute d'essayer. Je pense qu'il aurait voulu, mais je me suis barré avant.

Assis dans l'herbe à côté de Ward, Nick prit la balle de tennis et l'examina.

— Il me mettait mal à l'aise. Il y avait quelque chose chez lui, dans sa manière d'insister pour me montrer la prise de main sur la batte ou le positionnement… Il avait besoin de me toucher pour le faire. Il me filait la chair de poule.

— T'as jamais rien dit.

— Parce que c'est jamais allé plus loin. Ça m'avait pas vraiment frappé avant…

Il se tut, se rappelant qu'il avait promis de ne rien dire.

— C'était juste une impression, conclut-il dans un souffle.

Ward commençait à se ressaisir et l'observait avec intensité.

— Est-ce que Tyson était à la fête, chez Robbie ?

— S'il y était, je ne l'ai pas croisé.

Ce n'était pas vraiment un mensonge, et il n'avait pas non plus manqué à la parole donnée à sa mère et à Cameron.

— Pourquoi, Ward ? Tu crois qu'il y a quelque chose de plus pourri que les tennis de Freddy dans les vestiaires ?

Ward baissa les yeux. Et Nick comprit tout.

— O.K., dit-il après avoir longtemps observé le visage de son ami. Si tu veux en parler, Cam est le mieux placé. Ou ma mère. Mais pour l'instant, il n'y a que moi. Alors, dis-moi ce qui se passe. Après ce que tu lui as fait hier soir, Kristin m'a mis dans le même sac que toi, et j'ai besoin de savoir ce qui t'est arrivé avant d'aller la voir pour essayer de redresser la situation.

— C'est moi qui dois aller la voir pour m'excuser, dit Ward en se relevant.

— Oublie ça, vieux. Si elle te voit à moins de vingt mètres de chez elle, elle appelle la police.

— J'te l'ai dit : c'est peut-être ce qu'il me faudrait.

Marta se servit un muffin bien chaud.

— On a passé la journée à poser des carreaux dans la

cuisine de Pete, et on était tellement crevés qu'on a commandé une pizza.

Ouvrant le muffin, elle en prit une bouchée et ferma les yeux.

— Hmm, c'était tellement romantique !

— Ça peut l'être si tu es avec quelqu'un que tu aimes, dit Rachel.

Posant le menton sur son poing, elle regarda Cam et Pete qui tentaient de réparer la tondeuse à gazon de Dinah. Cam avait appelé pour dire qu'il allait acheter le journal et que, si elle le voulait, il pouvait faire quelques courses pour elle. Etant donné que Nick était parti depuis plus d'une heure, elle se douta qu'il n'y aurait ni melon ni fraises pour accompagner ses muffins, à moins d'accepter la proposition de Cam…

Finalement, ils étaient arrivés tous les trois en même temps.

— N'avais-je pas raison ? lui avait murmuré Cam en lui tendant les fruits. Tu auras ton gage plus tard pour le pari d'hier soir.

— On ne sait même pas s'ils ont passé la nuit ensemble !

Cam lui avait saisi le menton, effleurant sa bouche d'un baiser.

— Garde cette candeur, chérie, ça m'excite.

Furibonde, elle l'avait envoyé dehors avec un panier de muffins pendant qu'elle s'affairait à préparer le café. S'il avait pu deviner ce que Pete et Marta faisaient durant le week-end, ils n'auraient sans doute aucun mal, eux, à se figurer ce qu'elle avait fait avec Cam… Mais sans doute était-elle la seule personne à être embarrassée par cette situation.

— En parlant d'être avec celui qu'on aime, dit Marta en choisissant une fraise bien juteuse, comment ça se passe entre Cam et toi ?

Le tact n'était vraiment pas son fort.

— Je ne saisis pas bien le lien, dit Rachel.

Marta lui jeta un regard amusé.

— Vraiment ? Je suis ta vieille amie, Rachel. Le lien, c'est que tu as les mêmes yeux pour Cam que mes étudiantes pour Ben Affleck. Comme si tu étais au régime devant un banquet.

Rachel grommela et porta une main à son front.

— Ça se voit tant que ça ?

Marta s'esclaffa.

— Un peu, oui ! Et je trouve ça génial. En fait, lui non plus ne peut pas détacher son regard de toi. Alors, dis-moi, qu'avez-vous fait tous les deux ce week-end ? Dinah et moi, on te laisse sans chaperon pendant deux jours et tu couches avec le deuxième mec le plus sexy de Rose Hill.

— Tu n'en sais rien.

— Je sais que Pete est le premier.

— Je veux dire… que tu ignores si nous avons… Enfin, si, tu sais.

— Ce que j'ignore, en revanche, dit Marta en suçant le sucre glace sur son doigt, c'est par quel miracle le sexe peut te faire rougir à ce point alors que tu travailles à longueur de journée avec des ados qui ne parlent que de ça !

— On peut changer de sujet ?

— Si tu n'as pas encore couché avec Cam, ça ne va pas tarder, dit Marta avec un sourire espiègle. Et j'ai hâte que Ted s'en aperçoive !

— Il a déjà des soupçons. En fait, il m'a accusée de sortir avec Cam. Tu te rends compte ? Il avait vraiment l'air scandalisé. Si je n'avais pas été aussi indignée, j'en aurais rigolé.

— C'était quand ?

— Vendredi soir. Il m'a confié que Francine était en train de se réconcilier avec Walter.

— Tel est pris qui croyait prendre.

— Il veut que je l'aide à renouer le contact avec les enfants. A croire qu'il s'est réveillé un matin en se rappelant qu'il avait fondé une famille !

— Ben voyons ! Tu vas le faire pour le bien des gamins, je suppose ?

— Oui.

Rachel se versa une tasse de café.

— Il était vexé, et je ne pouvais pas déterminer si c'était parce qu'elle le larguait ou parce qu'il venait de prendre conscience qu'il avait laissé tomber sa famille, sa carrière et sa réputation pour une…

— Pour une belle garce.

— J'allais dire une toquade.

— Arrête, c'est une salope.

Marta marqua une pause puis ajouta :

— C'est une chose que d'arranger le problème avec les enfants, mais j'espère que tu n'es pas tentée par une réconciliation sur l'oreiller ?

Le regard de Rachel s'arrêta sur Cam et Pete.

— Au début, j'ai cru que Ted était pris par le démon de midi et qu'il reviendrait à la raison. Je m'imaginais qu'on pourrait discuter tranquillement des problèmes qui l'avaient incité à partir. C'était une idée raisonnable de la part d'une conseillère éducative, non ?

— Effectivement, le mot *raisonnable* est inscrit en lettres d'or sur ton front, dit Marta avec ironie.

— Le temps passant, j'avais de moins en moins envie qu'il revienne. Aujourd'hui je me demande quel genre de père il est pour s'être conduit comme il l'a fait. Pendant que je me débats financièrement et émotionnellement avec les enfants pour reprendre le dessus, il ne se soucie que de lui-même.

Comment veux-tu que je songe, ne serait-ce qu'une minute, à une réconciliation, que ce soit sur l'oreiller ou ailleurs ?

— Alors, pas de deuxième chance pour le petit Ted ?

— Non.

Rachel goûta son café refroidi et fit la grimace.

— Pas même pour le bien des enfants, ajouta-t-elle.

— C'est étrange, dit Marta en poussant quelques miettes du bout des doigts. Tu as remarqué ? Nous avions l'une et l'autre confiance en nos compagnons respectifs, et ils nous ont trompées sans vergogne. Maintenant, tu dis que tu ne laisseras jamais Ted revenir, et je dis exactement le contraire.

Après une pause, elle leva les yeux sur Rachel.

— Le plan de Pete pour me remettre dans son lit a réussi. J'ai passé tout le week-end avec lui.

Rachel sourit.

— Je suis déçue.

— Quand vous êtes partis, l'autre soir, il m'a ramenée chez moi, comme il l'avait prévu. Mais cette fois, quand nous sommes arrivés devant ma porte, je l'ai laissé entrer. La suite n'est pas difficile à deviner.

— Tu as l'air très heureux, en tout cas.

— Va comprendre. Je me doutais probablement que si je baissais à peine la garde, je ne pourrais pas lui résister. Je crois même que si je me suis mariée si vite avec Jorge, c'était pour me protéger de lui. Jorge Ruiz était l'homme le plus doux, le plus gentil et le plus fiable que la terre ait jamais porté, et je savais qu'il était aussi fidèle que les étoiles dans le ciel. Ce que je ressentais pour lui était si sécurisant comparé à ce que je ressens pour Pete… Avec Pete, je ne sais pas où je vais. J'aime son allure, j'aime son odeur. J'aime ses attitudes de macho. J'aime l'entendre chanter sous la douche et jurer quand il ne trouve pas ses clés. Personne ne peut me rendre aussi furieuse ni aussi heureuse. Ni m'exciter autant. Quand on a fait l'amour, c'était si formidable que j'en ai pleuré.

— Mais… est-ce que vous avez parlé ?

— Oui, docteur, nous avons parlé. Pour résumer la chose, il n'a pas eu de liaison avec Tanya. Il ne l'a pas revue quand nous nous sommes séparés — et j'en déduis qu'en fait, il n'a jamais rien éprouvé pour elle. Il n'a pas eu non plus de relations sérieuses depuis notre rupture.

Son regard dériva rêveusement vers Pete qui se débattait avec la tondeuse.

— Le vrai point de discorde entre nous, c'était son boulot que je détestais. Quand on a commencé à en parler, il a dit quelque chose qui m'a beaucoup troublée. Il voulait savoir ce qui se serait passé s'il m'avait demandé de laisser tomber l'éducation. Je me serais sentie insultée. J'aime ce que je fais. Rien n'est plus gratifiant, à mes yeux, que ces rares moments où je vois soudain un élève progresser, capter la beauté de la littérature. J'ai ouvert les portes du monde à ces gamins-là. C'est grisant. Que se serait-il passé si Pete m'avait dit : « L'enseignement ne rapporte pas assez ; pourquoi ne trouverais-tu pas un emploi dans le privé ? » C'est exactement ce que j'ai fait à Pete. Non seulement je le poussais à laisser tomber un métier qu'il adorait, mais j'allais plus loin encore en lui disant ce qu'il devait faire à la place. Il aurait détesté être avocat, Rachel. Les avocats sont la bête noire dans l'existence d'un flic, et je le savais. Je me demande bien où j'avais la tête.

Elle poussa sa tasse vers Rachel.

Rachel prit les deux tasses et les posa sur le plateau.

— Les hommes et les femmes envisagent leur travail différemment. Pour certains hommes, c'est leur boulot qui détermine qui ils sont. Les femmes ont moins tendance à s'investir dans leur carrière. Elles y consacrent du temps et de l'énergie, mais il y a aussi les enfants, la maison, les obligations sociales.

Marta regarda encore en direction des deux hommes qui étaient maintenant en train de remonter les pièces de la tondeuse. Elle savait que ses sentiments pour Pete se lisaient sur son visage.

— J'aimerais vivre avec lui, mais ce que j'aurais voulu par-dessus tout, c'est porter ses enfants.

— Marta, dit doucement Rachel, émue par son air nostalgique, tu le peux encore.

— Je croise les doigts… Il ne m'a fallu que deux jours pour admettre que je n'avais jamais cessé d'aimer Pete. Quand je l'ai surpris au lit avec Tanya, ça m'a donné une bonne raison pour me défiler. Le problème, en réalité, c'était ma peur : je savais que s'il se faisait tuer, je n'y aurais pas survécu.

Elle tourna les yeux vers Rachel, cherchant son regard.

— Ça ressemble à du verbiage psychologique, mais c'est vrai.

— En fait, tu te voilais la face.

Marta inclina la tête en riant.

— C'est bien une réflexion de psy.

— Dans ce cas, en voilà encore une ou deux, après quoi je ne dirai plus rien. Je pense que la manière dont Pete a fait amende honorable pour son erreur prouve sa force de caractère. Il n'a pensé qu'à te récupérer. Dans ce but, il a consenti à des sacrifices sur le plan professionnel que peu d'hommes auraient consentis. Et prends-le comme tu voudras, mais je pense qu'il est tout aussi fiable et fidèle que Jorge Ruiz.

Marta ne quittait pas le jardin des yeux.

— Mais il ne fait pas un boulot tranquille, Rachel.

Rachel, qui était en train de débarrasser le plateau, s'arrêta brusquement, les yeux tournés vers les deux hommes. Pour sa part, elle s'était sentie en sécurité dans son mariage avec Ted, et elle avait eu tort.

Elle vit Cam actionner le starter de la tondeuse. Le moteur démarra immédiatement. Il se redressa, vit que Rachel le regardait, et leva le pouce en signe de triomphe.

Rachel se dit que Marta devait prendre ses propres décisions mais qu'elle, en tout cas, elle ne choisirait plus la sécurité.

23.

Sur le chemin du retour, chargé du melon et des fraises, Nick se félicitait d'avoir joué le rôle du conciliateur en persuadant Ward d'aller demander pardon à Kristin, quand il jeta un œil derrière son épaule et vit une fourgonnette blanche.

Aïe, le chauffeur ne respectait pas la distance de sécurité ! Et dire qu'il ne portait pas son casque — il était sorti du garage à toute vitesse, sans prendre le temps de le mettre.

Il se retourna pour jeter un nouveau coup d'œil derrière lui, mais le soleil se réfléchissait sur le pare-brise, l'aveuglant presque. Le conducteur s'amusait visiblement à le talonner. Quel connard ! pensa-t-il, tandis qu'il tentait une manœuvre périlleuse, au bord d'un fossé plutôt raide.

Un autre regard acheva de le convaincre que ce type voulait sa peau. Il avait le choix entre sauter ou être renversé. Il s'éjecta donc de son vélo, faisant un vol plané au-dessus de la rampe de sécurité au moment où le pare-chocs de la fourgonnette le heurtait. D'instinct, il se roula en boule, mais sa tête rebondit violemment sur le sol, lui faisant voir trente-six chandelles.

Il resta allongé un moment, le souffle coupé, se demandant

s'il allait mourir. Luttant pour respirer, il pensa au melon et aux fraises qui devaient être foutus. Il n'en était peut-être pas loin non plus... Mais, petit à petit, son souffle revint, ses idées s'éclaircirent et il s'aperçut qu'il était à plat ventre avec deux colosses au-dessus de lui.

Il devait avoir reçu un sacré coup sur la tête car il ne parvenait pas à distinguer leurs traits. Ils avaient une allure étrange qui faisait penser à des extraterrestres. Nick finit par comprendre pourquoi. Chacun d'eux avait enfilé un collant sur son visage et coiffé par-dessus un casque de base-ball.

« Je dois rêver », se dit Nick. Généralement, en cas d'accident, les gens viennent vous aider. Au lieu de ça, ces deux abrutis restaient les bras ballants, comme si le fait de lui donner un coup de main relevait d'une décision collégiale.

— Il revient à lui, constata le plus balèze des deux. Il aurait pu se casser quelque chose.

— Il était bien précisé qu'il ne fallait pas lui laisser de marques, dit l'autre, un peu contrarié.

Il portait un T-shirt avec un porc sur une Harley, et il avait l'air méchant.

— Tu pourrais avoir à t'expliquer quand il nous demandera ce qui s'est passé. Et il faudrait se magner avant que quelqu'un se pointe. C'est pas parce qu'on est dimanche qu'il n'y a personne sur la route.

Le balèze attrapa Nick par les pieds et les mains. Encore étourdi, le garçon fut incapable de se défendre.

— Il va bien : il respire mieux.

Le porc en Harley jeta un œil dans le fossé où se trouvait le vélo de Nick.

— Va chercher ce putain de vélo ! ordonna-t-il à son comparse. Jette-le dans le camion et ramenons cette petite punaise chez sa maman avant que quelqu'un se pointe pour nous aider.

— Tu vas lui transmettre le message ?

— Ouais ! Je vais le mettre au parfum, dit le type à la Harley d'un ton sarcastique. Mais pas avant qu'il soit en état de comprendre. Il est encore sonné.

— Qu'est-ce… ?

Redressé sur un coude, Nick cracha une bouchée d'herbe et de terre.

— Qu'est-ce qui se passe ? Qui êtes-vous ?

— Tu rouspètes déjà ! lui dit le cochon à la Harley avec dédain.

Il attrapa Nick par le coude et le hissa sur ses pieds.

— Forrester, t'es un vrai chieur. Monte dans le camion.

— Non, merci. Je vais rentrer par mes propres moyens.

— Ah oui ? En montant là-dessus ?

Le balèze sortait du fossé avec le vélo. La roue arrière était tordue et la chaîne cassée pendait comme un serpent mort.

— J'pense pas.

Il balança la bicyclette dans le fourgon.

— Monte dans le camion ! répéta le balèze d'un ton menaçant.

Nick, qui était réellement effrayé, obtempéra en boitant. L'un des deux hommes le poussa à l'intérieur, et il se retrouva coincé entre eux. Il n'avait encore aucune idée de ce qui se tramait ni pourquoi. Il avait la vague impression qu'il se faisait kidnapper, mais ces deux brutes ne ressemblaient pas à des ravisseurs. Il n'y avait aucune raison pour qu'ils le kidnappent. Sa mère avait à peine assez d'argent pour payer les factures… Et qu'est-ce qu'ils entendaient par *Lui transmettre un message* ? De quel message s'agissait-il ? A quel sujet ?

Le gars au T-shirt cochon Harley dit en conduisant :

— On est à deux minutes de chez toi, branleur. Alors écoute bien ! Tu es allé à la fête chez Sims, ce week-end. Tu t'es bien amusé. Tu n'as rien remarqué qui t'ait déplu. Tu vois le tableau ?

— Ah…

Le balèze lui secoua les épaules.

— T'as pigé ?

Tant bien que mal, Nick parvint à acquiescer.

— Tu n'as reconnu personne, dit le type à la Harley, les yeux rivés sur la route. Tu ne pourrais pas dire qui se trouvait là-bas si on te le demande, parce que si tu le fais, tu ne pourras plus jamais jouer au base-ball.

Nick songea que, de toute façon, il ne jouerait plus au base-ball. Pas après avoir vu son entraîneur se conduire de cette façon.

— O.K. ! dit-il. Pas de problème.

— Non, je ne pense pas que tu piges, connard ! dit le balèze comme s'il s'adressait à un demeuré. Tu ne pourras plus jamais jouer au base-ball ni au football ni même te qualifier dans l'équipe de natation après qu'un terrible accident t'aura broyé tous les doigts.

Nick déglutit difficilement.

— Je… O.K. !

— J'aimerais percevoir un peu plus d'enthousiasme dans cette réponse, mec.

— J'ai compris. J'ai t… tout compris.

— Je l'espère pour toi. Parce que si t'avais pas tout compris, dit le type au cochon d'un ton toujours aussi menaçant, Dieu seul sait ce qui pourrait arriver.

Quand la camionnette tourna dans la rue de sa grand-mère, Nick sentit le goût du sang sur le coin de ses lèvres.

— T'as pas besoin d'en dire plus, affirma-t-il. J'ai compris.

— Il se pourrait, continua l'autre comme si Nick n'avait rien dit, que ta petite sœur… comment elle s'appelle ? Kendall, ouais ! C'est ça, Kendall… Il se pourrait que Kendall ait un accident, elle aussi, comme celui que tu viens d'avoir.

Nick sentit son cœur faire une embardée, et il eut soudain une violente envie d'uriner. En un éclair, il imagina Kendy disloquée et couverte de sang sur la route… Tout ça à cause de lui.

— Je vous promets. J'sais pas quoi faire d'autre pour vous convaincre, dit-il avec sincérité à la brute qui le menaçait. J'ai compris, ne faites pas de mal à Kendy. Je me suis éclaté à la fête et je ne me souviens plus du tout qui il y avait là-bas. Si on me le demande, je dirai que… j'suis amnésique.

— Et surtout, ne parle pas à ton pote : Cameron Ford.

Oh, merde !

— O.K.

— Tu vois, le bien-être de tous ceux que tu aimes repose sur tes épaules, mec.

Le balèze se retourna, lui prit la mâchoire dans une main et l'écrasa entre ses doigts.

— Ça inclut ta mère et ta grand-mère, mais tu t'en doutais déjà, pas vrai ?

— Ouais !

Ce n'était pas facile de parler avec la mâchoire serrée dans un étau.

— C'est bien, t'es malin, Nicky.

L'autre brute stoppa la camionnette à cinquante mètres de la maison de Dinah.

Le chauffeur dit à son pote :

— Je pense qu'il a saisi. Laisse-le filer.

— Fais gaffe, morveux ! dit encore le balèze en le lâchant

à contrecœur. T'es pas à l'abri d'une catastrophe. Tu veux pas finir comme Jack Ford, hein ?

— *Laisse-le filer !* hurla son comparse en lui jetant un regard furieux.

Nick fut soudain arraché du siège par la manche de son T-shirt et jeté hors de la fourgonnette. Il resta immobile, les jambes flageolantes, affolé à l'idée qu'ils n'en avaient pas vraiment fini avec lui, et pourtant incapable de s'enfuir.

Le balèze jeta le vélo aux pieds de Nick en jurant. Puis le chauffeur fit prestement demi-tour et redémarra en trombe.

Dans un nuage de poussière, Nick s'efforça de déchiffrer la plaque d'immatriculation.

Rachel tendit à Cam et Pete le panier de muffins et de petits pains par-dessus la table.

— C'est à Cam que nous devons les fraises et le melon. Nick était supposé les rapporter mais apparemment, il est allé les chercher à Dallas plutôt qu'à l'épicerie du coin.

Cam se tourna vers elle.

— Il a appelé ?

— Non, mais ça ne me surprend pas. Il en a marre. Il a réussi à me convaincre de le laisser sortir de la maison, ce matin, et j'étais franchement soulagée de pouvoir céder sans perdre la face. Ces courses à l'épicerie étaient une aubaine, finalement.

— Il n'a pas pu s'empêcher de faire un petit détour, hein ?

Pete fourragea dans le panier, puis regarda Marta.

— Où sont les beignets de saucisse qu'on a apportés ?

— Ici.

Marta lui tendit un petit panier et leva les yeux au ciel.

— Ces petites brochettes sont un piège à cholestérol, Pete. Tu sais pourtant que les hydrates de carbone finissent par rendre les gens apathiques.

Il mordit dans un beignet et demanda innocemment :

— T'ai-je paru apathique ?

Ils s'esclaffèrent tous les quatre, et Marta rougit imperceptiblement. Elle se ressaisit aussitôt et prit une orange dans la coupe à fruits.

— Tu aurais moins de chances de le devenir en équilibrant tes menus, riposta-t-elle.

— Je ne vis que pour te rendre heureuse, chérie, dit-il avec un clin d'œil.

— Est-ce que Nick a pris son portable ? demanda Cam en se servant du café.

— Il ne sort jamais sans, répondit Rachel. Je l'ai appelé à l'instant : je suis tombée sur sa messagerie. Il a probablement fait un crochet chez Ward pour savoir comment s'était passé son rendez-vous avec Kristin. Je rappellerai dans quelques minutes.

Cam tapota la chaise à côté de lui.

— Viens t'asseoir. Pete a fait des recherches dans le passé de Tyson. Tu ne seras pas surprise de ce qu'il a trouvé.

Pete attrapa un autre beignet.

— Le premier boulot qu'il a décroché à la fin de ses études, c'était dans une école pour garçons en Virginie. Il a démissionné subitement au bout de deux ans, juste avant la fin du dernier semestre. Il n'y avait aucune mention négative au dossier expliquant pourquoi il était parti à peine un mois avant la fin de l'année scolaire, alors j'ai appelé là-bas. J'ai parlé au directeur, qui est très soucieux de préserver la réputation de l'école. D'après lui, Tyson était un excellent entraîneur. Ses joueurs ont tout raflé dans leur division, et cependant, son contrat n'a pas été renouvelé.

Marta, qui épluchait une orange, leva les yeux :

— Pourquoi ? Qu'y avait-il sur ses papiers de fin d'embauche ?

— Restrictions budgétaires.

— Hum, hum !

Elle sépara l'orange en deux et la posa dans l'assiette de Pete.

— Il n'a jamais été arrêté, et sa carrière est une copie conforme de celle des prédateurs sexuels que j'ai pu croiser au cours de ma carrière, ajouta Pete. Tous les postes qu'il a occupés concernaient l'encadrement de jeunes gens : il ne manquait certes pas d'occasions de se livrer à ses petits jeux pervers.

— C'était quand ? demanda Rachel.

— Il y a douze ans.

Pete tendit la main vers son troisième beignet, mais Marta lui donna une tape sur la main et il se rabattit sur sa tasse de café.

— De là, il est allé dans une école religieuse à St Louis. Il n'y est resté qu'un an, puis il est parti pour la côte Est où il a un peu travaillé. Voilà pour les grandes lignes : un an ou deux au maximum dans une petite école, puis il s'en allait. Il n'est jamais resté plus de deux ans au même endroit.

— Jusqu'à ce qu'il débarque à Rose Hill.

— Exactement, dit Pete en époussetant une miette sur sa chemise. Si j'ai bien compris, après la rupture de son premier contrat en Virginie, il avait décidé de réduire les risques en partant avant d'être dénoncé par les gamins qu'il violait. C'est la seule explication que j'ai trouvée au fait qu'il ne se soit jamais fait prendre.

Cam étendit le bras sur le dossier de la chaise de Rachel.

— Sa façon de diriger les équipes, avec une discipline

draconienne et des punitions éclairs, empêchait peut-être les gamins de se plaindre ?

Pete haussa les épaules.

— C'est possible. Mais ça fait un bon moment qu'il est à Rose Hill. Pourquoi ne pas effectuer une petite recherche dans les fichiers de l'école ? demanda-t-il en regardant Rachel. On trouvera sûrement des joueurs qui ont quitté le lycée brusquement, de façon inexplicable.

— J'ai déjà commencé à le faire, dit Rachel. Ça prend du temps et je n'ai encore rien trouvé de suspect.

— Si ce que nous pensons est vrai, dit Marta, Monk s'est établi à Rose Hill après avoir perfectionné sa technique, et il a impitoyablement peaufiné un schéma de viol systématique.

— C'est ça. Et il ne le pratique qu'au sein de sa propre organisation où il exerce un contrôle total, ajouta Pete.

— Il est donc entouré de garçons qui y souscrivent, conclut Cam.

Ecœurée, Rachel repoussa sa tasse.

— Il obtient leur coopération en leur accordant un traitement de faveur. Un gamin devient une vedette sportive du lycée quand il reçoit les éloges de l'entraîneur. Les jeunes sont attirés comme des papillons par la lumière. Et il fait miroiter aux joueurs les plus talentueux la perspective d'une bourse sport études après le bac.

— S'ils manifestent la moindre réticence, dit Marta, son autorité suffit à les intimider.

— Ou à les couvrir de honte, renchérit Rachel. C'est aussi une arme efficace dans l'arsenal du prédateur sexuel. Je sais que ça paraît ahurissant qu'il s'en tire à si bon compte depuis tellement longtemps, mais le Texas a une longue tradition sportive. Les enseignants saisissent très vite la mentalité des gens d'ici. Il ne s'agit pas de jouer bien ou mal mais de remporter la victoire. Monk a atterri dans un bled taillé sur mesure pour lui.

Elle fixa les yeux sur sa tasse de café en pensant aux jeunes sportifs que Monk avait conduits sur les chemins de la gloire et de la fortune — ce qui n'excusait en rien les forfaits qu'il avait commis à l'égard de ses victimes.

— Que peut-on faire pour l'arrêter ? demanda Marta.

— Je sais maintenant qu'il avait recours aux services de quelques joueurs parmi les plus costauds pour imposer sa discipline, dit Pete. Je vais donc fureter pour savoir de qui il s'agit. Je verrai si je peux leur tirer les vers du nez. Il faudrait un sacré coup de chance pour que l'un des gamins dont il a profité aille le dénoncer.

— Deux des brutes que Tyson utilisait pour intimider les gamins habitent toujours à Rose Hill, dit Cam.

Il avait promis à Jimbo de ne pas donner son nom, mais rien ne l'empêchait de communiquer ses informations.

Pete acquiesça, l'air un peu sceptique.

— Je ne les vois pas trop balancer l'entraîneur s'ils sont impliqués.

Rachel se leva et se dirigea vers la cuisine.

— Je vais rappeler Nick sur son portable, dit-elle. A l'heure qu'il est, il devrait être de retour.

Dans la cuisine, elle prit le téléphone sans fil et composa le numéro de son fils. L'appareil à la main, elle s'aperçut qu'elle entendait la sonnerie du portable et que le son provenait du couloir. S'orientant au bruit, elle se dirigea de ce côté sans lâcher le combiné.

Le portable était sur le lit de Nick. Elle raccrocha et vit ses tennis sur le sol. Inquiète, elle sortit de la chambre et s'arrêta devant la porte de la salle de bains en entendant le bruit de la douche.

— Nick ? appela-t-elle après avoir frappé à la porte. Tu es là ?

Un objet tomba sur le sol avec un bruit mat.

— Oui, maman. Je prends une douche.

La porte était verrouillée de l'intérieur.

— Tu es rentré depuis longtemps ? Tu as rapporté les fruits ?

— J'ai oublié.

— Nick… Tu as *oublié* ?

— Désolé, maman. En fait, j'ai eu un petit accident, et les fruits n'en sont pas sortis indemnes.

Rachel fronça les sourcils.

— Quel genre d'accident ?

— Une chute de vélo.

A l'intérieur, la douche cessa de couler.

— Tu es blessé ?

— Un peu égratigné, seulement. Je vais m'allonger un moment, d'accord ?

Elle tambourina à la porte.

— Nick, fais-moi voir où tu t'es blessé !

Il ouvrit la porte et passa son bras dans l'ouverture, lui montrant rapidement son coude.

— Je vais mettre quelque chose dessus, ne t'en fais pas.

— Il y a un désinfectant dans l'armoire à pharmacie au-dessus du lavabo, dit-elle après avoir vu la vilaine écorchure. Est-ce que je… ?

Elle parlait de nouveau à une porte close. Un signe incontestable qu'il n'avait plus besoin que sa mère fasse un bisou sur ses petits bobos pour que ça aille mieux.

Quand Rachel revint sur la terrasse, Marta avait débarrassé la table et s'était assise à côté de Pete sur la balançoire. Cam tourna la tête et demanda :

— Tu as pu joindre Nick ?

— Il était sous la douche.

Elle s'assit à côté de lui, toujours intriguée.

— Il dit qu'il a eu un accident de vélo entre l'épicerie et la maison. Maintenant, il est terré dans sa chambre avec son casque à fond sur les oreilles. Le melon et les fraises ont fait les frais de ce regrettable accident, paraît-il.

Cam remit son bras sur le dossier de sa chaise.

— Je suis content qu'il soit là et, en toute franchise, j'estime que c'est une bonne chose de l'avoir privé de sorties. Je n'aime pas l'idée de le voir dehors en ce moment. Réfléchis un peu : Tyson ignore totalement comment Nick peut réagir.

— Vous avez raison, dit Pete. On ne sait pas jusqu'où Tyson pourrait aller pour se protéger.

Il poussa délicatement la balançoire et dit à Rachel :

— Par sécurité, je limiterais les activités de Nick pendant un jour ou deux, le temps de poser des jalons. Quand on sortira l'affaire, je ferai le maximum pour les protéger, lui et les autres gamins.

Rachel le regarda d'un air inquiet.

— Tu crois qu'il peut aller au lycée ?

— Oui. A mon avis, il ne se passera rien là-bas. Il faut juste qu'il se montre discret.

— Si vous le voulez bien, dit Cameron, j'aimerais maintenant aborder le problème sous un autre angle. J'ai appris que mon fils détestait Tyson parce qu'il abusait de son autorité. D'après Jack, ça s'apparentait à du viol. Il ne se privait pas de critiquer ouvertement l'entraîneur, d'après ce qu'on m'a dit.

— Ça n'a rien d'étonnant, murmura Marta. Jack avait des opinions très tranchées et il savait comment les exprimer. Il avait du cran.

— Justement ! dit Cam. C'est pour cette raison que je n'ai jamais vraiment cru à son suicide.

Il regarda les autres tour à tour.

— Je crois comprendre où vous voulez en venir, dit Pete, mais je vous laisse la parole.

— A mon avis, reprit Cam, Tyson savait que Jack allait donner l'alerte, et il a dû le réduire au silence. Le seul moyen d'y parvenir était de le supprimer.

24.

— Maman, Graham a disparu !

Hors d'haleine, Kendall arriva en trombe par la porte du fond.

— J'ai regardé partout : dans la serre de grand-mère, derrière tous les buissons. Je suis même allée dans le jardin de Cam pour le chercher. Il n'est plus là, maman !

On était lundi matin et Rachel avait un millier de choses en tête. Elle jeta un coup d'œil sur sa fille tout en beurrant une tartine.

— Kendall, tes tennis sont dégoûtantes, dit-elle avec un petit claquement de langue agacé. Tu sais pourtant que tu ne dois pas aller jouer dehors avant l'école, surtout si l'herbe est mouillée. Maintenant, il faut te changer. Dépêche-toi ou tu n'auras pas le temps de prendre ton petit déjeuner.

— Mais je veux d'abord trouver Graham !

Elle se rua dans le salon où le chat passait le plus clair de son temps roulé en boule sur une chaise.

— Il est nulle part !

— Kendy, tu peux me passer le jus d'orange ?

Penché sur un bol de céréales, Nick regardait la télé.

— S'il te plaît ! insista Rachel.

— S'il te plaît, dit Nick.

— Est-ce que quelqu'un m'écoute ? pleurnicha Kendall, le collier du chat à la main. Regardez, voilà son collier et il est parti !

Nick remarqua enfin sa détresse.

— Comment ça se fait ?

— Tu lui as peut-être retiré son collier et tu as oublié de le lui remettre. Je suis sûre qu'il ne va pas tarder à réapparaître, Kendy, dit Rachel en posant le pot de miel sur la table.

Les yeux noirs de Kendall se remplirent de larmes.

— Je ne lui aurais jamais enlevé son collier, dit-elle. Maintenant, s'il est perdu, personne ne saura où le ramener.

— Ma petite puce, il n'est pas perdu ! affirma Rachel en prenant sa fille dans ses bras. C'est un mâle. Parfois, les matous partent se balader assez loin de la maison mais ils reviennent toujours.

Kendall tourna des yeux anxieux vers Rachel.

— Tu lui as donné à manger, hier ? Ou alors, tu ne l'as pas vu de la journée ?

Rachel fronça les sourcils.

— Laisse-moi réfléchir. Je me souviens tout à fait de l'avoir nourri dimanche matin. J'étais sur la terrasse avec Marta. Quant à dimanche soir… Nick, tu te rappelles si tu l'as vu hier, après être rentré ?

— Je ne pense pas, mais je ne l'ai pas vraiment cherché non plus.

Nick se leva et se dirigea vers la porte du fond. Il avait eu d'autres préoccupations, la nuit dernière.

— Je vais chez Cam pour lui demander s'il l'a vu, déclara Kendall.

— Je m'en charge, dit Nick. Va changer de chaussures, comme maman te l'a demandé.

— Non, c'est mon chat : c'est à moi d'y aller !

— Personne n'ira, dit fermement Rachel. Cam n'est peut-être même pas levé à cette heure-ci. Vous ne pouvez pas aller frapper à sa porte et…

— Il se lève toujours très tôt. Je le vois, le matin, assis dans sa véranda en train de boire son café, dit Kendall.

La fillette franchit la porte avant que Rachel ait pu la retenir.

— Nick, prends quelques barres de céréales ! cria Rachel. Elle pourra les manger dans la voiture en allant à l'école.

Elle alla prendre son sac et une pile de dossiers dans sa chambre.

— Si elle n'est pas là dans cinq minutes, va la chercher et ramène-la.

— D'accord.

Nick prit les barres de céréales, puis sortit sur la terrasse. L'histoire du collier l'intriguait. Il fit le tour de la maison, attentif à… quoi, au juste ? Il l'ignorait, mais la sécurité de sa famille l'obsédait, à présent. Il avait passé la journée et une partie de la nuit à penser à ce qui s'était passé et à ce qu'il devait faire. Jusqu'ici, ses réflexions aboutissaient à une impasse. Et, du même coup, tout pouvait lui paraître suspect, ce matin — y compris la disparition d'un chat.

Jetant un coup d'œil à sa montre, il vit que les cinq minutes de Kendy étaient passées. Quand elle était avec Cam, elle avait tendance à s'éterniser.

Tu peux parler, Forrester ! songea-t-il en se dirigeant vers la maison voisine pour aller la chercher. Il avait passé pas mal de temps avec Cam, lui aussi. Grand-mère, également. Et maintenant, maman… C'était assez intéressant, du reste. Ils avaient fait une promenade ensemble, samedi, puis ils avaient passé la journée de la veille avec Pete et Marta. En se traînant tant bien que mal jusqu'à la salle de bains, Nick les avait vus dans le salon, assis tout près l'un de l'autre sur le canapé, en train de grignoter du pop-corn. Il se demanda ce que son père en penserait s'il le savait.

Chez Cam, il trouva la porte de la cuisine ouverte et entra. Cam et Kendy étaient assis sur la banquette près de la fenêtre. Cam tenait la petite fille dans ses bras et essayait vainement de la consoler.

— Allez, Kendy ! dit Nick en s'approchant. Graham n'a rien du tout. Il va revenir, ne t'en fais pas !

— Non, il ne reviendra pas. Il… Il est parti pour toujours, dit-elle dans un hoquet. Je le sais. Il n'aurait pas perdu son collier s'il n'avait rien.

— Maman m'envoie la chercher, dit-il à Cam. Elle doit aller à l'école.

— Viens, ma chérie.

Cam lui souleva le menton et lui sécha les yeux avec une serviette en papier.

— Allons voir ta mère, qu'elle te débarbouille un peu. Et pendant que tu seras à l'école, je chercherai Graham. Avec un peu de chance, à ton retour, tu le retrouveras sain et sauf.

— Il faut vraiment que j'y aille ? Je préférerais rester et le chercher avec vous.

D'un geste tendre, il lui ébouriffa les cheveux.

— Une seule absence et tu perdrais le prix d'assiduité ! Tu n'aimerais pas ça, hein ?

— Ben, non.

Nick contempla la scène en se demandant comment Cam était au courant de l'obsession de Kendy pour ce prix stupide. Il savait que son père n'avait absolument aucune idée de ce que sa sœur ou lui faisaient à l'école.

— On doit y aller, Kendy.

— D'accord.

Elle prit en reniflant la serviette en papier que Cam lui tendait, et s'essuya les joues, le regard plein d'angoisse. Sa détresse faisait peine à voir. Elle glissa néanmoins sa main dans celle que lui tendait Cam.

— Où as-tu trouvé le collier, Kendy ? demanda Nick en leur emboîtant le pas.

— Par terre devant la porte d'entrée. Je fais toujours rentrer Graham par la porte du fond, et comme il n'était pas là, je suis allée voir à l'entrée.

— Etait-il attaché ou non ?

Il vit le regard intrigué de Cam et regretta de ne pas avoir attendu d'être dans la voiture pour poser cette question.

— Il était défait.

— Ah ! Vous êtes là ! Je m'apprêtais à venir vous chercher.

Rachel accueillit Cam avec un sourire embarrassé.

— Bonjour. Désolée de vous avoir dérangé d'aussi bonne heure, mais Kendy…

— Elle est très inquiète pour Graham, dit Cam en lui rendant son sourire. Vous êtes si jolie que j'ai envie de… vous embrasser.

Nick jeta un coup d'œil vers eux et détourna rapidement le regard. Si la scène du canapé n'avait pas suffi, la façon dont Cam regardait sa mère ne laissait plus aucun doute.

Le sourire de Rachel disparut lorsqu'elle vit que Kendall avait pleuré.

— Oh, ma chérie, ne pleure pas ! J'ai demandé à grand-mère de guetter le retour de Graham. On le retrouvera.

Kendy renifla, mais son visage demeurait si triste que Nick aurait voulu rester là pour retrouver le chat.

— Cam va le chercher pendant que je suis à l'école, dit-elle.

Rachel le regarda avec tendresse.

— Merci. C'est vraiment gentil. Si je n'avais pas autant

de travail, aujourd'hui, je le chercherais moi-même… Ma mère appelle la SPA.

— Non ! Ils vont le piquer ! s'écria Kendy.

Cam s'accroupit près d'elle et lui posa une main sur l'épaule.

— Ils ne le piqueront pas, assura-t-il. Même s'ils le ramassent aujourd'hui, ils ne piquent pas les animaux tout de suite. D'ailleurs, je passerai les voir.

— Viens vite changer de chaussures, mon ange, dit Rachel. Nick, on part dans trois minutes.

Coulant un regard confus vers Cam, elle le remercia encore, rougissante, et rentra avec Kendall.

— On dirait qu'elle voulait vous embrasser, dit Nick après leur départ.

— Kendy ? En fait, elle est très attachée à Graham.

— Non, je parlais de ma mère. Je crois qu'elle avait envie de vous embrasser, dit Nick avec un sourire.

Il fut étonné de voir Cam rougir autant que sa mère une minute plus tôt.

— Nick, est-ce que ça te pose un problème ?

Nick lui jeta un regard en coin, feignant d'y réfléchir, mais sa décision était déjà prise. Il lui adressa un clin d'œil espiègle.

— Non, à condition que vous la respectiez toujours autant au réveil.

Cam ne put s'empêcher de rire. Puis il attrapa Nick par le cou, mais s'arrêta net quand le garçon émit un gémissement.

— Quoi ? Ça te fait mal ? demanda-t-il, inquiet. Où donc ?

Nick prit un air désinvolte.

— C'est rien, juste une douleur à l'épaule. J'ai fait un plongeon avec mon vélo, hier.

— Ta mère m'en a parlé, dit Cam d'un air soupçonneux.

Il fronça davantage les sourcils en voyant la plaie, sur la tempe de Nick.

— Dis donc, tu as une sacrée bosse à la tête. Tu es sûr de ne pas être rentré dans un bus ?

Comme Nick passait une main dans ses cheveux, Cam aperçut la blessure à la paume que le garçon oubliait de dissimuler. Sans lui laisser le temps de réagir, il lui saisit vivement les deux poignets.

— Oh là là, Nick ! Pour le bus, je plaisantais, mais tu es réellement blessé un peu partout.

— Non, c'est rien du tout. C'était un peu plus grave que je voulais le dire mais ça ira. J'ai pas seulement planté le vélo, j'ai voltigé par-dessus la glissière dans un fossé aussi raide qu'un ravin. J'ai été pas mal secoué. J'en ai pas parlé à maman pour ne pas l'inquiéter.

Ce n'était qu'un demi-mensonge, mais Nick n'avait pas encore décidé ce qu'il devait faire ni à qui parler de ce qui s'était réellement passé. Il ne savait pas comment s'y prendre sans nuire à Kendy ou à un autre membre de sa famille. Cam n'avait pas l'air très convaincu, cependant. Il scruta Nick comme il savait si bien le faire.

— Est-ce que ta mère t'a demandé de garder profil bas pendant un jour ou deux ? Il faudra rester près de la maison et ne pas quitter l'équipe tout de suite, si tu y songes déjà. Pete a besoin d'un peu de temps pour consolider son dossier contre Tyson.

— Ça va, O.K. ? C'est pas vraiment un problème puisqu'en dehors du sport et de l'école, je suis consigné. Je ne risque donc pas d'avoir une vie sociale très déjantée, de toute façon. En plus, on a un match ce soir, et je débute en première base chez les juniors. J'ai pas envie de lâcher. D'autre part, si je me faisais remarquer en voulant quitter l'équipe maintenant, ça attirerait l'attention de l'entraîneur, non ?

— Certainement. Nous serons dans les gradins, ce soir, ta mère et moi, et nous te garderons à l'œil, à tout hasard. Sois prudent, Nick. Tâche de ne pas te placer dans une situation où il n'y aurait personne autour de toi. N'oublie pas ça.

Cam pencha encore la tête comme s'il discernait autre chose sur le visage de Nick.

— Tu n'as rien d'autre à me dire, Nick ?

Il y avait tellement de choses à dire, comme l'allusion du balèze juste avant qu'il l'éjecte de la camionnette : « T'es pas à l'abri d'une catastrophe. Tu veux pas finir comme Jack Ford ? » Sur le coup, encore sonné, il n'avait pas réagi, mais les mots s'étaient gravés dans son esprit. Pas besoin d'être une flèche pour comprendre ce que ça voulait dire. Cam avait raison depuis le début de ne pas croire que son fils s'était suicidé. Mais est-ce qu'il se sentirait mieux quand il saurait qu'on l'avait tué pour l'empêcher de parler ?

Sur ces entrefaites, à son grand soulagement, sa mère klaxonna en reculant dans l'allée.

— Ecoutez, Cam, je dois filer. Je vous rappelle plus tard.

D'ici la fin de la journée, il espérait avoir trouvé une idée pour gérer la situation. A l'heure actuelle, seule la mort accidentelle de l'entraîneur pouvait arranger les choses.

Pendant l'heure de biologie, la solution lui vint soudain à l'esprit. Il ne pensa plus qu'à ça jusqu'à la fin du cours. Au son de la cloche, il était le premier sorti. Il trouva un endroit calme sous l'escalier et sortit son portable de sa poche. Grâce à Ward, il avait le numéro. Il fallait qu'il appelle Jimbo Rivers.

25.

Ce matin-là, Rachel était distraite et mal à l'aise en arrivant à son bureau. Pourquoi la disparition de Graham la troublait-elle à ce point ? Les chats — surtout les mâles — disparaissent fréquemment, comme elle l'avait dit à Kendy. Même si Graham était castré, il pouvait être allé chasser quelque part et il reviendrait dans un jour ou deux. Elle était heureuse que Cam eût proposé de le chercher, ce qui lui vaudrait sans doute la gratitude éternelle de Kendy, dont il avait déjà gagné l'affection.

Assise à son bureau, elle s'obligea à reléguer Kendy, Cam et Graham au second plan de ses préoccupations, et alluma son ordinateur. Quelques instants plus tard, elle recommençait à éplucher les dossiers des élèves. Il était inconcevable que Tyson eût sévi dans ce lycée pendant cinq ans sans laisser de traces. Il devait exister des indices…

Deux heures plus tard, elle recula sa chaise et se frotta les yeux. Il y avait bien quelques sportifs dont les notes avaient chuté brusquement ou qui avaient quitté le lycée. Certains étaient impliqués dans des problèmes de drogue. Mais sur une période de cinq ans, on ne remarquait pas d'accroissement des troubles du comportement. Elle jeta un œil sur la douzaine de dossiers qu'elle avait sortie. Les garçons concernés étaient toujours au lycée, et elle se prépara à les convoquer un à un. Ce serait peut-être une perte de temps, mais ça valait la peine d'essayer. Le plus perturbé semblait être Jason Pate — ou, plus exactement, Jason était le seul à avoir dévoilé ses angoisses.

En tout cas, il n'y avait pas eu d'autre suicide que celui de Jack Ford.

Depuis le matin, Nick avait réussi à se débrouiller pour ne rencontrer aucun des garçons invités à la fête de Robbie. Il n'était pas trop sûr de la façon dont ça se passerait s'il croisait par hasard l'un d'entre eux. Et puis zut, que pourraient-ils bien lui faire ? Le tuer ? Il est vrai que quelqu'un avait essayé, mais il ignorait de qui il s'agissait.

Il aurait dû se douter que ce serait Ferdy Jordan qui tirerait le premier. Nick rangeait ses affaires dans son casier quand Ferdy l'aborda, toujours flanqué de B.J. Folsom. Une foule d'élèves grouillait autour d'eux, mais personne ne remarqua qu'il se faisait malmener, hormis d'autres joueurs qui approuvaient manifestement.

— Bon Dieu, qu'est-ce qui t'a pris vendredi soir, Forrester ? Tu t'es perdu dans les bois ?

— Ouais, quelque chose comme ça.

Nick jeta son bouquin de maths dans son sac. La tête enfouie au fond du casier, il feignit ensuite de chercher son cahier de biologie. De cette manière, il ne verrait même pas l'arme qu'ils utiliseraient pour le tuer, pensa-t-il dans un accès d'humour macabre.

— On pensait que tu t'étais noyé, dit encore Ferdy.

Sortant la tête de son casier, Nick haussa les épaules et ne pipa mot.

B.J. se posta devant lui de façon que personne ne voie son visage.

— C'était la chose la plus idiote que tu pouvais faire, tu sais ça ?

— Sur le coup, j'ai pensé que c'était une bonne idée, dit-il prudemment.

Ferdy croisa ses gros bras et lui fila un coup de coude pour le coincer contre son casier.

— C'est un groupe très fermé, Forrester. T'auras pas de deuxième chance.

Il ne voulait pas de deuxième chance. En fait, il s'était déjà préparé à abandonner complètement le sport, mais il fallait attendre un peu sous peine de faire foirer l'enquête officielle. De toute façon, il y avait deux matchs ce soir. Il devait y être. Les juniors allaient jouer en premier ; ensuite, l'équipe était réquisitionnée pour encourager les seniors.

Après avoir parlé à Jimbo, Nick avait échafaudé un plan. Ça l'ennuyait un peu d'aller à l'encontre des recommandations de Cam et de sa mère, mais ils ne savaient pas qu'ils étaient en danger. Qu'aurait-il bien pu faire d'autre ?

Nick brandit vaillamment son cahier, tout en cachant de son mieux sa frayeur.

— Je dois y aller, les mecs.

— Pas tout de suite ! lança Ferdy en le bloquant dans un coin.

A eux deux, Ferdy et B.J. totalisaient plus de deux cents kilos de muscles. Ils pouvaient l'écraser comme un insecte, mais il leur serait difficile de le faire maintenant. Et même sans les avertissements de Cam et de sa mère, Nick n'était pas assez stupide pour se laisser coincer une deuxième fois, comme la veille.

Il respira à fond.

— Ecoutez, la fête ne correspondait pas à ce que je pensais. Alors, j'ai préféré partir. Y a pas de problème, d'accord ?

Ferdy resta planté là et l'observa suffisamment longtemps pour qu'il commence à transpirer.

— Qu'est-ce qui se passe avec ta mère ?

— Hein ?

— Ta vieille, dit B.J. Elle nous a appelés toute la journée.

Nick le dévisagea, sincèrement perplexe.

— Je ne vois pas de quoi vous parlez. Elle a appelé qui toute la journée ?

Ferdy appuya son énorme épaule contre les casiers.

— Moi et B.J., Robbie, Kyle… Qu'est-ce que tu lui as dit, Nick ? Tu lui as parlé de la fête ?

— Non, pas un mot. Et je ne sais absolument rien sur la manière dont elle organise son boulot.

Il haussa les épaules, mais il était complètement terrifié.

— Forrester, dit Ferdy calmement. Laisse-moi te donner un petit conseil à transmettre à ta mère, et ce n'est pas seulement de notre part à B.J. et à moi : toute l'équipe est d'accord sur ce point. Elle ferait mieux de rester en dehors des plates-bandes de Tyson. T'as compris ?

Nick avait compris.

L'après-midi était déjà bien entamé quand Rachel se leva, massant son dos contracté. Elle décida d'aller prendre une boisson fraîche à la salle des profs. Les entretiens n'avaient abouti à rien. S'il se passait quelque chose et que les joueurs étaient au courant, ce n'était manifestement pas à elle qu'ils allaient se confier. En fait, elle n'avait réussi qu'à prendre du retard dans son travail — retard qu'il lui faudrait rattraper le lendemain, d'une manière ou d'une autre.

— Je connais une bonne technique de massage qui viendrait à bout de cette douleur.

Cam se tenait sur le pas de la porte. Il souriait.

— Tiens, quelle bonne surprise ! dit-elle en lui rendant son sourire. Qu'est-ce que tu fais là ?

— Une ou deux choses.

Il entra, ferma la porte derrière lui, se dirigea vers le bureau et en fit le tour.

— D'abord, ceci...

La prenant par la taille, il l'embrassa.

Elle aurait aimé profiter pleinement de cette sensation si nouvelle et troublante pour elle, mais n'importe qui pouvait entrer.

Elle se dégagea doucement.

— Aussi exquis que ce soit, je n'ai pas envie de m'exposer à la curiosité d'un élève ou d'un collègue, dit-elle.

— Je comprends.

Il lui caressa le visage et regagna l'autre côté du bureau.

— J'allais voir Pete, et j'ai pensé que tu souhaiterais m'accompagner.

Elle jeta un coup d'œil sur les dossiers étalés un peu partout dans la pièce — jusque sur la moquette.

— Je ne peux aller nulle part. J'ai passé un temps fou à éplucher les dossiers et à essayer d'arracher des confidences aux protégés de Tyson. Si je ne veux pas passer une journée infernale demain, je dois rester ici pour rattraper mon retard.

Elle lui fit signe de prendre une chaise.

— Raconte-moi tout de même.

Cam resta debout.

— Jimbo Rivers m'a dit qu'il venait de recevoir un appel

de Nick, déclara-t-il. Il semble qu'il ait utilisé son portable juste après être arrivé au lycée… Rachel, Nick n'est pas tombé de vélo tout seul, hier. Deux brutes dans une fourgonnette l'ont délibérément éjecté de la route avant de vous menacer — Kendy, Dinah et toi — des pires représailles.

Rachel était recroquevillée au fond de son fauteuil.

— C'est pour ça qu'il s'est glissé en douce dans la maison en revenant de l'épicerie, ajouta Cam. Il savait qu'un coup d'œil nous suffirait pour comprendre que c'était plus grave qu'une chute de vélo. Et ce n'est pas tout, Rachel… Nous ne sommes plus les seuls à avoir des doutes sur la mort de Jack. Nick est persuadé que Jack a été assassiné.

Rachel se ressaisit.

— Pourquoi a-t-il appelé Jimbo ?

— Il devait penser que Jimbo pourrait l'éclairer sur l'identité de ceux que Tyson envoyait pour exécuter les basses besognes.

Elle porta une main à sa gorge.

— Nous lui avons dit que nous nous en occupions. Il devait rester en dehors de ça, Cam. Il avait promis qu'il nous laisserait gérer ce problème avec Pete.

— A mon avis, il a changé d'avis à cause de cette menace qui pèse sur sa famille.

— Il a un match ce soir. Je ne veux pas qu'il joue.

— Je vais parler de tout ça à Pete. Je veux savoir ce qu'il en pense, mais je ne vois pas comment Nick pourrait être en danger en jouant au base-ball devant des gradins remplis. Nous serons là-bas, toi et moi. Je le lui ai dit ce matin.

Rachel se leva et prit son sac dans le tiroir du bureau.

— Tu as raison. Je viens avec toi. Je vais juste m'assurer que Marta ramènera Nick à la maison après l'école. Je ne veux pas qu'il se fasse raccompagner par Kristin ou qui que ce soit d'autre. Je lui parlerai personnellement, mais pour l'instant, il doit être sur le terrain. Si je le prends à l'écart, ça éveillera les soupçons de Monk.

— Sûrement ! dit Cam en allant ouvrir la porte. Allons-y, Pete nous attend.

Pete les fit entrer dans son bureau et attendit qu'Angela eût distribué les cafés. La jeune femme servit poliment Rachel puis le commissaire, et termina par Cam à qui elle offrit son plus beau sourire. Ignorant le regard amusé de Pete et celui plus sérieux de Rachel, Cam la remercia et exposa immédiatement à Pete les raisons de sa visite.

Le nouveau commissaire l'écouta attentivement jusqu'au moment où Cam aborda le passage où les soupçons de Nick rejoignaient les siens au sujet de la mort de Jack. Pete souffla sur son café.

— Comment a-t-il bien pu en arriver à cette déduction ?

— J'en saurai plus dès que j'aurai pu lui parler, mais voici ce que Jimbo m'a dit : Nick lui a demandé les noms des joueurs qui étaient entraînés par Tyson il y a cinq ans, à l'époque de Jimbo et Jack. Quand il lui a demandé pourquoi, Nick a répondu qu'il avait été menacé après s'être fait renverser à bicyclette.

Pete avait l'air songeur.

— On sait qu'il a mis le pied sur un terrain glissant, mais je me demande ce qui a pu lui faire penser que Jack avait été assassiné.

Rachel prit la parole.

— Nick a dit à Jimbo que Tyson avait lâché ses brutes pour l'empêcher de parler. Il voulait savoir s'ils faisaient partie des anciens sportifs que Monk protégeait.

— Jimbo a participé aux activités sportives durant quatre années complètes, trois ans après la mort de Jack, dit Cam.

Nick avait donc raison de penser qu'il représentait une bonne source d'information. C'est seulement après que Jimbo lui eut donné les noms que Nick lui a révélé sa théorie sur la mort de Jack.

— S'agit-il des mêmes hommes de main que ceux sur lesquels j'enquête ? demanda Pete.

— Oui, répondit Cam en poussant sur le bureau les pages déchirées de son carnet. Quand j'ai dit à Jimbo que la police fouillait le passé de certaines des personnes qu'il avait mentionnées, il m'a répondu qu'il allait y réfléchir plus sérieusement. Après m'avoir donné les noms, il m'a dit qu'il était d'accord pour répondre à toutes les questions que vous lui poseriez.

— Je pense qu'avec le recul, il se fait du souci pour Ward, dit Rachel. Nous avons semé ce doute le jour de notre visite, n'est-ce pas, Cam ?

— Certainement. Quoi qu'il en soit, nous avons les noms, à présent. Il a réduit la liste à six joueurs que Tyson aurait pu convaincre de faire son sale boulot.

Cam s'extirpa de son fauteuil.

— Nick a posé beaucoup de questions sur Jack. Mes réponses ajoutées aux informations qu'il a glanées auprès de Rachel et Marta l'ont conduit à penser que Jack s'apprêtait à donner l'alerte. Si Tyson s'en doutait, il est logique qu'il ait voulu arrêter Jack. C'est la théorie de Nick.

— En fait, son raisonnement se tient. C'est aussi votre théorie, n'est-ce pas, Cam ?

Les mains de Rachel tremblaient quand elle reposa sa tasse de café.

— Pete, Nick est devenu une menace tout aussi réelle que Jack. Qu'est-ce qui empêcherait Tyson de le supprimer, lui aussi ?

— Ce n'est peut-être pas très rassurant, dit Pete, mais

Tyson doit penser que vous avez des soupçons, ce qui lui lie un peu les mains. Il sait que Nick a du cran et que ses brutes ne lui ont pas transmis le message avant dimanche matin, ce qui lui laissait le temps de raconter ce qui s'était passé à la fête. A la place de Tyson, plutôt que de songer à faire taire le gamin, je me préparerais à quitter cet endroit dare-dare.

Il conclut son hypothèse par un haussement d'épaules.

— Ça vaut ce que ça vaut.

Cam faisait les cent pas dans le bureau.

— Pourquoi Nick n'est-il pas venu me voir en premier ? Dès qu'il m'a raconté ce qui s'était passé au lac, je lui ai promis de régler personnellement cette affaire. Maintenant, il sait que la police s'en mêle. Il se doute bien que tout cela ne peut pas se faire en une nuit. Alors, pourquoi parler à Jimbo et pas à moi ?

— Je vois au moins une bonne raison, dit Rachel : la menace ne devait pas porter uniquement sur Kendy, ma mère et moi. Elle te concernait aussi.

Elle se leva d'un bond.

— Je dois aller aux toilettes, déclara-t-elle en tamponnant la manche de sa veste avec un mouchoir en papier.

— Ça va ? lui demanda Cam en la dévisageant.

— Oui, j'ai renversé du café sur mon blazer. J'en ai pour une minute : ne prenez pas de décision sans moi !

Pete se leva et fit le tour de son bureau dès qu'elle eut quitté la pièce.

— Espérons que Nick n'aura pas une idée stupide pour régler le problème tout seul !

— C'est justement ce qui m'inquiète, et je sais que ça inquiète aussi Rachel.

Cam lutta contre un sentiment de regret cuisant. Il n'avait pas été suffisamment présent quand Jack avait eu besoin de lui, mais il ne laisserait pas tomber Nick. Ni Rachel.

— Pete, tout ce que Tyson avait échafaudé est remis en jeu. Nous nous figurons qu'il ne commettra aucune folie, mais j'ai peur qu'il s'en prenne à Nick.

Il s'arrêta près de la fenêtre, l'air soucieux.

— J'ai trouvé son vélo ce matin en cherchant le chat de Kendy. Il l'avait planqué dans une vieille cabane derrière le garage. Il est complètement bousillé. Nick a eu du pot de s'en sortir.

Il marqua une pause et se retourna vers Pete.

— Je ne laisserai pas Monk Tyson s'en prendre à un autre môme, Pete.

— Je sais qu'il y a un lien particulier entre Nick et vous, mais est-ce normal que vous assumiez autant de responsabilités ? Ce garçon a un père. Pensez-vous qu'il soit au courant de quelque chose ?

— J'en doute. Nick a voulu appeler son père à l'aide, vendredi soir, mais il n'a pas pu le joindre. Le lien s'est brisé entre Ted et ses enfants depuis qu'il a donné les papiers du divorce à Rachel. Nick estime qu'il accorde plus d'importance à Francine qu'à ses enfants. Il lui en veut.

Cam secoua tristement la tête.

— Bon sang, je suis mal placé pour jeter la pierre à ce type ! Quand Jack a eu besoin de moi, j'ai été nul. Il serait peut-être encore là si je m'étais comporté comme un vrai père.

— C'est un poids plutôt lourd à porter, l'ami.

— Certes. Mais aujourd'hui, ce n'est pas moi qui suis trop occupé pour secourir un gamin. Nick s'est fourré dans le même pétrin que Jack. C'est un ado et il ignore à quelle vitesse une situation peut se dégrader. Jack avait certainement sous-estimé le danger ; il n'y avait personne pour le mettre en garde et veiller sur lui. Ce sera différent pour Nick. Je ferai pour lui ce que je n'ai pas su faire pour Jack.

Levant la tête, il croisa le regard de Pete qui semblait chargé de sous-entendus.

— Quoi ? lança-t-il.

— Tu cherches le chat de Kendy, tu t'occupes de la mère de Rachel, tu sauves Nick… Ça m'a l'air sérieux, mon vieux.

— Ça l'est.

26.

Debout près du réfrigérateur, Rachel se sentait trop préoccupée par le retard de Nick pour préparer le repas de Kendy. Elle venait de parler à Marta et savait que Nick n'avait rien, qu'il était avec elle et qu'ils étaient en route. Elle s'apprêtait à rappeler quand il entra en trombe par la porte du garage et balança ses livres sur la banquette de la cuisine. Il avait les joues rouges et respirait fort. Assise à table avec Dinah, ses devoirs étalés devant elle, Kendy sursauta en le voyant.

— Tu as trouvé Graham ? lui demanda-t-elle, pleine d'espoir.

— Je dois te parler, maman.

Rachel fronça les sourcils.

— Qu'est-ce qui ne va pas ? Où est Marta ? Je viens juste de…

— Elle va bien. Elle m'a déposé et elle est allée retrouver Pete pour dîner. Maman, est-ce qu'on peut aller dans un coin tranquille ?

— Tu ne l'as pas trouvé, hein ? lança Kendy, les mains sur les hanches.

Rachel posa un sachet de salade sur le comptoir, et dit à sa fille :

— Nick n'a pas encore eu le temps de le chercher, ma grande. Va finir tes maths, et grand-mère retournera à sa recherche.

Elle regarda Dinah qui acquiesça.

Kendall jeta son crayon sur la table, fustigeant Nick du regard.

— Tu ne l'as même pas cherché, je parie. Il avait promis, maman !

— Tu entends ça, m'man ? riposta Nick, énervé. Je n'ai pas eu le temps de chercher ton foutu chat, Kendall !

— Nick, on ne jure pas !

Nick tentait visiblement de se calmer.

— Maman, il est tard et on doit partir pour le terrain de base-ball. Mais avant, il faut qu'on parle. S'il te plaît !

Rachel le poussa hors de la cuisine, et prit avec lui la direction de sa chambre. Elle avait décidé avec Cam de ne pas le questionner avant le match à propos de sa conversation avec Jimbo. Mais compte tenu de son agitation, il semblait lui-même désireux de lui parler. Fermant la porte, elle se tourna vers lui.

— Qu'est-ce qu'il y a ?

— Maman, pourquoi as-tu appelé les joueurs de l'équipe dans ton bureau ?

— Je ne peux pas parler de ce qui se passe dans mon bureau. Tu le sais.

— Maman ! Réponds-moi. C'est important.

Elle s'approcha doucement de lui.

— Pourquoi est-ce important ? Pourquoi veux-tu le savoir ?

— S'il te plaît, arrête de répondre à une question par une question ! C'est grave.

— Tu sais que je ne peux pas parler des discussions que

j'ai avec les élèves. Ou alors, dis-moi exactement ce qui t'inquiète.

— J'ai failli être démoli aujourd'hui à cause de ça.

Rachel le regarda d'un œil éberlué et se laissa choir sur le lit.

— Par qui ?

— C'est pas la question. Tout ce que je veux savoir c'est pourquoi tu as fait ça.

— Dis-moi leurs noms, Nick. Tu sais qu'il se passe des choses peu recommandables, en ce moment. Ce ne serait pas de la dénonciation.

Elle vit sur son visage qu'il ne parlerait pas.

— C'est ça que tu leur as dit ? *Ça rendrait service à l'humanité si vous me disiez ce que fait l'entraîneur ?* Maman, reprit-il en se passant la main dans les cheveux, tu ne sais pas avec quoi tu joues… T'as fini ou t'as l'intention d'interroger encore d'autres joueurs demain ?

— J'ai fini. J'ai vu que c'était inutile.

— Tant mieux. Parce que si tu fourres ton nez dans les affaires de Tyson, il peut arriver des choses terribles. Je pense qu'on devrait laisser le commissaire régler ça, conclut-il en haussant le ton.

— C'est ce que nous faisons. Ce que je…

Un cri perçant l'interrompit subitement.

— C'est Kendall ! s'exclama Rachel, affolée.

Ils sortirent tous les deux de la chambre en courant. Dinah et Kendall n'étaient plus dans la cuisine et la porte était grande ouverte. En se ruant sur la terrasse, Rachel faillit heurter Cam qui avait dû entendre le cri et arrivait, lui aussi, au pas de course.

— Par ici ! appela Dinah depuis le cabanon de jardin, à côté de la serre. Apportez une lampe torche !

Sa silhouette était à peine visible à travers les branches

touffues des buissons d'azalées. Elle semblait penchée au-dessus de Kendall, elle-même agenouillée sur le sol.

— Nick, ordonna Rachel, les yeux rivés sur Dinah et la fillette. Il y a une lampe électrique sur ma table de nuit : va la chercher, s'il te plaît.

Nick hésitait, mais elle le bouscula.

— Vas-y, Nick !

— Rachel, laissez-moi essayer de…

Cam l'attrapa par le bras, mais elle traversait déjà les azalées pour atteindre Kendall sans prendre garde aux branches basses qui lui griffaient le visage et les bras.

La fillette releva la tête au moment où elle s'avançait.

— Maman, Graham est blessé.

C'est seulement à ce moment que Rachel réalisa que Kendall berçait Graham dans ses bras. Le chat gémit doucement, mais il paraissait trop faible pour remuer. Rachel s'accroupit près de sa fille.

— Qu'est-ce qu'il a ?

— Quelqu'un lui a fait quelque chose d'horrible, maman.

Cam avait un genou à terre, lui aussi.

— Laisse-moi voir, chérie.

Nick réapparut, hors d'haleine.

— Voilà la torche, dit-il.

Il y eut un silence quand il dirigea le faisceau sur le chat. Une large tache de peinture en forme de cible était grossièrement dessinée sur le flanc de Graham.

— Mince ! souffla Nick.

— Maman, dit Kendall en pleurant, est-ce qu'il va mourir ?

— Il est blessé, chérie, mais laisse-moi jeter un coup d'œil.

Qui pourrait faire ça à un animal sans défense ? se demanda-t-elle. Et pourquoi ?

— Il faut l'emmener chez le vétérinaire, dit Cam, la mine sévère. Remettons-le dans sa cage.

Nick se pencha pour la prendre.

— Ce n'est pas la nôtre. La nôtre est en osier.

— Il était dans cette cage quand tu l'as trouvé, Kendy ? demanda Cam.

Il parlait posément, mais son regard démentait ce calme apparent.

— Oui. Je l'ai entendu miauler et je suis sortie avec grand-mère pour voir. On l'a trouvé là-dedans... Est-ce qu'il va mourir ? demanda-t-elle d'une voix tremblante.

— Je ne pense pas, mon ange. Les chats sont résistants.

— Je n'avais rien entendu, expliqua Dinah en tendant à sa fille une serviette qu'elle avait sortie de la serre. Mais Kendy a insisté pour que nous allions voir. Je me rends compte qu'il était trop faible pour faire beaucoup de bruit.

— C'est quoi, ça, sur ses poils ? demanda Kendy.

— On dirait de la peinture, dit Rachel en la prenant par la main. Il faudra l'enlever avec un diluant qui ne soit pas mauvais pour les chats. Cam a raison. Il doit aller chez le vétérinaire.

Elle ne précisa pas qu'à son avis, Graham avait été empoisonné.

Cam prit le chat des mains de Kendy qui le lui tendit avec un regard anxieux.

— Allons tout de suite à la clinique. Le véto voudra sûrement le garder en observation cette nuit.

— Comment je vais aller au stade ? demanda Nick. Le temps que vous reveniez de chez le véto, le match sera presque fini.

Rachel suivit Cam et Kendy vers le garage ou était rangée la cage de Graham.

— Peut-être que tu ne devrais pas jouer ce soir, Nick. Je vais appeler Monk et…

— Maman, je peux pas me défiler ! Je joue à la première base. Allez, mince…

— Je vais l'emmener, Rachel, déclara Dinah. Je n'avais rien de prévu ce soir. J'irai m'asseoir dans les gradins pendant qu'il jouera. Quand vous reviendrez, vous me remplacerez tous les deux et je ramènerai Kendy à la maison.

— Bien…

Inquiète, Rachel dévisagea son fils.

— Nick, promets-moi de ne pas tenter un instant d'échapper à la vue de maman.

— Faudra que j'aille au vestiaire prendre mon équipement, dit-il.

— D'accord, mais rien de plus.

Il leva la main droite.

— Pas de problème.

— Tout ira bien, affirma Dinah d'une voix rassurante. Que veux-tu qu'il arrive comme ça, devant tout le monde ?

Nick était sous pression quand il arriva au vestiaire. L'espace d'un instant, il avait cru que sa mère ne le laisserait pas jouer. Sans l'intervention de sa grand-mère, c'était probablement ce qui se serait passé. Il avait échafaudé un plan, mais pour le mener à bien il fallait qu'il joue ce match. En fait, il venait de l'échapper belle puisque tous les autres étaient déjà dans la fosse du banc de touche. Il devait encore prendre ses protections et son gant avant d'être prêt.

Il ouvrit la porte de son casier à la volée, et découvrit

le mot écrit en lettres majuscules sur une grande feuille de papier. D'un geste sec, il l'arracha de la porte et le lut :

ON A EU LE CHAT FACILEMENT.
CE SERA ENCORE PLUS FACILE AVEC TA FAMILLE.

— Qu'est-ce qui t'arrive, Nick ? T'es dans la lune depuis le début de la partie !

Ward ouvrit une bouteille d'eau et en but la moitié, puis il ajouta à voix basse :

— Le coach devient méfiant. Il est déjà venu me demander ce qui te tracassait.

— Qu'est-ce que tu lui as répondu ?

— La vérité. C'est-à-dire que j'en savais rien.

Il se pencha et posa sa bouteille sous le banc.

— Et devine qui d'autre m'a posé des questions sur toi ?

— J.Lo ?

Ward renifla.

— Sois sérieux, Nick. Jimbo. Il m'a appelé et m'a encore mis en garde. Il a ajouté que tu ne devais pas la ramener, qu'il s'en était occupé.

— Comment il a pu faire ça ?

— Il m'a rien dit de plus, répondit Ward un peu amèrement.

Regardant droit devant lui, Nick pensa au petit mot. Il savait que ça venait de l'entraîneur, et que ce salaud avait utilisé quelqu'un d'autre pour faire le sale boulot. Quelqu'un de trop bête pour bien le faire. Ça devait être Ferdy… ou B.J., son compère. Ces deux-là étaient suffisamment débiles pour tuer un chat sans défense dans le but de faire passer un message. Mais Nick n'avait pas l'intention de se laisser intimider par quiconque, pas même par le patron.

*
* *

Sur le terrain, le lanceur expédia une balle complètement à côté à Will Smithe. Alors qu'ils revenaient à l'abri, Nick poursuivit sa conversation avec son ami.

— Ward, je peux te demander quelque chose ?

— Vas-y, fonce, Will !

Ward fit signe à Will de foncer après sa frappe, et siffla quand Will glissa, à la première base.

— A quel sujet ? demanda-t-il en se rasseyant sur le banc.

— Si le commissaire a besoin que tu témoignes au tribunal, tu le feras ?

Ward marqua une pause vraiment longue, son regard rivé sur le terrain.

— J'en sais rien. C'est… gênant.

— Que fais-tu du fait qu'il a tué Jack Ford ?

— On n'en est pas vraiment sûr ! souffla Ward.

— Ouais, mais s'il l'a fait ?

Ward regarda le second batteur de Rose Hill se faire sortir, mettant fin à la manche.

— T'es de la graine de héros, Nick. Pas moi. Et je pense que tu devrais faire comme Jimbo a dit : garder profil bas pendant quelque temps.

Les deux garçons se levèrent avec le reste de l'équipe pour aller sur le terrain.

— Je pense qu'il est trop tard pour garder profil bas, Ward.

L'occasion que Nick attendait d'attraper Ferdy se présenta juste avant la fin du match. Il se leva pour suivre le salopard aux toilettes, et fit un signe à sa grand-mère qui risquait de paniquer si elle le perdait de vue pendant deux minutes. Sachant qu'il devait être armé pour attirer l'attention de Ferdy, Nick ramassa une batte à la sortie de l'abri.

Il fallait qu'il en soit ainsi, pensa Nick en rattrapant Ferdy qui lui tournait le dos pour pisser. C'était son karma, en quelque sorte. Tenant la batte à deux mains, il en administra un bon coup sur les reins du garçon.

— Hé ! hurla Ferdy en se retournant.

Il regarda Nick, totalement éberlué.

— Qu'est-ce que tu fous, merdeux ?

— Je réponds à ton petit mot, gronda Nick en agitant la feuille de papier sous son nez. Je sais que c'est toi qui l'as écrit, ce qui veut dire que tu as essayé de tuer le chat de ma sœur.

— Quel mot ? De quoi tu parles, putain de merde ?

Il avait l'air sincèrement désorienté. Saisissant le mot, il le lut et le balança à Nick.

— J'avais jamais vu ça avant !

— C'est le comportement le plus abject qu'on puisse imaginer, mais tu es tellement abject toi-même que c'est la seule façon d'agir que tu connaisses.

Il gardait sa batte levée pour continuer à le menacer.

— C'est seulement un avertissement, Ferdy. Je vous ai à l'œil, toi et tous ceux qui sont de mèche avec Monk. Vous touchez encore à un cheveu de ma famille et je sors toute cette affaire de merde. T'as compris ?

— Quelle affaire de merde ?

— Les histoires de sexe. Les fêtes avec ces vieux pédés. Les contreparties en bourses d'études pour acheter le silence.

Ferdy secoua doucement la tête.

— Tu creuses ta propre tombe, Forrester. T'as aucune idée d'où tu mets les pieds.

— Je pense que si.

— O.K. Mais j'te jure que j'sais rien sur ton chat ou sur ce mot. Et pour ton bien, tu ferais mieux de rien dire sur l'entraîneur. Tu devrais pas fouiner comme ça, mec, J'te raconte pas de blagues. Tu pourrais finir par y laisser ta peau.

— Comme Jack Ford ?

Ferdy ne répliqua rien. Il referma sa braguette et sortit des toilettes.

Ni l'un ni l'autre ne s'aperçurent que quelqu'un les avait entendus.

Deux minutes plus tard, Jason Pate sortit d'un box et regarda les deux joueurs se diriger vers l'abri.

Une bonne frappe de balle de l'équipe adverse attisa les encouragements des supporters couverts par les huées de Rose Hill. Dans la lumière vive des projecteurs, l'herbe du terrain était si verte que Jason en était ébloui, et l'odeur de pop-corn et de poussière lui chatouillait les narines.

Depuis qu'il avait quatre ans et qu'il avait touché sa première batte, Jason rêvait de percer dans le base-ball. Il faisait tout ce qu'il fallait pour y arriver, se détestant parfois, mais ne renonçant jamais. Il était tout près du but, maintenant. Si près…

Satané Nick et sa bonne conscience. Le connaissant, Jason jugea qu'il y avait une chance vraiment infime que Nick tienne compte de l'avertissement de Ferdy Jordan qui, sans aucun doute, s'empresserait de tout rapporter à Tyson. Et quand Tyson l'apprendrait, il serait obligé de tout plaquer et de prendre le large. Ou bien de régler le problème Nick comme il avait réglé le problème Jack Ford.

Jason ferma les yeux. Il ne voulait plus penser à ça ce soir. S'il ne faisait rien, il pourrait peut-être poursuivre son rêve. S'il réagissait, par contre, il le détruirait. Il resta encore un moment sur place, tiraillé et misérable, puis il regagna l'abri et s'assit.

27.

Après la confrontation avec Ferdy, Nick était conscient d'avoir jeté de l'huile sur le feu. Il ne savait pas quand Ferdy irait faire son rapport au coach — seulement qu'il le ferait à coup sûr. Nick préférait ne pas penser à la décision que prendrait Tyson, mais il était sûr qu'il y aurait des représailles — et des méchantes. Son plan était plutôt désespéré et il savait à quoi il s'exposait en s'éclipsant. Mais il ne pouvait pas attendre en spectateur que Tyson s'en prenne à un membre de sa famille. Le chat, c'était un message — Nick l'avait bien compris.

Si, comme il le prétendait, Ferdy n'était pas au courant du message déposé dans le casier ni de l'agression de Graham, il ne restait plus qu'une option : c'était un coup du balèze ou de son acolyte. Mais peu importait. De toute façon, l'origine de la menace, c'était Tyson. Nick ne lui donnerait pas l'occasion de combiner son « suicide », comme il l'avait fait avec Jack Ford.

Quand le match des juniors fut terminé, l'équipe se dispersa. Il fallait attendre encore une demi-heure avant le deuxième match. Les Mustangs avaient gagné, et ils allaient faire la fête dans les vestiaires, mais Nick avait d'autres projets. Au début de la première partie, il avait balayé du regard les gradins à la recherche de Kristin. Elle était là, fort heureusement, car elle constituait un élément indispensable de son plan puisqu'elle avait une voiture.

Il adressa un petit signe de la main à sa grand-mère, assise tout en haut, afin de la rassurer. Au lieu de suivre le reste de l'équipe, il coupa ensuite à travers le stade pour aller parler à Kristin. Il la guettait en tentant d'attirer son attention quand quelqu'un lui toucha l'épaule.

— Salut, Nick.

Il se figea et se retourna.

— Papa !

Ted était tout sourires.

— Surpris de me voir, je parie !

— Ben, oui… enfin, j'veux dire…

Il se retourna, balaya les gradins d'un regard angoissé et vit Kristin se lever pour partir avec ses amis. Si elle disparaissait, il était foutu.

— Ça fait un bout de temps, maugréa-t-il tandis que son cerveau tournait à cent à l'heure pour trouver un plan B.

— Bien trop longtemps, fiston. Je t'offre quelque chose à boire ?

Son père le regardait comme s'il avait oublié à quoi il ressemblait.

— J'ai ce qu'il faut, répondit Nick en montrant sa bouteille. Merci quand même.

— On marche un peu, alors ?

Il avança la main sans vraiment le toucher, l'air suppliant et terriblement maladroit. Nick ne se rappelait pas avoir vu son père douter.

— On ne s'éloignera pas.

— Bien sûr, dit Nick en cherchant la Lexus du regard. Est-ce que Francine est là ?

— Je ne crois pas qu'elle soit fan de sport. Tu n'as pas beaucoup de temps entre les matchs, dit Ted, mais je voulais que tu saches que j'étais venu. Je t'ai vu jouer. Tu deviens un super joueur de base-ball, Nick.

Le moment était mal choisi pour lui dire ça, songea Nick, alors que ce soir, son avenir de joueur semblait plutôt compromis. Si son père ne les avait pas abandonnés, il aurait pu lui dire dans quel pétrin il s'était mis et lui demander de l'aide.

— Comment peux-tu savoir si je suis bon joueur, p'pa ? T'as pas vraiment de quoi comparer, vu le nombre de matchs que tu m'as vu jouer !

— C'est vrai. Mais ça peut peut-être s'arranger.

— Tu crois vraiment ? Entre l'installation d'un nouveau cabinet et tes amours avec Francine, ton planning est déjà surchargé. Tu n'avais déjà pas le temps, avant, et pourtant, maman ne demandait pas autant d'attention que Francine !

— Je sais que tu m'en veux. Je vois bien… Enfin, tout ce que je peux dire, c'est que je vais me racheter, Nick.

— Ben voyons !

Nick donna un coup de pied dans un paquet de cigarettes qui traînait par terre. Ted s'arrêta et le regarda en face.

— Je le pense vraiment, fiston. Je me suis conduit comme un abruti. Je vous ai fait du mal, à Kendy et à toi. Je sais que vous mettrez du temps à l'oublier, mais je…

Nick aperçut Kristin qui revenait de la buvette. Donc elle avait juste accompagné ses amis… Tout n'était pas encore foutu.

— Désolé, papa, mais je dois voir quelqu'un pour une chose très importante.

Il lui adressa un signe de la main.

Ted fronça les sourcils, l'air déçu.

— Je t'appellerai ce week-end, Nick !

— Ecoute, p'pa… j'ai déjà des projets. Cam m'a demandé de l'aider à réparer le plancher de son grenier, ce week-end.

Cam n'avait pas arrêté de date, mais rien ne les empêchait de commencer ce week-end, se dit-il.

— J'ignorais que tu avais des talents de bricoleur, dit Ted, surpris.

— J'apprends beaucoup avec Cam.

C'était le genre de chose qu'il n'aurait jamais faite avec son père. Ted ne savait même pas se servir d'un marteau.

— Et que penses-tu d'une pizza quand tu auras fini le parquet ?

— L'ennui avec ce genre de boulot, dit Nick en regardant ailleurs, c'est que tu ne sais jamais combien de temps ça va prendre.

Nick ne se rappelait pas avoir jamais envoyé promener son père de la sorte. Il s'étonna de voir à quel point c'était facile.

— Tu passes pas mal de temps avec lui ?

— Avec Cam ? Oui, pas mal, et Kendy aussi. Elle est complètement dingue de lui : elle prend des photos de sa maison, elle est tout le temps fourrée là-bas. Ces temps-ci, elle essaie de le débarrasser du fantôme qui hante son grenier.

— Quoi ?

— Il lui a fait croire qu'un de ses ancêtres hantait la maison.

Ted hocha lentement la tête.

— Je vois. Et ta mère, comment se sent-elle avec lui ?

Nick regarda Ted droit dans les yeux.

— Si tu lui posais la question ? Le jour où tu passeras lui donner un chèque pour les mois de pension en retard, par exemple ?

Ted se gratta le crâne.

— Il y a des choses que tu ne comprends pas, Nick.

— Ouais ! Il y a toujours des complications. C'est pas ce que disent la plupart des pères tire-au-flanc ?

— Voilà donc comment tu me juges, fiston ? Un tire-au-flanc ?

Ted avait l'air complètement sonné.

— Tu veux la vérité, p'pa ? Je ne sais pas quoi penser de toi. Ce que tu as fait, c'était vraiment moche. Ça a vachement fait souffrir maman et Kendy. Et tu sais quoi ? En plus, c'était gênant pour moi que mon vieux se soit tiré avec la femme de son associé. Y avait pas de quoi être très fier devant mes potes.

— Si ça peut te consoler, je commence à penser la même chose en me regardant dans la glace, murmura Ted avec une grimace. Mais c'est cent fois plus douloureux de l'entendre de ta bouche, Nick.

En fait, Nick ne lui en voulait pas vraiment ; il se sentait plutôt triste. Aujourd'hui, il avait toutes les peines du monde à respecter son père, lui qui le regardait comme un dieu autrefois, quand il était petit.

A cet instant, Nick vit Kristin qui le guettait.

— Ecoute p'pa, je dois y aller.

— Francine et moi, on n'est plus ensemble, Nick. On pourrait en profiter pour se voir plus souvent, toi et moi. J'aimerais au moins retrouver mes enfants.

— Elle se remet avec le Dr Walt ?

— C'est possible. Je n'en sais rien.

Avec un haussement d'épaules, Nick commença à s'éloigner à reculons. Que pouvait bien espérer son père ? Les femmes comme Francine n'étaient ni fidèles ni fiables comme sa mère. Il avait fait le mauvais choix, voilà tout.

Lui tournant le dos, il courut vers les gradins sans un regard en arrière. Ted resta cloué sur place, profondément ébranlé.

*
* *

Il dut passer quelques précieux instants à convaincre Kristin de le suivre à l'écart pour lui dévoiler ses intentions. Elle but à la paille dans le verre en carton qu'elle tenait à la main, et désigna du menton Ted qui se tenait toujours à l'endroit où Nick l'avait laissé.

— C'était avec ton père que tu parlais ?

— Oui. Il est venu faire un saut, apparemment.

— Je ne l'avais encore jamais vu à un match, dit Kristin.

— C'est qu'il n'était encore jamais venu.

— Ah bon ?

— Kristin, je n'ai pas beaucoup de temps. C'est vraiment urgent.

— Encore ? dit-elle avec un petit soupir agacé. Bon, alors, dis-moi de quoi il s'agit et tâche d'éviter l'hyperbole.

— L'hyperbole ?

Nick réprima un sourire. Kristin n'était vraiment pas comme les autres.

— Mme Ruiz veut améliorer notre vocabulaire. Elle nous a donné une liste de mots inusités qu'elle nous encourage à utiliser. *Hyperbole* veut dire…

— C'est une exagération, je sais. Mais là, je n'exagère pas, Kristin, je t'assure. Comme tu es déjà un peu au courant de la situation, je comptais sur ton aide. Je ne connais personne qui ait une voiture et j'en ai un besoin impérieux.

— Où dois-tu aller et pourquoi ?

Il réfléchit un moment, le regard absent. Il ne pensait pas la mettre en danger, mais tout cela devenait de plus en plus risqué. Si quelque chose devait lui arriver à elle, ça le tuerait. Il l'appréciait de plus en plus.

— N'essaie pas de me raconter des bobards, Nick. Dis-moi franchement où tu veux aller et pourquoi.

— Tu m'emmèneras ?

— Ça dépend. Peut-être. Dimanche, quand tu m'as appris ce qui arrivait à Ward, j'ai eu envie d'en parler à ma mère et d'aller voir la police, mais… Ne t'affole pas, je ne l'ai pas fait. Pas encore.

Nick souhaitait lui-même tout raconter au commissaire. C'était d'ailleurs ce qu'il ferait si sa mission de ce soir aboutissait.

— Je voudrais vérifier où habitent deux des anciens joueurs de Tyson.

— Pourquoi ?

— Je pense sincèrement que je ne devrais pas te le dire, mais… Voilà, c'est Jimbo, le frère de Ward, qui m'a donné des noms. Il y avait un mec qui s'appelait Ziegler. J'ai vérifié sur Internet.

Il jeta un coup d'œil du côté des vestiaires. Comme il s'en doutait, l'équipe se dirigeait vers le terrain. La partie allait débuter.

— Il y a des trucs géniaux pour faire des recherches croisées de noms, d'adresses et de numéros de téléphone. En dehors de Ziegler, seuls deux des mecs dont Jimbo m'a parlé vivent encore à Rose Hill. Je veux aller faire un tour du côté de chez eux pour voir si je trouve une certaine camionnette dans les parages.

Après un instant d'hésitation, il lui raconta l'agression, dont il avait été victime.

— Et si cette camionnette est dans un garage et que tu ne peux pas la voir ?

Il soupira.

— Kristin, pourquoi il faut toujours que tu ailles chercher quelque chose de négatif ?

— C'est de la logique, pas du mauvais esprit.

— D'accord. Mais je veux quand même vérifier avant d'en

parler au commissaire. Il y a des choses dont je ne t'ai pas parlé, mais c'est très grave. La police a besoin de preuves pour l'enquête. En identifiant le conducteur de cette camionnette, ça devrait suffire.

— Ward pourrait témoigner, non ? dit Kristin. A lui seul, son témoignage suffirait à faire tomber Tyson.

— Je doute qu'il soit prêt pour ça, répondit Nick.

— Parce qu'il n'a pas ton courage.

Nick se sentit rougir.

— Arrête, je ne suis pas courageux.

— Si, tu l'es ! Et c'est pour ça que j'ai envie de t'aider. Quand ce sera fini et que Tyson se sera fait choper, tu pourras dire que tu as fait ce qu'il fallait. C'est comme ça, on n'y peut rien : y en a qui ont des couilles et d'autres pas.

Il esquissa un sourire.

— Est-ce qu'on peut dire d'une fille qu'elle a des couilles ?

Elle jeta son gobelet à la poubelle.

— A condition d'ajouter qu'elle a aussi du charme.

— Tu as vraiment tout ça, Kristin.

A sa grande surprise, elle se haussa sur la pointe des pieds, posa les mains sur ses épaules et l'embrassa.

— Je te retrouve ici dès la fin du match. D'accord ?

Les joues brûlantes, il hocha la tête.

— O.K. Et merci : je te dois une fière chandelle.

— Non, tu m'en dois deux. Mais juste pour le plaisir de discuter, suppose une minute que toutes ces brutes aient un garage ?

Elle se mit à rire en le voyant lever les yeux au ciel.

— Je plaisante. Tu ferais mieux d'aller rejoindre les autres. Le boss te regarde.

*
**

Le second match était presque terminé lorsque Rachel et Cam arrivèrent au stade avec Kendy. Ils repérèrent aussitôt Nick, et aperçurent Dinah en haut des gradins. Les voyant à son tour, elle leur fit signe et se fraya un chemin jusqu'en bas.

— Comment va Graham ? demanda-t-elle à Kendy en lui caressant les cheveux.

— I… Il est très malade, grand-mère, mais le véto a dit qu'il s'en sortirait.

Dinah leva sur sa fille un regard interrogateur.

— Son état n'était pas brillant, en effet, dit Rachel en s'efforçant de dédramatiser la situation pour Kendy. Le véto va le garder quelques jours. La peinture pourra être enlevée mais il faudra lui donner des antidotes. Il en a réchappé de justesse — grâce à Kendy.

Elle n'avait pas dit devant sa fille que Graham avait été empoisonné. Une heure plus tard, il aurait été impossible de le sauver. La peinture pouvait être considérée comme une farce puérile, méprisable mais pas mortelle, mais empoisonner un animal est un acte vil. S'il s'agissait d'un message destiné à toute la famille, il était efficace.

Soulagée de voir que Nick allait bien, Rachel eut envie de le ramener tout de suite à la maison, mais ils risquaient d'éveiller les soupçons de Tyson. Qui sait comment il réagirait s'il sentait les mailles du filet se resserrer autour de lui ?

— C'est bien la voiture de Ted que je viens de voir ? demanda-t-elle à Dinah.

De l'autre côté du parking, la Lexus venait de démarrer.

— Oui. Il a eu une longue conversation avec son fils pendant la pause entre les deux matchs.

Rachel regarda Nick, et il lui fit signe pour lui montrer qu'il l'avait vue.

— Avaient-il l'air fâchés ?

— Nick ou Ted ?

— Tous les deux, maman.

— Fâchés, je ne sais pas ; mais ils ne semblaient pas très joyeux, c'est sûr.

Rachel soupira, se promettant d'interroger Nick à leur retour à la maison. Du coin de l'œil, elle vit que Cam l'observait.

— J'ai été surprise de le voir ici, c'est tout, murmura-t-elle.

Pour toute réponse, Cam émit un grognement inintelligible.

Nick regagna le banc en retard après la pause ; il était persuadé que l'entraîneur allait lui souffler dans les bronches mais il n'en fut rien. Ils devaient à tout prix gagner cette partie car c'était le dernier match de la saison entre Rose Hill et son concurrent le plus proche. Tyson faisait donc régner une discipline d'autant plus stricte que l'enjeu était gros. Au lieu d'être soulagé que l'entraîneur ne l'engueule pas, Nick jugea que c'était anormal.

— Tu essaies de te faire coller au banc pour la prochaine saison ? lui souffla Ward lorsque Nick s'assit à son côté. Où étais-tu ?

— J'avais des choses à régler, répondit Nick en s'épongeant le front avec sa serviette.

— Quoi ? Ta mère t'a encore envoyé à l'épicerie ?

— Très drôle, Ward !

Ward fixa le terrain droit devant lui.

— Qu'est-ce qu'il y a entre Kristin et toi ?

— Qui te dit qu'il y a quelque chose ?

— Je t'ai vu lui parler.

— C'est pas ce que tu crois.

L'amitié de Ward avait beaucoup d'importance pour Nick, et s'il avait des vues sur Kristin, il devrait d'abord songer aux conséquences possibles sur ses relations avec Ward. Mais il y réfléchirait demain ou la semaine prochaine. Ce soir, il ne pouvait pas se permettre de se laisser distraire. L'apparition inopinée de son père l'avait déjà suffisamment stressé. Il devait maintenant trouver un moyen de s'éclipser avec Kristin, ce qui ne manquerait pas d'affoler Cam et sa mère. Il espéra seulement qu'ils lui pardonneraient si sa mission aboutissait.

— Forrester !

— Oui, m'sieur !

Nick se redressa. L'entraîneur était planté à la sortie de l'abri.

— Ici. En deuxième ligne !

— J'te l'avais dit, lui murmura Ward.

Nick se fraya un chemin entre les genoux des juniors pour venir devant, où l'attendait Tyson. Il s'attendait à un savon, mais pas en plein milieu d'une manche. D'habitude, l'entraîneur était tellement concentré sur ce qui se passait sur le terrain qu'il ne prêtait quasiment aucune attention aux juniors pendant la partie des seniors.

Tyson lui mit un gant dans les mains.

— Le gant de Sims est mouillé. Il y en a un autre dans son casier. Va le chercher.

Nick hésita, regardant Tyson.

— Vous voulez que j'ouvre le casier de Sims ?

— Tu m'as entendu ? aboya Tyson. Numéro 416. Et tâche de ne pas refaire un détour par les gradins !

Nick resta une seconde à regarder Tyson droit dans les yeux. D'accord, il ne lui passait pas un savon devant toute l'équipe mais il lui donnait le rôle de la bonne à tout faire. C'était le genre de chose qu'il faisait quand il voulait humilier quelqu'un.

— Pas de problème, dit Nick en s'éloignant au pas de course.

Se souvenant au dernier moment que sa mère le regardait, il se tourna vers les gradins et lui adressa un petit signe.

— Où va-t-il ?

Rachel avait parlé un peu fort, attirant le regard de quelques personnes assises devant eux. Elle baissa le ton :

— On lui a pourtant recommandé de ne pas s'isoler !

— S'il n'est pas de retour dans cinq minutes, j'irai jeter un coup d'œil.

Rachel entendit sonner son portable dans son sac. Elle le sortit précipitamment et jeta un coup d'œil sur l'écran avant de décrocher.

— C'est le numéro de la maison, dit-elle à Cam. Allô ?

— Rachel…

Dinah parlait d'une voix étranglée, et le cœur de Rachel fit une embardée.

— Qu'est-ce qu'il y a, maman ? Vous êtes bien rentrées ?

— Oui, mais… C'est Kendall. Rachel, elle n'est plus dans sa chambre. Elle a disparu.

En suivant les numéros, Nick trouva le casier de Robbie dans la dernière rangée de la section des aînés. Quand ils s'étaient changés avant le match, toutes les lumières étaient allumées ; à présent, tout au fond du vestiaire à peine éclairé, il avait du mal à distinguer les chiffres.

Il ouvrit le 416 à la volée et fouilla à la recherche du gant de rechange de Sims. Le casier était plein à craquer et sentait les chaussettes sales. Nick fit la grimace et chercha en retenant sa respiration — mais pas de gant.

Il se recula et claqua la porte qui fit un gros bruit métallique. Une main appuyée au casier, il réfléchit un instant, ne sachant trop que faire. En revenant bredouille, il s'exposait à une nouvelle engueulade. Et puis zut, tant pis ! Il était habitué aux humiliations publiques.

Il se retourna et tressaillit violemment en découvrant l'entraîneur debout dans la pénombre. Tyson se tenait immobile, silencieux, effrayant à crever. Nick crut que son cœur allait s'arrêter de battre. Sur le point de s'enfuir, il stoppa net son élan en découvrant ce qui se balançait au bout des doigts de Tyson.

Les tennis de Kendy.

— Nicky, tu m'as fait beaucoup de peine, tu sais ?

Nick tenta d'esquisser un sourire qui devait ressembler à une grimace.

— Il n'y a pas de gant, chef. J'ai cherché partout.

— Oublie le gant. Tu viens avec moi.

Nick regarda les petites tennis roses.

— Où les avez-vous trouvées ?

Les lacets étaient attachés ensemble, et Tyson les regarda comme s'il s'étonnait de les voir dans sa main.

— Ça ? Oh, eh bien, aux pieds de Kendall. D'où veux-tu qu'elles viennent ?

Nick n'avait jamais eu aussi peur de sa vie.

— Qu'est-ce que vous allez faire ? Qu'est-ce que vous voulez ?

Tyson sourit.

— Tu sais très bien ce que je veux, et il n'arrivera rien à ta sœur si tu coopères.

— Est-ce qu'elle va bien ? Vous lui avez fait mal ?

— Pas encore.

— Je veux la voir.

Nick sentit son estomac se nouer, mais il savait que Tyson était maître du jeu. Pour le moment, du moins.

— Ecoutez, je ne sais pas ce que vous me voulez mais je ne veux même pas en parler avant d'avoir vu Kendy et d'être sûr qu'elle va bien.

— Comme c'est touchant ! lança Tyson en brandissant un large rouleau de ruban adhésif.

— Vous êtes allé chez moi ? demanda Nick. Vous avez fait du mal à ma grand-mère ?

— La gamine a été enlevée dans sa chambre pendant que ta grand-mère regardait un feuilleton à la télé.

Tout en parlant, il attacha les poignets de Nick.

— Trop facile, Nicky.

Il le poussa ensuite vers la sortie, du côté le moins éclairé du gymnase. On apercevait un coin du stade, mais avec un match en cours, Nick savait que personne ne remarquerait rien.

— Et le match ? demanda-t-il. C'est la fin de la neuvième manche. Vous laissez tomber l'équipe ?

— Je laisse tomber toute cette putain de ville, Nick. Et tu viens avec moi. Si tu fais le moindre bruit, tu ne reverras jamais ta petite sœur.

28.

Pendant que Rachel, complètement affolée, appelait Pete pour l'avertir de la disparition de Kendy, Cam fila aux vestiaires pour chercher Nick. La partie venait à peine de s'achever et Rose Hill l'avait remportée de justesse. Les joueurs lançaient en l'air gants et casquettes pour fêter la victoire. Cameron gagna l'entrée et resta un moment sur le palier pour s'orienter. Il était déjà venu voir Tyson ici même, quelques jours auparavant, mais il ne s'était pas aventuré dans les vestiaires. Tenaillé par l'angoisse, il se mit à la recherche de Nick mais ne le trouva nulle part.

Il rebroussa chemin au moment où les joueurs arrivaient. A en juger par leurs réflexions, il se passait quelque chose d'anormal dans l'équipe.

— Quelqu'un a vu l'entraîneur ? demanda un garçon à la cantonade.

— Il s'est pointé ici juste avant la fin du match. Il doit être quelque part.

— C'est bizarre.

— Ouais, il aurait pu dire deux mots à Jace pour cette erreur qui a failli nous coûter le match. Je me suis demandé ce qu'il foutait.

Cam ralentit le pas et prêta l'oreille, avec l'horrible pressentiment de l'inéluctable. Son sang se glaça subitement dans ses veines. Kendy avait disparu et maintenant, Nick était introuvable.

Refrénant la rage qui montait en lui, Cam bouscula deux grands gaillards et sortit dans la lumière aveuglante des projecteurs.

La confusion et l'indécision régnaient aussi sur le stade. L'équipe avait gagné et Tyson s'était volatilisé. Cam aperçut Rachel qui balayait la foule des yeux, l'air hagard. Il aurait voulu pouvoir effacer cette expression de son visage mais hélas, il n'allait faire que l'aggraver.

— Tu l'as trouvé ? demanda-t-elle d'une voix étranglée.

— Il n'est pas dans les vestiaires, Rachel.

Elle porta une main à sa bouche, au comble du désarroi.

— Si, si, il doit y être. Ou alors…

Elle se tut en voyant l'expression de son compagnon.

— Oh ! Cam ils ont disparu tous les deux. Qu'est-ce qu'on va faire ?

— As-tu appelé Pete ?

— Oui, il arrive. Il a envoyé une voiture chez ma mère, mais il a demandé qu'on l'attende ici.

Les mains jointes et serrées contre sa poitrine, elle donnait l'impression qu'elle priait.

— Il veut qu'on s'arrange d'une manière ou d'une autre pour empêcher Tyson de partir.

Cam soupira en se frottant la joue.

— Trop tard, Rachel. Il est parti, lui aussi.

*
* *

Kendy crut qu'elle faisait un cauchemar. La gorge sèche, elle avait l'impression de flotter. Mais quand elle essaya de bouger pour aller chercher à boire, rien ne fonctionnait. Tout son corps était collé au lit. Puis elle entendit des voix qui lui parvenaient de très loin. Elle réussit enfin à ouvrir les yeux.

— Ça se dissipe. Tu vois, je ne lui en ai pas donné trop.

— Monk sera là dans quelques minutes : il faut la remettre sur pied.

Un petit rire.

— Pourquoi ? C'est pas son genre.

— Je vais te dire quelque chose, mec. Ça ne me plaît pas d'être mêlé à ça. C'est une chose que de bousculer un gamin sur son vélo. Mais cette merde…

— Ouais, qu'est-ce qu'il fera d'elle quand il aura mis la main sur Nick ?

Kendy réussit finalement à remuer un peu, Elle se redressa sur les coudes en regardant les deux hommes.

— Vous parlez de mon frère ?

— Ouais, c'est ça, on parle de Nick. Il sera ici dans quelques minutes.

Le type au T-shirt décoré d'un cochon en Harley croisa les bras sur sa poitrine et la toisa.

— Tu vas être une gentille petite fille et tout ira bien, lui dit-il.

— Est-ce que c'est vous qui avez fait du mal à mon chat ?

— Non ! Jamais de la vie.

Elle le dévisagea sans sourciller.

— Il faut que j'aille aux toilettes.

Les deux hommes échangèrent un regard nerveux.

— O.K., viens ! dit le type à la Harley. C'est cette porte, là.

Kendy sauta du lit et s'arrêta un instant, un peu étourdie. Regardant autour d'elle, elle vit que la pièce ressemblait aux chalets où elle allait camper avec sa troupe de jeannettes.

— Est-ce qu'on est au lac où on fait du camping ? demanda-t-elle.

— Pas de lac, petite. Seulement des arbres et le ciel.

— C'est mon sac à dos, là ?

— Ouais !

Le type en noir ramassa le sac et le lui tendit.

— Jay l'a vu dans ta chambre et il a pensé que t'en aurais besoin.

Il y avait quelque chose de dégoûtant quand le cochon en Harley faisait semblant d'être gentil, pensa Kendy. Mais elle avait vraiment besoin de son sac. Il y avait son appareil dedans, et si la moindre occasion de prendre une photo se présentait, elle ne voulait pas la rater.

— Voilà Kristin ! dit Rachel en voyant la jeune fille approcher en compagnie de Shelly Reynolds, l'une de ses amies. Elle sait peut-être quelque chose.

— Bonjour, madame Forrester.

Kristin salua Cam d'un sourire poli.

— Bonjour, Kristin. Bonjour, Shelly. Dites-moi, auriez-vous aperçu Nick, l'une ou l'autre ? Nous l'avons vu se rendre aux vestiaires juste avant la fin du match et il n'en est pas ressorti.

— J'allais vous poser la même question, dit Kristin.

Elle se mordit la lèvre et regarda encore autour d'elle, balayant des yeux le terrain et le parking qui se vidait rapidement.

— Je pense qu'il a dû partir.

— Voilà Pete, annonça Cam.

Les sirènes ne mugissaient pas mais on voyait le gyrophare de la voiture du commissaire avancer en sens inverse des véhicules qui quittaient le stade. Cam posa une main sur le bras de Rachel.

— Si tu veux bien rester ici une minute, lui dit-il, je vais voir ce que Pete va nous dire.

Elle acquiesça et se tourna vers les filles.

— Nous essayons de comprendre pourquoi Nick est parti si près de la fin du match. Avait-il l'air fâché ?

— Je lui ai parlé pendant la pause entre les deux parties, dit Kristin, et c'était tout de suite après l'avoir vu parler à son père… Non, il avait l'air normal, ajouta-t-elle après quelques secondes de réflexion.

— Ce n'est donc pas à cause de Ted, murmura Rachel, tentant désespérément de trouver une explication rassurante.

Et Ted ne pouvait pas avoir enlevé Kendy.

Les lumières commencèrent à clignoter, indiquant que le stade allait fermer. Rachel chercha Cam du regard et l'aperçut à quelques mètres, en train de les rejoindre. Elle se retourna vers Kristin et son amie.

— Bon, eh bien, merci, les filles. Si vous entendez quoi que ce soit…

Elle discerna soudain quelque chose dans l'expression de la jeune fille.

— Qu'est-ce qu'il y a ? Dis-moi !

Les yeux bleus de Kristin étaient assombris par l'angoisse. Elle se mordilla la lèvre.

— En fait, il faut que vous sachiez pourquoi j'ai remarqué son absence… Je lui avais promis de ne rien dire mais…

— Mais quoi ?

Rachel regarda tour à tour Kristin et Shelly qui se tenait à l'écart sans rien dire.

— Qu'y a-t-il ? insista-t-elle.

— Nick m'a demandé si je pouvais l'emmener quelque part après le match. Je lui ai dit que je le ferais, avoua-t-elle en baissant les yeux.

— Tu n'es pas sérieuse ? Il était convenu qu'il reste ici, dit Rachel. Où voulait-il donc aller ?

— C'est une longue histoire, répondit la jeune fille d'un air penaud. Il est persuadé que l'entraîneur est impliqué dans des trucs vraiment moches, et il voulait le prouver. Il pense que le commissaire n'a pas assez d'éléments pour l'arrêter. Alors, il a retrouvé l'adresse de certaines personnes qui seraient capables de fournir des renseignements à la police, selon lui.

Elle relata alors l'agression de Nick.

— Oh, mon Dieu ! murmura Rachel en regardant Cam qui était revenu pendant que Kristin parlait.

Il passa un bras autour de sa taille et elle se blottit contre lui. Pete ne tarda pas à les rejoindre.

— L'essentiel, maintenant, c'est de retrouver Tyson, déclara Cam. Le fait qu'il soit parti alors qu'il ne restait que quelques minutes de jeu nous confirme qu'il est prêt à larguer les amarres et à déguerpir.

— C'était astucieux de sa part de venir diriger l'équipe ce soir, dit Pete en secouant la tête. Il a endormi notre méfiance en nous faisant croire qu'il nous restait encore du temps pour le coincer.

— Monk Tyson a kidnappé mes enfants, murmura Rachel, consternée, le visage livide.

— Nick a dû le suivre sans résister si Tyson l'a convaincu que la sécurité de sa sœur en dépendait, dit Cam avec une grimace.

— C'est aussi mon avis, dit Pete. Nous pouvons en déduire qu'il n'agit pas seul. Quelqu'un a dû enlever Kendall pendant qu'il s'occupait de Nick.

— Il doit s'agir des deux brutes qui l'ont renversé sur la route, suggéra Cam. Enlever une fillette de neuf ans, c'était un jeu d'enfant pour eux.

— Qu'en penses-tu, Cam ? demanda Pete en regardant pensivement les gradins déserts. Il a envoyé Nick dans les vestiaires sous un faux prétexte et il l'a rejoint au bout d'un moment.

— Ça paraît logique. L'endroit était désert à ce moment-là. Il a dû obliger Nick à le suivre, d'une manière ou d'une autre. Tout le monde était accaparé par ce qui se passait sur le terrain. Moi y compris, ajouta-t-il avec amertume.

Rachel vit soudain l'image effroyable de sa petite Kendy aux mains d'individus sans scrupule qui avaient délibérément renversé un adolescent avec leur camionnette. Que feraient-ils à une petite fille ?

Quelques instants plus tard, encore en état de choc, elle montait en voiture à côté de Cam. Pete avait reçu un rapport des hommes qu'il avait envoyés chez Dinah. La moustiquaire de la chambre de Kendy avait été découpée et la vitre déchaussée avec du matériel spécialisé de manière à rendre le loquet accessible. D'après les flics, cette dernière manœuvre avait été effectuée au préalable, afin de permettre aux ravisseurs d'entrer rapidement au moment voulu.

— C'est-à-dire quand Tyson leur en donnerait l'ordre, grogna Cam, tout prêt à écharper quelqu'un.

— Je sais quand ils l'ont fait, lui dit Rachel.

Cam la dévisagea.

— La nuit où je suis rentrée à la maison pour voir si Nick allait bien avant de revenir chez toi, tu te souviens ? J'avais entendu un bruit venant du jardin, mais j'avais décidé que c'était mon imagination ou… Graham. Il avait miaulé à la porte peu après et je l'avais fait rentrer. En retraversant le jardin, j'avais eu l'impression d'être observée.

— Ils ont eu tout le temps qu'il leur fallait, ce week-end-là, dit Cam. Dinah était partie, tu étais avec moi, et Nick et Kendy étaient occupés de leur côté.

Rachel se prit soudain la tête dans les mains.

— Si quelque chose leur arrivait, je ne pense pas que j'y survivrais, Cam.

— On va les trouver, dit-il, tout en priant pour que ce fût vrai. Il n'a pas eu le temps d'aller très loin. Ne perds pas espoir.

Il ne savait que trop bien ce qu'elle ressentait et il maudissait Tyson de la torturer ainsi. C'était un supplice pour lui aussi… Il devait y avoir un moyen d'arrêter Tyson avant qu'il ne soit trop tard.

Il se pencha et prit Rachel contre lui.

— On les trouvera, répéta-t-il avec conviction.

Kendall avait l'interdiction de quitter sa chaise. Le type au cochon motard ne l'avait pas attachée par un moyen physique, mais il ne voulait pas non plus la laisser déambuler à sa guise.

— J'ai soif, lui dit-elle. Je peux avoir un verre d'eau ?

Avec un gros soupir, il abandonna son jeu électronique et alla jusqu'au coin cuisine. D'abord, elle avait voulu aller aux toilettes, puis elle s'était plainte de la saleté de l'endroit. Maintenant, elle avait soif.

Il prit un verre, et ouvrit le robinet.

— Vous n'avez pas une bouteille d'eau ?

Il se tourna vers elle.

— Non, nous n'avons pas d'eau en bouteille, princesse. Seulement celle-là.

— Ce n'est pas sain, dit-elle en se frottant le nez. Ce chalet ressemble à celui où on dort avec les jeannettes. On ne boit jamais l'eau parce qu'il y a plein de choses dedans qui peuvent donner mal au ventre.

— Fais-moi confiance, dit l'homme en lui tendant le verre. Je la bois, cette eau : elle est bonne.

— Non, merci !

La fillette croisa les bras et tourna légèrement la tête.

— Et vous allez avoir des problèmes ! ajouta-t-elle en jetant un coup d'œil à Jay qui se tenait près de la fenêtre. Tous les deux !

— Ah oui ?

Le cochon en Harley vida lui-même le contenu du verre.

— Et comment sais-tu ça, princesse ?

— Parce que ma marraine va se marier à un policier. Et quand il saura que vous m'avez kidnappée, il va se mettre à votre poursuite et vous aurez de gros problèmes.

Il s'essuya la bouche du dos de la main.

— Et qui est ce policier que ta marraine va épouser ?

— Le commissaire Pete Singletary.

— Merde !

Jay se retourna et regarda le cochon en Harley.

— J'te l'dis, Zig : on va se faire cramer le cul avec ça. Monk creuse sa propre tombe ; ça veut pas dire qu'on doit sauter avec lui.

Kendall les observait, comprenant que celui qui s'appelait Jay n'était pas le chef et que son avis ne comptait pas.

— Si on part maintenant, on sera pas payés. Il faut attendre Monk.

— A la fin, on va devoir aller au Mexique, Zig. On aurait jamais dû accepter d'être mêlés à ses affaires.

— Ouais ! répondit Zig d'un ton sarcastique. Et si on avait pas fait ce qu'il voulait, on s'asseyait et on attendait que les flics nous tombent dessus pour ce qui est arrivé à Jack Ford ? Réfléchis un peu, mec. On est coincés. Monk nous tient par les couilles.

Kendall se leva.

— Je dois encore aller aux toilettes.

Pete Singletary fit le tour de son bureau avec un carnet à la main.

— J'ai envoyé une patrouille chez Tyson, dit-il. Il y avait bien quelques meubles mais pas de vêtements, pas d'effets personnels, pas de voiture… Tout était parti. Apparemment, nous avions vu juste. Il était prêt à décamper. Je pense qu'il se doutait depuis un bon moment que ses jours à Rose Hill étaient comptés.

— Il n'a pas pu s'enfuir comme ça en laissant tout derrière lui ! lança Rachel d'un air incrédule. Il aura besoin de ses dossiers pour s'installer ailleurs !

— Pas au Mexique, dit Cam, debout derrière sa chaise.

Rachel écarquilla les yeux.

— Il n'emmènerait pas Nick et Kendy à…

Elle se tourna vers Cam, horrifiée.

— Il veut Nick, mais pas Kendall. Il ne s'encombrera pas d'une petite fille de neuf ans, n'est-ce pas ? Alors qu'est-ce qu'il va faire de Kendy ?

Cam s'accroupit près d'elle.

— Je ne pense pas qu'il lui fera du mal, Rachel. Il n'y a aucune raison. Il a besoin d'elle pour faire pression sur Nick, et des sévices supplémentaires ne lui rapporteraient rien d'autre que la fureur des représentants de la loi. Et n'oublie pas que Nick est un garçon plein de ressource. Il prendra soin de sa sœur.

— A condition que Monk ne les sépare pas !

Rachel caressa le visage de Cam. Elle se sentait réconfortée par sa sollicitude. Néanmoins, son sang se glaçait à l'idée de ce qui pouvait arriver à ses enfants.

Cam se leva, gardant une main sur son épaule.

— Attendons de retrouver leur trace avant d'imaginer le pire, dit-il.

— J'ai lancé un avis de recherche dans tout l'Etat pour le 4x4 de Tyson, dit Pete, mais jusqu'à maintenant, ça n'a rien donné. Et nous continuons à creuser ton idée d'interroger Jason Pate, ajouta-t-il à l'adresse de Cam. Il n'était pas dans les vestiaires après le match. Quelqu'un a même suggéré qu'il était parti avant la fin du match, mais on n'en est pas sûr. On recherche sa voiture. C'est une Toyota Celica cabossée. Jason est l'un des favoris de Monk : il pourrait être notre meilleure chance.

Pete jeta un œil sur son carnet.

— Jimbo Rivers nous a donné trois noms d'individus que Tyson utilise quand il a besoin de muscles. Kristin nous a confirmé qu'il s'agissait bien des gars dont Nick voulait vérifier l'adresse. Deux brigadiers se sont rendus sur place.

Rachel se leva d'un bond, incapable de rester immobile plus longtemps.

— Je ne peux pas croire que Nick ait projeté de faire une chose aussi dangereuse tout seul, après ce que nous lui avions dit.

Pete étudia les plaques d'immatriculation sur la liste.

— L'une d'entre elles appartient à une camionnette blanche ?

— Oui. Le propriétaire s'appelle Carl Ziegler. Il habite à Ashmont. Son comparse est un certain Jay Dunne ; ils travaillent ensemble dans le bâtiment. Ils ont été des coéquipiers de Jimbo.

Rachel fronça les sourcils.

— Je me souviens d'eux. Ils avaient toujours des problèmes au lycée, mais Monk a quand même réussi à les faire entrer dans une université de l'Arkansas.

Elle ferma les yeux, se rappelant les traces sur les tempes de Nick et ses mains écorchées.

— Ça ne m'étonne qu'à moitié qu'ils aient essayé de s'en prendre à Nick : à l'adolescence, c'étaient déjà des brutes.

— N'oublie pas que c'est Monk Tyson le vrai criminel, lui rappela Cam. Au point où il en est, maintenant, il se bat pour sa survie. Je crois qu'il réfléchira à deux fois avant de faire du mal à Nick et Kendall.

— Alors, pourquoi me les avoir pris ? demanda Rachel dans un sanglot.

— A mon avis, il est obsédé par Nick, répondit Cam. Ce qui veut dire qu'il ne lui fera pas de mal.

Rachel resta une minute à les regarder tous les deux avant d'assimiler tout ce qu'ils avaient dit. S'adossant ensuite au mur, elle passa une main dans ses cheveux, complètement désemparée.

— Je dois appeler Ted pour le mettre au courant. Je peux utiliser ton téléphone, Pete ?

Pete lui tendit son portable.

Cam la suivit hors du bureau, et la regarda composer le numéro. Elle tremblait de tous ses membres en attendant une réponse.

— Ted ? dit-elle enfin. Oui, et toi ? En fait, je suis au poste de police de Rose Hill et j'ai de mauvaises nouvelles… Euh, oui — de mauvaises nouvelles. Nick et Kendall sont…

On pense qu'ils ont été kidnappés. Oui, oui, c'est ça. Nick a été enlevé au stade. Peu de temps après ton départ. Et Kendall a été enlevée dans sa chambre.

Rachel fit une pause et écouta un moment.

— Maman était dans le salon et elle n'a rien entendu.

Elle regarda autour d'elle, croisa le regard de Cam et attendit que Ted eût fini de crier à l'autre bout du fil. Finalement, elle l'interrompit.

— Ted, je suis au poste de police. Pete dirige les recherches. On est pratiquement sûrs que c'est Monk Tyson qui détient les enfants. Oui, il... Ecoute, Ted, tu n'as qu'à venir ici et tu auras des réponses... Pour autant qu'il y en ait.

Elle raccrocha et regarda Cam.

— Bon, il arrive.

Cam voulait à tout prix faire disparaître ce désarroi inexprimable au fond de son regard, mais seul le retour de ses enfants en aurait le pouvoir.

— Je vais te chercher quelque chose à boire.

A cet instant, Angela apparut sur le pas de la porte.

— Commissaire, le 4x4 de Tyson a été aperçu au centre commercial par l'unité 5. On sait qu'il n'est pas à l'intérieur. On dirait qu'il a abandonné le véhicule.

— Merde !

Pete alla se poster derrière la fenêtre pour réfléchir.

— Et où en est-on avec la camionnette ? demanda-t-il.

— Aucun signe pour l'instant, répondit Angela. Nous avons lancé un avis de recherche pour les enfants, ajouta-t-elle en regardant Rachel avec compassion. Si toute la ville ouvre les yeux et les oreilles, ce sera toujours ça.

Elle gratifia Cam d'un petit sourire fugitif et repartit à l'accueil.

— Le 4x4 appartient au lycée, déclara Rachel. Je ne sais même pas si Monk a une voiture à lui.

Elle gagna la salle de repos avec Cam.

— Comment Dinah s'en sort-elle ? demanda Cam en se servant du café dans une tasse en plastique.

— Elle est effondrée, bien sûr. Elle se sent coupable. Grâce à Dieu, Marta est avec elle !

— C'était un enlèvement bien organisé, Rachel. Nous avons tous été bernés.

— Je sais, mais avec le recul, c'est dur de voir à quel point il a été facile à Monk de nous manipuler.

Elle prit le café qu'il lui offrait. Il lui en faudrait probablement des litres pour tenir le coup jusqu'au matin.

— Rachel !

La jeune femme respira à fond et se retourna vers Ted qui arrivait vers eux au pas de course.

— Qu'est-ce qui se passe ? lança-t-il. Qu'est-ce que c'est que cette histoire ?

— Nick et Kendall ont disparu, expliqua Rachel.

Pete s'avança en leur adressant des gestes d'apaisement.

— Ted, je suis désolé de te revoir en pareille circonstance, dit-il. Viens dans mon bureau et je te donnerai toutes les informations. Nous ne disposons pour le moment que de données assez sommaires, mais il semble que Nick ait pointé du doigt une organisation criminelle et que l'on ait utilisé Kendall afin de faire pression sur lui.

Ted jeta à Cam un regard oblique, puis regarda Pete.

— Je viens juste de voir Nick, au stade. Il faisait des signes à une fille pendant que je lui parlais. Il est peut-être avec elle ?

— Il n'est pas avec une fille, affirma Rachel qui

commençait à souffrir de migraine. Et je te rappelle que Kendall a disparu, elle aussi.

— Allons en discuter dans mon bureau, répéta fermement Pete.

Ted hésita puis obtempéra. Sur le pas de la porte, il se retourna vers Rachel.

— Tu viens ? lui demanda-t-il.

Elle acquiesça, serra légèrement la main de Cam et entra dans le bureau avec Ted.

29.

Le chalet surgit soudain de nulle part après une demi-heure de trajet sur une route sinueuse bordée de sous-bois que Nick ne reconnut pas. Il resta assis, regardant droit devant lui, alors que Monk Tyson sortait et faisait le tour de la jeep.

— Bienvenue à la maison ! dit-il en ouvrant la portière d'un geste brusque.

Arraché de sa place et poussé vers les marches du chalet, Nick n'eut pas même le temps de s'orienter.

Il avait passé l'essentiel du trajet à se demander s'il avait été stupide de céder au chantage de Monk. L'entraîneur ne lui avait rien montré de plus que les tennis de Kendy pour prouver qu'il la détenait. Et si c'était vrai, tout Rose Hill devait être à sa recherche. Quant à Rachel, il ne voulait pas imaginer dans quel état elle se trouvait actuellement. Il espérait seulement que Cam et Pete allaient venir à leur secours.

Monk ouvrit la porte d'un grand coup de pied, et envoya Nick voler à l'intérieur. Le garçon faillit atterrir la tête la première sur le sol. Il reconnut aussitôt le T-shirt au cochon en Harley. Ce type n'avait donc rien d'autre à se mettre ? Son comparse, lui, s'était changé, mais c'était bien le même individu.

— Salut, les mecs ! leur dit-il.

Presque aussitôt, il aperçut Kendy dans un coin de la pièce.

Elle était assise sur une chaise et ses pieds ne touchaient pas tout à fait le sol.

Par quel miracle portait-elle les tennis que Monk venait de lui montrer ? A première vue, Kendy ne semblait pas avoir été frappée. Et elle avait son putain d'appareil photo autour du cou. Incroyable ! L'avaient-ils laissée prendre des photos ? Si c'était le cas, ça voulait dire qu'ils s'en moquaient éperdument parce qu'ils savaient qu'elle ne sortirait pas vivante de ce chalet…

Nick réprima un frisson.

— Kendy, ça va ?

— Ils m'ont fait asseoir ici, Nick, dit-elle sur son ton de dénonciatrice. Ils ne veulent pas que j'aille où je veux. Je leur ai dit que je ne pouvais rien faire de grave à tourner en rond dans ce maudit chalet, mais ils sont méchants. Et il n'y a pas d'eau en bouteille.

Harley leva les yeux au ciel.

— Je t'ai donné de l'eau, princesse ! Je t'ai laissée aller aux toilettes, je t'ai même permis de jouer avec ma Game Boy ! Arrête de te plaindre.

— Tu ne m'as pas laissée jouer avec ta Game Boy. Tu ne savais pas comment faire et je t'ai montré — nuance !

Harley regarda Tyson.

— C'est une plaie, coach. Tu peux la prendre. Où est notre pognon ?

Avant que Tyson ait répondu, Kendall déclara :

— Il faut que j'aille aux toilettes.

— Encore ? hurla Harley.

Kendall regarda Nick.

— Nick, dis-leur de me laisser aller aux toilettes.

Nick, qui avait les mains attachées devant lui, se tourna vers les deux acolytes.

— Je l'emmène, dit-il. Où c'est ?

— C'est la porte, là-bas, dit Kendall en pointant le doigt vers le fond de la pièce.

— Vos gueules ! hurla Tyson. Vous me rendez dingue, tous autant que vous êtes.

— On veut notre fric, répéta Harley.

Tyson l'ignora.

— Emmène la petite aux toilettes et laisse-la dedans. Vous deux, sortez et attendez-moi sous le porche. Toi, Nick, assieds-toi !

— C'est moi qui emmène ma sœur aux toilettes, répéta Nick, têtu. Elle a peur. Je ferai ce que vous voulez mais pas avant d'avoir vérifié qu'elle va bien.

Un instant, Tyson sembla vouloir étrangler Nick, mais il se calma et, d'un mouvement du menton, lui désigna les toilettes.

— Va avec elle et fais vite.

Aussitôt, Nick s'approcha de Kendy. Il était manifestement inutile de demander à Tyson de lui retirer le Scotch qui liait ses poignets.

Kendy quitta la chaise et le guida de manière à pouvoir lui ouvrir la porte des toilettes qui n'était pas équipée de verrou.

— Ça va, Kendy ?

— Oui. Quand est-ce qu'on va venir nous sauver ?

Nick fut soulagé de voir qu'elle n'utilisait pas les toilettes. Au lieu de cela, elle rabattit le couvercle et grimpa dessus de manière à inspecter la petite fenêtre qui se trouvait au-dessus.

— Je ne sais pas, répondit-il. Il va falloir trouver un moyen de s'enfuir par nous-mêmes… Qu'est-ce que tu fabriques ?

— J'essaie d'ouvrir la fenêtre, andouille !

Elle tenait un stylo bille dans la main, et tentait de le glisser entre le cadre et la fenêtre.

— J'ai presque réussi mais ils ne me laissent jamais assez de temps.

Nick examina à son tour la fenêtre. Si Kendy parvenait à l'ouvrir, elle pourrait sortir, mais pas lui.

— Où as-tu trouvé ce stylo ?

— Il était dans mon sac à dos. Ils l'ont pris en même temps que moi quand ils m'ont enlevée. Ils ne sont pas très futés.

— Laisse-moi essayer.

Il prit le stylo et creusa l'embrasure. La fenêtre était bloquée par la peinture, mais il fut surpris de voir à quel point elle avait avancé.

Ils sautèrent tous les deux par terre deux minutes plus tard, quand Monk frappa du poing contre la porte.

— Sors de là, Nick !

Nick tira rapidement la chasse d'eau, comme si Kendy avait utilisé les toilettes, et glissa le stylo dans le réservoir. Quand Tyson ouvrit la porte, ils le regardèrent tous les deux d'un air innocent.

— Reste là, petite ! ordonna-t-il à Kendy.

Il tira Nick hors des toilettes et claqua la porte sur elle.

— Assieds-toi : on doit parler !

Nick obtempéra en le regardant prudemment du coin de l'œil. Tyson avait un tempérament féroce ; il ne fallait rien faire qui pût déclencher sa fureur. Au lycée, il devait se contrôler. Mais ici, on pouvait s'attendre à tout.

L'entraîneur tira une chaise et s'assit près de lui.

— Tout d'abord, Nick, j'ai une question à te poser : où es-tu allé pêcher l'idée que j'ai tué Jack Ford ?

Quand Rachel et Ted furent entrés dans le bureau de Pete, Cam resta seul à attendre, frustré et de plus en plus anxieux. A l'accueil, Angela et deux flics en uniforme réceptionnaient les appels à mesure que la nouvelle de l'implication de l'entraîneur Tyson dans l'enlèvement des deux enfants commençait à se répandre.

En arpentant le hall, Cam vit un adolescent gravir les marches de l'entrée quatre à quatre. Dès qu'il l'eut reconnu, il lui ouvrit la porte.

— Ward, qu'est-ce…

— Cam, est-ce que c'est vrai ? Est-ce que Kendy a été kidnappée ?

— C'est plus que probable, Ward. Tu…

— Et Nick aussi, c'est vrai ? Je sais qu'il devait partir avec Kristin après le match, mais il n'est pas venu.

Le visage de Ward était blême, et il était hors d'haleine.

— Nick n'aurait pas planté Kristin comme ça. Et je crois savoir pourquoi il l'a fait.

Au bureau d'accueil, Angela et les deux policiers tentaient de répondre aux appels qui affluaient. Les lumières sur le standard clignotaient constamment. Un journaliste du quotidien local essayait de pénétrer dans le bureau de Pete. Cam posa une main sur l'épaule de Ward et le guida vers la sortie.

— Allons marcher. C'est le chaos, ici.

— Que font les flics pour le retrouver ? demanda Ward dès qu'ils furent dehors.

— Ils ont lancé un avis de recherche. Ils ont découvert le 4x4, mais Tyson reste introuvable. Ils cherchent aussi deux anciens joueurs qui pourraient leur être utiles.

— Cam, si Nick a disparu… et Kendy aussi… je sais pourquoi, dit le garçon en plongeant les mains dans ses poches. Et c'est ma faute.

— C'est la faute de Tyson, Ward, pas la tienne.

— Ouais ! N'empêche que Nick a essayé de me faire

dire ce que Tyson me faisait subir et que je n'ai rien voulu entendre. Si j'avais fait ce qu'il fallait, ça ne serait pas arrivé. Le problème, c'est que l'entraîneur sait que Nick a le cran de tout dire. Et s'il le fait, Tyson se fera virer de Rose Hill. C'est pour ça qu'il l'a emmené : pour le faire taire.

— Tu n'es pas le seul qui aurait pu parler de Tyson durant ces cinq dernières années, Ward. Beaucoup de gens sont à blâmer.

Ils s'arrêtèrent à un passage pour piétons et attendirent que le feu passe au vert.

— La seule chose à faire, reprit Cam, c'est trouver l'endroit où Tyson détient Nick et Kendall. Le commissaire n'a pas beaucoup d'indices, pour l'instant.

Ward leva la main et fit signe à un groupe de jeunes qui passaient dans une Ford Mustang.

— Est-ce que quelqu'un a parlé à Jason Pate ? demanda-t-il. Il sait peut-être quelque chose.

— On a du mal à trouver Jason, répondit laconiquement Cam. Mais la police le cherche.

Ward avançait, les yeux baissés.

— Il y a deux ou trois endroits où il aime aller traîner. Ça vaudrait le coup d'aller voir, dit-il en regardant l'horloge sur la façade d'une banque. Il a toujours une bonne heure d'avance : il faudra d'abord le dessoûler si on le trouve.

— Tu crois qu'il est en train de picoler quelque part ?

Ward haussa les épaules.

— De picoler ou de se défoncer.

Cam et Ward tournèrent à un coin de rue, et revinrent au moment où Rachel sortait du commissariat. Cam la vit examiner le trottoir, l'air anxieux, et il leva le bras pour attirer son attention. En le voyant, elle dévala les marches. Quand il prit ses mains dans les siennes, elles étaient glacées. Sans rien dire, elle posa sa tête contre sa poitrine. Ils restèrent un moment enlacés, essayant de se réconforter mutuellement.

Ted sortit à son tour du bâtiment, les aperçut et resta un moment immobile à les regarder, les traits figés dans une expression maussade. Puis il descendit les marches, et regagna sa Lexus garée un peu plus loin.

— Ça s'est mal passé ? demanda Cam, sondant les yeux de Rachel.

Elle haussa les épaules.

— Pas vraiment, mais enfin, ce n'était pas facile. Il accuse le coup, et comme nous tous, il enrage de se sentir impuissant.

— Il t'a donné du fil à retordre ?

Par-dessus la tête de la jeune femme, il regarda la Lexus s'éloigner.

— Il aurait bien voulu, mais je n'étais pas d'humeur à me laisser culpabiliser à propos de ce kidnapping.

Cam la fit pivoter face à lui sans lâcher sa taille.

— J'ai cru que tu étais parti. Je craignais que tu juges ta présence superflue puisque Ted était là.

Il esquissa un sourire.

— Comme si j'allais prendre mon monospace et rentrer à la maison, peut-être ?

Comme Ward était à côté d'eux, Cam ne put que serrer affectueusement la taille de Rachel.

— Je suis vraiment désolé de ce qui se passe, madame Forrester, dit Ward.

Rachel renifla et opina tant bien que mal.

— Merci, Ward.

— Ward croit connaître quelques endroits où Jason a ses habitudes, dit Cam. Je ne pense pas qu'il y ait grand-chose à faire ici. Pete suit la trace des sbires de Tyson, et il ne manque pas de personnel pour organiser les recherches. Ward et moi, nous allons nous mettre en quête de Jason. Qui sait, la chance pourrait nous sourire ?

Rachel essuya furtivement une larme sur sa joue, puis elle ajusta son sac sur son épaule.

— Je viens avec vous.

— Jack Ford ? dit Nick en prenant son air le plus innocent. Ecoutez, coach, je n'avais que dix ans quand c'est arrivé.

— Ce n'est pas la réponse que j'attendais, Nick.

Tyson avait traîné Nick jusqu'à une chaise, et l'avait obligé à s'y asseoir sans ménagement. Il enfonça cruellement les doigts dans sa cuisse.

— Ferdy m'a dit que tu savais. Je te demande qui te l'a dit.

C'était dur de réfléchir avec la cuisse en feu.

— Personne, coach. J'ai dit ça à Ferdy pour l'obliger à s'arrêter. Il a essayé de tuer le chat de ma sœur.

Nick ne put réprimer une grimace de douleur ; le boss avait une poigne de tueur.

— Vous savez qu'on n'a jamais été potes, Ferdy et moi.

Tyson relâcha sa prise, puis croisa les bras sur sa poitrine et scruta attentivement le visage de Nick.

— Je crois plutôt que tu as parlé avec Cameron Ford. Et ce type déploie une énergie incroyable pour me coller le suicide de son fils sur le dos. Tu vois, il est trop tard pour t'en tirer avec des mensonges, bonhomme.

Nick commençait à s'affoler sérieusement, mais il lutta pour garder son sang-froid. Avec les mains attachées, il n'était pas en mesure de défendre sa sœur ou de se protéger, mais ils n'arriveraient jamais à s'en sortir s'il se laissait aller. Il était maintenant trop terrifié pour prendre l'air décontracté. Se levant de sa chaise, il frotta sa cuisse de ses mains liées.

— Monk, vous savez sûrement qu'à l'heure actuelle, la population de Rose Hill est en train de nous rechercher, Kendy et moi. Vous allez avoir tout l'Etat du Texas sur le dos. Pourquoi ne pas prendre votre jeep et…

— Ça t'arrangerait, hein ?

Tyson le toisait d'un regard froid et inexpressif. Il marcha sur Nick et le fit reculer jusqu'à ce qu'il soit plaqué le dos au mur. Il le frappa alors au visage du plat de la main.

— T'es quelqu'un, tu sais ? T'es bien le fils de ta mère, hein ! Là, t'es dans la merde jusqu'au cou et te voilà qui négocies comme un de ces foutus psy !

Il abaissa le bras et se dirigea vers la fenêtre. Il faisait nuit, dehors, et il ne pouvait rien voir, jugea Nick, mais il restait planté là comme s'il apercevait quelque chose.

— Je ne suis pas un psychopathe, Nick. J'avais vraiment la belle vie, ici, et c'est toi qui as tout fait foirer. Je n'étais pas prêt à mettre la clé sous la porte mais à cause de toi, de ta fouineuse de mère et de ce bâtard de Ford, je n'ai plus le choix.

Pendant que Tyson fulminait, Nick en profita pour étudier la disposition des lieux. Une seule porte, deux fenêtres et des toilettes minuscules dont Kendy s'employait à desceller la fenêtre. Le fait que Monk n'eût fait aucun effort pour l'empêcher de voir où ils allaient n'était guère rassurant. Allait-il s'encombrer de deux enfants dans sa fuite ? Sinon, il valait mieux de pas imaginer l'alternative.

— Bon, Nick, Je vais te le demander une dernière fois, susurra Tyson avec un regard inquisiteur. Qui t'a dit ce qui était arrivé à Jack Ford ?

— Gros Lard et Le Frisé !

Le coup, d'une brutalité inouïe, tomba sur le côté de sa tête. Nick ne l'avait même pas vu venir, mais ses oreilles bourdonnèrent et il sentit le goût du sang dans sa bouche.

— Ne t'avise pas de faire encore le malin ! Alors, qui est-ce ?

— Je ne faisais pas le malin, coach, dit Nick en secouant la tête pour tenter de s'éclaircir les idées. Après que vos... potes m'ont renversé, ils m'ont fait monter dans la camionnette, et j'ai entendu l'un d'eux dire que Jack Ford avait été assassiné.

Tyson le dévisagea un long moment.

— Zig ! beugla-t-il ensuite, sans quitter le garçon des yeux.

Pas de réponse. Il gueula de nouveau, mais rien ne bougea de l'autre côté de la porte.

Retenant son souffle, Nick entendit soudain la camionnette démarrer sur les chapeaux de roues en faisant rugir le moteur. Ziggy et son comparse leur faussaient compagnie.

Cam avait vainement tenté de dissuader Rachel de les accompagner. Tout en se garant devant le bar de l'Etoile Solitaire, il maudit son tempérament obstiné. C'était un endroit paumé, à huit kilomètres de Rose Hill et hors des limites de l'agglomération. La juridiction de Pete Singletary ne s'étendait pas jusque-là, ce qui pouvait expliquer le laxisme des propriétaires à propos de la consommation d'alcool. Le parking était plein de motos. Cam hésitait à laisser Rachel dans la voiture où elle aurait été en danger. Il n'était pas trop tenté non plus de l'amener dans un repaire de motards.

La salle à peine éclairée sentait la bière, le tabac et la grillade carbonisée. Les clients, pour la plupart de gros blousons noirs barbus et chevelus, avaient l'air aussi inquiétant que leurs bécanes. Cam se rappela que Jason était un grand blond à la silhouette plutôt élancée, aux traits délicats. Le garçon devait probablement trancher dans cet univers de lourdauds. Rachel le repéra finalement à travers l'épais nuage de fumée. Il était seul au fond de l'établissement, en train de siroter sa bière.

— Ward avait raison, murmura-t-elle. Il faudra sans doute attendre qu'il dessoûle pour lui poser des questions.

Jason leva les yeux à leur approche, sans autre réaction. Quand il ouvrit la bouche, il s'adressa à Ward :

— Si Jimbo apprend que tu es venu ici, il te bottera le cul.

— Je suis avec Cam et Mme Forrester. Il faut qu'on te parle, dit Ward.

Jason les regarda tour à tour.

— De quoi voulez-vous parler ?

— De Monk Tyson.

Cam poussa Ward du coude pour le faire asseoir sur la banquette à côté de Jason, puis il s'installa en face d'eux avec Rachel.

— Nous n'avons pas de temps à perdre. Nick a disparu, ce soir, juste avant la fin du match. On pense que c'est Tyson qui l'a embarqué, mais il est introuvable pour le moment. Est-ce que tu peux nous aider ?

— Et merde !

Jason se prit la tête à deux mains.

— Tu n'as pas l'air surpris, dit Rachel.

Le jeune homme leva les yeux.

— De temps en temps, Monk est obsédé par un mec. Il a flashé sur Nick. Il l'a dans la peau. Mais il sait que pour le mettre dans son pieu, ce sera nettement moins facile qu'avec d'autres.

— Comme moi, par exemple ? suggéra Ward.

— Ou moi.

Jason leva sa chope de bière pour en commander une autre, mais Ward posa une main sur son poignet.

— Jason, si tu as une idée de l'endroit où Monk a pu emmener Nick, il faut nous le dire.

— Chaque minute compte, Jason, ajouta Rachel. Il est possible qu'il ait aussi enlevé ma fille. Et elle n'a que neuf ans.

Jason baissa la tête et se frotta les yeux avec les poignets. Sans doute était-il en train de réfléchir…

— Il y a un pavillon de chasse, dit-il finalement. C'est à quelques kilomètres d'ici, au bout d'un vieux chemin forestier. C'est plutôt isolé, ce qui explique que Monk l'apprécie. Il y va pour faire certaines choses…

Il tourna la tête, fixant une applique en forme de bois de daim.

— Il m'y emmenait assez souvent, au début.

Cam l'interrompit :

— Tu penses que tu pourrais retrouver cet endroit ?

C'était loin d'être évident, mais faute de piste valable, ils pouvaient toujours essayer.

— Oui, répondit Jason. C'est pas difficile.

Avant de prendre la route, Cam appela Pete, tandis que Jason allait chercher quelque chose dans sa voiture. Le chalet était à près d'une heure de Rose Hill, ce qui signifiait qu'ils y arriveraient bien avant les renforts que Pete leur envoyait. De son côté, Pete semblait accorder plus d'importance au signalement de deux individus non identifiés qui avaient quitté l'aérodrome de Rose Hill dans un petit avion spécialement affrété. Le mécanicien de l'aérodrome supposait que c'était le père et le fils. Il avait entendu le pilote dire qu'ils allaient à Monterrey.

Tandis que Rachel bouclait déjà sa ceinture, Cam resta dehors, indécis, à se demander si ça valait la peine de se rendre au pavillon de chasse dans la mesure où Tyson s'était peut-être déjà enfui par avion. Mais Rachel voulait agir.

— Ce type n'a mentionné aucune petite fille, dit-elle d'un air tendu. Nous sommes sur le chemin. Plutôt que de rentrer à la maison et d'attendre, les bras croisés, je préfère aller jeter un coup d'œil là-bas, Cam.

— Tu as raison. Où est Jason ?

Cam balaya du regard le parking au-delà du monospace. Il le vit enfin en train de se frayer un chemin parmi les monstrueux engins, un fusil de chasse à l'épaule.

— Nom de…

Il fit le tour du monospace pour lui prendre le fusil.

— Ce truc est chargé ?

Jason le lui tendit.

— Tyson est un enfoiré du genre vicelard. Il a le dos au mur et il ne reculera devant rien pour quitter le Texas. S'il arrivait quelque chose et qu'on ne soit pas armés, on serait vraiment dans la merde.

— Il n'y a pas une minute à perdre, Cam, dit vivement Rachel.

Pestant entre ses dents, Cam planqua le fusil sous le siège du conducteur, tandis que Jason grimpait à l'arrière à côté de Ward.

Avant de boucler sa ceinture, il se pencha en avant pour déposer les six cartouches dans le vide-poches. Puis il démarra sans un mot.

Au bout d'un instant, malgré la gravité de la situation, il ne put s'empêcher de sourire. Depuis quelque temps, son existence commençait à ressembler à ses livres.

Il était presque minuit quand Jason leur indiqua l'embranchement du chemin forestier. De profondes ornières témoignaient du passage épisodique de quelque tracteur à travers d'anciens pâturages. A moins que du bétail ne paisse encore dans ces prés, songea Cam, même s'il n'y avait aucune trace d'être vivant, hormis les nuées d'insectes nocturnes pris dans la lumière des phares.

— T'es toujours avec nous, Jason ? demanda-t-il en voyant dans son rétroviseur la tête de Jason rebondir sur sa poitrine.

— Ward, réveille-le !

— Hein ? Euh, oui !

Jason se redressa imperceptiblement en se frottant les yeux, pour se remettre presque aussitôt à piquer du nez.

— Tiens-le éveillé, Ward !

C'était la deuxième fois en moins de quatre jours qu'il servait de chauffeur à un adolescent ivre, au beau milieu de la nuit sur une route de campagne déserte, songea Cam. Il pensa au fusil sous son siège, et hocha légèrement la tête.

Rachel, crispée à son côté, se pencha soudain en avant.

— Il me semble avoir aperçu une lueur à travers ces arbres.

Cam avait vu la même chose.

Soudain, des lumières aveuglantes leur foncèrent dessus. Sans prendre le temps de réfléchir, Cam se déporta brusquement vers la droite pour éviter la collision en sortant du chemin. Le véhicule les croisa en trombe, secouant le monospace comme un drapeau dans la tempête.

— Mon Dieu ! murmura Rachel, cramponnée au tableau de bord.

— Mince ! lança Ward en scrutant l'obscurité. C'est une camionnette, mais…

— C'était le camion de Ziggy, dit Jason, tout à fait réveillé, à présent.

Ils s'étaient tous les deux retournés, l'air inquiet.

Cam passa la marche arrière et manœuvra pour remonter sur le chemin. Mais au lieu de continuer en direction du pavillon de chasse, il resta à l'arrêt, laissant tourner le moteur au ralenti.

— Pourquoi quelqu'un quitterait-il le pavillon au beau milieu de la nuit ?

— Et pourquoi Ziggy était-il au chalet, cette nuit ? demanda Jason.

— Si c'est lui qui a enlevé Kendy, elle est peut-être au pavillon.

Rachel se demanda si c'était bon signe ou non.

Ward reprit sa position initiale.

— On a bien fait de prendre ce fusil, après tout.

Cam tendit son portable à Rachel.

— Appelle Pete et raconte-lui ce qui vient de se passer. Dis-lui de lancer des flics aux trousses de Ziegler.

— N'approchez pas du pavillon ! ordonna Pete dès qu'elle l'eut mis au courant. Dis à Cam d'attendre les renforts. Vous ne savez pas qui est là-bas. J'envoie une autre unité.

— Et si Kendy y était, Pete ?

Le portable collé à l'oreille, Rachel regardait fixement dehors, dans l'obscurité.

— Qu'est-ce que les sbires de Tyson pouvaient bien faire là-bas, sinon exécuter ses ordres ? Mes deux enfants sont peut-être sur place, à sa merci. Tes hommes mettront au moins une heure pour venir jusqu'ici. Il peut arriver trop de choses pendant ce laps de temps. Inutile d'attendre, Pete.

Pete garda un moment le silence, puis soupira.

— Dis à Cam d'être prudent.

En découvrant que ses sbires avaient pris le large, Tyson resta estomaqué une fraction de seconde. Puis, fou de rage, il attrapa Nick, le traîna à travers la pièce, ouvrit la porte des toilettes à la volée et le jeta à l'intérieur avec Kendall.

— Vous deux, restez là-dedans !

Pas vraiment le choix, pensa Nick en serrant l'épaule de Kendy de ses mains ligotées. Il faisait complètement noir là-dedans. Elle avait dû éteindre la lumière pour ne pas être surprise en train de forcer la fenêtre.

— Ça va toujours ? lui demanda-t-il.

— Hm, hm ! Et j'ai presque réussi à ouvrir la fenêtre.

Sans perdre un instant, il commença par passer son doigt le long de l'embrasure pour voir où elle en était.

— Kendy, lui dit-il, on n'a pas beaucoup de temps, alors je vais être bref. Quand on aura réussi à ouvrir ce truc, je te pousserai dehors et tu tomberas par terre. Mais ne t'enfonce pas trop dans les bois, sinon ce sera difficile de te retrouver quand les secours arriveront.

— J'ai déjà pensé à ça, dit-elle. Et je vais aussi me servir du stylo pour te libérer de ce Scotch.

— Pas avant d'avoir ouvert cette fenêtre, dit-il. On ferait mieux de laisser la lumière éteinte pour qu'il ne nous voie pas s'il fait le tour.

Il reprit le travail où elle l'avait laissé.

Tandis qu'il creusait avec le stylo, ils entendaient Tyson jurer dans la pièce voisine. Le fait que Ziggy et Jay lui aient faussé compagnie le mettait dans une rage folle, sans que Nick sache exactement pourquoi. Etait-ce parce qu'il allait être obligé de faire le sale travail lui-même, cette fois ? Le travail qui consistait à les éliminer, sa sœur et lui…

Tant que Tyson était occupé à tout casser dans son accès de folie, Nick en profita pour finir de forcer la fenêtre. Il n'aimait pas être enfermé dans une boîte à sardines, mais c'était mieux que d'être dehors avec le boss et de subir son humeur féroce — ou ses perversions maladives.

— Ça y est ! annonça-t-il.

Il fit tomber le stylo en voulant le rendre à Kendall.

— Perce quelques trous dans ce Scotch si tu peux, dit-il en lui tendant ses poignets. Aïe !

— Pardon, Nick.

Le premier coup avait failli lui percer une veine, mais il ne bougea pas un muscle pendant qu'elle recommençait. Dès qu'elle eut fait suffisamment de trous pour qu'il puisse se détacher, il lui dit de grimper sur le siège des toilettes, et il la souleva jusqu'à ce que son buste passe dans l'ouverture.

— C'est bon, chuchota-t-il.

— Hm, hm !

— Et surtout, ne t'éloigne pas trop, Kendy !

— Salut, Nick.

Sur ces mots, elle disparut.

Cinq cents mètres avant d'atteindre le pavillon — d'après les indications de Jason —, Cam éteignit les phares du monospace. Il roula encore un peu, puis arrêta la voiture et recommanda à ses passagers de ne pas bouger.

— Je vais m'approcher suffisamment pour voir s'il y a quelqu'un à l'intérieur.

— Et ensuite ? demanda Rachel.

— Je n'en sais trop rien, avoua-t-il.

Jason mit sa casquette de base-ball sur sa tête et déclara sur un ton résolu :

— Je connais les lieux, Cam. Je sais où l'entraîneur gare sa jeep quand il vient ici. En plus, vous pourriez avoir besoin d'aide.

Rachel avait l'air inquiet.

— Je ne pense pas…

— Jason, coupa Cam. Tu as bu. Tu dois rester ici, dit-il fermement, la main sur la poignée de la portière.

— Je n'ai pas bu, moi, dit Ward, alors je peux venir avec vous.

— Pour que je me fasse botter le train par Jimbo ? répliqua Cam en ouvrant la portière sans faire de bruit. Il n'en est pas question.

— Il a raison ! lança Rachel avec sévérité.

— Nick est mon meilleur ami, plaida Ward. Je lui dois bien ça. Si j'étais dans la merde, jamais il ne resterait assis dans la voiture pendant que quelqu'un d'autre ferait tout le boulot.

— On perd du temps, dit Cam. Tout le monde reste ici le temps que j'inspecte les environs. Ce n'est pas une partie de base-ball. Et quand je sortirai, pas un mot. Les voix portent loin dans la forêt, surtout par une nuit tranquille.

— Prenez le fusil, lui dit Jason.

— J'en avais l'intention.

L'air décidé, Cam sortit discrètement du monospace, attrapa le fusil sous le siège et glissa dans sa poche les cartouches que lui tendait Jason. Il profita du fait que le plafonnier était allumé pour regarder le type de fusil qu'il tenait.

— C'est un Remington calibre douze, lui dit Jason.

— S'il te plaît, sois prudent, Cam ! dit Rachel.

— Promis.

Cam referma sa portière, tapa deux fois sur le toit, puis s'enfonça dans l'ombre de la forêt et disparut aussitôt.

Durant les minutes qui suivirent, on aurait pu entendre voler une mouche dans l'habitacle. Rachel avait envie de laisser les garçons et d'aller rejoindre Cam, mais c'était tout simplement trop risqué. Elle jeta un œil vers Jason et Ward juste à temps pour intercepter un échange de regards entendus entre eux. Comme s'ils s'étaient concertés, ils ouvrirent chacun leur portière et se retrouvèrent dehors avant qu'elle ait le temps de les arrêter.

Rachel jura silencieusement et les suivit. Elle les rattrapa dix mètres plus loin.

— Si je vous donne l'ordre de retourner à la voiture, vous ne m'obéirez pas, je suppose ?

— Non, madame, chuchota Jason. Et il ne faut plus parler, sinon Cam va nous entendre. Du coup, il pourrait laisser tomber son plan, alors silence.

— D'autre part, dit Ward, je ne veux pas être pris pour un ours.

Nick estima qu'il était enfermé dans les toilettes depuis environ vingt minutes ; il en avait passé dix à faire sortir sa sœur et deux autres à finir de libérer ses mains. Les bruits à l'intérieur du chalet s'étaient arrêtés depuis un moment, et il se demandait ce que faisait Tyson. Il fallait espérer que Kendy se cacherait bien s'il était dehors…

Debout sur le réservoir des toilettes, il examina l'extérieur. Il fronça les sourcils et s'efforça de mieux voir, pensant avoir discerné un mouvement dans la clairière. L'ombre semblait trop grande pour être celle de Kendall. Il s'apprêtait à faire un signe quand il entendit Tyson revenir dans la pièce à côté.

Presque malade de dépit, il descendit en vitesse des toilettes et fut projeté en arrière quand Tyson ouvrit en coup de vent. Il tenait sa ceinture à la main, et la faisait glisser doucement sur sa paume.

— Déshabille-toi !

Nick mit un moment à réagir. Il pensa que la technique de ce malade manquait un peu de romantisme. Il portait encore sa tenue de base-ball, et il se demanda si ça l'excitait particulièrement…

A ce moment-là, Tyson s'aperçut soudain que Kendy s'était échappée.

— Où est la morveuse ?

Aucune réponse n'était nécessaire. D'un coup d'œil, Tyson vit la fenêtre forcée et les mains libres de Nick. Il lâcha une série d'insanités vraiment impressionnante. Nick saisit l'opportunité pour se ruer vers la porte, priant pour que Tyson ait oublié de la fermer en revenant.

Il n'eut pas cette chance.

Dépourvu de toute contrainte, Tyson était comme un volcan en éruption. Il attrapa Nick violemment, déchirant sa chemise et lui bloquant un bras en travers de la gorge. Nick, qui se débattait sauvagement pour respirer, pensa qu'il allait mourir. Sa vue se brouilla et il se sentit défaillir…

Tyson le lâcha soudain et le jeta sur le lit. A l'aide de sa ceinture, il fit ensuite un nœud coulant autour du montant métallique de la tête de lit, et emprisonna les deux poignets du garçon. Nick se retrouvait encore les mains liées, attachées au-dessus de la tête, cette fois. Si c'était un genre de jeu érotique, il ne trouvait rien d'amusant là-dedans.

Il fut surpris d'éprouver plus de rage encore que de terreur. Tyson voulait jouer avec ses victimes comme avec des poissons au bout d'une ligne. C'était de la démence pure. La majeure partie de l'excitation perverse qu'il ressentait venait probablement du fait que la peur les paralysait et qu'ils ne pouvaient pas s'échapper. Nick essaya de ne pas montrer qu'il avait peur, mais il mourait de trouille, bien qu'il fût certain que les secours allaient arriver.

— Reste ici et ferme-la ! lui ordonna Tyson. T'as fait sortir ta sœur, mais toi, tu m'appartiens, petit enfoiré. Il y a quelqu'un dehors, mais ça n'arrangera pas tes affaires.

Nick s'aperçut alors que Monk avait un fusil.

Cam arrivait en vue du pavillon de chasse quand il trouva la jeep garée dans un fourré. S'il n'était pas encore certain que Tyson était là, il en eut la confirmation en le voyant rôder sur le terrain qui entourait le bâtiment. Cam se retira dans l'ombre et attendit un bon quart d'heure pour lui laisser le temps de regagner le chalet. Quand il décida enfin qu'il pouvait s'approcher sans prendre trop de risques, il entendit des voix. D'abord celle de Tyson, puis celle de Nick. Il respira, profondément soulagé. Nick était en vie, mais qu'avait-il fait de Kendy ?

Il ne restait plus, à présent, qu'à les sortir de là. Pas moyen de savoir si Tyson avait une arme, mais d'après le mode de vie qu'il avait choisi, c'était plus que probable.

Le fait que Jason eût une arme à feu dans sa voiture intriguait Cam. Il n'était pas inhabituel au Texas qu'un garçon commence à chasser très jeune, mais de là à posséder un fusil aussi facilement qu'un portable, il y avait un pas. Cam ne pouvait s'empêcher d'y voir un lien avec les abus que Tyson lui avait fait subir. Mais en l'occurrence, il se félicitait de l'avoir avec lui.

Il commença à se diriger vers le pavillon, avançant avec précaution. Il aurait été plus prudent d'attendre les renforts de police, mais d'un autre côté, Cam ne voulait pas laisser à Tyson le temps de s'en prendre à Nick.

Alors qu'il s'arrêtait, réfléchissant à ce qu'il allait faire, il entendit un craquement derrière lui. Il eut à peine le temps d'amorcer une volte-face avant que le canon d'une arme s'enfonce dans ses côtes.

— Pose ton fusil sur le sol ! gronda Tyson, derrière lui. Et fais-le doucement.

Cam hésita, et Tyson lui laboura brutalement le dos du bout de son flingue.

— Dépêche-toi ! Si tu m'obliges à te tuer, je te rappelle que Nicky sera entre mes mains !

— Où est Kendall ?

— Dans les bois, à la merci des ours.

Cam sentit une rage folle monter en lui. Tyson aurait-il supprimé la petite qui ne lui servait plus à rien ? Mais un second coup dans les reins lui fit plier les genoux, et il posa le fusil hors de portée de Tyson. Pour le prendre, il aurait dû faire un grand pas de côté.

— Est-ce que Nick est sain et sauf ?

— Si on rentrait pour vérifier ça ? Les mains en l'air !

Cam obtempéra et scruta les bois dans l'espoir de voir les renforts arriver. Mais on n'entendait que les bruits de la nuit et le sifflement d'un train dans le lointain.

Tyson le fit avancer d'une violente poussée.

— C'est stupide d'être venu ici tout seul, Ford. Je te croyais plus intelligent que ça.

— Je ne suis pas seul. Singletary a placé une voiture de flics sur la route, en attendant des renforts.

Tyson s'esclaffa.

— Ça m'étonnerait ! Le commissaire n'aurait pas laissé un civil s'aventurer jusqu'ici tout seul pendant que ses hommes auraient attendu tranquillement dans leur bagnole. Et s'il y avait quelqu'un avec toi, je l'aurais déjà déniché ! Alors, je te propose une petite fiesta à trois, avec Nick. Je suis sûr que ça va te plaire.

— Coach !

C'était la voix de Jason.

— Lâche ce fusil !

Tyson se figea.

— Qui est-ce ? Jason ? Qu'est-ce que tu fais ici, espèce de petit merdeux ?

« Oh, non ! », gémit Cam intérieurement.

— T'es soûl, Jason ? reprit Monk.

— Pas assez pour manquer ma cible, fils de pute ! Cam, bouge de là pour ne pas être blessé.

— S'il bouge, siffla Tyson en brandissant sa carabine de façon menaçante, je lui fais exploser la colonne vertébrale.

Cam garda les mains levées, mais tourna la tête pour voir Jason.

— Ne fais rien que tu pourrais regretter, Jason ! Attends Singletary. C'est à la police de régler ça.

— Ouais, Jace ! dit Tyson sur un ton apaisant. Calme-toi : on va discuter tranquillement.

— Parler, c'est pas une mauvaise idée, coach, dit Jason. Commençons par Jack Ford.

— C'est une vieille histoire, Jace, dit Tyson. Depuis, l'eau a coulé sous les ponts, mon garçon.

— Pas pour M. Ford ni pour tous ceux qui savent ce que tu as fait.

— Je lui ai donné une place de choix dans l'équipe, dit Tyson avec impatience. Il est tombé dans la drogue et il a mal tourné. Et tu sais quoi, Jason ? Tu devrais faire gaffe avec la dope : tu pourrais finir comme Jack.

— A condition que tu trouves le moyen de maquiller mon meurtre en suicide, répliqua Jason d'une voix amère. C'est ce qui s'est passé, et maintenant tout le monde le sait, Monk. Tu as dit à Ziggy et Jay de le faire et ils l'ont fait. Ils ont versé quelque chose dans son verre pour l'endormir, et ensuite ils l'ont pendu. Et dès que j'en aurai fini avec toi, ce sera leur tour.

Il essuya ses yeux à sa manche, faisant dévier le fusil ; mais il réajusta rapidement.

— T'as foutu en l'air suffisamment de gens, Monk, et ce soir, tu vas mourir.

— Je t'aime, Jace, dit Monk d'un ton plaintif. Tu le sais bien !

— Jason, donne-moi ce fusil !

Le cœur de Cam cessa de battre au son de cette voix calme. Rachel ! Pourquoi n'était-elle pas restée dans la voiture, bon sang ?

— Tue-le, Jace ! Appuie sur la détente et tue-le !

C'était Ward qui l'incitait à tirer d'une voix chargée d'amertume. Cam leva les yeux au ciel, priant pour que les hommes de Pete arrivent vite.

— Qui c'est ? demanda Monk, presque souriant. Ward, mon bébé, c'est toi ?

— Bouge pas, ordure ! cria Jason. Je le pense vraiment.

— Jason, reprit Rachel. S'il te plaît, ne fais pas ça ! Ne lui donne pas la satisfaction de détruire ta vie. C'est ce qui arrivera si tu le tues. Ta vie pour la sienne... Il n'en vaut pas la peine.

— Vous ne savez pas ce qu'il a fait, madame Forrester ! répliqua Jason d'une voix tremblante. Vous ne savez pas comment il détruit les gens ! Ce type est une merde : il ne mérite pas de vivre. Le monde sera meilleur quand il sera mort.

« Bien, Rachel, fais-le parler ! », songea Cam en tendant l'oreille pour entendre le son des sirènes de police. Dans quelques minutes, il serait peut-être trop tard.

Rachel n'était pas encore assez près pour toucher Jason. Elle fit un seul pas vers lui pour ne pas le pousser trop loin, trop vite. Elle pouvait ressentir l'émotion qui le submergeait, et elle avait mal au cœur pour lui. C'était un garçon sensible et attentionné qui se débattait avec la haine qu'il éprouvait pour un homme dépourvu de ces deux qualités.

— Jason, pense à ta mère. A ta sœur.

Elle fit encore un pas vers lui, et ajouta :

— Elles ont besoin de toi. Elles t'aiment.

Les larmes inondaient maintenant son visage.

— Elles ne m'aimeraient plus si elles savaient ce que j'ai fait, dit-il.

— Ce n'est pas toi le coupable ici, Jason. S'il te plaît, donne-moi ce fusil. Si tu le fais, Monk sera puni comme il le mérite.

Elle tenta de lui toucher l'épaule, et sentit la tension vibrer en lui comme une charge électrique.

Tyson se mit à rire — un petit ricanement moqueur et sans conviction.

— Tu peux pas le faire, hein, Jace ? T'as pas les couilles !

Soudain, Jason ouvrit la bouche et évacua toute sa rage dans un long hurlement de souffrance. L'écho se répercuta dans les arbres et loin dans le ciel nocturne. C'était un désespoir incommensurable, un chagrin sans rémission. Ebranlée, Rachel tendit une main tremblante vers le fusil, mais il l'éloigna d'un grand geste du bras, et elle cria :

— Nooon !...

Pan ! Le coup partit dans le mur juste à droite de Tyson, lequel plongea, terrorisé, en bas des marches, et essaya de s'enfuir à quatre pattes.

Réalisant que Jason n'avait pas l'intention de tirer sur quelqu'un, Cam bondit sur le garçon et lui arracha le fusil des mains.

Dans la confusion de la détonation, Tyson avait lâché sa carabine, mais il revint en courant pour la ramasser.

— Ne... fais... pas... ça ! martela Cam comme il se baissait pour la reprendre. Ne m'oblige pas à te tuer ! ajouta-t-il en le mettant en joue. Je ne voulais pas que ce gamin fasse justice lui-même, mais je peux te garantir que moi, je n'hésiterai pas. Bouge un muscle avant que les renforts soient là et tu pourras dire adieu à ce monde.

Au même instant, ils entendirent le bruit des sirènes de police, au loin.

30.

Cam garda le fusil de chasse braqué sur Tyson qui restait prostré à genoux sur le sol. La police arrivait en renfort. Tandis que les gyrophares balayaient les arbres de grands faisceaux lumineux, Rachel tenait toujours Jason par l'épaule, le sentant frémir imperceptiblement contre elle. Mais il était calme, à présent, et dardait sur Monk un regard glacial. Cette explosion de rage lui avait peut-être permis d'exorciser ses démons, songea-t-elle en écoutant les portières claquer derrière eux. Ward se tenait également auprès d'elle, aussi impassible que Jason.

En découvrant la scène, les policiers dégainèrent immédiatement leurs armes. Le premier s'approcha prudemment de Cam pendant que l'autre le couvrait.

— C'est bon, monsieur Ford, dit le moins jeune des deux. On le tient. Reculez tranquillement et posez votre arme par terre.

Cam s'exécuta sans hâte, le regard toujours rivé sur Tyson. Rachel attendit impatiemment qu'un policier eut passé les menottes au malfaiteur après l'avoir fait tomber sur le côté.

— Où sont mes enfants ? lui demanda-t-elle en le regardant droit dans les yeux.

— J'suis là, maman.

Kendall jaillit comme une flèche d'un coin du pavillon et se jeta à son cou. Rachel la prit dans ses bras avec un sanglot étouffé et la serra contre elle de toutes ses forces, les jambes flageolantes. Pendant quelques secondes, elle resta immobile à respirer l'odeur de sa petite fille et à savourer la chaleur de son corps. Dieu merci, elle était saine et sauve ; à présent, si seulement Nick…

— Nick est ligoté dans le pavillon, dit Kendy. Il faut aller le délivrer.

Cam était déjà aux prises avec les sangles qui le maintenaient attaché au lit.

— Qu'est-ce qui vous a retenus ? lui demanda Nick en secouant les mains pour rétablir la circulation dans ses doigts.

Cam l'examina un moment pour s'assurer qu'il n'avait rien puis le prit dans ses bras avec un juron étouffé et le serra farouchement contre lui. Nick le serra tout aussi fort avec un rire mal assuré qui s'acheva en sanglot.

— Ne le répète à personne, chuchota-t-il, le nez dans la chemise de Cam, mais j'ai eu la trouille de ma vie.

Cam le lâcha et ne put s'empêcher de lui ébouriffer les cheveux. Puis il l'attrapa par le cou, feignant de l'étrangler.

— Ce sera notre secret. Mais ici, au moins, tu ne risquais pas de prendre un coup de carabine.

— J'ai tout entendu et ça m'a drôlement foutu les jetons quand Jason a failli le tuer. Je disais tout bas « fais pas ça, mec, même si c'est le moyen de résoudre d'un coup la question de l'entraînement au lycée ». Et puis maman a commencé à lui faire son numéro de psy. (Il secoua la tête en souriant d'un air admiratif.) Fallait un drôle de cran pour faire ça, hein, quand même ?

— Tu l'as dit.

— Nick ! (Rachel, sur le pas de la porte, contempla avec émerveillement son fiston presque adulte et surtout, bien en vie.) Tu n'as rien ?

Il écarta les deux mains pour lui permettre d'en juger par elle-même.

— A part un survêt qui est bon pour la poubelle, tout baigne.

Il vit ses yeux se remplir de larmes. Merde, elle allait le faire chialer ! Elle se précipita vers lui, le prit dans ses bras et l'embrassa comme il ne se laissait plus embrasser depuis l'âge de cinq ans, au moins. Mais c'était bon.

— Il t'a fait du mal, Nick ? demanda Cam.

— Non ; c'est pas faute d'avoir voulu mais Gros Lard et Le Frisé ont fait foirer son plan.

— Ouais, on les a croisés en venant ici — ils roulaient comme des dingues.

Kendy s'interposa.

— C'était Ziggy et Jay, dit-elle avec une grimace comique. Ils s'appellent comme ça. (Elle posa la main sur le tout petit appareil photo caché dans une pochette sous sa ceinture.) J'ai tiré leur portrait et ils s'en sont même pas aperçus. Y disent des gros mots et y sont pas très futés.

Cam lui ébouriffa les cheveux.

— Tu as raison, choupinette.

— Ils ont parlé de Jack, dit-elle innocemment.

Cam la regarda.

— Vraiment ? Tu te souviens de ce qu'ils ont dit ?

Elle opina avec assurance.

— Y zavaient peur d'avoir des problèmes avec la police à cause de ce qui est arrivé à Jack.

— Je parie que c'est Jay qui a dit ça, hein, Kendy ? lui demanda Nick. (Comme elle opinait, il ajouta :) C'est le grand débile ; il avait déjà lâché le nom de Jack quand ils voulaient m'obliger à la boucler. Sinon, je risquais de finir comme Jack Ford, qu'il avait dit.

Remarquant l'expression tourmentée de Cam, Rachel posa une main sur son bras. Il ne s'était pas trompé en répétant obstinément que son fils n'avait pas attenté à ses jours mais la confirmation de ses doutes n'était pas d'un grand réconfort.

Un brouhaha, dehors, et d'autres gyrophares leur indiquèrent que de nouveaux véhicules de police venaient d'arriver. Pete Singletary conduisait l'un des deux, avec Ted comme passager.

— Ton papa est dehors avec le commissaire, dit Rachel à Kendy en regardant par la fenêtre. Tu devrais aller le voir. Il se faisait certainement du souci. (Elle se tourna vers Nick). Toi aussi, mon chéri.

— Papa est là ? Sans blague ?

Nick se dirigea vers la porte.

— Evidemment, Nick ; il a accouru au commissariat dès qu'il a appris ce qui se passait.

— Super. Deux événements familiaux en un seul jour. C'est peut-être la crise de la cinquantaine qui commence à se tasser.

Restant au côté de Cam, Rachel vit son ex-mari soulever Kendy à bout de bras et la serrer contre lui avec émotion. Au bout d'un moment, il la posa par terre et tendit une main un peu hésitante vers Nick. Puis il lui donna l'accolade et une petite tape dans le dos. C'était à des années de lumière des effusions spontanées auxquelles s'étaient livrés Nick et Cam quelques instants plus tôt. Et malgré tout le mal qu'il leur avait fait à tous les trois, Rachel en éprouva de la peine pour lui.

Cam pensait exactement la même chose ; mais il n'avait pas pitié de Forrester au point de lui laisser reprendre Rachel et les enfants. Ted avait du pain sur la planche s'il voulait faire oublier ses torts envers eux ; dans l'intérêt des enfants, il fallait souhaiter qu'il y parviendrait. Mais Rachel, c'était une autre affaire.

Sur ces entrefaites, Pete croisa son regard et gravit les marches de l'entrée.

— En attendant votre déposition officielle, si tu me racontais un peu ce qui s'est passé ?

— Jason nous a tous tirés d'affaire — rien que ça. Tyson m'était tombé dessus par surprise pendant que j'essayais de repérer les lieux. Il n'était pas question pour lui de me laisser la vie sauve. Heureusement, il n'a pas ramassé le fusil après me l'avoir fait jeter par terre, croyant sans doute que j'étais seul.

Cam esquissa un petit sourire en coin.

— En fait, je croyais aussi être seul. J'avais dit à Rachel et aux garçons de ne pas bouger de la voiture mais heureusement pour moi, ils ont décidé de me suivre de loin.

Pete regarda Rachel d'un air mi-figue, mi-raisin mais s'abstint de tout commentaire.

— Ils ont bien fait, poursuivit Cam en attirant la jeune femme contre lui, car Jason a ramassé l'arme et mis Tyson en joue. Il lui aurait bien fait la peau. Ça le démangeait d'appuyer sur la détente.

— Pas tout à fait, dit Rachel. Ce n'est qu'un garçon sérieusement perturbé, qui ne sait plus très bien où il en est ; mais je ne crois pas qu'il serait allé jusque-là.

— Nous ne le saurons jamais, précisa Cam, car Rachel a réussi à le convaincre de ne pas tirer.

— Apparemment, le coup de feu est bel et bien parti, riposta Pete. Tout un coin du chalet est pulvérisé.

— Jason a délibérément tiré en l'air, expliqua Rachel. Il accompagne son père à la chasse depuis l'âge de huit ans. S'il avait voulu tuer Tyson, il ne l'aurait sûrement pas raté.

— Avec un fusil de ce calibre et à cette distance, il ne risquait pas, rétorqua Pete. Dis-moi, Rachel, est-ce que tu vas tenir le coup ?

— Maintenant, ça va, dit-elle en regardant ses enfants qui parlaient toujours avec leur père ; mais ça me fait penser que je dois absolument appeler ma mère. La pauvre, elle se fait un sang d'encre et s'accable à tort de reproches parce qu'elle était chargée de veiller sur Kendy.

Elle fit un petit signe à Cam et s'éloigna pour téléphoner de son portable.

— On a frôlé la catastrophe, crois-moi, dit Cam à Pete pendant que Rachel composait le numéro de Dinah. Nous avons eu du pot. Si Jason ne nous avait pas conduits jusqu'ici, Nick serait peut-être en route pour Mexico avec Tyson — ou pire — à l'heure qu'il est. Et je préfère ne pas imaginer ce qu'il aurait fait de Kendall. Nous nous trompions sur son compte. Son obsession pour les garçons est l'unique moteur de sa vie. Il était prêt à tout mettre en jeu plutôt que de renoncer. La preuve, c'est qu'il a déjà commis un meurtre.

— Tu as sans doute raison, admit Pete. Dès qu'on aura mis la main sur Ziegler et Dunne, on leur fera cracher le morceau à propos de Jack.

— Tu peux compter sur Jason. (Cam jeta un coup d'œil sur Rachel.) Tout en pointant le fusil sur Tyson, il l'a accusé d'avoir décidé de se débarrasser de Jack et ordonné à ses sbires de le liquider. Comme toujours, Tyson a dû faire miroiter à ces deux abrutis une carrière de joueurs professionnels. Et ils se sont laissé embobiner, pardi ! La mariée était trop belle.

— Et Tyson aurait tout raconté à Jason ? dit Pete en secouant la tête. C'était à la fois stupide et bigrement risqué.

— Il ne s'en est sûrement pas vanté franchement mais à mon avis, il ne lui a jamais dissimulé ses méthodes et sa façon d'agir. Tyson n'a jamais douté de sa loyauté, sachant ce que le sport représentait pour Jason.

Pete soupira et jeta un coup d'œil sur Jason et Ward, assis côte à côte sur les marches de l'entrée.

— S'il avait appuyé sur cette détente, il pouvait dire adieu à tous ses espoirs, maugréa-t-il. Il a eu assez de jugeote pour se dominer. Mais quand je lui ai parlé, tout à l'heure, je l'ai trouvé un peu trop calme. J'ai vu des flics chevronnés se murer comme ça et finir un beau jour par péter les plombs, quand personne ne s'y attendait.

— Je veillerai à ce qu'il soit suivi, ainsi que Ward, affirma Cam. Jason vient de me sauver la vie et c'est Ward qui m'a mené à lui. Cette scène a dû être terrible pour Jason ; bon sang, si tu avais entendu ce hurlement… (Il frissonna rétrospectivement.) Il s'était mis à boire et plus récemment, à se défoncer, paraît-il. Mais avec une thérapie bien ciblée et la perspective de percer dans le base-ball, il devrait pouvoir s'en sortir.

— J'espère que tu as raison. Rachel pourra le soutenir dans cette voie, en tout cas. (Pete se dirigea vers l'entrée du chalet.) Bon, il faut que j'en finisse avec tout ça, maintenant. Demain matin, il faudra que tu trouves un moment pour venir faire ta déposition avec Rachel.

— Entendu, nous commencerons par ça.

*
* *

Rachel referma sans bruit la porte de Kendall, alla jeter un coup d'œil sur Nick et rejoignit Cam dans le salon.

— Ils ronflent déjà tous les deux comme des sonneurs, tu te rends compte ?

Cam jeta un coup d'œil sur la pendule de la cheminée.

— Vu qu'il va faire jour dans moins d'une heure, ça n'a rien de bien étonnant.

Il lui ouvrit les bras et Rachel vint s'y blottir aussi naturellement que s'ils étaient amants depuis toujours.

— Cette nuit a été la pire de mon existence — et la plus longue, aussi, dit-elle avec un soupir. Dieu merci, tout est bien qui finit bien.

— J'ai passé moi-même un sale quart d'heure, avoua-t-il en la serrant sur son cœur.

Ils s'étreignirent un moment en silence, savourant la joie de se savoir enfin tous hors de danger. Au bout d'un moment, Rachel leva la tête et l'embrassa au coin de la bouche.

— C'est une terrible épreuve pour toi, Cam, murmura-t-elle à son oreille. Mes enfants sont rentrés sains et saufs et j'ose à peine imaginer ce que tu as dû endurer quand… quand votre histoire s'est mal terminée.

— Le fait que Tyson ne restera pas impuni me console un tout petit peu mais rien ne peut me consoler de ne pas avoir volé au secours de mon fils, dit Cam en la gardant serrée contre lui. Tu sais, il y a des jours où je donnerais tout ce que j'ai pour pouvoir revivre ces quelques minutes de conversation téléphonique. Si seulement, au lieu d'écouter d'une oreille distraite ce que Jack avait à me dire, je lui avais accordé toute l'attention qu'il attendait de son père, il serait peut-être encore là aujourd'hui. Il m'en aurait peut-être dit assez pour que je perçoive le danger et puisse le mettre en garde ; peut-être…

Rachel lui posa un doigt sur la bouche.

— Tu ne peux pas le savoir, Cam. Ce sont là des réflexions qui ne mènent nulle part. Tu aimais ton fils. Dis-toi du fond du cœur qu'il le savait et tu garderas à jamais son souvenir vivant. C'est le meilleur hommage qu'on puisse lui rendre. Il n'est jamais trop tard pour le faire.

Il resta un long moment silencieux puis lui serra affectueusement l'épaule.

— Tu as raison, mon cœur. En fait, tu avais déjà raison de vouloir me donner ce conseil quand je suis venu te houspiller dans ton bureau, il y a cinq ans.

Rachel lui sourit.

— Oui, bon, nous n'allons pas non plus ressasser cet épisode-là, n'est-ce pas ?

— Je peux m'estimer heureux. (Il la berça un moment dans ses bras.) La véritable héroïne de cette aventure, c'est toi, reprit-il. Si Jason avait appuyé sur la détente, cela aurait fait une tragédie de plus dans cette sordide affaire. Et même si tu es persuadée qu'il ne l'aurait pas fait, rien ne pouvait le garantir, cependant. Mais toi, tu as réussi à le dissuader, ma petite psy de génie, dit-il en lui embrassant le bout du nez. Je ne sais pas exactement quand je me suis aperçu que j'étais amoureux de toi mais j'en ai eu la confirmation ce soir, en te voyant accomplir des prodiges avec ce garçon.

Rachel lui posa une main sur la joue, scrutant son visage.

— Oh, Cam, qu'est-ce que tu es en train de dire ?

La tenant légèrement par la taille, il esquissa un sourire.

— Je croyais l'avoir déjà dit. Je t'aime. Est-ce donc un tel scoop ?

Elle le dévisagea longuement sans rien dire.

— Je suis amoureux de toi depuis le jour où tu as emménagé à côté, mon cœur.

— Allons donc. Tu étais tout juste poli.

— Pure stratégie de défense.

La mine soupçonneuse, Rachel toussota discrètement.

— Il ne serait pas question d'entamer une liaison, n'est-ce pas ?

— Pourrais-tu envisager la chose ? (Discernant une lueur dans ses yeux dorés, il battit prudemment en retraite.) Bon, la mode du concubinage, décidément, tu n'y adhéreras jamais. Mais honnêtement, dans la mesure où ton divorce n'est pas encore prononcé, j'essaierais bien de te convaincre si j'avais la moindre chance.

— Mais tu n'en as aucune, dit-elle d'un air prude.

Le sourire de Cam s'estompa.

— J'ai aussi appris autre chose, ce soir, poursuivit-il. Au moment où tes enfants m'ont paru exposés à un véritable danger, j'ai éprouvé la même terreur que s'ils avaient été à moi ; et dans le même temps, je redoutais que tu puisses souffrir ce que j'ai souffert en perdant Jack. (Il lui prit les deux mains et les porta à ses lèvres.) Cela suffisait à déterminer la nature exacte des sentiments que j'éprouve — non seulement pour toi mais aussi pour Kendy et Nick.

Le cœur rempli d'allégresse, elle leva sur lui un regard débordant d'espoir.

— Cam…

— Attends.

Il ne pouvait pas tout dire tant qu'ils n'avaient pas joué cartes sur table.

— A mon avis, Ted a recouvré la raison, à présent. Il va

peut-être essayer de reconstruire sa vie ; de reconquérir ce qu'il a perdu. Kendy et Nick ont besoin de lui, je ne peux pas le nier. Certains pourraient dire que le mieux à faire serait de vous remettre ensemble, Ted et toi. Si tu…

Une fois encore, elle lui intima, d'un geste, le silence.

— N'avons-nous pas déjà parlé de tout ceci ? Je ne pourrai plus jamais avoir confiance en Ted — ce qui élimine d'emblée toute possibilité de réconciliation, si c'est à cela que tu penses. Mais l'essentiel, en fait, c'est que je ne l'aime plus ; et ce, depuis longtemps. Je ne veux pas me réconcilier avec lui, même dans l'intérêt de Nick et Kendy.

Elle mit ses mains en coupe autour de son visage.

— Et puis j'ai été tellement éblouie par toi que je ne pourrais même pas imaginer de reprendre la petite vie que j'avais avant.

— Eblouie, hein ? (Il inclina le front jusqu'à celui de Rachel avec un soupir de soulagement.) Dans ce cas, que dirais-tu de me fréquenter plus assidûment, disons, en gros… pour le demi-siècle à venir ?

— Cam…

— Je sais que je ne suis pas un cadeau. Tu as dit toi-même que je suis grincheux et que j'ai tendance à m'isoler quand je dois finir un bouquin. J'ai des opinions bien tranchées. Je suis…

— Intelligent, intéressant, séduisant.

Il sourit de nouveau et écarta délicatement une mèche qui balayait la joue de Rachel. Un sentiment de paix et d'allégresse s'installa en lui. Elle s'était retrouvée toute seule avec deux enfants, une montagne de dettes et toutes sortes de difficultés à surmonter — affrontant tout cela avec un courage et une élégance indéniables. Il comptait bien veiller à ce qu'elle ne se retrouvât jamais en pareille situation. Peut-être n'apprécierait-elle pas cette attitude protectrice mais il était ainsi fait. Ils allaient vivre ensemble et comme elle, il avait tendance à protéger les siens.

Elle blottit la tête sous son menton et enlaça sa taille.

— Dis-le-moi encore, Cam.

Il la berça tendrement.

— Je t'aime, Rachel.

Épilogue

— J'espère qu'ils ne vont pas nous faire une crise cardiaque, dit Marta en jetant un coup d'œil inquiet vers le jardin de Cam où se jouait un match de basket animé.

Kendy, son appareil photo en action, immortalisait l'événement au bord de la pelouse.

— Ils essaient de ne pas se laisser battre par les jeunes. Ce sera un miracle s'il n'y a pas de claquage ou d'entorse dans l'heure qui suit.

Rachel baissa les yeux sur l'échiquier et se demanda si sa reine n'était pas en position périlleuse.

— Je ne crois pas qu'ils soient si rouillés que ça, dit-elle tranquillement.

Elle était bien placée pour savoir que Cam avait une pêche d'enfer. Ce n'était pas quelques passes de basket contre Nick et Ward qui risquaient de le fatiguer.

— Pete ne s'est pas couché avant minuit et demi. (Marta avança son fou avec précaution, un pli entre les sourcils.) Il a passé un temps fou avec le procureur à préparer l'acte d'accusation de Tyson et de ces deux tordus, Ziegler et Dunne.

— Comment l'affaire se présente-t-elle ?

Rachel leva de nouveau les yeux, distraite par le match qui s'échauffait de plus en plus. Cam et Pete avaient accepté de jouer contre Nick et Ward. Pete, un peu essoufflé, gardait cependant une tenue à peu près correcte. Cam, vêtu d'un T-shirt sans manches et sans ourlet qu'il devait porter en première année de fac, suait à grosses gouttes et soufflait comme un bœuf. Il agitait les bras et criait à tue-tête comme s'il avait l'âge de leurs adversaires. Il était absolument craquant.

— Cam n'en a pas parlé ? lui demanda Marta.

— Il s'est attelé à un nouveau bouquin au lieu de s'occuper du fameux fantôme — au grand dam de Kendy, évidemment. Maintenant qu'il sait que Jack ne s'est pas suicidé, tout se passe comme s'il avait enfin trouvé un certain apaisement — comme s'il avait fait tout cela pour lui et s'en remettait maintenant à la justice pour punir les coupables.

Cinq jours s'étaient écoulés depuis l'arrestation de Tyson. La ville était encore en pleine ébullition. Les parents d'élèves, profondément ébranlés, ne comprenaient toujours pas comment un prédateur sexuel aussi dangereux avait pu évoluer librement parmi eux sans que personne ne se doutât de rien. Ceux qui en savaient davantage — les sportifs entraînés par Tyson — avaient été diaboliquement manipulés avec le soutien tacite d'une population enivrée par les brillants résultats de l'entraîneur. En définitive, ce n'étaient pas les victimes de Tyson mais sa propre arrogance qui avait eu raison de lui.

Du jardin de Cam, leur parvinrent des hourras de victoire et des cris de Sioux déchaînés. Quelques instants plus tard, les quatre basketteurs les rejoignaient, Kendy toujours sur leurs talons avec son appareil à la main.

— Alors, les filles, bientôt fini ? demanda Pete en s'épongeant le front avant de se laisser choir dans une chaise longue pour reprendre son souffle.

Cam fourragea un moment dans une glacière et lui lança une bière.

— Tu as trop chaud, dit Marta ; attends un peu avant de boire glacé.

Pete fit sauter la capsule de sa bière.

— Oui, m'dame ; c'est ce que j'étais en train de me dire.

Il leva le coude et avala d'un trait la moitié du liquide.

— Aah, rien de meilleur qu'une bière bien fraîche par une journée torride, excepté… (Laissant sa phrase inachevée, il lui fit un clin d'œil).

Marta lui adressa un regard de reproche, désignant du menton Nick et Ward qui buvaient un Coca en échangeant des petits sourires goguenards.

— Il me faut de l'eau, dit sagement Cam.

— De l'eau ?

Tous les regards convergèrent sur lui. Il leva un pied et l'aspergea d'eau fraîche.

— Nick m'a renversé du sirop dessus et ça colle. C'est pour me nettoyer.

Pete lui lança sa serviette.

— Vous avez bien joué, les gars, dit-il aux deux ados. Et la prochaine fois que vous prétendrez donner la raclée aux vétérans, nous jouerons de l'argent.

Marta ouvrit des yeux ronds.

— Vous avez gagné ?

Pete haussa modestement les épaules.

— Je n'aime pas me vanter.

Nick faillit s'étrangler et cracha un peu de Coca.

— Tope là pour la prochaine fois, vétéran. Et vous avez pas marqué un point de plus que nous, les mecs !

Cam passa derrière Rachel et l'embrassa dans le cou.

— Comment ça va, mon cœur ?

— Bien ; très bien.

Elle inclina la tête de côté pour offrir plus de place à ses baisers et vit sa fille qui les cadrait dans son viseur.

— Kendy, est-ce indispensable ?

— Je fais un album de famille, répondit la petite ; pour quand je serai vieille.

Rachel se réjouit qu'elle eût accepté Cam d'aussi bonne grâce ; ainsi que Nick. Leurs vies auraient pris un tour bien différent s'il n'avait pas habité la maison voisine et pris leurs intérêts à cœur. Croisant le regard de Marta, elle lui rendit son sourire, s'émerveillant de voir comme tout s'arrange, parfois. Marta et Pete avaient fixé la date de leur mariage si longtemps ajourné. Rachel et Cam comptaient en faire autant dès que la situation le leur permettrait. Avec Nick et Kendy, ils formeraient une nouvelle famille, installée dans la vieille maison si joliment restaurée.

— A propos de famille, dit Marta en repoussant l'échiquier, j'ai quelque chose pour toi, Cam. (Elle se leva pour prendre un classeur posé sur le rebord d'une petite fenêtre.) J'avais mis ceci précieusement de côté il y a plusieurs années mais je ne savais plus exactement où. Je ne garde pas tous les écrits de mes élèves, même quand ils témoignent d'un certain talent.

Elle sortit un dossier du classeur et le tendit à Cam.

— Etant écrivain toi-même, tu comprendras ce que je veux dire en lisant ça. Exceptionnellement, on découvre un élève dont le travail vous épate. (Elle esquissa un sourire). Ce garçon-là était du nombre.

Cam retourna le dossier pour déchiffrer le nom inscrit sur l'étiquette. *Jack Ford*. Une vive douleur lui vrilla brusquement la poitrine. Sa main se mit à trembler et les lettres se brouillèrent devant ses yeux. Il ignorait tout du talent de Jack et cette découverte posthume lui causait un plaisir teinté d'amertume. C'était néanmoins un présent inestimable qu'elle lui faisait là. Il la remercia d'un pauvre sourire et mit le document de côté pour le consulter plus tard.

Devinant les émotions contradictoires qu'il éprouvait,

Rachel glissa une main dans la sienne et ils entrelacèrent leurs doigts dans un geste de réconfort mutuel. De l'autre côté de la table, l'appareil de Kendy restait dirigé sur eux. Elle se demanda, quand ils regarderaient, plus tard, cet album de famille, ce qu'exprimeraient leurs visages si peu de temps après un épisode aussi éprouvant de leurs vies. Puis Cam se pencha sur elle et l'enlaça tendrement. Nick, en face d'eux, leva un pouce en signe d'approbation. La journée ne se prêtait pas aux regrets mais aux nouveaux départs. Quand Kendy cadra de nouveau l'assistance, tout le monde souriait.

Les Best-Sellers Harlequin, c'est la promesse d'une lecture intense : romans policiers, thrillers médicaux, drames psychologiques, sagas, ce programme est riche d'émotions.

Ne manquez pas, dès le 1er mai :

L'ennemi de l'ombre, de Karen Harper • N° 254

Lorsqu'elle arrive à Maplecreek, dans l'Ohio, Kat Lindley espère oublier le drame terrible qui l'a contrainte un an plus tôt à quitter la police. Mais elle est loin de trouver sur place le calme et la sérénité auxquelles elle aspirait... Depuis peu en effet, les Amish de la région – et leurs enfants en particulier – sont victimes d'agressions répétées. Qui peut nourrir une telle haine à leur encontre ? Et surtout, où s'arrêtera cette violence aveugle ?

C'est alors que Kat se voit proposer une mission inattendue : vivre incognito parmi les Amish afin de démasquer leur ennemi...

Un parfait coupable, de Maggie Shayne • N° 255

Diriger la police de Blackberry, dans le Vermont ? Pour Cassandra Jackson, c'est une chance à ne pas laisser passer. Mais à peine est-elle arrivée que, une nuit, elle découvre un inconnu réfugié chez elle. Mal en point, amaigri, l'homme est en fait Michael Corbett, un fugitif échappé de l'hôpital où il a été interné après le meurtre de sa femme. Corbett n'a aucun souvenir du drame, mais il sait qu'on a tenté deux fois de le supprimer depuis, et il veut savoir s'il est réellement l'assassin que prétend la police. Et son désespoir est tel que, malgré les risques pour sa carrière – et sa propre vie –, Cassandra décide de l'aider à lever les zones d'ombre qui planent sur cette affaire...

L'œil du témoin, de Sharon Sala • N° 256

Pour [illegible] Brown, la vie bascule un soir d'hiver, à Dallas, lorsqu'elle voit une inconnue tuer froidement un célèbre paparazzi dans la rue. Repérée par la meurtrière, elle est à son tour abattue de deux balles...

BEST SELLERS

Les Best-Sellers Harlequin, c'est la promesse d'une lecture intense : romans policiers, thrillers médicaux, drames psychologiques, sagas, ce programme est riche d'émotions.

Ne manquez pas, dès le 1er mai :

L'ennemi de l'ombre, de Karen Harper • N° 254

Lorsqu'elle arrive à Maplecreek, dans l'Ohio, Kat Lindley espère oublier le drame terrible qui l'a contrainte un an plus tôt à quitter la police. Mais elle est loin de trouver sur place le calme et la sérénité auxquelles elle aspirait… Depuis peu en effet, les Amish de la région – et leurs enfants en particulier – sont victimes d'agressions répétées. Qui peut nourrir une telle haine à leur encontre ? Et surtout, où s'arrêtera cette violence aveugle ?

C'est alors que Kat se voit proposer une mission inattendue : vivre incognito parmi les Amish afin de démasquer leur ennemi…

Un parfait coupable, de Maggie Shayne • N° 255

Diriger la police de Blackberry, dans le Vermont ? Pour Cassandra Jackson, c'est une chance à ne pas laisser passer. Mais à peine est-elle arrivée que, une nuit, elle découvre un inconnu réfugié chez elle. Mal en point, amaigri, l'homme est en fait Michael Corbett, un fugitif échappé de l'hôpital où il a été interné après le meurtre de sa femme. Corbett n'a aucun souvenir du drame, mais il sait qu'on a tenté deux fois de le supprimer depuis, et il veut savoir s'il est réellement l'assassin que prétend la police. Et son désespoir est tel que, malgré les risques pour sa carrière – et sa propre vie –, Cassandra décide de l'aider à lever les zones d'ombre qui planent sur cette affaire…

L'œil du témoin, de Sharon Sala • N° 256

Pour China Brown, la vie bascule un soir d'hiver, à Dallas, lorsqu'elle voit une inconnue tuer froidement un célèbre paparazzi dans la rue. Repérée par la meurtrière, elle est à son tour abattue de deux balles…

Par miracle pourtant, China survit à ses blessures. Désormais seul témoin dans une affaire qui menace d'ébranler la haute société de Dallas, elle reçoit la protection d'un inspecteur, Ben English. Commence alors une course contre la montre pour identifier l'assassin avant qu'il ne retrouve la jeune femme…

Mortel enjeu, de Tara Taylor Quinn • N° 257

Kate Whitehead avait tout pour elle. La richesse. La renommée. Un mari très en vue. Jusqu'au jour où, enceinte de six mois, elle a fui l'enfer qu'elle vivait au quotidien auprès de cet homme aussi influent que violent.

Deux ans plus tard, Kate est devenue Tricia Campbell. Elle a donné naissance à un petit garçon et refait sa vie à San Diego. Mais elle qui vit dans la hantise d'être retrouvée découvre soudain avec stupeur que son mari est accusé de l'avoir tuée. Pour Tricia, il faut désormais choisir : laisser un innocent risquer la peine capitale pour un crime qu'il n'a pas commis, ou le sauver au risque de le voir ensuite se retourner contre elle… et son enfant.

Les serments du cœur, de Susan Wiggs • N° 258

A Winslow, petite station balnéaire du Rhode Island, Rosa Capoletti savoure pleinement le succès de son restaurant. Quelle belle ascension pour elle qui est partie de rien… Mais sa vie est bouleversée le jour où elle voit resurgir Alex Montgomery, un riche héritier avec qui elle a connu autrefois une folle passion – jusqu'à ce qu'il la quitte sans un mot au moment où elle faisait face à une douloureuse tragédie familiale. Le temps a passé depuis, mais l'un et l'autre constatent vite que, entre eux, l'amour est toujours là, intact. Seulement, peuvent-ils se donner une nouvelle chance, quand tant de non-dits et de malentendus les séparent ?

Dangereuse alliance, de R. J. Kaiser • N° 111 (Réédition)

Une femme traquée. Voilà ce qu'est devenue Stephanie Reymond à la mort de son mari. Parce que celui-ci s'est compromis avec des truands, elle se retrouve soudain poursuivie par des hommes bien décidés à récupérer les millions de dollars qu'ils avaient confiés au défunt. Et ils sont prêts à tout pour ça. Y compris à tuer… Seule face à eux, Stephanie ne peut que fuir. Fuir… et espérer ne pas commettre une grave erreur en décidant de s'en remettre à un marin au passé trouble, Jack Kidwell, pour l'aider à s'en sortir vivante…

COMMANDE... COMMANDE... COMMANDE...

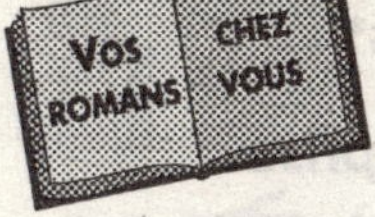

Ces volumes sont disponibles auprès du Service Lectrices dans la limite des stocks. Si vous souhaitez commander certains titres, cochez les livres choisis et indiquez vos coordonnées dans le bon de commande ci-joint.
Chaque volume est vendu au prix de 6,18 €, auquel s'ajoutent 2,40 € par colis pour la participation aux frais de port et d'emballage.
N'envoyez pas d'argent aujourd'hui, une facture accompagnera votre colis.

Renvoyez ce bon à : Service Lectrices HARLEQUIN
CÉDAP / BP 77 - 94232 CACHAN CEDEX.

Mme ☐ Mlle ☐ Si abonnée, n° : ☐☐☐☐☐☐☐☐

NOM ____________________

Prénom ____________________

Adresse ____________________

Code Postal ☐☐☐☐☐ Ville ____________________

____________________ Tél. : ☐☐☐☐☐☐☐☐☐☐

Adresse e-mail ____________________

Date d'anniversaire ☐☐ ☐☐ ☐☐☐☐

Signature indispensable

Le **Service Lectrices** est à votre écoute au **01.45.82.47.47**
du lundi au jeudi de 9h à 17h et le vendredi de 9h à 15h.

Conformément à la loi Informatique et Libertés du 6 janvier 1978, vous disposez d'un droit d'accès et de rectification aux données personnelles vous concernant. Vos réponses sont indispensables pour mieux vous servir. Par notre intermédiaire, vous pouvez être amené à recevoir des propositions d'autres entreprises. Si vous ne le souhaitez pas, il vous suffit de nous écrire en nous indiquant vos nom, prénom, adresse et si possible votre référence client. Vous recevrez votre commande environ 20 jours après réception de ce bon.

Offre réservée à la France métropolitaine et soumise à acceptation.

Composé et édité par les
éditions Harlequin
Achevé d'imprimer en février 2006

BUSSIÈRE
GROUPE CPI

à Saint-Amand-Montrond (Cher)
Dépôt légal : mars 2006
N° d'imprimeur : 60083 — N° d'éditeur : 11930

Imprimé en France